高职高专汽车类专业技能型教育教材

汽车运用技术

第3版

赵英勋　编著

机械工业出版社

本书全面系统地介绍了汽车运用技术，内容包括：汽车使用性能、汽车电子控制系统的使用、汽车在特殊条件下的使用、汽车运行材料及其使用、汽车公害及防治、汽车技术状况及其变化、汽车更新与选配、汽车驾驶与安全行驶。每章都有相应的学习目标、复习思考题，本书还配有专用教学课件，可方便教师授课和学生自学。

本书可作为高职高专汽车类各专业的教材，也可作为本科汽车类专业的教学参考书，还可供汽车运用、交通运输、车辆工程方面的工程技术人员和管理人员学习参考。

图书在版编目（CIP）数据

汽车运用技术/赵英勋编著. —3 版. -- 北京：机械工业出版社，2024.9. --（高职高专汽车类专业技能型教育教材）. -- ISBN 978-7-111-76442-7

Ⅰ. U471.2

中国国家版本馆 CIP 数据核字第 2024XS1980 号

机械工业出版社（北京市百万庄大街 22 号　邮政编码 100037）
策划编辑：谢　元　　　　　　责任编辑：谢　元　丁　锋
责任校对：闫玥红　陈　越　　封面设计：王　旭
责任印制：单爱军
北京虎彩文化传播有限公司印刷
2024 年 10 月第 3 版第 1 次印刷
184mm×260mm・19 印张・470 千字
标准书号：ISBN 978-7-111-76442-7
定价：59.90 元

电话服务　　　　　　　　　网络服务
客服电话：010-88361066　　机　工　官　网：www.cmpbook.com
　　　　　010-88379833　　机　工　官　博：weibo.com/cmp1952
　　　　　010-68326294　　金　书　网：www.golden-book.com
封底无防伪标均为盗版　　　机工教育服务网：www.cmpedu.com

"高职高专汽车类专业技能型教育教材"
编委会

主　任　　蔡兴旺（韶关学院）

副主任　　胡光辉（湖南交通职业技术学院）
　　　　　　梁仁建（广东轻工职业技术学院）

编　委（按姓氏笔画排序）：
　　　　　　万　捷（北京市劳动保障职业学院）
　　　　　　马　纲（江苏城市职业学院）
　　　　　　王　飞（广州城市职业学院）
　　　　　　王一斐（甘肃交通职业技术学院）
　　　　　　王海林（华南农业大学）
　　　　　　戈秀龙（嘉兴职业技术学院）
　　　　　　仇雅莉（湖南交通职业技术学院）
　　　　　　刘　威（北京市劳动保障职业学院）
　　　　　　刘兴成（甘肃交通职业技术学院）
　　　　　　纪光兰（甘肃交通职业技术学院）
　　　　　　李庆军（黑龙江农业工程职业学院）
　　　　　　李佑慧（云南交通职业技术学院）
　　　　　　李建兴（宁波城市职业技术学院）
　　　　　　李泉胜（嘉兴职业技术学院）
　　　　　　吴　松（广东轻工职业技术学院）
　　　　　　何南昌（广州科技职业技术大学）
　　　　　　张　涛（沈阳工学院）
　　　　　　陈　红（广州科技职业技术大学）
　　　　　　范爱民（顺德职业技术学院）
　　　　　　范梦吾（顺德职业技术学院）
　　　　　　赵　彬（无锡商业职业技术学院）
　　　　　　赵海波（沈阳工学院）
　　　　　　贺大松（宜宾职业技术学院）
　　　　　　夏长明（广州金桥管理干部学院）
　　　　　　钱锦武（云南交通职业技术学院）
　　　　　　黄红惠（江苏城市职业学院）
　　　　　　曹红兵（浙江师范大学职业技术学院）
　　　　　　谭本忠（广州市凌凯汽车技术开发有限公司）

序

据统计,"十一五"期间中国汽车运用维修人才缺口 80 万人。未来 5 年汽车人才全面紧缺,包括汽车研发人才、汽车营销人才、汽车维修人才和汽车管理人才等。2003年,教育部启动了"国家技能型紧缺人才培养项目","汽车运用与维修"是其中的项目之一。2006 年,教育部和财政部又启动了国家示范性高等职业院校建设计划,其中的一个重要内容就是以学生为主体,以就业为导向,建立新的职教课程体系、教育模式与教学内容,而教材建设是最重要的一个环节。

为适应目前高等职业技术教育的形势,机械工业出版社汽车分社召集了全国 20 多所院校的骨干教师,于 2007 年 6 月在广东省韶关学院组织召开"高职高专汽车类专业技能型教育教材"研讨会,确定了本套教材的编写指导思想和编写计划,并于 2007 年 8 月在湖南长沙召开"高职高专汽车类专业技能型教育教材"主编会,讨论并通过了本套教材的编写大纲。

本套教材紧紧围绕职业工作需求,以就业为导向,以技能训练为中心,以"更加实用、更加科学、更加新颖"为编写原则,旨在探索课堂与实训的一体化,并具有如下特点:

1. 教材编写理念:融入课程教学设计新理念,以学生为主体,以老师为指导,以提高学生实践职业技能和创新能力为目标,理论紧密联系实践,思想性和学术性相统一。理论知识以够用为度,技能训练面向岗位需求,注重结合汽车后市场服务岗位群和维修岗位群的岗位知识和技能要求,使学生学完每一本教材后,都能获得该教材所对应的岗位知识和技能,反映教学改革和课程建设的新成果。

2. 教材结构体系:根据职业工作需求,采用任务驱动、项目导向的新模式构建新课程体系。理论教学与技能训练有机融合,系统性与模块化有机融合,方便不同学校、不同专业、不同实验条件剪裁选用。

3. 教材内容组织:精选对学生终身有用的基础理论和基本知识,突出实用性、新颖性,以我国保有量较大的轿车为典型,注意介绍汽车的新结构、新技术、新方法和新标准,加强"实训项目"内容的编写,引导学生在"做"中"学"。内容安排采用实例引导的方式,以激发学生的阅读兴趣,符合学生的认知规律。

4. 教材编排形式:图文并茂,通俗易懂,简明实用,由浅入深,深浅适度,符合高职学生的心理特点。每一章均结合人力资源和社会保障部职业资格考试要求,给出复习思考题,使教学与职业资格考试有机结合。

此外,为构建立体化教材,方便教师和学生学习,本套教材配备了实训指导光盘和多媒体教学课件。实训指导光盘的内容为实训项目的规范性操作录像和相关资料，附在教材中；多媒体教学课件专供任课教师采用，可在机械工业出版社教育服务网（www.cmpedu.com）免费下载。

虽然本套教材的各参编院校在教、学、做一体化教学方面进行了有益的探索，但限于认识水平和工作经历，教材中难免有不足之处，恳请各位专家、同行给予批评指正。

高职高专汽车类专业技能型教育教材编委会

第 3 版前言

本书是高职高专汽车类专业技能型教育规划教材，是为汽车类各专业开设的"汽车运用技术"类课程的教学而编写的。

本书第 2 版出版以来，汽车技术有了新的发展，通过教学实践，以及广泛征求教师和读者的宝贵意见，作者对本书部分内容与结构处理有了新的看法。基于这些原因，作者对《汽车运用技术》第 2 版进行了修订，充实了部分图文，更换了部分标准，重写了部分章节，完善了全书内容。

本书按汽车类高职高专教育的指导思想、培养目标、职业面向、教学特点和要求编写。本书以合理使用汽车为出发点，以实用为中心，以现代汽车为对象，以最新的汽车使用理论为依据，全面系统地介绍了汽车运用技术。其主要内容有：汽车使用性能、汽车电子控制系统的使用、汽车在特殊条件下的使用、汽车运行材料及其使用、汽车公害及防治、汽车技术状况及其变化、汽车更新与选配、汽车驾驶与安全行驶。

本书力求理论联系实际，注重能力培养，既有较深的理论性和系统性，又有较强的实践性和针对性；内容具有科学性、先进性、实用性，努力反映汽车运用领域的新技术、新理论、新成果；编写深入浅出、通俗易懂、图文并茂、简明实用、可操作性强。

本书配有专用教学课件，其内容丰富、生动直观，能直接用于课堂教学，可方便教师授课和学生课外自学。

本书由武汉科技大学赵英勋编著。本书在撰写过程中参阅了大量的书籍资料，获益匪浅，在此向这些作者表示衷心的感谢！

由于作者水平所限，书中难免存在不足或错误，敬请各位读者批评指正。

作　者

目 录

序
第3版前言
第1章 汽车使用性能 …………………… 1
  1.1 汽车动力性 ……………………………… 1
    1.1.1 汽车动力性评价指标 ………… 1
    1.1.2 汽车行驶原理 ………………… 2
    1.1.3 汽车动力性分析 ……………… 7
    1.1.4 汽车动力性的主要影响因素 … 12
    1.1.5 在用汽车动力性检测与评价 … 16
  1.2 汽车燃油经济性 ………………………… 21
    1.2.1 汽车燃油经济性评价指标 …… 21
    1.2.2 汽车燃油经济特性 …………… 22
    1.2.3 汽车燃油经济性的主要影响因素 ……………………………… 23
    1.2.4 汽车燃油经济性检测及限值 … 28
  1.3 汽车制动性 ……………………………… 33
    1.3.1 汽车制动性评价指标 ………… 34
    1.3.2 汽车制动性分析 ……………… 35
    1.3.3 汽车制动性的主要影响因素 … 47
    1.3.4 汽车制动性检测及标准 ……… 51
  1.4 汽车操纵稳定性 ………………………… 56
    1.4.1 汽车行驶稳定性 ……………… 57
    1.4.2 汽车转向特性 ………………… 60
    1.4.3 汽车操纵稳定性的主要影响因素 ……………………………… 69
  1.5 汽车行驶平顺性 ………………………… 73
    1.5.1 汽车振动与人体反应 ………… 73
    1.5.2 汽车行驶平顺性的评价 ……… 74
    1.5.3 汽车行驶平顺性的主要影响因素 ……………………………… 75
  1.6 汽车通过性 ……………………………… 79
    1.6.1 汽车通过性几何参数 ………… 79
    1.6.2 汽车通过性牵引支承参数 …… 81
    1.6.3 汽车通过性的主要影响因素 … 82
  1.7 电动汽车性能 …………………………… 84
    1.7.1 电动汽车动力性评价 ………… 84
    1.7.2 电动汽车续航能力评价 ……… 85
    1.7.3 电动汽车能耗经济性评价 …… 85
    1.7.4 电动汽车电气安全性评价 …… 87
    1.7.5 电动汽车使用特点 …………… 88
  本章小结 ……………………………………… 89
  复习思考题 …………………………………… 90
  实训一 汽车驱动轮输出功率检测 ………… 91
  实训二 汽车等速百公里油耗检测 ………… 92
  实训三 汽车制动性检测 …………………… 92

第2章 汽车电子控制系统的使用 ……… 93
  2.1 汽车发动机电子控制系统 ……………… 93
    2.1.1 概述 …………………………… 93
    2.1.2 发动机电子控制系统的主要功能 ……………………………… 96
    2.1.3 发动机电子控制系统的使用 … 101
  2.2 汽车电子控制自动变速器 ……………… 101
    2.2.1 概述 …………………………… 101
    2.2.2 自动变速器电子控制系统的主要功能 ………………………… 102
    2.2.3 电子控制自动变速器的使用 … 105
  2.3 汽车电子控制防抱死制动系统 ………… 110
    2.3.1 概述 …………………………… 110
    2.3.2 电子控制防抱死制动系统的组成与工作原理 …………………… 111
    2.3.3 电子控制防抱死制动系统的使用 ……………………………… 112
  2.4 汽车电子控制防滑转系统 ……………… 114
    2.4.1 概述 …………………………… 114
    2.4.2 电子控制防滑转系统的组成与工作原理 ……………………… 116
    2.4.3 电子控制防滑转系统的使用 … 117
  2.5 汽车巡航控制系统 ……………………… 118

2.5.1 概述 …………………………… 118
2.5.2 电子巡航控制系统的组成与
　　　工作原理 ………………………… 119
2.5.3 电子巡航控制系统的使用 …… 121
2.6 汽车电子稳定程序系统 …………… 122
2.6.1 概述 …………………………… 122
2.6.2 电子稳定程序系统的组成与工作
　　　原理 …………………………… 122
2.6.3 电子稳定程序系统的使用 …… 124
本章小结 …………………………………… 126
复习思考题 ………………………………… 127

第3章 汽车在特殊条件下的使用 … 128

3.1 汽车走合期的使用 ………………… 128
3.1.1 汽车走合期及其作用 ………… 128
3.1.2 汽车走合期的使用特点 ……… 128
3.1.3 汽车走合期的使用措施 ……… 129
3.2 汽车在低温条件下的使用 ………… 130
3.2.1 低温条件对汽车使用性能
　　　的影响 ………………………… 130
3.2.2 汽车在低温条件下的使用
　　　措施 …………………………… 133
3.3 汽车在高温条件下的使用 ………… 137
3.3.1 高温条件对汽车使用性能的
　　　影响 …………………………… 137
3.3.2 汽车在高温条件下的使用
　　　措施 …………………………… 138
3.4 汽车在高原和山区条件下的使用 … 140
3.4.1 高原和山区条件对汽车使用
　　　性能的影响 …………………… 140
3.4.2 汽车在高原和山区条件下的
　　　使用措施 ……………………… 142
本章小结 …………………………………… 145
复习思考题 ………………………………… 146

第4章 汽车运行材料及其使用 …… 147

4.1 汽车燃油及其使用 ………………… 147
4.1.1 车用汽油及其使用 …………… 147
4.1.2 车用柴油及其使用 …………… 151
4.2 汽车润滑剂及其使用 ……………… 155
4.2.1 发动机油及其使用 …………… 155
4.2.2 汽车齿轮油及其使用 ………… 161

4.2.3 汽车润滑脂及其使用 ………… 165
4.3 汽车特种液及其使用 ……………… 169
4.3.1 汽车制动液及其使用 ………… 169
4.3.2 发动机冷却液及其使用 ……… 171
4.4 汽车轮胎及其使用 ………………… 173
4.4.1 轮胎分类 ……………………… 174
4.4.2 轮胎规格 ……………………… 175
4.4.3 轮胎使用 ……………………… 177
本章小结 …………………………………… 180
复习思考题 ………………………………… 181
实训四 轮胎的使用与维护 ……………… 182

第5章 汽车公害及防治 …………… 183

5.1 汽车排放公害及防治 ……………… 183
5.1.1 汽车排放污染物的形成及
　　　危害 …………………………… 183
5.1.2 汽车排放污染物的影响因素 … 185
5.1.3 汽车排放污染物的控制 ……… 190
5.1.4 汽车排放污染物检测及标准 … 196
5.2 汽车噪声公害及防治 ……………… 209
5.2.1 汽车噪声及其危害 …………… 209
5.2.2 汽车噪声来源及特性 ………… 210
5.2.3 汽车噪声的控制 ……………… 212
5.2.4 汽车噪声检测及标准 ………… 213
5.3 汽车电磁干扰公害及防治 ………… 221
5.3.1 汽车电磁干扰的形成及危害 … 221
5.3.2 汽车电磁干扰的抑制 ………… 221
5.3.3 汽车电磁干扰检测及限值 …… 222
本章小结 …………………………………… 225
复习思考题 ………………………………… 226
实训五 汽车排放污染物检测 …………… 227

第6章 汽车技术状况及其变化 …… 228

6.1 汽车技术状况变化分析 …………… 228
6.1.1 汽车技术状况的变化 ………… 228
6.1.2 汽车技术状况变化规律 ……… 230
6.1.3 汽车技术状况变化的影响
　　　因素 …………………………… 231
6.2 汽车技术状况分级与评定 ………… 236
6.2.1 汽车技术状况分级 …………… 236
6.2.2 汽车技术状况等级评定 ……… 236

　　本章小结 ·············· 241
　　复习思考题 ············· 241

第7章　汽车更新与选配 ······ 242

7.1　汽车使用寿命 ············ 242
7.2　汽车更新 ··············· 244
　　7.2.1　汽车更新理论 ········ 244
　　7.2.2　汽车更新时刻的确定 ···· 245
　　7.2.3　合理更新汽车 ········ 248
7.3　汽车报废 ··············· 249
　　7.3.1　汽车报废的条件 ······ 249
　　7.3.2　报废汽车的管理 ······ 250
7.4　汽车选配 ··············· 251
　　7.4.1　汽车的价值分析 ······ 251
　　7.4.2　汽车投资效果测算 ···· 252
　　7.4.3　汽车选配原则 ········ 253
　　7.4.4　汽车的合理配置与要求 ·· 256
　　7.4.5　汽车选购方法 ········ 256
7.5　二手车选购 ············· 258
　　7.5.1　二手车选购原则 ······ 258
　　7.5.2　二手车不买原则 ······ 259
　　7.5.3　二手车价值评估 ······ 260
　　7.5.4　二手车选购技巧 ······ 260
　　7.5.5　二手车鉴别方法 ······ 261
　　本章小结 ·············· 266
　　复习思考题 ············· 266

第8章　汽车驾驶与安全行驶 ··· 267

8.1　汽车基础驾驶 ············ 267
　　8.1.1　汽车驾驶的姿势 ······ 267
　　8.1.2　汽车操纵机构的运用 ·· 267
　　8.1.3　基础驾驶操作 ········ 270
8.2　汽车在一般道路上的驾驶 ··· 273
　　8.2.1　平路驾驶 ············ 273
　　8.2.2　坡道驾驶 ············ 276
　　8.2.3　通过桥梁、铁道和隧道的
　　　　　驾驶 ·············· 277
8.3　汽车在高速公路上的驾驶 ··· 277
　　8.3.1　高速公路的特点 ······ 277
　　8.3.2　高速公路的行驶要求 ·· 279
　　8.3.3　高速公路的驾驶 ······ 280
8.4　汽车在复杂环境条件下的驾驶 282
　　8.4.1　在坏路和无路条件下驾驶 283
　　8.4.2　夜间驾驶 ············ 284
　　8.4.3　雨天驾驶 ············ 285
　　8.4.4　雾天驾驶 ············ 286
　　8.4.5　冰雪道路驾驶 ········ 287
8.5　汽车在应急情况下的驾驶 ··· 288
8.6　汽车安全行驶 ············ 289
　　8.6.1　汽车的安全设施 ······ 290
　　8.6.2　驾驶人的安全意识 ···· 290
　　8.6.3　驾驶人的驾驶技术 ···· 290
　　8.6.4　驾驶人的驾驶行为 ···· 291
　　本章小结 ·············· 293
　　复习思考题 ············· 293

参考文献 ···················· 294

第 1 章 汽车使用性能

学习目标：

- 熟悉汽车主要使用性能及其评价指标。
- 掌握汽车主要使用性能的影响因素。
- 了解汽车主要使用性能的检测或试验方法。
- 学会分析、评价汽车主要使用性能。
- 知道如何提高汽车使用性能，合理使用汽车。

汽车使用性能是指汽车在一定的使用条件下，以最佳效益安全工作的能力。汽车的主要使用性能有汽车的动力性、燃油经济性、制动性、操纵稳定性、行驶平顺性以及通过性。合理利用或改善汽车的使用性能，可以充分发挥汽车功能，提高汽车运输生产率和降低运输成本。

1.1 汽车动力性

汽车动力性是指汽车以最大可能的平均行驶速度运送货物或乘客的能力。汽车作为一种高效运输工具，其高效在很大程度上取决于汽车的动力性。因此，汽车动力性是汽车各种使用性能中最基本、最重要的一种性能。

1.1.1 汽车动力性评价指标

提高汽车的平均行驶速度，可提高汽车的运输生产率。从获得尽可能高的汽车平均行驶速度的观点出发，汽车的动力性可由汽车的最高车速、加速时间、最大爬坡度和驱动轮输出功率等指标进行评价。

1. 汽车最高车速

汽车最高车速与试验条件（如路面、载荷等）有关。在我国，汽车的最高车速 v_{amax} 是指汽车在风速不大于 3m/s 的条件下，在干燥、清洁、平直的良好路面（混凝土或沥青）上满载行驶所能达到的最高行驶速度（km/h）。

汽车最高车速对长途运输车辆的平均行驶速度影响最大。随着汽车制造业水平的提高，汽车最高车速有增加的趋势。轿车常行驶于良好的路面，追求高的动力性，因此轿车的最高车速较高，其范围在 140~300km/h。我国中级轿车的最高车速为 170~230km/h。

2. 汽车加速时间

汽车加速能力常用加速时间来表征。汽车加速时间是指汽车在风速不大于 3m/s 的条件下,在干燥、清洁、平直的良好路面上,满载时由某一低速加速到某一高速所需的时间(s)。常用原地起步加速时间和超车加速时间来表示汽车的加速能力。

原地起步加速时间是指汽车由1档或2档起步,并以最大的加速强度,选择恰当的换档时机逐步换至最高档后到某一预定车速所需的时间。常用0→100km/h的秒数来表明汽车的原地起步加速能力。原地起步加速时间越短,则使用低速档的时间就越短,汽车平均行驶速度就越高,这对市区运输车辆有较大的影响。轿车的设计特别重视原地起步加速时间,其加速时间短。例如,中级轿车从0→100km/h所需时间为10～17s;高级轿车加速时间更短,如玛莎拉蒂MC20从0→100km/h所需时间为2.9s。

超车加速时间是指用最高档或次高档由30km/h或40km/h全力加速行驶至某一高速所需的时间。它对长途运输车辆的平均行驶速度及安全行车有较大的影响。若超车加速时间越短,则表示加速性能越好,超车能力越强,超车时两车并行的行程短,行驶安全性高,平均行驶速度大。

3. 汽车最大爬坡度

汽车的上坡能力用汽车最大爬坡度i_{max}来表示。汽车最大爬坡度i_{max}与试验条件(如路面、载荷等)有关。在我国,最大爬坡度i_{max}是指汽车在良好的路面上满载等速行驶所能通过的最大坡度,显然它就是汽车最低档时的最大爬坡度。

汽车的类型不同,则对最大爬坡度的要求也不一样。由于货车在各种路面上行驶,故要求具有较高的爬坡能力,一般货车的i_{max}在30%左右。而越野车由于在差路或无路条件下行驶,故应有更高的爬坡能力,通常越野车的最大爬坡度在60%左右,爬坡能力特别强的越野车其最大爬坡度可达70%～100%。轿车通常在较好路面行驶,一般不强调其爬坡能力,但由于轿车第1档的加速能力大,故轿车的爬坡能力也强。汽车最大爬坡度对于在山区行驶车辆的平均行驶速度有很大影响。

4. 驱动轮输出功率

常用发动机在额定转矩和额定功率时的驱动轮输出功率作为在用汽车动力性评价指标。驱动轮输出功率是指汽车发动机动力经传动系统至驱动轮输出的功率。其功率计算如下:

$$P_t = \frac{T_t n_t}{9550} = P_e \times \eta_T \tag{1-1}$$

式中 P_t——驱动轮输出功率(kW);

P_e——发动机输出功率(kW);

T_t——驱动轮输出转矩(N·m);

n_t——驱动轮转速(r/min);

η_T——传动系统机械效率。

驱动轮输出功率是汽车发动机和传动系统工作过程的输出参数,它完全取决于发动机发出的功率和传动系统的机械效率。汽车在使用过程中,发动机、传动系统的技术状况会逐渐下降,其驱动轮输出功率将因此而减小,所以用驱动轮输出功率的数值能评价在用汽车的动力性。

1.1.2 汽车行驶原理

欲使静止的汽车开始行驶,必须有与行驶方向相同的驱动力作用于汽车上。驱动力用来克服汽车行驶中的各种阻力,使汽车产生运动。若要汽车正常行驶,则必须满足汽车行驶的驱动与附着条件。

1. 汽车驱动力

汽车驱动力是指汽车行驶时,由地面提供给驱动轮的克服各种行驶阻力推动汽车前进的作用力。汽车驱动力产生原理如图1-1所示,汽车行驶时,发动机的输出转矩经由传动系统的离合器、变速器、传动轴、主减速器施加一个驱动力矩 T_t 至驱动轮上,力图使驱动轮旋转。当驱动轮转动时,在轮胎与地面接触点,车轮对地面施加一个向后的切向作用力 F_0,与此同时,路面对车轮也施加了一个数

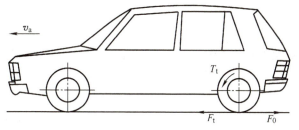

图1-1 汽车驱动力产生原理

值相等、方向与汽车行驶方向相同的切向反作用力 F_t,则 F_t 就是推动汽车行驶的驱动力。驱动力的数值与发动机的转矩、传动系统的参数和车轮滚动半径有关,其大小可用下式计算:

$$F_t = \frac{T_t}{r} = \frac{T_e i_0 i_g \eta_T}{r} \tag{1-2}$$

式中　F_t——驱动力(N);
　　　T_e——发动机输出的有效转矩(N·m);
　　　i_g——变速器的传动比;
　　　i_0——主减速器的传动比;
　　　η_T——传动系统的效率;
　　　r——车轮半径(m)。

2. 汽车行驶阻力

汽车行驶过程中,阻止汽车前进的阻力有滚动阻力、空气阻力、坡度阻力和加速阻力四种,这些阻力合称为行驶阻力。

(1) 滚动阻力　滚动阻力是指车轮在路面滚动时,轮胎与路面之间的相互作用和相应变形所产生的阻力。它主要由轮胎与路面变形所产生的能量损失引起。

弹性车轮在硬路面上滚动时,路面的变形很小,轮胎的变形是主要的,轮胎的弹性迟滞损失是产生滚动阻力的根本原因;车轮在沿松软路面(如松软土路、沙地、雪地等)滚动时,轮胎的变形较小,而路面的变形较大,路面变形引起的能量损失占主导地位。此外,轮胎与路面存在纵向、横向的局部滑移以及汽车减振系统和车轮轴承内部都存在着摩擦。车轮在滚动时产生的这些变形和摩擦都要消耗发动机一定的动力,因而形成滚动阻力。

滚动阻力与车轮的滚动紧密相连,在汽车中、低速运行时,它是行驶阻力的主要部分。滚动阻力可用下式计算:

$$F_f = F_z f \tag{1-3}$$

式中　F_f——滚动阻力(N);
　　　F_z——地面对车轮的法向反力(N);
　　　f——滚动阻力系数。

当总重为 G 的汽车在道路坡度角为 α 的路面行车时,整车 $F_f = Gf\cos\alpha$。若在水平路面行车,则 $F_f = Gf$,此时滚动阻力系数的物理意义是:单位汽车重力所需之推力。

滚动阻力系数通过试验测得。实际上滚动阻力系数是一个变化值,它与路况、车轮状态、行驶车速等都有关系。一般路面状况越好,车轮滚动时的能量损失越少,则滚动阻力系数就越小;子午线轮胎因帘线层数少、弹性迟滞损失少使得其滚动阻力系数比普通斜交轮胎的小;同类型轮胎,在硬路面行车时,若轮胎气压降低,则轮胎变形增加,弹性迟滞损失加大,滚动阻力系数变大;在路面及轮胎状况相同条件下,车速越高,轮胎周向、侧向扭曲变形就越大,滚动阻力系数越大。表1-1给出了车速在50km/h以下时不同路面的滚动阻力系数。

地面对车轮法向反力的大小与汽车重力、乘载情况和道路的坡度有关。汽车重力越大,地面对车轮的法向反力就越大。

表1-1 不同路面的滚动阻力系数

路面类型	滚动阻力系数	路面类型	滚动阻力系数
良好的沥青或混凝土路面	0.010~0.018	压紧的雨后土路	0.050~0.150
一般的沥青或混凝土路面	0.018~0.020	泥泞土路(雨季或解冻期)	0.100~0.250
碎石路面	0.020~0.025	干沙	0.100~0.300
良好的卵石路面	0.025~0.030	湿沙	0.060~0.150
坑洼的卵石路面	0.030~0.050	结冰路面	0.015~0.030
压紧的干燥土路	0.025~0.035	压紧的雪道	0.030~0.050

(2)空气阻力 空气阻力是指汽车直线行驶时,空气作用在汽车行驶方向上的分力。汽车行驶时,由于汽车与空气的相对运动(图1-2),汽车要挤开周围的空气,并与空气产生摩擦,因而产生空气阻力。

1)空气阻力的组成。空气阻力由压力阻力和摩擦阻力两部分组成。

① 压力阻力。它是指作用在汽车外形表面上法向压力的合力在行驶方向的分力。压力阻力又分为四部分:形状阻力、干扰阻力、内循环阻力、诱导阻力。

形状阻力主要与车身形状有关。汽车行驶时,空气流经车身,由于汽车主体形状所限和空气具有黏性,空气在车身表面会产生分离现象,被车辆分开的空气无法在后部平顺合拢而回复原状,造成车身后部有明显的涡流区(图1-2),产生负压,而汽车前面是正压,这样在汽车行驶方向上产生了压差阻力,即形状阻力。车身流线形越差,涡流区域就越大,形状阻力就越大。形状阻力是汽车空气阻力的主体,约占空气阻力的58%。

干扰阻力是指车身表面突起物(如后视镜、门把手、天线等)引起的阻力。干扰阻力约占空气阻力的14%。

内循环阻力是指发动机冷却系统、车内通风等所需的空气流经车体内部时所产生的阻力。内循环阻力约占空气阻力的12%。

诱导阻力是指空气升力在水平方向的投影。诱导阻力约占空气阻力的7%。

② 摩擦阻力。它是指车身表面与空气摩擦时产生的切向力合力在汽车行驶方向的分力。汽车运动时,因空气的黏性作用,使得空气与车身表面发生摩擦,从而产生车辆表面的摩擦阻力。摩擦阻力一般很小,约占空气阻力的9%。

2)空气阻力的计算。空气阻力尽管是作用于整个车辆,但可等效地简化为一个合力,认为作用于汽车的风压中心。汽车空气阻力主要与汽车的外部形状、正投影面积、汽车与空气的相对运动速度有关。空气阻力大小可用下式计算：

图1-2 汽车行驶时的空气流动

$$F_w = \frac{C_D A v_a^2}{21.15} \quad (1-4)$$

式中 F_w——空气阻力（N）；

C_D——空气阻力系数，取决于汽车的形状和表面的粗糙程度，由风洞试验测得，现代轿车的 C_D 为 0.28~0.41，客车的 C_D 为 0.50~0.80，货车的 C_D 为 0.8~1.0；

A——迎风面积（m²），即汽车行驶方向的投影面积，估算时，对于货车 $A = BH$，对于轿车 $A = 0.78 B_1 H$，其中 B 为轮距，B_1 为车宽，H 为车高，典型轿车的 A 为 1.7~2.1m²，客车的 A 为 4~7m²，货车的 A 为 3~7m²；

v_a——汽车的行驶速度①（km/h）。

空气阻力与汽车和空气的相对运动速度的平方成正比。汽车高速行驶时，空气阻力显著增加，是汽车行驶阻力的主要部分，发动机大部分功率都消耗在空气阻力上。而当车速小于30km/h 时，空气阻力较小，可以忽略不计。

（3）坡度阻力 汽车上坡行驶时，汽车重力沿坡道方向的分力，称为坡度阻力，如图1-3所示。坡度阻力的大小取决于汽车总质量和道路坡度角，可由下式计算：

$$F_i = G\sin\alpha \quad (1-5)$$

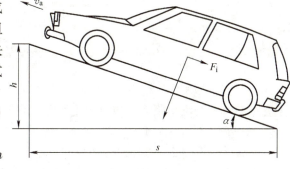

图1-3 汽车的坡度阻力

式中 F_i——坡度阻力（N）；

G——汽车重力（N），$G = mg$，m 为汽车质量，g 为重力加速度；

α——道路坡度角（°）。

道路坡度 i 以坡高 h 与坡底长 s 之比的百分数来表示，即

---

① 无风条件下的车速。车速 v_a 的单位为 km/h，车速 v 的单位为 m/s。

$$i = \frac{h}{s} \times 100\% = \tan\alpha \tag{1-6}$$

我国各级公路允许的最大纵向坡度较小,如Ⅳ级公路在特殊的山岭重丘区其最大坡度为9%,可见一般路面的坡度会更小。当 $\alpha < 15°$ 时,可认为:$i = \tan\alpha \approx \sin\alpha$,于是有:$F_i \approx Gi$。

注意:坡度阻力只在汽车上坡时存在,但汽车上坡所作的功并未白白地耗掉,而是以位能的形式被储存。当汽车下坡时,所储存的位能便加以释放从而变为汽车的动能,促使汽车行驶。

(4) 加速阻力 汽车加速行驶时,需要克服其质量加速运动的惯性力,即加速阻力。加速阻力的大小主要与汽车的总质量、旋转质量的大小和加速度有关。汽车质量分为平移质量和旋转质量两部分,加速时,不仅平移质量产生惯性力,旋转质量还要产生惯性力偶矩。为了便于计算,常以系数 δ 把旋转质量的惯性力偶矩转化为平移质量的惯性力,因而汽车的加速阻力可用下式计算

$$F_j = \delta m \frac{dv}{dt} \tag{1-7}$$

式中 F_j——加速阻力(N);

m——汽车质量(kg);

$\frac{dv}{dt}$——汽车行驶的加速度(m/s²);

δ——汽车旋转质量换算系数,其物理意义是:将旋转质量的惯性力偶矩等效地叠加到平移质量惯性力上时,平移质量惯性力应扩大的倍数。

汽车加速阻力 F_j 作用在汽车的质心上,其方向与加速度方向相反。汽车加速时,其加速阻力虽然消耗了发动机能量,但汽车的动能有所提高,而当汽车减速行驶时,其部分动能便加以释放,对外作功,F_j 就成了事实上的行驶助力。

3. 汽车行驶条件

(1) 汽车行驶的驱动条件 汽车必须有一定的驱动力,以克服各种行驶阻力,才能正常行驶。表示汽车驱动力和各种阻力之间关系的等式称为汽车的行驶方程式,即

$$F_t = F_f + F_w + F_i + F_j \tag{1-8}$$

或者

$$\frac{T_g i_0 i_g \eta_T}{r} = Gf\cos\alpha + \frac{C_D A v_a^2}{21.15} + G\sin\alpha + \delta m \frac{dv}{dt} \tag{1-9}$$

式(1-8)说明了汽车直线行驶时驱动力与各种行驶阻力之间的平衡关系。当路面的接触强度足够时,若汽车驱动力与各行驶阻力的平衡关系不同,则汽车的运动状态不同。

若 $F_t > F_f + F_w + F_i$,则汽车将加速行驶。

若 $F_t = F_f + F_w + F_i$,则汽车将匀速行驶。

若 $F_t < F_f + F_w + F_i$,则汽车将不能起步,或行驶的汽车将减速直至停车。

满足汽车行驶的第一个条件为

$$F_t \geq F_f + F_w + F_i \tag{1-10}$$

式(1-10)被称为汽车行驶的驱动条件。

(2) 汽车行驶的附着条件 汽车行驶的驱动条件不是汽车行驶的充分条件。松软路面或建筑工地上有时会见到汽车驱动轮陷入泥坑,驱动轮相对地面产生滑转,汽车不能行驶的

现象，驾驶人采用加大节气门的方法，力图增大汽车驱动力，其结果只能使驱动轮加速旋转，汽车仍不能行驶。这种现象说明，地面作用在驱动轮上的切向反力，受地面接触强度的限制，并不能随意增大。汽车行驶除满足驱动条件外，还要满足地面接触强度提供的条件即附着条件，汽车才能正常行驶。

无侧向力作用时，地面对轮胎切向反作用力的极限值，称为附着力。在硬路面上，附着力与驱动轮的法向反作用力成正比，即

$$F_\varphi = F_{z\varphi}\varphi \tag{1-11}$$

式中 F_φ——驱动轮的附着力（N）；

$F_{z\varphi}$——驱动轮的法向反作用力（N）；

φ——附着系数，由试验确定，取决于轮胎、路面和使用条件。

汽车驱动力的最大值虽然取决于发动机的最大转矩和传动系统的传动比，但实际发出的驱动力还受附着力的限制。当附着力较大时，汽车能充分发挥发动机的动力，能得到较大的驱动力；当附着力较小时，汽车的驱动力就较小，汽车节气门加得再大，也只会增加驱动轮的滑转速度，而不会增大地面对驱动轮的切向反力，不会增大驱动力。所以满足汽车行驶的第二个条件为

$$F_t \leq F_\varphi \tag{1-12}$$

式（1-12）被称为汽车行驶的附着条件。

(3) 汽车正常行驶条件　由汽车行驶的驱动条件和附着条件可以看出，保证汽车正常行驶的必要与充分条件是：汽车驱动力应大于或等于汽车滚动阻力、坡度阻力和空气阻力之和，且小于或等于汽车附着力，即

$$F_f + F_i + F_w \leq F_t \leq F_\varphi \tag{1-13}$$

可见，汽车正常行驶的条件就是汽车行驶的驱动与附着条件。

1.1.3　汽车动力性分析

当汽车发动机的外特性、变速器传动比、主减速器传动比、传动效率、车轮半径、空气阻力系数、汽车迎风面积及汽车质量等参数初步确定后，便可利用汽车行驶方程式采用适当的方法分析汽车在良好的典型路面（如混凝土路面或沥青路面）上行驶的动力性。

1. 汽车的驱动力平衡

汽车驱动力平衡是指汽车行驶时驱动力与行驶阻力的平衡，其驱动力恒等于行驶阻力。汽车驱动力与行驶阻力的平衡关系，可通过汽车行驶方程式得出。只要汽车行驶，汽车滚动阻力和空气阻力就必然存在。在良好路面上，汽车驱动力与这两个阻力之差可用于克服汽车的坡度阻力和汽车的加速阻力。

为了清晰地说明汽车行驶时驱动力和行驶阻力的关系，通常将汽车驱动力 F_t 以及始终存在的两个行驶阻力 F_f 和 F_w 绘制成力和车速的关系曲线图，称为汽车驱动力-行驶阻力平衡图（图1-4）。常用汽车驱动力-行驶阻力平衡图来分析汽车动力性，图解汽车动力性评价指标。

(1) 确定汽车最高车速　最高车速可直接图解得到。最高车速时，其坡度阻力和加速阻力均应为零，由汽车行驶方程式分析可知，此时 $F_t = F_f + F_w$，汽车受力处于相对平衡状态。显然，图1-4上 F_{t4} 曲线与 $F_f + F_w$ 曲线的交点所对应的车速便是最高车速 $v_{a\max}$。

当需要以较低车速等速行驶时，驾驶人可以关小节气门开度，使发动机在部分负荷特性下工作，其驱动力如图1-4中的虚线所示，其虚线与 $F_f + F_w$ 曲线的交点所对应的车速 v_{a1} 即为新的稳定车速。

（2）确定汽车加速能力 从图1-4看出，当车速小于最高车速时，驱动力就大于行驶阻力，当汽车在水平路面行驶时，多余的驱动力就可用来加速。根据汽车行驶方程式可求得汽车在水平良好路面的加速度为

$$\frac{dv}{dt} = \frac{1}{\delta m}[F_t - (F_f + F_w)] \quad (1-14)$$

按式（1-14），利用图1-4即可求出汽车各档及其对应车速的加速度曲线，显然，在附着条件足够时，汽车的驱动力越大，则汽车的加速度就越大，加速能力就越强。通常低档时，加速度较大；同一档位时，速度较低时加速度较大。

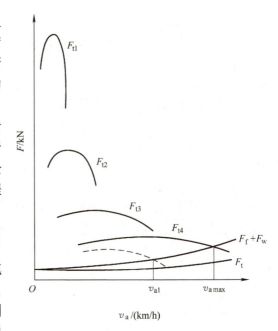

图1-4 汽车驱动力-行驶阻力平衡图

实际应用中，用汽车加速时间来评价汽车加速能力。这可利用各档节气门全开时图解得到的加速度曲线来获取其加速度倒数曲线，从而求得汽车由 v_1 加速到 v_2 所需的时间。设汽车的加速度为 a，由运动学知

$$dt = \frac{1}{a}dv \quad (1-15)$$

$$t = \int_0^t dt = \int_{v_1}^{v_2} \frac{1}{a}dv = A \quad (1-16)$$

即加速时间可用计算机进行积分计算或用图解积分法求出。

（3）确定汽车爬坡能力 从图1-4看出，当车速小于最高车速时，驱动力就大于行驶阻力，当汽车等速行驶时，多余的驱动力就可用来爬坡。根据汽车行驶方程式得

$$\alpha = \arcsin\frac{F_t - (F_f + F_w)}{G} \quad (1-17)$$

按式（1-17），利用图1-4即可求出汽车能爬上的坡道角，相应地根据 $i = \tan\alpha$ 可求出爬坡度。图解求出的第1档最大爬坡度 i_{max} 即为汽车的最大爬坡度。显然，在附着条件足够时，汽车第1档的驱动力越大，则汽车的爬坡能力就越强。

2. 汽车的动力特性

（1）动力因数 汽车的驱动力-行驶阻力平衡图从驱动力与行驶阻力平衡的角度研究了汽车的动力性能，但它还不能肯定驱动力大的汽车，其动力性就一定好。在评价汽车动力性时，必须考虑汽车的总重力 G 和空气阻力 F_w 对汽车动力性的影响。为了更科学地评价不同汽车的动力性能，必须采用与 G 无关并同时排除了 F_w 的指标，才能对总重力不同、外形各异的汽车作出共同的评价尺度。通过对汽车行驶方程式的变换，可以得到表征动力特性的

指标——动力因数 D。

动力因数是指单位汽车总重力的剩余驱动力，其定义式为

$$D = \frac{F_t - F_w}{G} \tag{1-18}$$

根据汽车行驶方程式可推得

$$D = f\cos\alpha + \sin\alpha + \frac{\delta}{g}\frac{dv}{dt} \tag{1-19}$$

从式（1-19）可知，只要两车的 D 值相等，则它们在相同的道路条件下，便可爬同样大小的坡度，或产生同样的加速度（δ 值应相等）。也就是说，具有相同动力因数的汽车，尽管它们总重力和空气阻力有关参数不同，但它们具有相同的克服道路阻力和加速阻力的能力。因此，动力因数反映了汽车的动力特性，所以常把动力因数作为表征汽车动力特性的指标。

（2）动力特性分析　利用汽车动力特性图可很好地分析汽车的动力特性。动力特性图是指汽车在各档下的动力因数与车速的关系曲线图（图1-5）。从图1-5中可以看出：

1）动力因数随档位而变。动力因数受变速器传动比的影响较大，档位越低，动力因数越大。第Ⅰ档动力因数最大，说明汽车在第Ⅰ档克服道路阻力或加速阻力的能力最强。汽车最大爬坡度往往在第Ⅰ档最大动力因数对应的车速处产生。高档位时驱动力小，而对应的车速高，因而动力因数小，汽车克服道路阻力或加速阻力的能力较小。

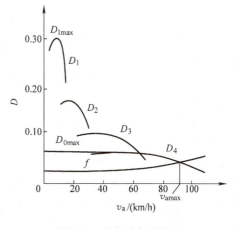

图1-5　汽车动力特性图

2）动力因数随车速而变。汽车在各档位稳定行驶时，动力因数随车速的降低而增大。低速时驱动力大而空气阻力小，因而动力因数大。每档动力因数在车速较低时有一最大值，此时汽车克服道路阻力或加速阻力的能力最大。汽车在一定档位行驶时，利用动力因数随车速的变化关系，可以更好地适应道路条件的变化，如道路阻力加大时，汽车会自动减速增加动力因数来应对，当需求超过该档最大动力因数时，则必须降档行车来提高动力因数。

（3）求解动力性评价指标　在动力特性图上，以相同的比例尺做出滚动阻力系数随车速的变化关系曲线，就可方便地求解汽车动力性评价指标。

1）确定汽车最高车速。汽车在最高车速行驶时，其 $\frac{dv}{dt}=0$，$\sin\alpha=0$，$\cos\alpha=1$，将其代入式（1-19）得：$D=f$，因此，D 曲线与 f 曲线的交点所对应的车速就是汽车的最高车速 v_{amax}。

2）确定汽车爬坡能力。汽车等速上坡行驶时，其 $\frac{dv}{dt}=0$，由式（1-19）得

$$D = f\cos\alpha + \sin\alpha \tag{1-20}$$

解此方程得

$$\alpha = \arcsin\frac{D - f\sqrt{1 - D^2 + f^2}}{1 + f^2} \tag{1-21}$$

然后按 $i = \tan\alpha$ 可求出各种车速对应的各档爬坡度。求最大爬坡度时,可将图 1-5 中第 I 档的最大动力因数 $D_{1\max}$ 和对应的滚动阻力系数 f 代入式(1-21),求出最大坡度角 $\alpha_{1\max}$,然后按 $i_{\max} = \tan\alpha_{1\max}$ 换算成汽车的最大爬坡度。

若道路坡度角不大或粗略估算汽车的爬坡能力,则可认为 $\cos\alpha \approx 1$ 和 $\sin\alpha \approx \tan\alpha = i$,将其代入式(1-20)后变换得

$$i = D - f \tag{1-22}$$

式(1-22)说明,动力特性图上 D 与 f 曲线间的距离粗略表示了汽车在各档位相应车速的爬坡度。显然,在附着条件足够时,汽车的最大动力因数越大,则汽车的爬坡能力就越强。

3)确定汽车加速能力。汽车加速行驶时,其 $i = 0$,由式(1-19)得

$$\frac{dv}{dt} = \frac{g}{\delta}(D - f) \tag{1-23}$$

式(1-23)表示汽车动力特性图中,某车速时 D 与 f 曲线间距的 g/δ 倍,即为该车速所能达到的加速度。利用各档节气门全开时图解得到的加速度及其倒数曲线,可求得所需的汽车加速时间。显然,在附着条件足够时,汽车的动力因数越大,则汽车的加速能力就越强。

汽车第 I 档的最大动力因数 $D_{1\max}$ 和最高档或直接档的最大动力因数 $D_{0\max}$,对汽车平均行驶速度有很大影响。$D_{1\max}$ 大,说明汽车克服最大道路阻力的能力强,加速能力大,有利于提高汽车的平均行驶速度;$D_{0\max}$ 大,说明汽车在高档位或直接档行驶的爬坡能力大,在好路面不降档行驶的能力强,有利于提高汽车的平均行驶速度。因此,$D_{1\max}$、$D_{0\max}$ 是评价汽车动力特性的重要参数。表 1-2 是各类汽车的 $D_{1\max}$ 和 $D_{0\max}$。

表 1-2 各类汽车的 $D_{1\max}$ 和 $D_{0\max}$

车型类型		$D_{0\max}$	$D_{1\max}$
货车	小型	0.06~0.10	0.30~0.40
	轻型	0.05~0.08	0.30~0.40
	中型	0.05~0.06	0.30~0.35
	重型	0.04~0.06	0.30~0.35
客车	小型	0.05~0.08	0.20~0.35
	中、大型	0.04~0.06	0.20~0.35
	铰接式	0.03~0.04	0.12~0.15
轿车	微型	0.07~0.10	0.30~0.40
	普通	0.08~0.12	0.30~0.45
	中级	0.10~0.15	0.30~0.50
	高级	0.14~0.20	0.30~0.50
矿用自卸车		0.03~0.05	0.30~0.50

3. 汽车的功率平衡

(1)功率平衡 汽车的功率平衡是指发动机输出的功率与汽车行驶阻力消耗功率、机械传动损失功率的平衡,其发动机发出的功率恒等于汽车行驶阻力所消耗的功率与机械传动

损失功率之和。若发动机发出的功率为 P_e(kW)，汽车行驶阻力所消耗的功率为滚动阻力功率 P_f、坡度阻力功率 P_i、空气阻力功率 P_w 和加速阻力功率 P_j，则汽车功率平衡方程式如下：

$$P_e = (P_f + P_i + P_w + P_j)/\eta_T \tag{1-24}$$

或者

$$P_e = \frac{v_a}{3600\eta_T}(Gf\cos\alpha + G\sin\alpha + \frac{C_D A v_a^2}{21.15} + \delta m \frac{dv}{dt}) \tag{1-25}$$

（2）功率平衡分析　利用汽车的功率平衡图可以从功率平衡的角度研究汽车的动力性，并且更能说明传动比的选择、发动机外特性曲线形状等对汽车动力性的影响。若以纵坐标表示功率，横坐标表示车速，将发动机功率 P_e、汽车经常遇到的阻力功率 $(P_f + P_w)/\eta_T$ 对车速的关系曲线绘在坐标图上，即得汽车功率平衡图，如图1-6所示。

汽车功率平衡图表明，档位不同时其功率大小的范围不变，但各档的功率（P_e）曲线所对应的车速范围不同，高档的车速变化范围比低档宽，且向高速方向移动。功率平衡图的应用如下。

1）确定最高车速。汽车处于最高车速时，发动机功率完全与滚动阻力功率、空气阻力功率和传动损失功率平衡，因而图1-6中发动机功率曲线与阻力功率曲线交点处 A 所对应的车速，便是汽车在良好水平路面上的最高车速 v_{amax}。当阻力功率曲线和变速器传动比一定

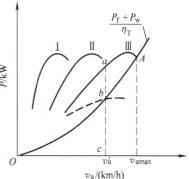

图1-6　汽车功率平衡图

时，主减速器传动比的变化将会改变汽车的最高车速，从而影响汽车的动力性。

2）确定后备功率。当驾驶人减小节气门开度时，发动机即在部分负荷特性下工作，发动机发出的功率如图1-6中的虚线所示，其虚线与阻力功率曲线的交点所对应的车速 v_a' 即为汽车在该节气门开度下的等速行驶车速。此时，汽车发动机能发出的功率为 $\overline{ac}$，汽车阻力功率为 $\overline{bc}$，而功率之差为

$$P_e - \frac{P_f + P_w}{\eta_T} = \overline{ac} - \overline{bc} = \overline{ab}$$

它可用来加速或爬坡，通常称 $P_e - \frac{P_f + P_w}{\eta_T}$ 为汽车的后备功率。

在一般情况下，维持汽车等速行驶所需的发动机功率并不大，发动机节气门的开度较小。当需要爬坡或加速时，驾驶人加大节气门开度，使汽车的全部或部分后备功率发挥作用。因此，汽车的后备功率越大，汽车的动力性就越好。

3）确定负荷率。发动机负荷率是指发动机在某一转速下实际发出的功率与所能发出的功率之比值。在功率平衡图中，可很容易确定汽车在某一车速某一档位下的发动机负荷率。图1-6中 $\overline{bc}$ 与 $\overline{ac}$ 的比值即为汽车在 v_a' 车速下的发动机负荷率。负荷率的高低表明了汽车功率的利用程度，负荷率低，表示汽车此时的功率利用较少，汽车的后备功率较大，此时汽车具有良好的加速能力或爬坡能力；负荷率高，表示汽车此时的功率利用较多，适当提高汽车发动机负荷率，可提高汽车的燃油经济性。

实际上，利用功率的概念能很好地概括汽车动力性。如驱动轮输出功率（$P_e\eta_T$）大，说明车速与阻力之积较大，表示汽车在良好路面行驶的最高车速高；驱动轮输出功率大，说明在良好路面上单位时间内提高汽车动能的能力强，表示汽车的加速性能好；驱动轮输出功率大，说明汽车在单位时间内提高汽车势能的能力强，表示汽车的爬坡能力大。

1.1.4 汽车动力性的主要影响因素

为了提高汽车的动力性，必须对影响汽车动力性的主要因素进行分析，以便合理地选择汽车动力性参数和提供良好的汽车使用条件。

1. 发动机参数

发动机的最大功率和最大转矩对汽车动力性影响最大。发动机最大功率、最大转矩越大，汽车动力性就越好。但发动机功率过大，也是不合理的，一方面，发动机功率过大导致发动机尺寸、质量、制造成本增大，同时还导致发动机负荷率过低使汽车燃油经济性显著下降；另一方面，汽车驱动力的提高受到附着条件的限制，所以过高的发动机功率、转矩也是无益的。

通常用汽车比功率（kW/t）来衡量汽车发动机功率是否匹配，汽车比功率是指发动机最大净功率与汽车最大允许总质量之比。汽车比功率与汽车的类型有关，低速货车比功率应大于等于4.0kW/t，除无轨电车、纯电动汽车外的其他机动车的比功率应大于等于5.0kW/t。一般总质量大于5t的货车为7.35~11kW/t，总质量2~4t的货车为11~15kW/t，总质量小于2t的货车为15~35kW/t；高级大型客车比功率应大于等于15kW/t；轿车的比功率更大，普通轿车的比功率为37~66kW/t，高级轿车的比功率为52~110kW/t。

发动机外特性曲线形状对动力性也有较大的影响。图1-7为两台发动机的外特性曲线，其最大功率相等。由图可见，外特性曲线1的后备功率较大，使汽车具有较大的加速能力和上坡能力，动力性较好；同时外特性曲线1适应汽车行驶阻力变化的能力强，可使换档次数减少，有利于提高汽车的平均行驶速度。

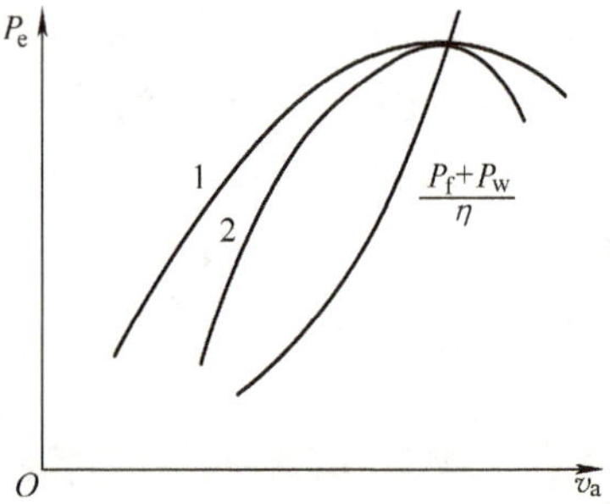

图1-7 发动机外特性曲线形状不同的汽车功率平衡图

2. 传动系统参数

（1）传动系统效率　发动机发出的功率经传动系统传至驱动轮的过程中，必然会消耗一部分功率。常用传动系统机械效率 η_T 来描述其消耗程度。传动系统机械效率是指传动系统输出功率与输入功率的比值，即

$$\eta_T = \frac{P_e - P_T}{P_e} \quad (1\text{-}26)$$

式中　P_T——传动系统的损失功率（kW）。

传动系统的功率损失主要由变速器、万向传动装置、主减速器等处的功率损失组成。其中变速器和主减速器的功率损失占主要部分。

传动系统的功率损失可分为机械损失和液力损失两大类。机械损失是指齿轮传动副、轴承、油封等处的摩擦损失，其功率损失的大小与齿轮啮合的对数、传递转矩的大小等因素有关。液力损失是指消耗于润滑油的搅动、润滑油与旋转零件之间的表面摩擦等的损失，其功率损失的大小取决于润滑油的品种、温度、箱体内的液面高度及齿轮等旋转零件的转速等。

正常的传动系统机械效率如表1-3所示。若传动系统机械效率高，则表明传动系统的损失功率小，输给驱动轮的功率大，汽车动力性好。正确装配、合理调整传动系统部件，在润滑油中加入减摩添加剂和选用黏度适当且黏温性能好的润滑油，保持传动系统具有良好的润滑，对提高传动系统的机械效率均会有明显的效果。

表1-3 汽车传动系统机械效率

汽车类型		机械传动效率 η_T
轿车		0.90~0.92
载货汽车和客车	单级主减速器	0.90
	双级主减速器	0.84
4×4越野汽车		0.85
6×4载货汽车		0.80

（2）主减速器传动比 变速器处于直接档时，主减速器传动比 i_0 将直接影响汽车动力性。对于变速器无超速档的汽车，主减速器传动比将决定汽车的最高车速和克服行驶阻力的能力。图1-8表示其他条件相同而主减速器传动比不同的直接档功率平衡图。当选择 $i_0 = i_{02}$ 时，汽车最高车速等于发动机最大功率点的车速，此时汽车最高车速是最大的，如 v_{amax2}。若增大 i_0，使其 $i_0 = i_{01}$，则汽车的后备功率增大，汽车的加速能力和爬坡能力提高，汽车低速动力性较好，但汽车最高车速降低至 v_{amax1}。若减小 i_0，使其 $i_0 = i_{03}$，则汽车的后备功率减小，同时汽车的最高车速降低至 v_{amax3}，动力性变差，但发动机功率利用率提高，燃油经济性较好。为了提高汽车动力性，i_0 应选得适中。

（3）变速器档数 变速器档数增多，发动机在最大功率附近高功率工作的机会增加，发动机的平均功率利用率高，后备功率大。例如，在两档变速器的Ⅰ档与直接档之间增加两个档位时（图1-9），汽车的最高车速和最大爬坡度均不变，但在一定的速度范围内，可利用的后备功率增大了（图中阴影线表示的区域），有利于汽车的加速和爬坡，汽车的动力性好。

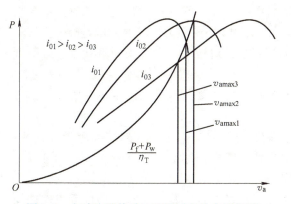

图1-8 主减速器传动比不同时的功率平衡图

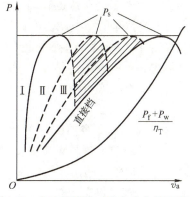

图1-9 变速器档数对汽车动力性的影响

当变速器档数很多时，汽车行驶的驱动力特性就接近理想的动力特性，其汽车就具有良好的加速性和爬坡能力。另外档数较多，可使换档容易，操纵性好，同时汽车在低燃油消耗率区间工作的机会加大。但档数过多，会使变速器的结构大为复杂，同时操纵机构也相应复杂。通常，轿车变速器采用3~5个档，轻、中型货车变速器采用4~5个档，重型汽车变速器多于5个档。为保证有足够多的档位而结构又不复杂,不少重型汽车的变速器后还接上一个具有2个档位或3个档位的副变速器,在越野汽车的变速器后带有一个具有高、低档的分动器。

(4) 变速器传动比 汽车以最低档行驶时,必须保证汽车具有足够的驱动力,以使汽车具有克服最大行驶阻力的能力。如其他条件相同,1档传动比直接影响汽车起步加速性能和最大爬坡能力,这是因为1档传动比愈大,该档的最大驱动力和动力因数也就愈大。因此,1档传动比应足够大。当然,1档传动比增大的程度必须满足附着条件,当1档发出最大驱动力时,驱动轮不应产生滑转。

有些汽车变速器的最小传动比为1,但有很多汽车特别是小轿车变速器的最小传动比小于1。变速器传动比小于1的档位,称为超速档,利用超速档的目的主要是提高汽车在良好路面上行驶时的发动机负荷率,从而提高汽车的燃油经济性。

变速器各档传动比的分配从提高汽车动力性角度考虑,应按等比级数分配,即

$$\frac{i_{g1}}{i_{g2}} = \frac{i_{g2}}{i_{g3}} = \cdots = \frac{i_{g(n-1)}}{i_{gn}} \tag{1-27}$$

这种分配可使汽车在换档加速过程中,发动机总在同一转速范围内工作,离合器易实现无冲击接合;同时功率利用程度最高,加速时间最短。但考虑汽车在实际换档过程中占有一定时间,车速有所下降,且使用车速范围大,高档位利用率高,现代汽车变速器各档传动比多采用渐进式速比分配,即

$$\frac{i_{g1}}{i_{g2}} > \frac{i_{g2}}{i_{g3}} > \cdots > \frac{i_{g(n-1)}}{i_{gn}} \tag{1-28}$$

这种分配便于高档位换档,提高较高档位下发动机的平均功率,能改善汽车在较高档位行驶的动力性。

3. 空气阻力系数

根据公式 $D = (F_t - F_w)/G$,若汽车总重力与驱动力不变,空气阻力越小,则汽车动力因数 D 越大,汽车最高车速也越高,汽车的动力性就越好。但汽车在高速行驶时,空气阻力很大。为提高汽车的动力性,应减少空气阻力。而减少空气阻力的主要手段是降低空气阻力系数 C_D,现代汽车设计师都注重改善车身的流线形,对轿车车身常采用下列方法来降低空气阻力系数。

(1) 整车 整个车身应向前1°~2°;水平投影应为"腰鼓"形,后端稍稍收缩,前端呈半圆形。

(2) 车身前部 车身前部的发动机罩应向前下倾;面与面交接处的棱角应为圆柱状;风窗玻璃应尽可能躺平且与车顶圆滑过渡;前支柱应圆滑,侧窗应与车身相平;尽量减少灯、后视镜等凸出物,凸出物的形状应接近流线形。

(3) 汽车后部 汽车后部最好采用舱背式或直背式车身,舱背式车身是指后窗玻璃与水平线呈25°~50°角的车身,而直背式车身是指后窗玻璃与水平线夹角小于25°的车身。若采用折背式车身,则行李舱盖板应高而短,后面应有鸭尾式结构。

(4) 车身底部 底部用平滑的盖板将车身下平面内面的所有零部件盖住,其盖板从车身中部或由后轮以后向上稍稍升高。

(5) 发动机冷却进风系统 根据车身的压力分布,合理选择进风口与出风口位置,精

心设计内部风道，可减少内循环阻力。

现代轿车的空气阻力系数 C_D 已大大降低，高级轿车的 C_D 值已达 0.3 以下，有的车身 C_D 值已达 0.2，这对减少高速行驶时的功率消耗是非常有利的，可提高汽车动力性。

4. 汽车质量

汽车质量对汽车动力性影响很大。除空气阻力外，其他行驶阻力都与汽车质量成正比。而动力因数则与汽车质量成反比。因此，随着汽车质量的增大，其行驶阻力增加，动力因数降低，汽车的动力性下降。

汽车作为一种运输工具，不能通过减少装载质量来提高汽车的动力性，而最有效的方法就是减轻汽车的整备质量来提高汽车动力性。减轻汽车整备质量的主要措施是：用计算机优化设计；增加轻质材料在汽车上的应用比例，如选用铝、镁合金材料及玻璃纤维和碳纤维增强材料等；改善汽车各总成乃至零件的结构，使强度充分发挥，减小结构尺寸和用料量；采用承载式车身；提高轮胎的可靠性，去掉备胎等。

5. 汽车驱动形式

汽车的驱动形式不同，附着条件就不同，所能获得的最大驱动力就不同，因而驱动形式对汽车的动力性就有影响。

单轴驱动汽车，一般以后轴作为驱动轴，有利于提高汽车的动力性。当汽车上坡、加速、高速行驶需要加大驱动力时，地面作用于驱动轮的法向反作用力增大，附着力也随之增大，汽车容易获得足够的附着力而保证所需的驱动力。

采用全轮驱动的汽车比单轴驱动汽车具有更好的动力性，因为它能够利用的附着力是最大的，同时当某一驱动轴失去驱动能力时，则另外的驱动轴仍可继续驱动。

智能全模式四驱系统已经在轿车上得到了很好的应用。它有两驱、自动和四驱锁定模式功能，以应对各种路况。两驱模式时，前轴或后轴驱动，适应平整的高速公路或城市道路行驶，可以获得足够的动力性，表现出更佳的燃油经济性。自动模式时，系统会根据路况自动将前、后轮转矩智能分配：通常情况下，汽车还是处于 2WD 模式运行；而当前轮与后轮之间出现转速差时，说明驱动轮出现滑转，则应提高附着力，此时控制系统将使 2WD 模式自动转变成 4WD 模式；当汽车等速行驶或减速行驶时，一般为两轮驱动；当突然加速或上陡坡时，就有可能成为四轮驱动。自动模式具有最佳的行驶性能，适应各种复杂路况行驶。四驱锁定模式时，前、后轮转矩按固定的比例（约为 50∶50）分配，前、后轮具有固定比例的驱动力，适应汽车在松软路面或越野条件下行驶，可提高汽车的动力性和通过性。

6. 汽车轮胎

汽车行驶时，轮胎的滚动阻力和附着性能对汽车动力性产生较大的影响。为了提高汽车动力性，应尽量减少汽车轮胎的滚动阻力，同时增加道路与轮胎间的附着力。根据这一原则，在硬路面上行驶的汽车，应采用子午线轮胎、细而浅的花纹、较高的轮胎气压；在松软路面上行驶的汽车，应采用粗而深的轮胎花纹、较低的轮胎气压。

轮胎的尺寸对动力性也有影响。当其他条件相同时，其驱动力与轮胎半径成反比，而车速又与轮胎半径成正比，这说明轮胎半径对与动力性有关的驱动力和车速的影响是矛盾的。现在，行驶于良好路面上的汽车，轮胎尺寸有减小的趋势，因为汽车在良好路面行驶时，附着力较大，若用小直径的轮胎，可得到较大的驱动力，而车速的提高可用减小主减速器传动比的方法来解决。另外，采用宽系列轮胎，可增加轮胎与路面间的附着系数，改善其附着性能，提高汽车的动力性。

7. 使用因素

（1）发动机技术状况　发动机技术状况是保证汽车动力性的关键。发动机是汽车动力的来源，若发动机技术状况不良，其功率、转矩下降，则汽车动力性就会下降。因此，应对发动机加强维护，保证发动机具有良好的技术性能。

（2）底盘技术状况　汽车底盘技术状况从多方面影响汽车动力性，如传动系统技术状况不良，则动力传递时的功率损失会增大，驱动轮获得的功率会减少；如行驶系统技术状况不良，则汽车的行驶阻力会增大，汽车行驶平顺性、操纵稳定性会变差，汽车高速行驶是不可能的；如转向系统、制动系统技术状况不良，则会直接影响汽车的行车安全，汽车的动力性就得不到充分发挥。若底盘技术状况不良，则汽车的平均行驶速度会降低，动力性会变差。因此，应加强对汽车底盘的检查、维护，确保汽车底盘具有良好的技术性能。

（3）驾驶技术　熟练地驾驶，适时和迅速地换档以及正确地选择档位，对发挥和利用汽车的动力性具有很大作用。同一辆车，同样的行驶条件，不同的驾驶人驾驶，可能具有不同的平均行驶速度，这就是驾驶技术在起作用。

（4）汽车行驶条件　行驶条件中的气候和路面对汽车动力性的影响较大。汽车长时间在高温条件下工作，由于发动机过热，进气温度高，引起功率下降，致使汽车动力性降低；汽车行驶在高原地区，由于充气量与压缩压力下降，引起发动机功率下降，导致汽车动力性下降；汽车在坏路面行驶时，路面和轮胎间的滚动阻力较大，附着系数较小，汽车的动力性下降。

1.1.5　在用汽车动力性检测与评价

1. 在用汽车动力性检测

在用汽车动力性常用发动机最大转矩和额定功率时的驱动轮输出功率来评价。因此，在用汽车动力性检测主要是检测其驱动轮的输出功率。

（1）检测设备　驱动轮输出功率通常在台架上检测，其主要检测设备是汽车底盘测功机。它通过模拟汽车道路行驶工况的方法来检测汽车动力性。

1）底盘测功机结构。汽车底盘测功机一般由滚筒装置、加载装置、飞轮装置、测量装置、控制与指示装置和辅助装置等构成，如图1-10所示。

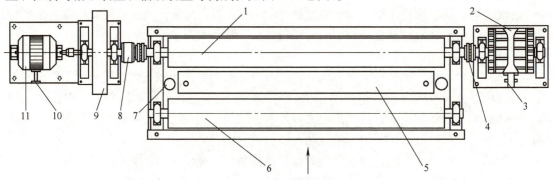

图1-10　汽车底盘测功机结构示意图

1—主动滚筒　2—加载装置（电涡流测功器）　3、10—压力传感器　4—联轴器　5—举升器
6—从动滚筒　7—挡轮　8—电磁离合器　9—飞轮装置　11—反拖电动机

滚筒装置用来模拟连续移动的路面，测功时，驱动车轮在滚筒上滚动。因此，滚筒是支承车轴载荷，并传递功率、转矩、速度的主要构件。

加载装置俗称测功器，用来模拟汽车在道路上的行驶阻力，吸收驱动轮上的输出功率。现代汽车底盘测功机加载装置大多采用电涡流测功器。

飞轮装置用于模拟汽车在道路上行驶的惯性。为了准确测量，飞轮的转动惯量应与被测车辆路试时的惯性相适应，即底盘测功机检测时旋转部件的动能应与汽车行驶时的动能相等。

测量装置主要包括测力装置、测速装置和测距装置。测力装置用来测量驱动轮上的驱动力或力矩；测速装置用来测量滚筒的转速或车速；测距装置用来测量汽车行驶的距离。

控制装置用来控制底盘测功机的整个检测过程，使检测能够按照给定的方式自动进行，确保车辆检测模拟的准确性。

指示装置用来显示测量结果。现代汽车底盘测功机检测的输出功率、驱动力和车速等参数普遍采用显示器直接显示，显示器还可显示测量过程的动态曲线。一般底盘测功机还有指针式仪表，它可显示电涡流测功机的电流、转速、输出转矩，以便监视测功机的工作状态。

辅助装置主要包括举升装置、冷风装置和反拖电动机。举升装置的作用是方便被测车辆驶入和驶出底盘测功机；冷风装置的作用是在汽车检测时加强对加载装置的冷却；反拖电动机的作用是检测底盘传动效率。

2）底盘测功机原理。汽车驶上底盘测功机，将驱动轮支承于两个滚筒之上（图1-11），起动发动机让车轮驱动滚筒转动使之模拟路面的行驶状态。此时滚筒表面的线速度就是汽车的行驶速度，根据滚筒的转速就可以换算出汽车的行驶速度，而滚筒的转速可由测速传感器输出脉冲

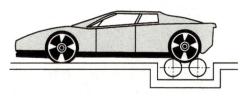

图1-11 双滚筒底盘测功机测功示意图

信号来反映，其脉冲频率的高低与滚筒转速成正比。汽车行驶的道路阻力由电涡流测功器加载模拟。当给电涡流测功器励磁线圈加一定电流时，则测功器中的涡电流与磁场相互作用，产生一个制动转矩，反作用于滚筒表面。这个制动转矩反力使定子随着转子旋转方向摆动，通过力臂作用在压力传感器之上。压力传感器输出模拟信号的大小与制动转矩成正比，在滚筒转速稳定时，该制动转矩与驱动轮驱动力对滚筒的驱动力矩相等。据此，可求出驱动轮作用在滚筒上的驱动力。实际上，在测速装置获取车速 v_a 信号即滚筒转速电信号的同时，其测力装置也将驱动力 F_t 即滚筒转矩信息转换成电信号，两信号同时输入给计算机系统处理运算后，即可显示驱动轮输出功率 P_k，其功率表达式为

$$P_k = \frac{F_t v_a}{3600} \tag{1-29}$$

式中　P_k——驱动轮输出功率（kW）；

F_t——驱动力（N）；

v_a——车速（km/h）。

通过改变电涡流测功器负荷的大小，可以模拟汽车在道路上行驶的各种阻力，因此可以实现汽车在各种车速下驱动轮上的输出功率、驱动力的测定。

（2）检测工况　在用汽车动力性检测工况常采用额定功率工况和最大转矩工况。额定功率工况是指发动机在全负荷额定功率转速下的运行工况，它检测的是汽车最大驱动功率，

其功率大小可反映汽车整车的动力性及技术状况,是汽车动力性检测的必检项目;最大转矩工况是指发动机在全负荷最大转矩转速下的运行工况,它检测的是发动机最大转矩时对应的驱动功率,其功率大小可反映汽车的最大加速能力和爬坡能力,是汽车动力性检测的必检项目。

(3)检测方法

1)底盘测功机的准备。在底盘测功机进行定期检查、定期润滑、定期标定的基础上,保证底盘测功机各系统能进行正常工作。

2)被测车辆的准备:

① 轮胎表面应清洁,不能嵌入任何杂物。

② 轮胎的规格和气压应符合制造厂的规定。

③ 发动机机油应充足,机油压力应在允许范围内。

④ 发动机冷却系统的工作应正常。

⑤ 车辆处于空载状态,并关闭空调系统等非汽车运行所必须的耗能装置。

⑥ 道路运行,走热全车,使汽车各运动部件、润滑油、冷却液等达到正常的温度状态。

3)功率检测步骤:

① 接通底盘测功机电源,使设备处于检测状态。

② 升起举升器托板。

③ 将被测车辆沿垂直滚筒的方向平稳驶上底盘测功机,并将驱动轮置于两滚筒间举升器托板上。

④ 操作仪器,降下举升器托板。

⑤ 用三角铁塞住从动轮,对被测车辆进行必要的纵向约束。

⑥ 利用车辆或反拖电机驱动滚筒稍作预热运转,使底盘测功机各运动部件工作温度正常。

⑦ 测量驱动轮输出功率。根据检测工况要求测量功率,方法如下。

A 额定功率工况下检测。

a. 起动发动机,由低档加速逐渐换至直接档(无直接档时指变速器传动比最接近于1的档,自动变速器汽车应置于"D"位),使汽车以直接档的最低车速稳定运转。

b. 将加速踏板踩到底,测功机加载扫描最大功率点,记录最大功率点速度(v_P)。

c. 在车速 v_P 下,测功机进行定速测功,待汽车速度稳定5s后,读取测功机不少于3s内测得功率的平均值并记录。在读数期间,实际车速应稳定在 $v_P \pm 0.5$ km/h 的范围内。

B 最大转矩工况下检测。

a. 设定检测车速:根据发动机最大转矩转速、车轮半径、主减速器传动比、变速器传动比参数,按式(1-30)确定的车速 v_M 即为检测车速

$$v_M = 0.377 \frac{rn_m}{i_0 i'_g} \tag{1-30}$$

式中 v_M——底盘测功车速(km/h);

n_m——发动机最大转矩转速(r/min);

r——车轮半径(m);

i'_g——变速器选定档位的传动比;

i_0——主减速器传动比。

b. 起动发动机，由低档加速逐渐换至直接档（无直接档时指变速器传动比最接近于1的档，自动变速器汽车应置于"D"位），使汽车以直接档的最低车速稳定运转。

c. 测功机加载，并将加速踏板踩到底，在车速 v_M 下，进行定速测功，待汽车速度稳定5s后，读取测功机不少于3s内测得功率的平均值并记录。在读数期间，实际车速应稳定在 $v_M \pm 0.5 \text{km/h}$ 的范围内。

⑧ 记录环境状态下的各种检测数据，以便进行数据处理。输出或打印检测结果。

⑨ 测试完毕后，待驱动轮停转，拆除外围的冷却及约束附件，升起举升器托板，将被测车辆驶离底盘测功机，然后切断底盘测功机电源。

2. 在用汽车动力性评价

以驱动轮输出功率作为评价指标时，在用汽车的动力性是依据额定功率工况和最大转矩工况下的检测数据，通过校正驱功轮输出功率与相应的功率限值比较来评价的。

（1）评价方法

1）实测驱动轮输出功率。在检测环境状态下，采用额定功率工况和最大转矩工况，由底盘测功机测出驱动轮输出功率。

2）计算驱动轮输出功率。在实际环境状态下，实际的驱动轮输出功率还应包含轮胎滚动阻力消耗功率和底盘测功机内部损耗功率。因此，驱动轮输出功率可通过下式计算确定

$$P = P_k + P_c + P_f \tag{1-31}$$

式中　P——驱动轮输出功率（kW）；

　　　P_k——测功机测得功率（kW）；

　　　P_c——测功机内部损耗功率（kW），可通过测试和计算得到；

　　　P_f——轮胎滚动阻力消耗功率（kW），可根据汽车重力、轮胎滚动阻力系数、工况车速通过计算得到。

3）计算校正驱动轮输出功率。实际驱动轮输出功率校正到标准环境状态下的功率，称为校正驱动轮输出功率。校正驱动轮输出功率的表达式为

$$P_0 = \alpha \cdot P$$

式中　P_0——标准环境状态下的校正功率；

　　　α——校正系数，通过计算或查表得到；

　　　P——驱动轮输出功率。

校正功率的标准环境状态是指：大气压100kPa、相对湿度30%、环境温度298K（25℃）、干空气压99kPa（干空气压是基于总气压为100kPa，水蒸气分压为1kPa计算得到的）时的状态。

4）动力性评价。在我国，台架试验评价标准规定：采用最大转矩工况或额定功率工况下的驱动轮输出功率评价时，当校正驱动轮输出功率大于或等于限值，则判定该车动力性为合格。

当校正驱动轮输出功率小于限值时，允许复检一次。一次复检合格，则判定该车动力性为合格。当检测结果和复检结果均小于限值，则判定该车动力性不合格。

若校正驱动轮输出功率比其相应的限值小，则表明汽车的动力性不良，说明汽车发动机及其传动系技术状况较差。为了确诊汽车动力性不良的原因，在底盘测功机上可采用反拖法检测传动系统消耗的功率，若汽车传动系统消耗功率过大，则表明传动系效率过低，说明汽

车传动系统技术状况不良；否则，说明发动机动力性不足、技术状况不良。

（2）评价标准

1）最大转矩工况下，驱动轮输出功率限值取最大转矩点功率 P_M（kW）的 51%，P_M 按式（1-32）计算。驱动轮输出功率限值也可选取推荐值（见表1-4）

$$P_M = \frac{T_M \cdot n_m}{9550} \tag{1-32}$$

式中　T_M——最大转矩点转矩（N·m）；

　　　n_m——最大转矩点转速（r/min）。

2）额定功率工况下，驱动轮输出功率限值取额定功率 P_e（kW）的 49%。

表1-4　最大转矩工况车速及驱动轮输出功率限值推荐值

	车长 L/mm	车速/(km/h)	输出功率限值/kW
客车	$L \leq 6000$	50	26
	$6000 < L \leq 7000$	50	28
	$7000 < L \leq 8000$	53	35
	$8000 < L \leq 9000$	60	54
	$9000 < L \leq 10000$	63	62
	$10000 < L \leq 11000$	65	70
	$11000 < L \leq 12000$	70	87
	$L > 12000$	70	109
	最大总质量 G/kg	车速/(km/h)	输出功率限值/kW
货车	$3500 < G \leq 4000$	47	19
	$4000 < G \leq 8000$	47	24
	$8000 < G \leq 9000$	47	26
	$9000 < G \leq 12000$	50	30
	$12000 < G \leq 15000$	50	33
	$15000 < G \leq 16000$	50	36
	$16000 < G \leq 18000$	50	48
	$18000 < G \leq 22000$	53	52
	$22000 < G \leq 25000$	55	56
	$25000 < G \leq 30000$	55	66
	$30000 < G \leq 31000$	55	75
	最大总质量 G/kg	车速/(km/h)	输出功率限值/kW
自卸车	$3500 < G \leq 5000$	46	23
	$5000 < G \leq 9000$	46	28
	$9000 < G \leq 11000$	46	30
	$11000 < G \leq 17000$	46	33
	$17000 < G \leq 19000$	46	36
	$19000 < G \leq 23000$	46	43
	$23000 < G \leq 31000$	48	79

(续)

	汽车列车最大总质量 G/kg	车速/(km/h)	输出功率限值/kW
牵引车	$G \leq 27000$	45	34
	$27000 < G \leq 35000$	53	59
	$35000 < G \leq 43000$	60	84
	$43000 < G \leq 49000$	60	100

1.2 汽车燃油经济性

汽车燃油经济性是指汽车以最少的燃油消耗完成单位运输工作量的能力，它是汽车的主要使用性能之一。在汽车运输成本中，燃油消耗费用占 20% ~ 30%，减少单位运输工作量的燃油消耗，意味着汽车运输成本的降低和经济效益的提高。目前，绝大多数汽车都是消耗燃油的汽车，因此，提高汽车燃油经济性，不仅可以降低汽车的使用费用，还可以节约石油资源、缓解能源危机。

1.2.1 汽车燃油经济性评价指标

1. 单位行程的燃油消耗量

单位行程的燃油消耗量常用一定运行工况下汽车行驶百公里的燃油消耗升数（L/100km）来表示。它可用来评价相同容载量汽车的燃油经济性，也可用于分析不同部件（如发动机、传动系统等）装在同一种汽车上对汽车燃油经济性的影响，其燃油消耗的升数越小，则汽车的燃油经济性就越好。根据汽车燃油消耗试验工况的不同，单位行程的燃油消耗量主要有下面两种表示方法。

（1）等速百公里油耗　等速百公里油耗是常用的一种评价指标，它是指汽车在一定载荷下，以最高档在水平良好路面上等速行驶 100km 的燃油消耗量，一般是汽车等速行驶一定的里程折算成 100km 的燃油消耗升数（L/100km）。乘用车常用 90km/h 和 120km/h 的燃油消耗量（L/100km）来评价其燃油经济性。

等速百公里油耗虽然检测简单、使用方便，但它只能作为一种单项评价指标，而不能全面考核汽车运行的燃油经济性。因为等速百公里油耗试验不能反映汽车实际行驶中频繁出现的加速、减速、怠速等行驶工况；此外，等速百公里油耗试验缺乏有关动力性要求的检验指标，容易造成试验汽车的动力性要求与燃油经济性匹配不合理的现象。

（2）循环工况百公里油耗　循环工况百公里油耗是按规定的循环行驶试验工况来模拟汽车的实际运行工况，折算成 100km 的燃油消耗量（L/100km）。所模拟的运行工况主要有换档、怠速、加速、减速、等速、离合器脱开等的车速—时间规范。车型不同时，实际行驶的状况有所差异，因此其百公里油耗检测的多工况循环、多工况规范也不一样。如百公里油耗检测时，我国轻型汽车采用 WLTC 测试循环，而重型商用车则采用 C - WTVC 测试循环。

循环工况百公里油耗是一项综合性评价指标。由于循环工况百公里油耗试验考虑了汽车的实际运行工况，因此，它可以比较全面地评价汽车的燃油经济性。

2. 单位运输工作量的燃油消耗量

单位运输工作量的燃油消耗量是指汽车完成每百吨公里或千人公里运输工作量时的燃油

消耗升数,单位为 L/(ht·km) 或 L/(kp·km)。它可用于评价不同容载量汽车的燃油经济性,是运输效率的指标之一,其数值越小,则汽车的燃油经济性就越好。汽车运输企业常用单位运输工作量的燃油消耗量来评价其车辆的燃油经济性,来定额车辆的燃油用量。

1.2.2 汽车燃油经济特性

汽车燃油经济特性是指汽车的燃油消耗规律。其燃油经济特性与发动机的燃油经济性、汽车的结构参数、使用条件及交通情况、周围环境等紧密相关。这可通过汽车燃油消耗方程式来分析。

1. 汽车燃油消耗方程式

若单位行程的燃油消耗量以百公里的油耗表示,则汽车的燃油消耗方程式可表述如下

$$Q = \frac{g_e}{36000\eta_T\rho}\left(Gf + Gi + \frac{C_D A v_a^2}{21.15} + \delta m \frac{dv}{dt}\right) \quad (1\text{-}33)$$

式中 Q——汽车百公里油耗(L/100km);

g_e——发动机有效耗油率(g/(kW·h));

ρ——燃油的密度(kg/L),汽油密度为 0.71~0.73kg/L,柴油密度为 0.81~0.83kg/L。

式(1-33)反映了汽车的燃油消耗与发动机的燃油经济性 g_e、汽车的结构参数 C_D、A、δ、η_T 及使用条件 G、v_a、f、i、$\frac{dv}{dt}$ 等之间的关系。可以认为该方程式是对汽车燃油经济性的全面表述,对研究汽车单位行程燃油消耗具有指导意义。但在具体运用时,由于 g_e 及 η_T 随发动机负荷呈复杂形式的变化,而且汽车的燃油经济性还与交通情况(人、车流密度)、周围环境(如气候等)有关,故用式(1-33)确定 Q 常感不便,所以汽车的燃油消耗量多用试验方法测定。

2. 汽车燃油消耗规律

从汽车燃油消耗方程式可以看出,燃油经济性指标 Q_s 是汽车结构参数和使用条件的函数。当汽车结构参数一定时,其油耗取决于汽车的使用条件。下面以常用的等速行驶工况来说明汽车的燃油消耗规律。

(1)一般规律 在一定道路阻力情况下,汽车等速百公里油耗 Q 与车速 v_a 的变化关系,如图 1-12 所示。

从燃油经济特性曲线可以看出,汽车在一定道路条件下行驶时有一个经济车速,汽车以这个速度行驶,百公里油耗最低。当车速过低时,尽管行驶阻力减小,但由于发动机负荷率过低起着决定性作用,故有效耗油率 g_e 上升,使百公里油耗有所增加;当车速过高时,

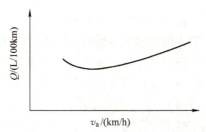

图 1-12 汽车等速行驶燃油经济特性

尽管发动机的负荷率较高可使 g_e 降低,但汽车的行驶阻力却显著增加,故导致百公里油耗显著上升。

理论上在经济车速下行车最省油,但经济车速往往偏低,会导致运输生产率过低,驾驶人一般不愿意也不能在这种车速下行车。因此,常用车速往往高于经济车速。

(2)不同道路条件的油耗规律 汽车在道路阻力不同的路面上行驶的油耗规律,如

图 1-13 所示。道路阻力越大，汽车消耗在滚动阻力和坡度阻力上的能量就越大，汽车的百公里油耗就越大。因此，改善路面的状况，加强道路的维护，提高道路的等级，可减少汽车的燃油消耗。

（3）不同档位的油耗规律　汽车在良好的水平路面以不同档位行驶时的油耗规律，如图 1-14 所示。在相同的车速下，汽车的档位越高，则汽车的负荷率就越高，发动机的有效耗油率就越低，汽车的百公里油耗就越小，汽车的燃油经济性就越好。因此，在良好的路面上应尽量使用高档位行车。

了解汽车的油耗规律，对汽车使用省油具有重要的指导作用。在确定合理的汽车行驶速度时，必须考虑到汽车使用过程中的所有因素和具体条件，做到既可节约燃油降低运输成本，又可兼顾汽车的运输生产率。

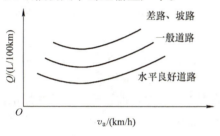

图 1-13　不同道路阻力时的 $Q - v_a$ 曲线

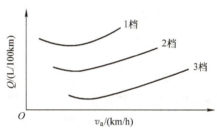

图 1-14　不同档位时的 $Q - v_a$ 曲线

1.2.3　汽车燃油经济性的主要影响因素

为找出提高汽车燃油经济性的途径，必须对影响汽车燃油经济性的因素进行研究。通过对汽车燃油消耗方程式的分析可知，汽车行驶时要想节约燃油，一方面依靠用户正确地使用车辆，但更重要的是制造厂应提供省油的汽车，另外还与使用环境条件有关。因此，影响汽车燃油经济性的因素可归纳为汽车结构、汽车使用和环境条件等三个方面。

1. 汽车结构方面

（1）发动机

1）发动机的类型。柴油机的有效耗油率比汽油机低 20% 左右，故柴油汽车的燃油经济性比较好，资料表明：汽车装配柴油发动机比装配汽油发动机行驶节油在 20% 左右。另外，由于柴油的价格低于汽油，这使得柴油车表现出更为优越的经济性。因此，世界各国都在积极推进轻型货车和轿车的柴油化进程，柴油发动机在汽车上的应用具有广阔的前景。

2）发动机的结构。在发动机的种类确定后，发动机的结构就决定了发动机的油耗。尽可能地提高压缩比，增加热效率，使发动机的动力性和经济性得以改善，使发动机油耗率降低；采用直喷式发动机和稀薄混合气的分层燃烧，以改善混合气的形成、分配和燃烧过程，提高燃油经济性；应用计算机技术实现对汽车发动机的适时控制，如电子控制燃油喷射系统、电子点火控制系统、发动机怠速控制系统、可变配气系统、闭缸技术等，都能降低发动机的比油耗。

3）发动机的功率。发动机功率越大，汽车的动力性通常越好，但汽车的燃油经济性往往会越差。发动机的经济负荷率约为 80% ~ 90%，如果发动机的功率较大，汽车在良好路面以常用车速行驶时会远离经济负荷率，便会造成有效耗油率增大，使汽车的燃油经济性变差。因此,为了节约燃油,在动力性足够的前提下,汽车不要装置大功率发动机。

(2) 传动系统

1) 传动系统效率。传动系统效率越高,则损失于传动系统的能量就越少,燃油经济性就越好。机械式变速器的传动效率比液力自动变速器的效率高,因此具有自动变速器的汽车,其油耗相对较高。另外,改善润滑油的品质对提高传动效率具有重要作用。

2) 超速档。变速器设置超速档的主要目的是节油,所以超速档又称经济档。汽车在良好路面若以相同的车速行驶,采用超速档的负荷率明显高于直接档的负荷率,只要在高负荷率下发动机混合气没有加浓,则发动机的有效耗油率就会明显降低,使汽车较为节油。特别对于比功率大、最高车速很高的轿车,在一般公路上用超速档行驶明显比用直接档省油,所以不少轿车还设置了两个超速档。试验表明:在良好路面上使用超速档能节油5%。

3) 变速器档数。变速器档数越多,给汽车行驶提供了越多的档位选择机会,在同一汽车行驶速度下,增加了发动机在低燃油消耗区工作的可能性,有利于提高汽车的燃油经济性。因此,现代轿车手动变速器已基本上采用5个前进档,大多数货车有采用更多档位的趋势。档位无限多的无级变速器,在任何条件下提供了使发动机在最经济工况下工作的可能性,若其传动效率较高,则汽车的燃油经济性将能显著提高。但目前轿车上广泛采用的液力式自动变速器,其传动效率较低,使得自动变速汽车的油耗比手动档汽车的油耗还要高。

(3) 整备质量 它是汽车设计与制造中的重要技术指标。显然,在汽车最大总质量相同的情况下,汽车的整备质量越小,相同运程的货运量就越大,单位货运量(货物周转量)的油耗就越少。当整备质量减少时,汽车的滚动阻力、坡度阻力和加速阻力都将减少,则消耗在这些阻力上的能量相应减少,因而汽车的百公里油耗将会减少。一般认为,轿车总质量每减少10%,油耗就可减少8.5%左右。因此,在汽车上广泛采用轻质材料,改进汽车结构,优化汽车设计,减少汽车整备质量,可提高汽车的燃油经济性。

(4) 空气阻力系数 汽车行驶时,空气阻力消耗的发动机功率与汽车速度的3次方成正比。汽车速度不高时,空气阻力使汽车的燃油消耗不大,但汽车在高速行驶时,其空气阻力消耗的能量很大,汽车的燃油消耗显著增加。改善车身的外形,优化车身的设计,以及在车身上加装各种导流装置,使空气阻力系数减小,从而减少汽车中、高速行驶的空气阻力,降低空气阻力消耗的功率,使燃油消耗下降。试验表明:当C_D由0.5下降至0.3时,其燃油消耗可下降22%。

(5) 汽车轮胎 轮胎行驶时产生的滚动阻力越小,则汽车的燃油经济性就越好。轮胎的种类、结构、气压对滚动阻力影响很大。因此,采用子午线轮胎,改善轮胎的结构,选择合适的轮胎气压,可以减少汽车的油耗。试验表明:子午线轮胎与普通斜交轮胎相比,其滚动阻力一般要小20%~30%,油耗减少6%~8%。大力发展子午线轮胎,实现子午线轮胎化是当前我国节油的有效途径。

2. 汽车使用方面

对于一定的车型和环境条件而言,汽车燃油消耗量的多少,将取决于汽车的技术状况和用户的使用技术水平。即使是结构和技术状况再优良的汽车,不同的使用方法也会导致不同的耗油结果。因此,提高汽车使用的水平,可以提高汽车的燃油经济性。

(1) 汽车技术状况 保持汽车具有良好的技术状况是汽车使用省油的基础。汽车只有在良好的技术状况下,燃油的能量才能充分发挥并得到有效利用。因此,当汽车技术状况变

第1章 汽车使用性能

差后,应通过对车辆的维护,使其处于最佳状态,从而达到省油的目的。

1)保持发动机具有良好的技术状况。燃油是发动机消耗的,当发动机技术状况变差时,发动机的有效耗油率一定会增加,汽车的燃油经济性必然会下降。在汽车投入运行时,应保证发动机具有良好的技术状况。

当发动机技术状况不良时,应根据其具体使用条件,对供油系进行维护、检查及调整;要防止气缸漏气,检查气缸压缩压力,气缸压力不足会使发动机动力性、经济性下降,而压缩压力过高会增加爆燃和表面点火的倾向;要及时清除燃烧室内、活塞、气门上的胶质及积炭,防止产生爆燃和表面点火现象;要消除发动机缸体及缸盖水套内的水垢,否则发动机会因散热不良而过热,容易爆燃并使油耗增加;要确保点火系统技术状况正常,使其有足够的点火能量、合适的点火时刻。

2)保持汽车具有良好的滑行性能。汽车的滑行性能通常用滑行距离来表示,而滑行距离是指汽车在良好的水平路面加速至某一预定车速后挂空档,利用汽车具有的动能来行驶的距离。汽车滑行距离越长,说明传动系统的传动效率越高,底盘的总体技术状况越好,发动机消耗于底盘上的功率就越小,汽车就越省油。

当汽车的滑行性能不良时,应重点检查传动系统是否安装调整不当,前轮定位是否失准,轮胎气压是否过低,制动片与制动盘(鼓)间隙是否过小,应做好维护工作,使其滑行距离符合标准。滑行距离的标准,与摘档滑行的初始车速、汽车整备质量及汽车的驱动轴数有关。在汽车空载、轮胎气压符合规定值时,以初速30km/h摘档滑行,其滑行距离应满足表1-5的要求。

表1-5 车辆滑行距离要求

汽车整备质量 M/kg	单轴驱动车辆滑行距离/m	双轴驱动车辆滑行距离/m
$M < 1000$	≥130	≥104
$1000 \leq M \leq 4000$	≥160	≥120
$4000 < M \leq 5000$	≥180	≥144
$5000 < M \leq 8000$	≥230	≥184
$8000 < M \leq 11000$	≥250	≥200
$M > 11000$	≥270	≥214

(2)汽车驾驶技术　正确驾驶汽车可以减少汽车油耗。不同技术水平的驾驶人,在相同条件下,驾驶相同汽车,油耗可相差10%～30%。优秀驾驶人,能够在驾驶车辆的各个环节挖掘节油潜力,其操作要领如下。

1)减少暖机时间。对于配置电喷发动机的现代轿车,具有良好的起动性能,发动机升温很快。这种发动机冷起动后,暖机时间不要过长,应迅速起步,用低速行驶200m左右后转入正常行驶,以此节约暖机用油。

2)正确平稳起步。选用适当的起步档位,如满载或上坡起步用1档,轻载或在良好水平路面起步用2档,比较省油。起步时,要手脚协调,离合器、驻车制动、加速踏板配合得当,应轻踩加速踏板,缓慢起步,逐渐加速,做到起步平稳自然。

3)操作脚轻手快。汽车行驶时,驾驶人应脚轻手快。脚轻就是轻踏加速踏板,无论是低档起步、平路行驶,还是路途冲坡,都不能踏死加速踏板,要轻踏缓抬,不使发动机消耗多余的燃料；手快就是快速换档，操作准确、迅速、及时，以缩短加速和换档操作时间，避免发动机功率的无谓损失，从而降低燃油消耗。

4）合理使用档位。汽车在运行中，档位越高，发动机负荷率越高，发动机有效耗油率越小，故汽车百公里油耗越小。因此，汽车行驶时应尽量选择高档位，若深感动力不足，则应及时减档，而不应将加速踏板踩到底，以免加大油耗。汽车上短坡时，可采用高档加速冲坡方法，利用汽车惯性直冲坡顶；若坡度较大，冲坡难以为继，则应及时减档，以免发动机熄火需重新起步而导致油耗增加。汽车在道路阻力较大如在坏路面或爬大坡行驶时，可选用低档，但不能低档高速行驶，以免发动机转速过高而导致油耗增加。

5）选择中速行车。车速不同，油耗不一样。经济车速运行时油耗最低，但经济车速太低，影响汽车运输效率，不应在这种车速下行车。车速过高时，由于汽车行驶阻力过大，其百公里油耗会随车速的增加而迅速增长，导致行车不经济。因此，应控制汽车速度，选择中速行车。在高速公路上，时速保持在 90~100km/h，比较省油。

发动机在转速稳定时油耗较低，所以在行驶过程中行车速度应保持稳定，做到匀速行车，尽量避免急加速、急减速和频繁的制动，以免消耗不必要的燃油。在平坦的长途路面上，使用定速巡航可以达到省油的目的。

6）保持适宜的冷却液温度。发动机冷却液温度可以间接反映发动机温度、机油温度、发动机罩内空气温度，它对行车燃油的消耗影响极大。冷却液温度过高，则发动机温度过高、进气温度过高，将导致发动机产生早燃、爆燃等不正常燃烧，功率下降、油耗增大。冷却液温度过低，则发动机的传热损失增大，燃烧速率下降，导致有效功率下降、油耗增大；同时冷却液温度过低，则发动机温度、进气温度过低，燃油不易挥发，实际混合气变稀，使燃烧火焰传播速度减慢，导致功率下降、油耗增大；另外，冷却液温度过低，还会使机油黏度过大，润滑性能变差，摩擦阻力增大，油耗增大。因此，保持合适的发动机冷却液温度可使汽车具有良好的经济性和动力性。

发动机冷却液温度过高或过低，都会使汽车油耗增大，而冷却液温度在 80~95℃ 时油耗较低。因此，在汽车行驶过程中，驾驶人要注意观察发动机冷却液温度表或冷却液温度报警灯，当温度过高或过低时，都必须采取相应措施，确保发动机冷却液温度最佳，以达到省油的目的。

7）利用滑行节油。滑行是指汽车利用惯性的行驶。汽车滑行时，发动机不工作或在怠速下工作，可以不用油或少用油，因此可以节约燃油。滑行节油的方法有如下几种。

① 加速滑行法。加速滑行法是指汽车在高速档上加速至较高的车速后，脱档滑行至较低的车速，然后再挂档加速又脱档滑行的周而复始的方法。该法节油的机理是：加速时，可以提高发动机的负荷率，使发动机的有效耗油率降低，其加速过程的油耗不会增加太多；滑行时，最多只有怠速油耗，若能把握好加速滑行的时机，则以整个加速滑行的行驶里程计算，其油耗显著减少。

② 减速滑行法。减速滑行法是指汽车在行驶过程中，前面遇有障碍物、弯道、桥梁、坑洼或到停车站等必须降低车速时，提前减速放松加速踏板，挂入空档，利用汽车惯性进行行驶的方法。该法节油的机理是：充分利用汽车惯性滑行，以滑行代替制动，减少了不必要的制动所消耗的功率和燃油，而且整个滑行行程的油耗为怠速油耗，其节油效果显著。

③ 坡道滑行法。坡道滑行法是指汽车在下坡时，利用汽车的下坡助力进行行驶的方法。

在丘陵山区，利用坡道滑行是节油的有效方法。该法节油的机理是：充分利用汽车的势能，将汽车的势能转化为动能，从而节约能源。

在道路条件许可、车况良好、轻载、驾驶技术较高、长途行驶时，可采用适当方法，利用汽车滑行节油。但对于自动变速器汽车不能使用滑行法节油，因为这样很容易损坏自动变速器。

8) 合理使用制动。汽车制动消耗的所有能量都是燃油燃烧的热能转换而来的，如果制动消耗的能量减少，则汽车的燃油消耗可以减少。因此，应尽量采用预见性制动，以滑行代替制动，少用紧急制动。

(3) 汽车运输组织

1) 提高汽车实载率。实载率是指车辆实际完成的货物（旅客）周转量与总行程额定周转量的百分比。实载率高，则分摊到单位运输工作量的油耗就少，汽车燃油经济性就好。因此，汽车运输时应尽量保持满载行车。为此，要合理地组织汽车运输，做好货运、客运的调查，安排好调运方案。

2) 采用拖挂运输。汽车拖挂运输具有提高运输生产率和降低百吨公里油耗的明显效果。在我国目前混合交通的情况下，高车速往往发挥不出来。这时如果合理组织拖挂运输，车速比单车运输的车速没有明显下降，而运送的货物却成倍增加，这就大大提高了运输生产率。汽车拖挂后，总质量增加，百公里油耗会增加一些，但油耗增加的比例比总质量增加的比例要小得多。这就使分摊到每百吨公里的油耗量明显下降。因此，对于载货汽车，应组织好货源，合理组织拖挂运输。

3) 优化用车计划。计划好用车时间，市区用车可避开上下班高峰时间，以免堵车或车速过低而使油耗增加；选择好行车路线，尽可能选择良好的路面、良好的交通环境、最短的行车距离路线，尽可能避开穿越繁华的市区或车辆拥挤的街道，保证汽车连续行驶，从而减少油耗；长途运输优先，长途行车时，车速相对较高且稳定，高档位利用率高，发动机负荷率较高，有利于提高汽车的燃油经济性。

3. 环境条件方面

(1) 道路状况　不同的道路等级和道路状况，对应的行驶阻力存在着较大的差别。阻力越大，油门开度就越大，高速档行驶的机会就越少，而油耗就会增大。汽车在良好的道路上行驶，车速可以较高，燃油经济性较好；汽车在凹凸不平的道路上行驶，平均技术速度较低，燃油经济性较差；汽车在交通繁杂、交叉路口多的条件下行驶，汽车制动、停车、起步、加速等工况较多，在这种情况下虽然车速较低，但相对油耗量较大，汽车的燃油经济性较差。

(2) 交通流量　在城市运行条件下，由于交通流量的不同，汽车的百公里油耗与平均值相比，可能在10%～20%的范围内变化。

(3) 气候条件　气候条件中的气温对汽车燃油经济性的影响最明显。冬季由于气温低，发动机起动相对困难、燃油雾化不良、燃烧速度慢、散热损失大，汽车各部件的运动阻力大，传动系和行驶系的机械损失增加，汽车的燃油消耗量增加；气温过高时，发动机的充气量下降、容易过热和产生气阻等，使发动机燃烧受到影响，油耗量增大，汽车的燃油经济性下降。

1.2.4 汽车燃油经济性检测及限值

1. 汽车燃油经济性检测

汽车燃油经济性检测就是检测汽车的燃油消耗量。汽车燃油消耗量可以通过台架试验或道路试验测得。在用汽车的燃油经济性通常用台架试验测得,当不能用台架(底盘测功机)检测百公里油耗时,则用道路试验。下面以台架试验为例说明汽车多工况百公里油耗的检测。

多工况百公里油耗台架检测需要在具有模拟汽车行驶动能的飞轮装置并采用自动控制的综合式底盘测功机上,按规定的试验循环进行。

(1)检测条件

1)环境条件。试验室温度应设置为23℃,允许偏差±5℃;试验室空气和发动机进气绝对湿度 H(g/kg)(水/干空气)应为 $5.5 \leq H \leq 12.2$;大气压力应处于91~104kPa之间;浸车区域温度控制目标为23℃,允许偏差±3℃。

2)检测设备。要求测试设备精度足够,符合使用要求。主要检测设备有:底盘测功机,用来模拟道路阻力,控制行驶状况,实现试验循环工况;油耗仪,用来检测循环工况油耗;排气稀释系统,用来检测排放污染物,以便计算循环工况油耗;冷却风机,用来冷却被测车辆。

3)被测车辆。被测车辆技术状况良好;车辆应使用汽车生产企业规定的润滑剂;车辆轮胎规格和气压应符合该车技术条件的规定;车辆可根据汽车生产企业的需求进行磨合,并保证机械状况良好,磨合里程至少2500km但不超过10000km。测试前,车辆应预热至正常热状态;测试期间,如无特殊要求,应关闭车辆所有辅助设备,或者令其处于失效状态。

(2)检测模拟 底盘测功机检测时,汽车匀速行驶的各种阻力通过加载装置模拟,汽车加速以及滑行时的惯性阻力通过飞轮组的转动惯量模拟。

1)加载量模拟。底盘测功加载装置根据循环工况规范的要求,提供适当的加载量来模拟汽车的行驶阻力。检测时,底盘测功机会根据设定方案自动控制加、减载荷。

2)转动惯量模拟。飞轮的转动惯量应根据被检汽车行驶的动能与底盘测功机检测时旋转部件动能相等的原则确定。有的底盘测功机,在以不同车速检测不同车型时,能对其飞轮装置的转动惯量进行自动修正,以满足检测精度要求。

(3)检测工况 检测要求及车型不同,其检测工况不尽相同。我国检测汽车燃油消耗限值时,重型商用汽车采用C-WTVC循环工况,轻型汽车采用WLTC循环工况。

1)C-WTVC循环工况。C-WTVC循环是以世界重型商用车瞬态循环(WTVC)为基础通过调整加(减)速度形成的驾驶循环,如图1-15所示。C-WTVC循环包括市区路况、公路路况、高速路况三个部分,总计1800s。测试时,车辆行驶速度与对应的行驶时间,国标中有严格规定,车辆测试运行状态应尽量与C-WTVC循环一致,车速测试曲线的偏差应不超过±3km/h,每次超过速度偏差的时间不超过2s,累计不应超过10s。C-WTVC循环的工况数据统计特征参数如表1-6所示。实际测试时,对不同车型、不同的最大设计总质量,按不同的特征里程分配系数进行对应循环的试验及油耗计算。

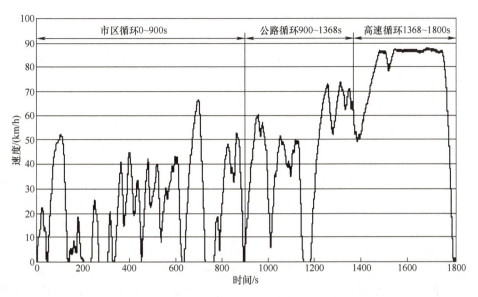

图 1-15 C-WTVC 测试循环速度曲线

表 1-6 重型商用车 C-WTVC 循环工况数据统计特征参数

工况	运行时间/s	怠速时间/s	运行距离/m	最高速度/(km/h)	平均速度/(km/h)	最大加速度/(m/s²)	最大减速度/(m/s²)	里程比例%
市区部分	900	150	5.730	66.2	22.895	0.917	1.033	27.94
公路部分	468	30	5.687	73.5	43.746	0.833	1.000	27.73
高速部分	432	6	9.093	87.8	75.772	0.389	0.967	44.33
C-WTVC 循环	1800	186	20.510	87.8	40.997	0.917	1.033	100.00

2) WLTC 循环工况。WLTC 循环是全球统一轻型汽车测试规程所采用的测试循环，如图 1-16 所示。WLTC 循环包括低速段、中速段、高速段与超高速段四个部分，对应持续时间分别为 589s、433s、455s、323s，对应最高车速分别为 56.5km/h、76.6km/h、97.4km/h、131.3km/h，并且设置了停车、制动、急加速等不同操作。全循环最高行驶速度达 131.3km/h，总里程为 23.27km，持续时间为 1800s。测试时，车辆行驶速度与对应的行驶

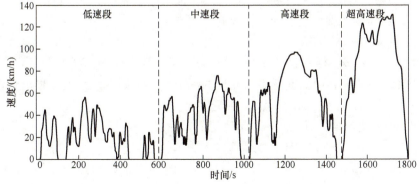

图 1-16 WLTC 测试循环速度曲线

时间,国标中有严格规定,车辆测试运行状态应尽量与 WLTC 循环一致,车速测试曲线的偏差应不超过 ±2km/h,时间应在 ±1.0s 之内。

WLTC 工况复杂,怠速、匀速工况较少,较多的加减速工况导致循环速度曲线波动变化较大。WLTC 所模拟的工况比较接近轻型汽车的实际运行工况。

(4) 检测方法 检测时,将被检汽车驱动轮置于测功机滚筒上,利用测功机滚筒模拟连续移动的路面,利用测功机加载装置模拟汽车的行驶阻力,利用测功机飞轮系统模拟汽车的运动惯性,按多工况规定的车速—时间规范和档位,操作汽车和底盘测功机,用底盘测功机及试验仪器记录行程—车速—时间曲线,检测试验参数及油耗或排放污染物 CO、CO_2、HC,然后根据循环工况的油耗或 CO、CO_2、HC 计算汽车的燃油消耗量,即百公里油耗量(L/100km)。

在底盘测功机上检测时,能根据检测规范的要求,采用多种测量油耗的方法,如质量法、容积法与碳平衡法。质量法是利用油耗计检测一已知质量的燃油消耗所需的时间(s)来确定燃油消耗量。容积法是利用油耗计检测一已知容积的燃油消耗所需的时间(s)来确定燃油消耗量。碳平衡法是根据燃油在发动机中燃烧后排气中(CO、CO_2、HC)碳质量总和与燃烧前碳质量总和相等的质量守衡定律来测算燃油消耗量的,它利用排放检测仪器测出 CO、CO_2、HC,然后采用式(1-34)和式(1-35)确定燃油消耗量。

对于装配汽油机的车辆:

$$Q = \frac{0.1155}{D}[(0.866 \times HC) + (0.429 \times CO) + (0.273 \times CO_2)] \tag{1-34}$$

对于装配柴油机的车辆:

$$Q = \frac{0.1156}{D}[(0.865 \times HC) + (0.429 \times CO) + (0.273 \times CO_2)] \tag{1-35}$$

式中 Q——燃油消耗量(L/100km);

HC——测得的碳氢排放量(g/km);

CO——测得的一氧化碳排放量(g/km);

CO_2——测得的二氧化碳排放量(g/km);

D——15℃时试验燃油的密度(kg/L)。

多工况循环燃油消耗量检测,由于检测条件更加接近真实路况,在一定程度上反映了汽车的实际行驶工况。因此,所测的油耗能较好反映汽车的燃油经济性。目前,汽车燃油消耗量限值标准采用的是多工况循环燃油消耗量的检测方法。

2. 汽车燃油消耗量限值

(1) 乘用车燃料消耗量限值 GB 19578—2021《乘用车燃料消耗量限值》规定了我国能够燃用汽油或柴油燃料的乘用车燃料消耗量的限值。它根据乘用车型和整车整备质量 CM(kg),对燃料消耗量限值 Q_L(L/100km)规定如下。

1) 装有手动档变速器且具有三排以下座椅的车辆。

① 若整车整备质量:CM≤750,则车型的燃料消耗量限值 Q_L = 5.82。

② 若整车整备质量:750 < CM≤2510,则车型的燃料消耗量限值 Q_L = 0.0041(CM − 1415) + 8.55,计算结果圆整(四舍五入)至小数点后两位。

③ 若整车整备质量:CM > 2510,则车型的燃料消耗量限值 Q_L = 13.04。

2）其他车辆。

① 若整车整备质量：CM≤750，则车型的燃料消耗量限值 $Q_L = 6.27$。

② 若整车整备质量：750 < CM ≤ 2510，则车型的燃料消耗量限值 $Q_L = 0.0042(CM - 1415) + 9.06$，计算结果圆整（四舍五入）至小数点后两位。

③ 若整车整备质量：CM > 2510，则车型的燃料消耗量限值 $Q_L = 13.66$。

（2）轻型商用车辆燃料消耗量限值　GB 20997—2015《轻型商用车辆燃料消耗量限值》，根据轻型商用车的车型及结构特点，以整车整备质量 CM（kg）作为燃料消耗量的评价参数，规定了轻型商用车辆燃料消耗量限值，见表1-7、表1-8。但对于具有下列一种或多种结构的车辆：

1）N_1 类全封闭厢式车辆；

2）N_1 类罐式车辆；

3）全轮驱动的车辆。

其燃料消耗量限值是表1-7或表1-8中的限值乘以1.05，求得的数值圆整（四舍五入）至小数点后一位。

表1-7　N_1 类车辆燃油消耗量限值

整车整备质量 CM /kg	汽油车型燃油消耗量限值 /(L/100km)	柴油车型燃油消耗量限值 /(L/100km)
CM≤750	5.5	5.0
750 < CM ≤ 865	5.8	5.2
865 < CM ≤ 980	6.1	5.5
980 < CM ≤ 1090	6.4	5.8
1090 < CM ≤ 1205	6.7	6.1
1205 < CM ≤ 1320	7.1	6.4
1320 < CM ≤ 1430	7.5	6.7
1430 < CM ≤ 1540	7.9	7.0
1540 < CM ≤ 1660	8.3	7.3
1660 < CM ≤ 1770	8.7	7.6
1770 < CM ≤ 1880	9.1	7.9
1880 < CM ≤ 2000	9.6	8.3
2000 < CM ≤ 2110	10.1	8.7
2110 < CM ≤ 2280	10.6	9.1
2280 < CM ≤ 2510	11.1	9.5
2510 < CM	11.7	10.0

表1-8　最大设计总质量不大于3500kg的 M_2 类车辆燃油消耗量限值

整车整备质量 CM /kg	汽油车型燃油消耗量限值 /(L/100km)	柴油车型燃油消耗量限值 /(L/100km)
CM≤750	5.0	4.7
750 < CM ≤ 865	5.4	5.0
865 < CM ≤ 980	5.8	5.3

（续）

整车整备质量 CM /kg	汽油车型燃油消耗量限值 /(L/100km)	柴油车型燃油消耗量限值 /(L/100km)
980 < CM ≤ 1090	6.2	5.6
1090 < CM ≤ 1205	6.6	5.9
1205 < CM ≤ 1320	7.0	6.2
1320 < CM ≤ 1430	7.4	6.5
1430 < CM ≤ 1540	7.8	6.8
1540 < CM ≤ 1660	8.2	7.1
1660 < CM ≤ 1770	8.6	7.4
1770 < CM ≤ 1880	9.0	7.7
1880 < CM ≤ 2000	9.5	8.0
2000 < CM ≤ 2110	10.0	8.4
2110 < CM ≤ 2280	10.5	8.8
2280 < CM ≤ 2510	11.0	9.2
2510 < CM	11.5	9.6

（3）重型商用车辆燃料消耗量限值　GB 30510—2018《重型商用车辆燃料消耗量限值》，根据重型商用车的车型类别，以最大设计总质量 GVW（kg）作为燃料消耗量的评价参数，规定了最大设计总质量大于3500kg 的燃用汽油和柴油的重型商用车辆（货车、半挂牵引车、客车、自卸汽车和城市客车）的燃料消耗量限值。表1-9、表1-10 和表1-11 分别为货车、客车和城市客车的燃油消耗量限值

表1-9　货车辆燃油消耗量限值

最大设计总质量 GVW/kg	燃油消耗量限值/(L/100km)
3500 < GVW ≤ 4500	11.5[①]
4500 < GVW ≤ 5500	12.2[①]
5500 < GVW ≤ 7000	13.8[①]
7000 < GVW ≤ 8500	16.2[①]
8500 < GVW ≤ 10500	18.3[①]
10500 < GVW ≤ 12500	21.3[①]
12500 < GVW ≤ 16000	24.0
16000 < GVW ≤ 20000	27
20000 < GVW ≤ 25000	32.5
25000 < GVW ≤ 31000	37.5
31000 < GVW	38.5

① 对于汽油车，其限值是表中相应限值乘以1.2，求得的数值圆整（四舍五入）至小数点后一位。

表1-10　客车辆燃油消耗量限值

最大设计总质量 GVW/kg	燃油消耗量限值/(L/100km)
3500 < GVW ≤ 4500	10.6[①]
4500 < GVW ≤ 5500	11.5[①]
5500 < GVW ≤ 7000	13.3[①]

(续)

最大设计总质量 GVW/kg	燃油消耗量限值/(L/100km)
7000 < GVW ≤8500	14.5[①]
8500 < GVW ≤10500	15.0[①]
10500 < GVW ≤12500	17.7
12500 < GVW ≤14500	19.1
14500 < GVW ≤16500	20.1
16500 < GVW ≤18000	21.3
18000 < GVW ≤22000	22.3
22000 < GVW ≤25000	24.0
25000 < GVW	25.0

① 对于汽油车,其限值是表中相应限值乘以1.2,求得的数值圆整(四舍五入)至小数点后一位。

表1-11 城市客车辆燃油消耗量限值

最大设计总质量 GVW/kg	燃油消耗量限值/(L/100km)
3500 < GVW ≤4500	11.5
4500 < GVW ≤5500	13.0
5500 < GVW ≤7000	14.7
7000 < GVW ≤8500	16.7
8500 < GVW ≤10500	19.4
10500 < GVW ≤12500	22.3
12500 < GVW ≤14500	25.5
14500 < GVW ≤16500	28.0
16500 < GVW ≤18000	31.0
18000 < GVW ≤22000	34.5
22000 < GVW ≤25000	38.5
25000 < GVW	41.5

国家对汽车燃油消耗量限值政策的制定和实施,不仅促进我国汽车行业技术水平的飞速发展,控制汽车油耗,进一步提高汽车的燃油经济性,而且给汽车燃油消耗量的检测评价提供了一个标准。

1.3 汽车制动性

汽车制动性是指汽车行驶时,能在短距离内停车且维持行驶方向稳定性和在下长坡时能维持一定车速,以及保证汽车长时间停驻坡道的能力。汽车制动性能的好坏,将直接关系到汽车的行车安全和运输效率。在紧急情况下,良好的制动性能可以使车辆化险为夷,避免交通事故;在正常行驶时,良好的制动性能可以为汽车动力性的充分发挥提供保障作用,从而提高汽车的运输效率。因此,汽车的制动性是汽车的主要使用性能之一。

1.3.1 汽车制动性评价指标

汽车制动性主要由制动效能、制动效能的恒定性和制动时的方向稳定性来评价。

1. 制动效能

制动效能是指汽车在良好路面上以一定的车速迅速减速直至停车的能力。它可以用制动力、制动距离、制动减速度等参数表示。它是制动性最基本的评价指标。

（1）制动力　制动力是指汽车制动时，通过车轮制动器的作用，地面提供的对车轮的切向阻力。汽车在制动力作用下迅速降低车速以至停车。汽车制动力越大，则汽车的制动减速度就越大，汽车的制动距离就越短。因此，制动力能体现汽车制动过程的实质，是评价汽车制动性能最本质的指标。

（2）制动距离　制动距离是指汽车在规定的道路条件、规定的初始车速下紧急制动时，从脚接触制动踏板起至汽车停住时汽车驶过的距离。它通常是在冷试验条件，即制动器的起始制动温度在100℃以下时测得。其制动距离越短，行车的安全性就越好，制动效果就越好。因此，制动距离是评价汽车制动性能最直观的指标。

（3）制动减速度　制动减速度是指汽车制动时，汽车速度下降的快慢程度。这种快慢程度常用充分发出的平均减速度来描述。充分发出的平均减速度是指汽车在规定的初速度下急踩制动时，按式（1-36）测试计算得到的减速度

$$\text{MFDD} = \frac{v_b^2 - v_e^2}{25.92(S_e - S_b)} \tag{1-36}$$

式中　MFDD——充分发出的平均减速度（m/s²）；

　　　v_0——汽车制动初速度（km/h）；

　　　v_b——0.8v_0，汽车速度（km/h）；

　　　v_e——0.1v_0，汽车速度（km/h）；

　　　S_b——在速度v_0至v_b时汽车驶过的距离（m）；

　　　S_e——在速度v_0至v_e时车辆驶过的距离（m）。

制动时，汽车充分发出的平均减速度越大，说明汽车制动力越大，汽车的制动性越好。其充分发出的平均减速度与汽车制动力具有等效的意义。因此，常用充分发出的平均减速度作为路试评价汽车制动性的指标。

2. 制动效能的恒定性

制动效能的恒定性主要是指制动器受摩擦热或水润滑的作用时制动效能的稳定程度。它包括制动器的抗热衰退性和抗水衰退性。制动效能的恒定性越好，则汽车制动时抵抗制动效能下降的能力就越强，汽车制动效果就越好。

3. 制动时的方向稳定性

制动时的方向稳定性是指汽车在制动过程中维持直线行驶的能力或按预定弯道行驶的能力。制动稳定性差的汽车，路试时会产生偏离规定通道宽度的现象；台试时会出现左、右车轮制动器制动力增长快慢不一致或左右车轮制动力不等的现象。因此，在我国安全法规中，路试时制动稳定性的检测评价指标是试车道的宽度；台试时制动稳定性的检测评价指标是同轴左、右轮的制动力差值。

汽车制动时的方向稳定性越好，则汽车制动时抵抗跑偏、侧滑和转向失灵的能力就越

强,行车就越安全。

1.3.2 汽车制动性分析

1. 汽车制动原理

行驶中的汽车要减速以至停车,必须受到与行驶方向相反的外力作用。这类外力只能由地面和空气提供。一般情况下,空气阻力对汽车制动的作用很小,有人曾借助在汽车上加装制动翼板增大制动时的空气阻力,也仅仅只能对高速行驶车辆起辅助制动作用,并未得到实际应用。因此,汽车主要依靠地面对车轮提供的切向反力即地面制动力来实现制动。

汽车制动原理,如图 1-17 所示。制动时,驾驶人踩下制动踏板,经过制动系统使前后轮制动器的制动片压向旋转着的制动鼓(或盘),并对转动的前、后车轮产生摩擦力

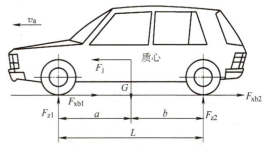

图 1-17 汽车制动原理图

矩力图阻止车轮转动,同时由于车轮与地面的附着作用,地面对前后车轮产生了与汽车行驶方向相反的作用力即地面制动力 F_{xb1}、F_{xb2}。制动力 F_{xb1}、F_{xb2} 经车桥和悬架传给车架及车身,迫使整个汽车产生一定的减速度。同时由于汽车的巨大惯性,汽车会在惯性力 F_j 作用下,行驶一定距离即制动距离才能停车。显然,F_{xb1}、F_{xb2} 越大,汽车的减速度就越大,汽车的制动距离就越短,汽车的制动性就越好。

2. 汽车制动状态

汽车的制动状态,与车轮制动时所受的力和车轮的运动形式密切相关。当车轮处于最佳制动状态时,则汽车的制动力大,制动距离短,制动方向稳定性好。

(1) 制动时车轮的受力 通过制动车轮的受力分析,可找出影响汽车地面制动力的主要因素。

1) 地面制动力。图 1-18 为车轮在良好的硬路面制动时的受力情况。图中:滚动阻力偶矩、惯性力偶矩及惯性力忽略不计;T_μ 为制动器中摩擦片与制动鼓或盘的摩擦力矩(N·m);F_{xb} 为地面制动力(N);W 为车轮垂直载荷(N);F_p 为车轴对车轮的推力(N);F_z 为地面对车轮的法向反作用力(N)。

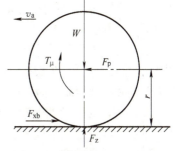

图 1-18 车轮制动时的受力分析

根据力矩平衡条件,可得

$$F_{xb} = \frac{T_\mu}{r} \tag{1-37}$$

式中 r——车轮半径(m)。

地面制动力是通过制动器的作用由地面提供的迫使汽车制动减速的外力,显然,地面制动力越大,则汽车制动减速度越大。

从式(1-37)可以看出,当制动踏板力加大时,摩擦力矩 T_μ 会增大,地面制动力 F_{xb} 就会增加。但由于 F_{xb} 是地面对车轮的切向作用力,所以 F_{xb} 也受附着力的限制。当地面制

动力达到附着力时，即使 T_μ 再增大，F_{xb} 也不会增大。这说明地面制动力受到制动器摩擦力和地面附着力的限制。因此，地面制动力的大小与汽车制动系统的结构、技术状况以及轮胎与路面的附着条件有关。

2) 制动器制动力。它是指在车轮抬离地面踩制动时，为克服制动器摩擦力矩 T_μ，在轮胎周缘沿切线方向转动车轮所需施加的力，用 F_μ 表示。显然

$$F_\mu = \frac{T_\mu}{r} \tag{1-38}$$

从式（1-38）可以看出，制动器的制动力首先取决于制动器的形式、结构尺寸和制动器摩擦副的摩擦系数及车轮半径。在车轮和制动器结构一定时，制动器制动力与制动踏板力，即制动系统的液压或气压成正比。

3) F_{xb}、F_μ、F_φ 三者的关系。制动时，地面制动力 F_{xb}、制动器制动力 F_μ 与地面附着力 F_φ 之间的关系如图 1-19 所示。当制动踏板力较小时，制动器的摩擦力矩不大，地面制动力足以克服制动器摩擦力矩使车轮滚动，此时 $F_{xb} = F_\mu$，且两者均随制动系统管路压力或踏板力的加大而成正比地增长。当制动踏板力增加至 P_a 时，地面制动力达到附着力，车轮即抱死不转而出现拖滑现象，此时 $F_{xb} = F_\varphi = F_\mu$。当制动踏板力继续加大（$P > P_a$）时，制动器制动力则继续增加，但由于地面制动力的最大值不能超过附着力，即 $F_{xb} \leq F_\varphi$，因此 $F_{xb} = F_\varphi < F_\mu$。

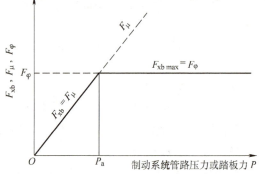

图 1-19 地面制动力、制动器制动力和地面附着力的关系

从上面的关系分析可知，地面制动力首先取决于制动器的制动力，但同时又受到附着力的限制。因此，只有在汽车具有足够的制动器制动力，同时地面又能提供较高附着力时，才能获得较大的地面制动力。

(2) 制动时车轮的运动　仔细观察汽车在硬路面上的制动过程，发现轮胎留在地面上的印痕从车轮滚动到抱死拖滑是一个渐变的过程，如图 1-20 所示，大致认为制动时车轮的运动经历三个阶段。

① 纯滚动阶段。开始制动初期，轮胎印痕与胎面花纹基本一致，车轮做纯滚动，如图 1-20 中Ⅰ。

② 边滚边滑阶段。随着制动强度的加大，轮胎印痕由开始清晰逐渐变得模糊，车轮的滑移成分逐渐增加，车轮处于边滚边滑状态，如图 1-20 中Ⅱ。

③ 纯滑移阶段。当制动强度达到最大时，轮胎印痕变成一条粗黑的拖印，车轮抱死拖滑处于纯滑移状态，如图 1-20 中Ⅲ。若汽车制动器制动力足够，车轮抱死拖滑则是车轮运动的最终形式。

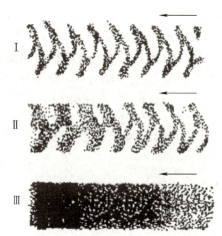

图 1-20 轮胎在路面上的制动印痕

车轮运动时的滑移程度可用滑移率来描述，车轮滑移率 s 的定义如下

$$s = \frac{v_w - r_r \omega_w}{v_w} \times 100\%$$

式中 v_w——车轮中心的速度（m/s）；

ω_w——车轮的角速度（rad/s）；

r_r——无地面制动力时车轮的滚动半径（m）。

当车轮纯滚动时，$v_w = \omega_w r_r$，滑移率 $s = 0$；当车轮纯滑移时，$\omega_w = 0$，$s = 100\%$；当车轮边滚边滑时，$0 < s < 100\%$，所以滑移率的数值可以直接说明车轮运动中滑移成分所占的比例，s 越大，表示车轮滑移的成分越多。

（3）车轮制动最佳状态　当汽车制动系统结构参数一定时，车轮制动的最佳状态就取决于轮胎与路面附着条件的利用程度。

1）硬路面上的附着系数。汽车制动过程中，附着系数的大小不是固定不变的。在路面等其他条件一定的情况下，附着系数的大小取决于车轮的滑移率。

纵向附着系数是指地面制动力与车轮垂直载荷之比，是通常所说的附着系数。纵向附着系数与车轮滑移率的变化规律如图 1-21 所示。从图中可看出：刚制动时，纵向附着系数曲线在 0A 段近似于直线，随着滑移率 s 的增大而迅速增大；当 $s = 20\%$ 左右时，纵向附着系数至 B 点达到最大值 φ_p，φ_p 称为峰值附着系数；当 s 继续增大时，纵向附着系数逐渐减小，当 $s = 100\%$，即车轮抱死拖滑时，纵向附着系数降至最小即 φ_s，φ_s 称为滑动附着系数。

在干燥路面上，φ_p 与 φ_s 的差别较小，而在潮湿路面差别较大。其峰值附着系数、滑动附着系数的大小主要取决于道路的材料、路面的状态与轮胎结构、胎面花纹、轮胎材料以及汽车的行驶速度等因素。表 1-12 是各种路面上的平均附着系数。

表 1-12　各种路面平均附着系数

路　面	峰值附着系数	滑动附着系数	路　面	峰值附着系数	滑动附着系数
沥青或混凝土（干）	0.8~0.9	0.75	土路（干）	0.68	0.65
沥青（湿）	0.5~0.7	0.45~0.6	土路（湿）	0.55	0.4~0.5
混凝土（湿）	0.8	0.7	雪（压紧）	0.2	0.15
砾　石	0.6	0.55	冰	0.1	0.07

侧向附着系数是指侧向力与车轮垂直载荷之比，它反映车轮的侧向附着条件和抵抗侧滑的能力。侧向附着系数与车轮滑移率的变化规律如图 1-21 所示，在侧向力作用下制动时，其侧向附着系数随着滑移率的加大而逐渐降低，当 $s = 100\%$ 即车轮抱死拖滑时，侧向附着系数最小，几乎为 0。

2）车轮最佳制动状态。通常，汽车制动器的制动力都足够大，若能获得较好的附着条件，则制动时就可得到较大的地面制动力。当汽车其他条件一定时，附着系数越大，附着力就越大，则地面产生的最大制动力也就越大；而侧向附着系数越大，则汽车抵

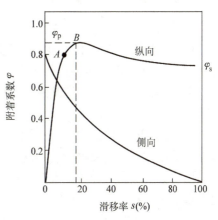

图 1-21　φ—s 曲线

抗侧滑的能力就越强。由于汽车制动时,附着系数随车轮的滑移率而变,因此制动车轮处于不同的运动形式则会有不同的制动效果。

行车时,若猛地踩下制动踏板,制动器产生的较大的制动力就会使车轮抱死拖滑。从图1-21可以看出,一旦车轮抱死拖滑,则纵向附着系数为φ_s,汽车制动力就会减少,将导致制动距离增加。更为严重的是侧向附着系数为0,汽车完全丧失抵抗侧滑的能力。此时,若后轮抱死拖滑,则汽车将会出现严重的甩尾、侧滑,高速制动时甚至出现急转掉头现象;若前轮抱死拖滑,则汽车将丧失转向能力,对汽车的安全行车造成极大的危害。另外,车轮抱死拖滑后,轮胎与路面将产生剧烈的相对摩擦运动使轮胎温度升高、磨损加剧,同时使附着系数进一步下降。

制动时,若将各个车轮的滑移率都控制在20%左右,则能利用道路的峰值附着系数φ_p,获得较大的侧向附着系数,从而使汽车能以最大的地面制动力制动,在最短的制动距离内停车,并具有良好的制动方向稳定性,同时轮胎的磨损也减少。这就是车轮的最佳制动状态。

汽车制动时,要获得最佳制动状态,单靠普通的制动系统是无法做到的,靠驾驶人高超的操作制动踏板水平也是不现实的,而采用防抱死制动装置却能够实现这个要求。

3. 汽车制动效能分析

(1) 制动时间 图1-22是汽车经历紧急制动过程时,制动减速度与制动时间的关系曲线。汽车整个制动过程所经历的时间即为制动时间,其包含如下四个时间。

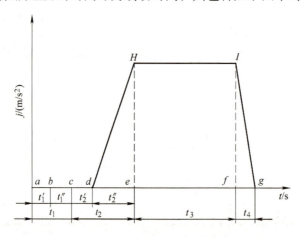

图1-22 汽车制动减速度与制动时间的关系曲线

1) 驾驶人反应时间t_1。它是指驾驶人从接到必须制动的信号,到把踏板力加到制动踏板上所经历的时间。其中包括驾驶人发现、识别障碍并做出紧急制动决定的意识时间t'_1($a\to b$)和把右脚从加速踏板移到制动踏板的时间t''_1($b\to c$)。t_1的长短因人而异,一般为0.3~1.0s。

2) 制动器作用时间t_2。它是指从施加制动踏板力到产生最大制动减速度的时间。其中包括消除制动系统传动间隙的时间t'_2($c\to d$)和地面制动力由零增长到最大的时间t''_2($d\to e$)。t_2的长短一方面取决于驾驶人踩踏板的速度,更重要的是受制动系统结构形式及技术状况的影响,一般为0.2~0.9s。

3) 持续制动时间t_3。它是指以最大制动减速度(或最大地面制动力)持续制动直到停车的时间（$e \to f$）。当制动器制动力足够时，t_3 的长短只取决于初始车速和路面附着系数。

4）制动释放时间 t_4。它是指驾驶人松开制动踏板后，制动力消除所需要的时间（$f \to g$）。制动释放时间一般为 0.2～1.0s。t_4 过长会延缓随后汽车的起步。

对汽车减速停车起重要作用的是持续制动时间 t_3 和制动器作用时间 t_2。通常，t_2 和 t_3 的大小具有间接评价汽车制动性能的能力，其制动时间越短，制动性能就越好。但一般情况下，制动时间不单独作为评价指标。国标规定，将制动协调时间作为辅助性评价指标。制动协调时间是指紧急制动时，从制动踏板开始动作至车辆减速度（或制动力）达到标准规定的充分发出的平均减速度（或制动力）的75%时所需的时间。显然，制动协调时间是制动器作用时间 t_2 的主要部分。

（2）制动距离 根据制动距离的定义，它是包括制动系统反应时间 t_2'、制动力增长时间 t_2'' 和最大制动力持续制动时间 t_3 内行驶的距离。其制动距离可按下列关系式计算

$$s = \frac{v_{a0}}{3.6}\left(t_2' + \frac{t_2''}{2}\right) + \frac{v_{a0}^2}{25.92 j_{b\,max}} \tag{1-39}$$

式中 s——汽车制动距离（m）；

v_{a0}——汽车制动初速度（km/h）；

$j_{b\,max}$——最大制动减速度（m/s²）；

t_2'——制动系统反应时间（s）；

t_2''——制动力增长时间（s）。

若车轮在最大制动力持续时间内抱死拖滑，则其制动距离可用下式计算

$$S = \frac{v_{a0}}{3.6}\left(t_2' + \frac{t_2''}{2}\right) + \frac{v_{a0}^2}{25.92 g\varphi} \tag{1-40}$$

式中 φ——路面滑动附着系数；

g——重力加速度（m/s²）。

由式（1-39）、式（1-40）可以看出，决定汽车制动距离的主要因素是：制动器作用时间、附着系数、制动初速度。实际上，制动距离的长短是制动器结构形式、技术状况、制动器作用时间、制动踏板力、路面附着条件、车辆运动状态及车辆载荷等多因素的综合表现。改进制动系统结构，减少制动器起作用时间，采用附着性能良好的轮胎，加装防抱死制动系统，都可使制动距离缩短，提高制动效果。

（3）制动减速度 若忽略 F_w、F_f，汽车在水平路面制动，则制动减速度 j 与地面制动力 F_{xb} 的关系可用式（1-41）表示

$$j = \frac{g}{\delta G} F_{xb} \tag{1-41}$$

式中 δ——汽车旋转质量换算系数；

G——汽车总重力（N）。

对某一具体车辆而言，汽车制动力越大，则制动减速度越大，制动效果就越好，其汽车减速度与汽车制动力具有等效的意义。制动减速度在一次制动过程中是变化的，在制动器作用时间内，其制动减速度由小变大，而当所有车轮都抱死拖滑时，其制动减速度达到最大值，即 $j_{b\,max} = g\varphi$。

在评价汽车制动性时，由于瞬时减速曲线的形状复杂，不宜用某一点的减速度瞬时值

作为评价指标,而 MFDD 则在车辆制动过程中,是较为稳定的数值,用 MFDD 代替瞬时制动减速度,更能真实反映汽车制动系统的实际情况。因此,常将 MFDD 作为汽车制动效能的一种评价指标。

4. 制动效能恒定性分析

(1) 抗热衰退性能　汽车在高速行驶中制动或下长坡连续制动时制动器温度升高后,与冷态(制动器温度在100℃以下)相比,其制动效能的保持程度,称为制动器的抗热衰退性能。由于汽车制动过程实际上是把汽车行驶的动能通过制动器摩擦转换为热能的过程,所以制动器温度升高是必然的。下长坡制动或高速制动时,制动器温度常在300℃以上,有时高达600～700℃。而当制动器温度很高时,其制动器摩擦副材料的摩擦系数会大幅降低而出现热衰退现象,导致制动力矩减少。因此,热衰退是目前制动器不可避免的现象,只是程度上有所差别而已。

制动器的抗热衰退性能不仅受制动器摩擦副材料的摩擦系数影响,还与制动器的结构形式有关。常用制动效能因数与制动器摩擦系数的关系曲线来说明制动器的抗热衰退性能,所谓制动效能因数 k_{ef} 是指单位制动泵推力 F_{pu} 所产生的制动器摩擦力 F,即

$$k_{ef} = \frac{F}{F_{pu}} \tag{1-42}$$

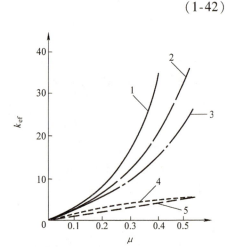

图 1-23　制动效能因数曲线
1—双向自动增力式制动器　2—双领蹄式制动器
3—领、从蹄式制动器　4—双从蹄式制动器
5—盘式制动器

各种形式制动器的制动效能因数与摩擦系数的关系曲线如图 1-23 所示。由图可知,k_{ef} 曲线越陡的制动器,其摩擦系数的微小变化会引起制动效能大幅度变化,从而导致制动器制动力波动较大,其制动器稳定性差。这说明制动器的制动效能因数曲线越平缓,则抗热衰退性能就越好。可见双向自动增力式制动器的制动效能稳定性最差,而盘式制动器制动效能稳定性最好。

制动器抗热衰退性能一般用一系列连续制动时制动效能的保持程度来衡量。根据国家行业标准规定,要求以一定车速连续制动15次,每次制动强度为3m/s²,在制动踏板力相同的条件下,最后的制动效能应不低于规定的冷试验制动效能(5.8m/s²)的60%。也可以用下长坡连续制动的方法取得高温工况,最后检查制动性指标。

(2) 抗水衰退性能　汽车制动器涉水时,制动效能的保持程度,称为制动器的抗水衰退性能。制动器涉水时,制动器摩擦表面因水的润滑作用使摩擦系数下降,导致制动效能下降。若水衰退只发生在汽车一侧的制动器里,还会造成左右车轮制动力不等,使汽车制动时的方向稳定性变坏。

制动器浸水后,为保证行车安全,应多踩几次(5～15次)制动踏板,使制动器产生摩擦,用摩擦产生的热使制动器干燥,使汽车在短时间内迅速恢复原有的制动效能。图 1-24 显示了鼓式制动器和盘式制动器浸水后制动效能的下降程度及经过若干次制动后制动效能的恢复能力。图中曲线表明,盘式制动器的水衰退影响比鼓式制动器的要小,制动效能因数下

降少,恢复也较快,这主要是因为盘式制动器的制动盘在旋转时易将所沾的水甩出,另外是其制动块压力高,易将摩擦片上的水分挤出,而鼓式制动器排水和干燥较难,故恢复也较慢。

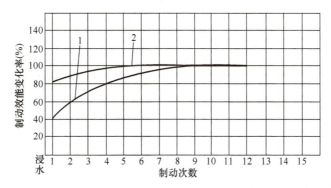

图 1-24 制动器的抗水衰退性和恢复特性
1—鼓式制动器　2—盘式制动器

5. 制动方向稳定性分析

制动方向稳定性差的汽车容易制动跑偏、制动侧滑和丧失转向能力。

(1) 制动跑偏　在汽车直线行驶、转向盘固定不动的条件下,汽车制动时自动向左或向右偏驶的现象称为制动跑偏。汽车制动跑偏的原因如下。

1) 左、右轮制动力不相等。汽车制动跑偏最常见的原因是左、右车轮,特别是转向轴左、右车轮制动器制动力不相等。图 1-25 为左、右转向车轮地面制动力不等的制动跑偏示意图。设汽车左前轮制动器制动力大于右前轮,汽车处于直线行驶时中等强度制动,则地面制动力 $F_{xb1l} > F_{xb1r}$,因而它们对各自主销形成的力矩不相等,且方向相反,使转向轮具有向左偏转的趋势,虽然转向盘固定不动,但因转向系统各处的间隙及零部件的弹性变形,转向轮将产生向左偏转的角度,使汽车向左制动跑偏。另外,左、右轮制动力不相等还会对汽车质心形成不平衡力矩,使地面对前、后轴分别产生侧向反力 F_{Y1} 和 F_{Y2},由于主销有后倾,于是侧向力 F_{Y1} 也会对转向轮产生一偏转力矩,从而加大了车轮向左的偏转,使制动跑偏更为严重。

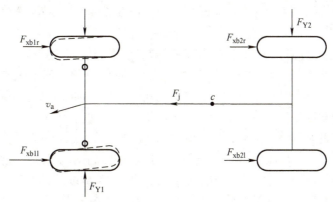

图 1-25 制动跑偏原因分析

左、右车轮制动器制动力不相等主要是制造、调整误差以及维护不当造成的。如左、右轮制动摩擦片与制动鼓（盘）间隙不同；左、右轮制动摩擦片与制动鼓（盘）接触面积相差过大；左、右轮制动鼓（盘）的尺寸、新旧程度、工作面的表面粗糙度有差异；左、右轮制动摩擦片材质各异、新旧程度不同或安装修复质量不一样；左、右轮制动蹄复位弹簧拉力相差过大；左、右轮胎的新旧程度、磨损程度以及气压不一致；个别轮缸活塞运动不灵活、皮碗发胀、油管堵塞或有空气；个别制动卡钳呆滞、发卡、运动不灵活；个别车轮摩擦片油污、硬化或铆钉外露等都会引起制动跑偏，但这些问题一般经过维修调整后，使其左右轮制动器制动力差值小于规定值，就可以消除制动跑偏现象。

2）车身变形、车轮定位失准、前后车轴不平行以及两边钢板弹簧刚度不等。这种原因引起的制动跑偏需要通过检测维修加以消除。

（2）制动侧滑　制动时汽车某一轴车轮或两轴车轮发生侧向滑动的现象称为制动侧滑。

1）制动侧滑的原因。

① 车轮抱死拖滑使其丧失抵抗侧向力的能力。制动时若某一轴车轮抱死，则其侧向附着系数为0，因而抵抗侧向力的能力为0，一旦遇有侧向力作用，这一轴车轮将会侧滑。

② 侧向力作用是侧滑的根源。汽车行驶时时刻刻都存在着侧向力的作用，如汽车重力沿道路的横向坡度分力、侧向风力、转向行驶的离心力等。若这些力超过车轮与地面的侧向附着力，则车轮就失去了抵抗侧向力的能力从而产生侧滑。当车轮制动抱死拖滑时，在这些侧向力的作用下，车轮更容易产生侧滑。

③ 较高的制动初始速度为侧滑提供了有利条件。制动时，汽车速度越高，则其制动距离、制动时间越长，这为车轮侧滑在时间上提供了条件。若制动车速低，可能还来不及侧滑就已经停车了。

④ 轮胎与路面的附着系数小为侧滑提供了可靠条件。附着系数小，一方面车轮制动更容易抱死拖滑而导致侧滑，另一方面汽车的制动力小，其制动距离、制动时间增长，这又为车轮侧滑在时间上提供了条件。因而，在附着系数小的路面制动更容易侧滑。

⑤ 制动跑偏可加剧侧滑，它为侧滑提供了较大的侧向力。

2）单轴制动侧滑分析。图1-26a表示汽车直线行驶制动，前轴车轮制动抱死，后轴车轮滚动的情况。在偶然侧向力作用下，前轴发生侧滑。前轴中点A的速度方向沿侧向力F_y方向偏离汽车纵轴线的夹角为β，后轴没有侧滑，速度B的方向仍与汽车纵轴线方向一致。此时，汽车的速度瞬心为O，则汽车绕O点作圆周运动，并产生离心惯性力F_j，而F_j的侧向分力与侧向力F_y的方向相反，其作用效果将减少或阻止前轴的侧滑。且一旦侧向力F_y消失，F_j的侧向分力有使汽车自动回正的作用。因此，前轴侧滑对汽车前进方向的改变不大。

图1-26b表示汽车直线行驶制动，后轴车轮制动抱死，前轴车轮滚动的情况。在偶然侧向力作用下，后轴发生侧滑。由侧滑产生的离心惯性力F_j的侧向分力方向与侧向力F_y方向一致，使后轴侧滑更为严重；同时，偶然侧向力F_y消失后，后轴的侧滑在离心惯性力F_j的作用下继续进行。因此，后轴侧滑是一种不稳定的、危险的工况，它严重威协行车安全。

3）制动侧滑对方向稳定性的影响。对于无防抱死制动系统的双轴汽车，在紧急制动时，若制动器制动力足够，双轴车轮总会抱死，往往有一轴车轮先抱死，而接着该轴车轮出现侧滑。理论与实践证明：若前轮先抱死，汽车基本上直线向前减速停车，汽车方向是稳定的，但在弯道行驶制动时，由于前轮不能承受侧向力，因而汽车不能按预定的方向行驶，将丧失转向能力；若后轮先抱死，在车速超过一定值时，即使侧向力很小，也会使汽车产生侧滑，甚至急转调头，发生危险，故后轮先抱死具有更大的危险。因此，对于高速汽车来说，制动时最好不要出现后轮先抱死现象，以防止后轴侧滑。

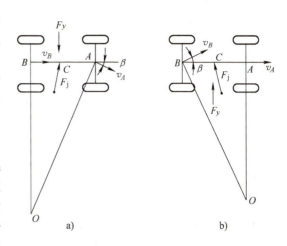

图 1-26　汽车制动侧滑运动分析
a）前轴侧滑　b）后轴侧滑

（3）丧失转向能力　汽车制动时转向控制失灵的现象称为丧失转向能力。如汽车在弯道行驶制动时，汽车不按弯道行驶而沿弯道切线方向驶出；而直线行驶制动时虽然转动转向盘但汽车仍按直线方向行驶。汽车丧失转向能力通常是前轮制动抱死而不能承受侧向力引起的，故对于无防抱死制动系统的汽车来说，其丧失转向能力有时是不可避免的，不过对于制动时后轮先抱死的汽车其丧失转向能力的可能性小些。因此，对于山区使用的汽车来说，制动时最好不要出现前轮先抱死现象，以防止汽车丧失转向能力而发生危险。

6. 前后制动器制动力比例关系

无防抱死制动系统的汽车紧急制动时，可能出现三种状态：一是前轮先抱死拖滑，后轮再抱死拖滑；二是后轮先抱死拖滑，前轮再抱死拖滑；三是前、后轮同时抱死拖滑。其中状态一和状态三是相对稳定工况，而状态二易引起后轴侧滑是不稳定工况。可见，前、后轮制动器抱死次序对汽车制动方向稳定性的影响很大，而前、后轮制动器抱死次序是由前后制动器制动力比例关系决定的。前后制动器制动力比例关系的确定与汽车的结构参数、附着条件、使用状况有关。

（1）地面法向反作用力　设汽车在水平路面制动，并忽略空气阻力 F_w、滚动阻力偶矩 T_f、惯性力偶矩 T_j，则汽车制动时的受力如图 1-17 所示。根据受力图，对前、后轮接地点分别取力矩列平衡方程可推得

$$\left. \begin{array}{l} F_{z1} = \dfrac{G}{L}\left(b + \dfrac{h_g}{g}\dfrac{dv}{dt}\right) \\ F_{z2} = \dfrac{G}{L}\left(a - \dfrac{h_g}{g}\dfrac{dv}{dt}\right) \end{array} \right\} \quad (1\text{-}43)$$

式中　F_{z1}——地面对前轮的法向反作用力（N）；
　　　F_{z2}——地面对后轮的法向反作用力（N）；
　　　G——汽车重力（N）；
　　　a——汽车质心至前轴轴线的距离（m）；
　　　b——汽车质心至后轴轴线的距离（m）；
　　　L——汽车轴距（m），$L = a + b$；
　　　h_g——汽车质心高度（m）；

$\dfrac{\mathrm{d}v}{\mathrm{d}t}$——汽车减速度（m/s²）。

若在不同附着系数的路面制动，前后轮都抱死，则 $\dfrac{\mathrm{d}v}{\mathrm{d}t} = \varphi g$，此时由式（1-43）可得

$$\begin{cases} F_{z1} = \dfrac{G}{L}(b + \varphi h_{\mathrm{g}}) \\ F_{z2} = \dfrac{G}{L}(a - \varphi h_{\mathrm{g}}) \end{cases} \tag{1-44}$$

式（1-43）和式（1-44）反映了制动时前后轮车轮法向反作用力与汽车减速度和路面附着系数的变化规律。制动时，若汽车减速度越大或路面附着系数越大，则 F_{z1} 增加越多，F_{z2} 减少越多，这说明制动时前后轴载荷发生了转移。因此，制动时前后轮法向反作用力不是常数，而是随着汽车的制动强度、路面状况的变化而变化。

（2）理想的前、后制动器制动力分配 对无防抱死制动系统的汽车，制动时前后轮同时抱死拖滑是一种理想状态，因为此时其附着条件得到了充分利用，制动距离短，方向稳定性好，制动系统工作效率高。在任意附着系数 φ 的水平路面制动，均能保证前后轮同时抱死拖滑的前、后轮制动器制动力分配，称为理想分配。

在任意附着系数的水平路面上制动，前后轮同时抱死拖滑的条件是：前、后轮制动器制动力之和等于附着力，且前、后轮制动器制动力分别等于各自的附着力，即

$$\begin{cases} F_{\mu 1} + F_{\mu 2} = G\varphi \\ F_{\mu 1} = F_{z1}\varphi \\ F_{\mu 2} = F_{z2}\varphi \end{cases} \tag{1-45}$$

式中 $F_{\mu 1}$——前轮制动器制动力（N）；

$F_{\mu 2}$——后轮制动器制动力（N）。

将式（1-44）代入式（1-45）后变换得

$$\begin{cases} F_{\mu 1} + F_{\mu 2} = G\varphi \\ \dfrac{F_{\mu 1}}{F_{\mu 2}} = \dfrac{b + \varphi h_{\mathrm{g}}}{a - \varphi h_{\mathrm{g}}} \end{cases} \tag{1-46}$$

消除变量 φ，可得前、后轮制动器制动力的理想分配关系式，即

$$F_{\mu 2} = \dfrac{1}{2}\left[\dfrac{G}{h_{\mathrm{g}}}\sqrt{b^{2} + \dfrac{4h_{\mathrm{g}}L}{G}F_{\mu 1}} - \left(\dfrac{Gb}{h_{\mathrm{g}}} + 2F_{\mu 1}\right)\right] \tag{1-47}$$

由式（1-47）画成的曲线，即为理想的前、后轮制动器制动力分配曲线，简称 I 曲线。

通常，I 曲线根据式（1-46）画出。在 G、a、b、h_{g} 一定时，先选取一系列不同的附着系数 φ，由式（1-46）中的第一式可得到一组与坐标轴成 45°的关系曲线，再将不同的 φ 值分别代入式（1-46）中的第二式，则得到一组通过原点但斜率不同的射线，然后分别找出对应同一 φ 值的两直线交点 A、B、C……，再将这些连接起来，便得到 I 曲线，如图 1-27 所示。

I 曲线上任意一点坐标，表示在某一对应附着系数路面制动时，前后轮同时抱死应具有的前、后轮制动器制动力。从图 1-27 的 I 曲线可以看出：理想的前后轮制动器制动力比例

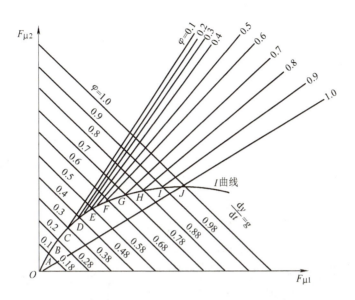

图 1-27 理想的前后制动器制动力分配曲线

关系是非线性的，其理想的 $F_{\mu 1}$、$F_{\mu 2}$ 分配随着汽车总重、质心位置和道路附着条件的变化而变化。

（3）实际的前、后制动器制动力分配 目前，一般汽车实际的前、后制动器制动力具有固定的比值。常用制动力分配系数 β 表示前、后制动器制动力分配的比例。制动力分配系数是指前制动器制动力与汽车总制动器制动力之比，即

$$\beta = \frac{F_{\mu 1}}{F_\mu} \tag{1-48}$$

式中 F_μ——汽车总制动器制动力，$F_\mu = F_{\mu 1} + F_{\mu 2}$。

根据式（1-48）可推得前、后制动器制动力的比例关系如下

$$\frac{F_{\mu 1}}{F_{\mu 2}} = \frac{\beta}{1-\beta} \tag{1-49}$$

利用式（1-49）可在 $F_{\mu 2} - F_{\mu 1}$ 坐标图上绘出实际前、后制动器制动力分配曲线，简称 β 线，如图 1-28 所示。图 1-28 中还给出了该车的空载和满载 I 曲线。

从图 1-28 可以看出，β 线与满载的 I 曲线只有交点 B，这说明实际汽车的前、后制动器制动力分配与理想的分配差别很大，制动时它只能在某一种路面上使前、后轮同时抱死拖滑，而在其他路面上则不是前轮先抱死就是后轮先抱死。

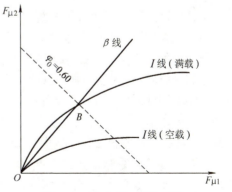

图 1-28 汽车的 β 线与 I 线

β 线与 I 曲线交点处对应的附着系数称为同步附着系数，用 φ_0 表示。它是反映汽车制动性能的一个重要参数，它说明前、后制动器制动力具有固定比值的汽车只有在附着系数等于 φ_0 的路面制动时，才能使前后轮同时抱死。不

同载荷时,理想的前、后制动器制动力不同,即 I 曲线不同(图1-28),因此其同步附着系数也会发生变化。有时空载汽车无同步附着系数(图1-28),这说明该车空载时在任何路面制动,前后轮都不会同时抱死。

同步附着系数由汽车结构参数决定,其计算式如下:

$$\varphi_0 = \frac{L\beta - b}{h_g} \tag{1-50}$$

(4) 不同 φ 值路面上的制动过程分析 汽车在不同路面的制动性能与汽车的同步附着系数 φ_0 密切相关,下面以同步附着系数 $\varphi_0 = 0.6$ 的汽车为例,参照图1-29来说明汽车在不同附着系数路面上的制动过程。

1) 在 $\varphi < \varphi_0$ 的路面制动。设 $\varphi = 0.4$,汽车制动时,前、后轮制动器制动力按 β 线逐渐增长,当增至图中 A 点时,前轮制动器制动力先达到使其前轮抱死的制动力,然后继续加大制动,经一段时间到达 A' 点,则后轮制动器制动力达到后轮抱死的制动力。这说明在 $\varphi < \varphi_0$ 的路面制动总是前轮先抱死,后轮后抱死,是一种稳定工况,但汽车制动时容易失去转向能力。

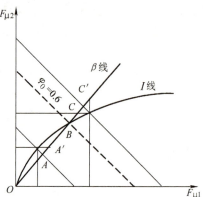

图1-29 不同 φ 值路面上的制动过程

2) 在 $\varphi > \varphi_0$ 的路面制动。设 $\varphi = 0.7$,汽车制动时,前、后轮制动器制动力按 β 线逐渐增长,当增至图中 C 点时,后轮制动器制动力先达到使其后轮抱死的制动力,然后继续加大制动,经一段时间到达 C' 点,则前轮制动器制动力达到前轮抱死的制动力。这说明在 $\varphi > \varphi_0$ 的路面制动总是后轮先抱死,前轮后抱死,易发生后轴侧滑而使汽车失去制动稳定性,是一种不稳定工况。

3) 在 $\varphi = \varphi_0$ 的路面制动。设 $\varphi = 0.6$,汽车制动时,前、后轮制动器制动力按 β 线增长,当增至图中 B 点时,则前后轮制动器制动力同时达到前后轮各自抱死的制动力,这说明在 $\varphi = \varphi_0$ 的路面制动总是前后轮同时抱死,汽车具有良好的制动效能和制动稳定性,是一种理想的制动工况,但汽车在最大强度制动时易失去转向能力。

根据制动过程分析可知:β 线在 I 曲线下方,制动时前轮先抱死;β 线在 I 曲线上方,制动时后轮先抱死,有的空载汽车,β 线总在 I 曲线上方,这说明该车空载制动时总是后轮先抱死。为保证汽车具有良好的制动效能和方向稳定性,希望在各种路面制动时前后轮同时抱死达到理想状态,但这是很困难的,因为汽车前、后轮的附着力是随着汽车的载荷、质心位置、制动强度、路面附着系数的变化而变化,而实际上前、后轮制动器制动力不能同步跟随各自车轮附着力的变化。一般汽车通常要求:β 线应尽量靠近 I 曲线,以提高制动效能;β 线应尽量在 I 曲线下方,以防止制动时后轴侧滑。

(5) 同步附着系数的选择 实际上,β 线与 I 曲线的位置关系是由同步附着系数决定的,所以同步附着系数的选择会影响汽车在各种路面上的制动性。同步附着系数一般根据车型及使用条件来选择。

对于经常在山区弯多路面行驶的汽车,φ_0 应选低些,保证制动时使后轮先抱死,以避免山区下坡制动时前轮失去控制方向的能力;对于高速行驶的汽车,φ_0 应选高些,保证制动时让前轮先抱死，以避免高速制动时后轴侧滑的危险；对于一般汽车，φ_0 应与经常行驶的路面附着系数相当，以保证汽车在经常行驶的路面制动具有良好的制动效能和方向稳定性。

随着道路条件的改善和车速的提高，后轴侧滑的危险性加大，故汽车的同步附着系数有加大的趋势。目前，汽车同步附着系数的取值，轿车为 0.6～0.9，货车为 0.5～0.8。

1.3.3 汽车制动性的主要影响因素

1. 制动系统管路的布置

为提高汽车行车的安全性，汽车通常装用双管路制动系统，以避免在一套制动管路失效时，整车丧失制动能力。图 1-30 为四种不同的双管路布置方案，其对制动性的影响分析如下。

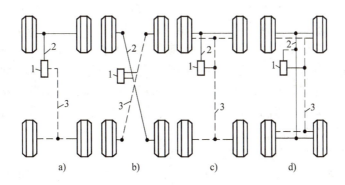

图 1-30 双管路制动系统的布置
1—制动主缸 2——套管路 3—另—套管路
a)"前-后"布置 b)"X"形布置 c)"前双后单"布置 d)"前后双重"布置

（1）"前-后"布置 图 1-30a 为"前-后"布置。这时如果一轴制动失效，将使整车的制动效能显著下降。严重的是：前轴制动失效，将会导致后轮抱死而失去稳定性；后轴制动失效，将会导致前轮抱死而失去转向能力。目前，不少货车的制动系统采用这种"前-后"布置的双管路系统。

（2）"X"形布置 图 1-30b 为"X"形布置。如果一套管路失效，将使整车的制动效能降低一半，但不致丧失稳定性，因为后轴无制动力一侧的车轮可以承受侧向力。采用这种管路布置的汽车，其主销偏距应取负值（即前轮接地点在主销延长线与地面交点的内侧），这样制动时可通过前轮的转向来补偿左右轮两侧制动力不均而引起的跑偏。目前，很多轿车如富康、本田雅阁等均采用这种"X"形布置。

（3）"前双后单"布置 图 1-30c 为"前双后单"布置，其每一前轮有两套轮缸，其一套轮缸与后轮管路连成一分系统；另一套轮缸互连成一个分系统，单独控制前轮。无论哪一套管路失效，前轮制动力将要减半。如果管路 3 失效，后轮完全丧失制动能力，将导致制动效能严重下降。

（4）"前后双重"布置 图 1-30d 为"前后双重"布置，其两个独立的管路均与每个车轮的各自轮缸相连。一套管路失效，制动效能减半，但不失去稳定性。这种形式的双管路系统，制动效能及方向稳定性最好，但结构也最复杂。

2. 车轮制动器

车轮制动器是制动力的源泉,若要具有良好的制动效能,必须要有足够的制动器制动力。而制动器制动力则取决于车轮制动器的结构形式、技术状况和制动系统的工作介质压力等。

(1) 制动器结构形式　不同结构形式的制动器,制动效果不同。一般用制动器效能因数来衡量各种形式制动器的制动效能。制动器的制动效能因数越大,表示单位制动缸推力能够产生的制动器制动力就越大。制动器的结构形式不同,其效能因数不同。在几何力学关系上能产生增力作用的制动器,具有较大的制动效能因数,如双向自动增力蹄式制动器。下列制动器制动效能因数由高至低的排序是:双向自动增力蹄式制动器、双增力蹄式制动器、增减力蹄式制动器、双减力蹄式制动器、盘式制动器。

车轮制动器不但应能产生足够大的制动力,同时还应有较好的制动效能恒定性。这也与制动器的结构、制动效能因数有关。通常,制动效能因数越大,则制动效能恒定性就越差。对于制动效能因数大的制动器,当温度变化引起摩擦系数微小变化时,会造成制动器摩擦力矩及制动效能因数的大幅变化,说明这种制动器工作稳定性差。而盘式制动器的制动效能因数随摩擦系数变化的改变量最小,其工作稳定性最好。由于盘式制动器具有散热性好、抗热衰退性好、热膨胀后摩擦盘与制动盘压得更紧、涉水后恢复性好等特点,目前已广泛应用于高速轿车和重型矿用汽车上。

(2) 制动器技术状况　制动摩擦片与制动鼓(盘)工作面接触不均匀,制动鼓(盘)变形,将使制动器制动效能降低,甚至造成制动时的跑偏现象;制动摩擦片与制动鼓(盘)工作面上有油、水、污物等都会使摩擦系数下降,使制动器制动效能下降;制动摩擦片与鼓(盘)的间隙过大,将使制动器作用时间增长,制动距离增大;左、右轮制动器的间隙不同,将引起汽车制动跑偏。

3. 汽车质心位置

汽车质心位置发生改变,会引起前后轮地面制动力和同步附着系数发生变化,从而影响汽车的制动性能。

汽车使用时,装载质量发生改变、车上的客人前后乘坐不均,都会改变汽车的质心位置,从而影响汽车的制动性能。如发动机前置、后部有行李空间的汽车,空载与满载相比,质心前移,而质心高度变化不大,故轿车空载时的同步附着系数减小。因此,轿车空载行驶时的制动方向稳定性变差。又如大客车的客人不足,且均靠前坐时,则质心前移,制动时易导致后轮先抱死而发生危险的侧滑。

4. 汽车装载质量

对于前后轮制动器制动力具有固定比值的汽车,满载同步附着系数最大,随着装载质量的下降,则同步附着系数逐渐减小。因此,对于空载或轻载的汽车,制动时易导致后轮先抱死而发生危险的侧滑。

汽车制动距离与装载质量有关。这是因为汽车制动时,绝大多数情况下,前后车轮不能同时抱死,地面附着力不能被充分利用,其制动减速度为 $j = \dfrac{g}{\delta G} F_x$。因此,装载质量增加,制动减速度减小,则制动距离增大。实践证明,装载质量 3t 以上的汽车,每增加载质量 1t,其制动距离约增大 0.5~1.0m。

5. 制动力调节装置

制动力调节装置可以改变具有固定 β 值汽车的前、后制动器制动力分配，提高汽车的制动性。其调节原则是：尽量使 β 线在 I 线下方；尽量使 β 线靠近 I 线。它通过各种调节阀，改变前、后制动管路的压力，防止制动时后轮先抱死，并改善制动效能和制动效率。

现代汽车普遍装有比例阀或载荷比例阀等制动力调节装置。制动力调节装置可根据制动强度、载荷等因素来改变前、后制动器制动力的比值。其制动力分配曲线设计时，优先考虑制动稳定性，但同时兼顾最短的制动距离。实际上，制动力调节时，转折点的选择是复杂的，因为前面所讲的 I 曲线是简单的直线制动情况，实际的制动工况会使 I 曲线发生改变，如发动机制动的影响，转弯制动时左、右车轮载荷的转移等。所以转折点的选择一般低于 I 曲线，以保证有一定的稳定性余地。

图 1-31 是限压阀、比例阀、感载比例阀、感载射线阀的制动力分配曲线。图 1-31a 为限压阀的制动力分配曲线，在其转折点后，后轮液压不变。虽然分配线对空载基本是合适的，但仍有一小段是非稳定区，且满载时制动效率偏低。图 1-31b 为比例阀的制动力分配曲线，在其转折点后是一条斜线，和空载 I 曲线的交点即同步附着系数超过了 0.82，既消除了不稳定区又提高了制动效率；但是满载时制动力线与 I 曲线距离较远，制动效率低。图 1-31c 为感载比例阀的制动力分配曲线，其转折点可根据轴载荷的大小自动调节，使制动力线与 I 曲线接近，改善了比例阀的不足，提高了制动效率。图 1-31d 为感载射线阀的制动力分配曲线，其制动力线的 β 值能根据载荷自动调节。

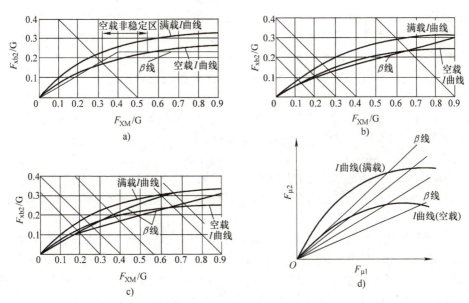

图 1-31　各种调节阀的制动力分配曲线
a) 限压阀　b) 比例阀　c) 感载比例阀　d) 感载射线阀

6. 制动辅助系统

制动辅助系统（Brake Assist System）简称 BAS，它可优化紧急制动操作过程中车辆的制动能力，改善汽车的操纵性。尤其是对力不从心、犹豫不决、反应迟钝的驾驶人，在紧急情况下制动，具有重要的帮助作用。

据统计，在紧急情况下有90%的汽车驾驶人踩制动踏板时缺乏果断。另外，在传统制动系统上，其制动踏板力是以固定的倍数放大，因此对于体力较弱的驾驶人而言，可能面临制动力不足的问题，若遇紧急状况，则容易诱发交通事故。BAS正是针对上述情况而设计的。

BAS通过驾驶人踩踏制动踏板的速率和制动压力增长的速率来理解和判断制动行为。系统时刻监控制动踏板的运动，一旦监测到踩踏制动踏板的速度陡增，而且驾驶人继续大力踩踏制动踏板，或察觉到制动踏板的制动压力恐慌性地急速增加，BAS会在几毫秒内启动，形成最大的制动压力，使制动减速度很快上升到最大值产生最大的制动力，其速度要比大多数驾驶人移动脚的速度快得多，因此BAS可显著缩短紧急制动距离，并有助于防止在停停走走的交通中发生追尾事故，以提高行车安全。

驾驶人一旦释放制动踏板，BAS就转入待机模式；对于正常情况制动，BAS则会通过判断不予启动ABS。ABS只有在车轮具有抱死倾向时发挥作用，而BAS则是在紧急快速制动时提供最好的制动效果。

通常情况下，BAS的响应速度会远远快于驾驶人，这对缩短制动距离，增强安全性非常有利，尤其是对高速公路行驶的车辆，BAS可有效防止意外追尾。有关测试表明，BAS可使车速高达200km/h的汽车完全停下的距离缩短21m之多。

7. 道路与轮胎

附着力限制了最大制动力，而附着系数又主要取决于道路的状况，所以道路对制动距离有很大的影响。制动初速度相同时，路面越好，附着系数越大，最大制动力越大，则制动距离越短。

在路面条件一定时，附着系数的大小又取决于轮胎。轮胎的结构，诸如轮胎花纹、胎面曲率、轮胎直径和宽度等对附着系数都有影响。细而浅花纹的轮胎，在硬路面上滚动有较大的附着系数；宽而深花纹的轮胎，在软路面上滚动可获得较大的附着系数。轮胎胎面具有横向花纹槽沟，使其具有良好的排水性能，可提高汽车在潮湿路面上的附着系数。宽系列轮胎、低气压轮胎在硬路面上行驶，与路面具有较大的接触面积，可获得较大的附着系数。子午线轮胎与斜交轮胎相比，其附着系数比较大。轮胎花纹被磨损后，胎面与路面微观凸起间的机械啮合作用、嵌入作用减少，使附着系数降低。

8. 发动机制动与排气制动

山区行驶的车辆下长坡时，为避免车轮制动器长时间工作而发生过热，造成制动效果降低，或冬季行驶在冰雪路面上，为避免左右轮制动力不等而引起侧滑，常用发动机制动或排气制动。

（1）发动机制动　利用发动机的内摩擦阻力和进排气阻力制动的方法称为发动机制动。用发动机制动时，驾驶人放松加速踏板，不脱开发动机，驱动轮在汽车惯性力作用下通过传动系统迫使发动机高于怠速时的转速旋转。这时汽车需克服发动机内摩擦阻力和进排气阻力，消耗汽车行驶的动能从而实现制动。发动机被拖动的转速越高，发动机转动的阻力矩就越大，制动作用就越强。发动机内阻力矩换算到驱动轮上的制动力 $F_{\mu r}$ 为

$$F_{\mu r} = \frac{T_{er} i_0 i_g}{r \eta_{Tr}} \tag{1-51}$$

式中　T_{er}——发动机内阻力矩（N·m）；

η_{Tr}——从驱动轮到发动机的传动效率。

由式（1-51）可见，传动系统传动比越大，则发动机转速越高，发动机内阻力矩消耗

的能量越多，驱动轮上的制动力就越大，制动效果越显著。因此，利用发动机制动时，变速器挂入第1档时制动力最大。

利用发动机制动的动力需经差速器传递，由于差速器具有平均分配转矩的特性，因此发动机制动力可以平均分配到左、右驱动车轮上，能有效防止汽车制动侧滑，这对于在低附着系数路面（如冰雪路面）上的行车制动是非常有利的。

利用发动机制动还可减轻行车制动器的负担，降低行车制动器的温度，从而提高汽车制动效能的恒定性，这对于下长坡制动和山区使用的汽车具有重要作用。

采用发动机制动不需要安装其他设备，也不需要对发动机做任何改造，因此发动机制动是驾驶人常用的一种方法。

需要注意的是：在汽车紧急制动时，应同时踩下离合器踏板，不能利用发动机制动，以免降低制动效果。因为发动机的旋转质量惯性力偶矩是阻碍发动机制动的，当紧急制动时，汽车的减速度很大，发动机飞轮产生的惯性力偶矩将大于发动机内阻力矩，因而使制动力减少。

（2）排气制动　利用装在排气管后面的排气节流阀产生的排气阻力进行的制动称为排气制动，它实际上也是一种发动机制动，只不过是制动强度比较大而已。制动时关闭排气节流阀，切断油路、电路，利用发动机急剧增加的排气阻力而增大发动机转动的内阻力矩，从而增大驱动轮的行驶阻力而实现制动。排气制动功率非常之大，可达发动机有效功率的80%~90%，因此多用于重型载货汽车或矿用自卸汽车上。由于排气制动具有发动机制动的所有优点，因而对于山区行驶的车辆，排气制动是一种比较理想的辅助制动。

9. 驾驶技术

驾驶技术对汽车制动性有很大影响。汽车需要紧急制动时，驾驶人急踩制动踏板，可使制动器作用时间缩短，从而缩短制动距离；汽车在山区或下长坡行驶时，应采用辅助制动，以减轻行车制动器的负荷，保证行车制动器具有良好的制动效能；汽车在紧急制动时，应切断发动机与传动系统的联系（踩离合器踏板），以免减少制动力使制动效果变差；汽车在较滑的路面上制动时，应避免猛踩制动踏板，以免因制动力过大而超过附着极限，导致汽车制动侧滑。

1.3.4　汽车制动性检测及标准

1. 汽车制动性的路试检测

路试检测就是利用必要的仪器，通过道路试验来检测汽车的制动性。其主要检测项目有制动距离和MFDD。

（1）检测条件

1）道路条件。路试检测制动性能应在平坦（坡度应不超过1%）、干燥和清洁的硬路面（轮胎与路面之间附着系数不小于0.7）上进行，在试验路面上应画出与制动稳定性要求相应宽度的试车通道边线。

2）试验仪器。采用非接触式速度计或GPS测量系统，以及其他测试仪器。

3）车辆准备。在被测汽车的制动踏板上安装提供信号用的踏板套，在汽车适当位置装上速度计以及其他测试仪器。

（2）检测方法　将被测汽车沿着试车道的中线行驶至高于规定的初速度后，置变速器于空档（自动变速汽车可置于D位），当滑行到规定初速度时，急踩制动踏板，使汽车停住,并同时操作速度计或其他测试仪器。

1)测制动距离。用制动距离评价制动性能时,需测取制动距离,并同时检查汽车制动的稳定性,看制动时汽车是否超出试车通道边线。对除气压制动的汽车外还应同时测取制动踏板力。

2)测 MFDD。用充分发出的平均减速度评价制动性能时,需测取 MFDD 和制动协调时间,并检查制动稳定性,查看制动时汽车是否超出试车通道边线。对除气压制动的汽车外,路试时还应测取制动踏板力。

注意:对空载检验制动性能有质疑时,可用满载检验要求进行检验。

2. 汽车制动性的台试检测

台试检测就是利用汽车制动试验台来检测汽车的制动性。其主要检测项目有:地面制动力、制动力平衡、车轮阻滞力、制动协调时间。

(1)反力式滚筒制动试验台 目前,常用单轴反力式滚筒制动试验台检测制动性,它是一种低速静态测力式试验台。

1)制动试验台的基本组成。单轴反力式滚筒制动试验台主要由驱动装置、滚筒装置、测量装置、举升装置、指示与控制装置等组成,如图1-32所示。

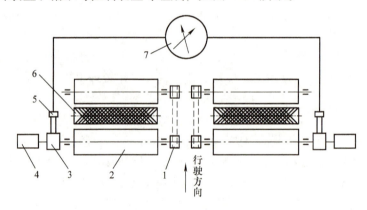

图1-32 单轴反力式滚筒制动试验台

1—链传动 2—滚筒装置 3—减速器 4—电动机 5—测量装置 6—举升装置 7—指示装置

① 驱动装置。该装置由电动机、减速器和链传动组成。电动机动力经减速器驱动主动滚筒,主动滚筒又通过链传动带动从动滚筒旋转。减速器壳体为浮动支承,可以绕主动滚筒轴线摆动。

② 滚筒装置。该装置由左、右独立设置的两对滚筒构成。被测车轮置于两滚筒之间,滚筒相当于活动路面,用来支承被检车轮并在制动时承受和传递制动力。

③ 测量装置。该装置由测力杠杆和装于试验台支架上的传感器组成,测力杠杆一端与减速器浮动壳体连接,另一端与传感器相连。被测车轮制动时,减速器浮动壳体带动测力杠杆绕主动滚筒轴线摆动并作用于传感器上,传感器将测力杠杆传来的力或位移转变成电信号,送入指示与控制装置。

④ 举升装置。该装置由举升器、举升平板和控制开关等组成。其功用是便于汽车平稳地出入制动试验台。

⑤ 指示与控制装置。控制装置用来控制检测时举升装置的升降、滚筒电动机的转动与

停止、测力传感器信号的采集与处理,并输出或打印检测结果。指示装置可根据检测项目要求显示汽车制动性指标的各种检测数据以及整车制动性评判结果。

2)制动试验台的检测原理。检测时,将被测汽车驶上制动试验台,车轮置于主、从动滚筒之间(图1-33),放下举升器。通过延时电路起动电动机,电动机则通过减速器及链传动驱动滚筒从而带动车轮低速旋转。当驾驶人踩制动踏板时,在制动器摩擦力矩作用下,车轮开始减速旋转。此时电动机驱动滚筒,而滚筒则对车轮轮胎周缘的切线方向作用着制动力,以克服制动器摩擦力矩,维持车轮继续旋转。与此同时,车轮轮胎对滚筒表面切线方向作用着与制动力数值相等而方向相反的反作用力,使浮动的减速器壳体摆动,使测量装置感受到制动力信号。此信号经放大变换处理后,由指示装置显示左、右车轮的制动力。在制动过程中,当左、右轮制动力之和大于某一数值时,微机即开始采集数据,采集过程所经历的时间是一定的。经历了规定的采集时间(如3s)后,微机发出指令使电动机停转,以防止轮胎剥伤。

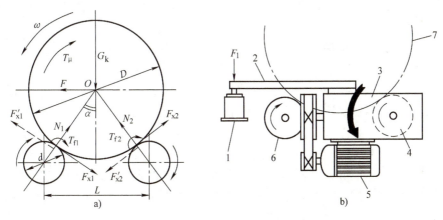

图1-33 制动力检测原理图
a)车轮制动受力简图 b)制动力测量原理图
1—传感器 2—测力杠杆 3—减速器 4—主动滚筒 5—电动机 6—从动滚筒 7—车轮
G_k—车轮载荷 F—车轴对车轮的水平推力 N_1、N_2—滚筒对车轮的支反力
F_{x1}、F_{x2}—滚筒对车轮的制动力 F'_{x1}、F'_{x2}—车轮对滚筒的切向反作用力
T_μ—制动器摩擦力矩 T_{f1}、T_{f2}—滚动阻力矩 α—安置角 L—滚筒的中心距

制动协调时间的测量与测量制动力同步进行,它以驾驶人踩制动踏板的瞬间作为计时起点,由制动踏板上套装的踏板开关向控制装置发出一个"开关"信号,开始时间计数,直至制动力达到标准规定的制动力的75%时为止。其计时终点通常由试验台微机执行相应的程序来控制。

车轮阻滞力的测量是在汽车和驻车制动装置处于完全释放状态,变速器置于空档位置时进行。此时,电动机通过减速器、链传动及滚筒来带动车轮维持稳定转动所需的力,即为车轮的阻滞力,该力可通过指示装置读取。

(2)反力式滚筒制动试验台检测方法

1)做好试验台的准备工作,滚筒表面应干燥,没有松散物质及油污,滚筒表面当量附着系数应不小于0.75。

2)将试验台电源开关打开,并使举升器在升起位置。

3）将汽车垂直于滚筒方向驶入试验台，使前轴车轮处于两滚筒之间的举升平板上。

4）汽车停稳后，置变速器于空档，使行车制动、驻车制动处于完全放松状态，把脚踏开关套装在制动踏板上。

5）降下举升器，至轮胎与举升器完全脱离为止。

6）带有轴重测量装置的试验台，此时测得轴荷。

7）起动电动机，使滚筒带动车轮转动，2s后测得车轮阻滞力。

8）踩下制动踏板，测取制动力增长全过程中的前轴左、右轮制动力差和各轮制动力的最大值，同时也测出了制动协调时间。

9）升起举升器，驶出已测车轴，驶入下一车轴，按上述同样方法检测后轴车轮阻滞力、制动力、左右轮制动力差和制动协调时间。

10）当与驻车制动相关的车轴在试验台上时，检测完行车制动后，应重新启动电动机，在行车制动完全放松的情况下，用力拉紧驻车制动手柄，检测驻车制动性能。

11）所有车轴的行车制动性能和驻车制动性能检测完毕后，升起举升器，汽车驶出试验台。

12）切断制动试验台电源。

3. 汽车制动性的检测标准

GB 7258—2017《机动车运行安全技术条件》中明确规定了路试法和台试法检测汽车制动性能的检测标准。当制动性指标符合检测标准时，则认为汽车制动性合格。该标准内容主要如下。

（1）路试检测标准

1）制动距离。用制动距离评价时，其制动距离应符合表1-13的要求，其车辆任何部位（不计入车宽的部位除外）不允许超出表1-13规定宽度的试验通道边缘线。检测时，其制动踏板力或制动气压应符合表1-14的要求。

表1-13 制动距离和制动稳定性要求

机动车类型	制动初速度/(km/h)	空载检验制动距离要求/m	满载检验制动距离要求/m	试验通道宽度/m
三轮汽车	20	≤5.0		2.5
乘用车	50	≤19.0	≤20.0	2.5
总质量小于等于3500kg的低速货车	30	≤8.0	≤9.0	2.5
其他总质量小于等于3500kg的汽车	50	≤21.0	≤22.0	2.5
铰接客车、铰接式无轨电车、汽车列车	30	≤9.5	≤10.5	3.0①
其他汽车	30	≤9.0	≤10.0	3.0①

① 对车宽大于2.55m的汽车和汽车列车，其试验通道宽度为"车宽（m）+0.5"。

表1-14 制动性检测时制动踏板力或制动气压要求

检测参数		空载	满载
气压制动系统气压表的指示气压/kPa		≤750	≤额定工作气压
液压制动系统踏板力/N	乘用车	≤400	≤500
	其他汽车	≤450	≤700
	三轮汽车	≤600	

2）MFDD。用充分发出的平均减速度评价时，其 MFDD 应符合表 1-15 的要求；其制动协调时间：对液压制动的汽车小于等于 0.35s，对气压制动的汽车小于等于 0.60s，对汽车列车、铰接客车和铰接式无轨电车小于等于 0.80s；其车辆任何部位（不计入车宽的部位除外）不允许超出表 1-15 规定宽度的试验通道边缘线。检测时，其制动踏板力或制动气压应符合表 1-14 的要求。对空载检验制动性能有质疑时，可用表 1-15 中规定的满载检验充分发出的平均减速度要求进行检验。

表 1-15 制动减速度和制动稳定性要求

机动车类型	制动初速度/(km/h)	空载检验充分发出的平均减速度/(m/s^2)	满载检验充分发出的平均减速度/(m/s^2)	试验通道宽度/m
三轮汽车	20	≥3.8	—	2.5
乘用车	50	≥6.2	≥5.9	2.5
总质量不大于 3500kg 的低速货车	30	≥5.6	≥5.2	2.5
其他总质量不大于 3500kg 的汽车	50	≥5.8	≥5.4	2.5
铰接客车、铰接式无轨电车、汽车列车	30	≥5.0	≥4.5	3.0①
其他汽车	30	≥5.4	≥5.0	3.0①

① 对车宽大于 2.55m 的汽车和汽车列车，其试验通道宽度为"车宽（m）+0.5"。

3）驻车制动。在空载状态下，驻车制动装置应能保证汽车在坡度为 20%（总质量为整备质量的 1.2 倍以下的汽车为 15%）、轮胎与路面附着系数大于或等于 0.7 的坡道上正、反两个方向保持固定不动，其时间应大于或等于 2min。检验汽车列车时，应使牵引车和挂车的驻车制动装置均起作用。检测时，驻车制动应通过纯机械装置把工作部件锁止，并且驾驶人的操纵力应符合表 1-16 的要求。

表 1-16 驻车制动性能检测时操纵力要求

机动车类型	手操纵时操纵力/N	脚操纵时操纵力/N
乘用车	≤400	≤500
其他汽车	≤600	≤700

（2）台试检测标准

1）制动力。汽车、汽车列车在制动试验台上测出的制动力应符合表 1-17 的要求，制动力检测时，其制动踏板力或制动气压应符合表 1-14 的要求。对空载检验制动力有质疑时，可用表 1-17 中规定的满载检验制动力的要求进行检验。

表 1-17 台试检验制动力要求

机动车类型	制动力总和与整车重量的百分比（%）		轴制动力与轴荷①的百分比（%）	
	空载	满载	前轴②	后轴②
三轮汽车	—	—	—	≥60③
乘用车、总质量小于等于 3500kg 的汽车	≥60	≥50	≥60③	≥20③
铰接客车、铰接式无轨电车、汽车列车	≥55	≥45		

(续)

机动车类型	制动力总和与整车重量的百分比（％）		轴制动力与轴荷[①]的百分比（％）	
	空载	满载	前轴[②]	后轴[②]
其他汽车	≥60[④]	≥50	≥60[③]	≥50[⑤]
挂车	—	—		≥55[⑥]

[①] 用平板制动检验台检验乘用车、其他总质量小于等于3500kg的汽车时应按左右轮制动力大时刻所分别对应的左右轮动态轮荷之和计算。

[②] 机动车（单车）纵向中心线中心位置以前的轴为前轴，其他轴为后轴；挂车的所有车轴均按后轴计算；用平板制动试验台测试并装轴制动力时，并装轴可视为一轴。

[③] 空载和满载状态下测试均应满足此要求。

[④] 对总质量小于等于整备质量的1.2倍的专项作业车应大于等于50％。

[⑤] 满载测试时后轴制动力百分比不做要求；空载用平板制动检验台检验时应大于等于35％；总质量大于3500kg的客车，空载用反力滚筒式制动试验台测试时应大于等于40％，用平板制动检验台检验时应大于等于30％。

[⑥] 满载状态下测试时应大于等于45％。

2）制动力平衡。在制动力增长全过程中同时测得的左右轮制动力差的最大值，与全过程中测得的该轴左右轮最大制动力中大者（当后轴及其他轴，制动力小于该轴轴荷的60％时为与该轴轴荷）之比，对新注册车和在用车应分别符合表1-18的要求。

表1-18 台试检验制动力平衡要求

汽车	前轴	后轴（及其他轴）	
		轴制动力大于或等于该轴轴荷60％时	轴制动力小于该轴轴荷60％时
新注册车	≤20％	≤24％	≤8％
在用汽车	≤24％	≤30％	≤10％

3）制动协调时间。对液压制动的汽车应小于或等于0.35s，对气压制动的汽车应小于或等于0.60s；汽车列车和铰接客车、铰接式无轨电车的制动协调时间应小于或等于0.80s。

4）车轮阻滞力。汽车各车轮的阻滞力均应小于或等于轮荷的10％。

5）制动释放时间。汽车制动从松开制动踏板到制动消除所需要的时间，两轴汽车应小于或等于0.8s，对三轴及三轴以上汽车应小于或等于1.2s。

6）驻车制动。当采用制动试验台检查车辆驻车制动时，车辆空载，乘坐一名驾驶人，使用驻车制动装置，驻车制动力的总和应大于或等于该车测试状态下整车质量的20％，对总质量为整备质量1.2倍以下的汽车应大于或等于15％。

台试检测后，若对汽车制动性检测结果有异议，则在空载状态下用路试检测方法进行复检。若对空载状态复检结果有异议，则以满载路试检测结果为准。

1.4 汽车操纵稳定性

汽车操纵稳定性是指汽车在行驶过程中，能抵抗各种外界干扰、遵循驾驶人给定行驶方向稳定行驶的能力。汽车操纵稳定性包括操纵性和稳定性。汽车操纵性是指汽车能够确切地响应驾驶人转向指令的能力；而汽车稳定性是指汽车抵抗外界干扰而保持稳定行驶的能力，或汽车受到外界扰动后恢复原来运动状态的能力。通常，汽车操纵性和稳定性两者关系密切，若汽车操纵性变坏，则汽车容易产生侧滑、翻车而失去稳定性；而汽车稳定性变坏，则汽车又难以操纵直接影响操纵性。实际上两者难以截然分开，因此，常统称为汽车操纵稳定性。

汽车操纵稳定性不仅影响汽车驾驶的操纵方便程度，还决定着高速汽车的行车安全，所以人们称汽车操纵稳定性是高速车辆的生命线。随着汽车保有量的增加和汽车车速的提高，汽车操纵稳定性越来越重要，已成为现代汽车的主要使用性能之一。

1.4.1 汽车行驶稳定性

1. 侧向稳定性

侧向稳定性是指汽车抵抗侧翻和侧滑的能力。汽车重力沿道路横坡的分力以及转弯时汽车的离心力都可能导致汽车的侧翻和侧滑。由于汽车高速转弯行驶的离心力较大，汽车往往沿离心力所指的侧向翻车和滑移，故侧向稳定性主要是指汽车转弯行驶的稳定性。若汽车转弯行驶满足一定条件，则汽车不会产生侧滑和侧翻。

（1）不侧滑的最高车速　汽车在侧向力作用下行驶时，若车轮的侧向反作用力达到侧向附着力，汽车将沿侧向力的作用方向滑移。设汽车在侧向坡度角为 β 的路面等速向右转弯行驶，其受力如图 1-34 所示。经受力分析可知，该汽车不发生侧滑的临界条件为

$$F_c\cos\beta - G\sin\beta = (F_c\sin\beta + G\cos\beta)\varphi_l \quad (1\text{-}52)$$

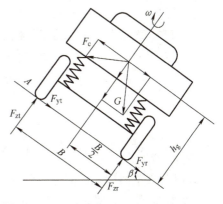

图 1-34　汽车在弯道上等速行驶受力图

式中　F_c——离心力（N）；
　　　G——汽车重力（N）；
　　　φ_l——路面侧向附着系数。

当汽车在弯道上圆周等速行驶时，其离心力为

$$F_c = \frac{Gv^2}{gR} \quad (1\text{-}53)$$

式中　R——道路的转弯半径；
　　　g——重力加速度。

整理式（1-52）、式（1-53）得汽车不发生侧向滑移的最高车速 $v_{\varphi\max}$ 为

$$v_{\varphi\max} = \sqrt{\frac{gR(\varphi_l + \tan\beta)}{1 - \varphi_l\tan\beta}} \quad (1\text{-}54)$$

从式（1-54）可以看出：当汽车在附着系数大的良好路面，以较大的转弯半径行车时，不侧滑的最高车速较大，不易侧滑；当汽车在 $\beta = 0$ 的无侧向坡度路面行车时，其不侧滑的最高车速降为 $v_{\varphi 0\max} = \sqrt{gR\varphi_l}$，可见在公路的弯道处，具有内侧低、外侧高的适当侧向坡度，可提高汽车不侧滑的行驶车速。汽车在低于 $v_{\varphi\max}$ 车速下行车时不会侧滑，但为安全起见转弯行车时应降低车速。

（2）不侧翻的最高车速　汽车在弯道行驶时，随着车速的提高，其离心力增大，内侧车轮的法向反作用力逐渐减小。当内侧车轮法向反作用力为零时，汽车可能失去侧向稳定性开始向外侧翻。如图 1-34 所示的汽车不侧翻的临界条件为

$$F_c\cos\beta h_g = F_c\sin\beta \frac{B}{2} + G\cos\beta \frac{B}{2} + G\sin\beta h_g \qquad (1\text{-}55)$$

当汽车在半径为 R 的弯道上等速行驶时，由式（1-53）和式（1-55）可推得汽车不发生侧向翻车的最高车速 $v_{\beta\max}$ 为

$$v_{\beta\max} = \sqrt{\frac{gR(B+2h_g\tan\beta)}{2h_g - B\tan\beta}} \qquad (1\text{-}56)$$

式中　B——汽车的轮距；

　　　h_g——汽车质心高度。

从式（1-56）可以看出：汽车的轮距越大，汽车的质心高度越低，弯道的半径越大，不侧翻的最高车速就越大，汽车抵抗侧翻的能力就越强；当汽车在 $\beta=0$ 的无侧向坡度路面行车时，其不侧翻的最高车速相对降低，可见在公路的弯道处，具有内侧低、外侧高的适当侧向坡度，可提高汽车不侧翻的行驶车速。汽车在低于 $v_{\beta\max}$ 车速下行车时不会侧翻，但为安全起见转弯行车应降低车速。

（3）侧向稳定性条件　翻车和侧滑相比，翻车导致的后果更为严重。因此，为使行车安全，应使侧滑发生在侧翻之前，即 $v_{\varphi\max} < v_{\beta\max}$，这样汽车一旦侧滑，车速就不可能提高，因而保证不会翻车。由此推得汽车的侧向稳定性条件是

$$\varphi_l < \frac{B}{2h_g} \qquad (1\text{-}57)$$

式中的 $\frac{B}{2h_g}$ 称为汽车侧向稳定性系数，它反映了汽车抗侧翻的能力。当侧向稳定性系数大于 φ_l 时，汽车侧滑先于侧翻，侧翻不易发生。若汽车轮距越大，质心高度越低，则侧向稳定性系数就越大，汽车抵抗侧翻的稳定性就越好。

通常，汽车的 $B \leq 2.5\mathrm{m}$，若要避免侧翻，则应力求降低质心高度。在经常行驶的路面上，汽车一般能满足侧向稳定性条件即式（1-57）。但下列情况需注意：装载货物的质心太高，且侧向偏载；用普通货车底盘改装的厢式货车，如冷藏车等，其质心较高；双层公共汽车的质心位置高；车轮侧滑受限制。

防止侧翻的措施主要有：转弯处降速；路滑处降速；尽量使质心降低。

（4）侧向稳定性标准　国标规定，汽车向左侧和右侧倾斜的最大侧倾稳定角：客车在乘客区满载、行李舱空载的情况下测试时，应大于等于 28°（对专用校车均应大于等于 32°）；除设有乘客站立区的客车外，汽车在空载、静态条件下，应大于等于 35°；罐式汽车和罐式挂车在满载、静态状态下，应大于等于 23°；总质量为整备质量的 1.2 倍以下的车辆，在空载、静态状态下，应大于等于 30°；总质量不小于整备质量的 1.2 倍的专用作业车和轮式专用机械车应大于等于 32°。

在国外，有的国家对轿车的抗侧翻能力，规定了检验的高标准和低要求。高标准是指在平坦的混凝土或沥青路面的场地上，以任意的行驶速度和转向组合操纵，都不得翻车。低要求是：在平坦坚实的场地上，以 50km/h 和 80km/h 的车速行驶，以 500°/s 的角速度把转向盘转过 180°，不得翻车；在平坦的混凝土或沥青路面的场地上，成一直线布置 11 根标杆，间距为 30m，汽车以 72km/h 的车速绕杆行驶，不得翻车。

2. 纵向稳定性

纵向稳定性是指汽车上坡或下坡时，汽车抵抗绕后轴或前轴翻车的能力。当道路的纵向坡度角较大时，汽车重力沿纵向坡道的分力可能导致汽车的纵翻。研究分析表明，汽车等速行驶时，上坡比下坡更容易纵翻；上坡行驶时，后轮驱动的汽车更容易纵翻。因此，下面以 4×2 后轮驱动汽车等速上坡为例说明汽车不产生纵翻的条件。

（1）汽车不纵翻的最大道路坡度角　当汽车等速上坡时，若忽略空气阻力、滚动阻力矩，则汽车的受力如图 1-35 所示。随着道路坡度的不断增大，前轮的地面法向反作用力不断减小。当道路的坡度角大到一定程度时，前轮的地面法向反作用力为零，汽车将绕后轮的接地点向后纵向翻车。

根据受力平衡可求得

$$F_{z1} = \frac{bG\cos\alpha - h_g G\sin\alpha}{L} \quad (1-58)$$

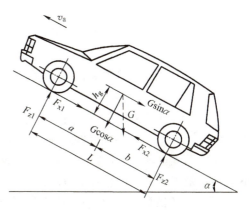

图 1-35　汽车等速上坡受力图

根据汽车绕后轴翻车的临界条件，令 $F_{z1} = 0$，可推得不发生纵翻的最大坡度角 α_{max} 为

$$\alpha_{max} = \arctan\frac{b}{h_g} \quad (1-59)$$

当道路的坡度角 $\alpha > \alpha_{max}$ 时，汽车将失控而纵向翻车。若质心至后轴距离 b 越大，质心高度 h_g 越低，则 α_{max} 越大，越不易纵翻。正常道路条件下，其纵向坡度较小，汽车不会纵翻。

（2）驱动轮不滑转的最大道路坡度角　当道路坡度过大时，汽车驱动轮因附着条件的限制而产生滑转，汽车不能爬坡。设 $\alpha_{\varphi max}$ 为汽车后轮不发生滑转所能克服的最大道路坡度角，则由受力图分析，并忽略 F_{x1}，可得汽车驱动轮不产生滑转的临界条件为

$$F_{z2} = \frac{aG\cos\alpha_{\varphi max} + h_g G\sin\alpha_{\varphi max}}{L} \quad (1-60)$$

$$F_{x2\,max} = F_{z2}\varphi = G\sin\alpha_{\varphi max} \quad (1-61)$$

联立解式（1-60）、式（1-61），得 $\alpha_{\varphi max}$ 的表达式为

$$\alpha_{\varphi max} = \arctan\frac{a\varphi}{L - \varphi h_g} \quad (1-62)$$

当道路的坡度角 $\alpha > \alpha_{\varphi max}$ 时，汽车上坡，驱动轮就滑转。

（3）汽车纵向稳定性条件　为保证汽车不纵翻，汽车上坡时，驱动轮的滑转应在纵翻之前发生，即 $\alpha_{\varphi max} < \alpha_{max}$。此时汽车上 $\alpha \geq \alpha_{max}$ 这种坡度角的道路时，驱动轮就滑转，汽车根本不能上坡，因而不可能产生纵翻。据此，推得不翻车的纵向稳定性条件为

$$\varphi < \frac{b}{h_g} \quad (1-63)$$

只要满足式（1-63），汽车就不可能纵向翻车。由于现代汽车的质心位置较低，一般情况下汽车能够满足该条件，所以汽车纵翻的可能性较小，纵向稳定性较好。但对于越野汽车，其轴距较小，质心位置较高，轮胎又具有纵向防滑花纹，因而附着系数较大，故其丧失

纵向稳定性的危险增加。

根据上面的方法可推得前轴驱动汽车上坡不纵翻的稳定性条件为 $L>0$；4×4 驱动汽车上坡不纵翻的稳定性条件与 4×2 后轴驱动汽车相同。可见，前轴驱动汽车纵向稳定性最好。

1.4.2 汽车转向特性

1. 轮胎的侧偏特性

轮胎的侧偏特性是轮胎力学特性的重要组成部分，是研究汽车操纵稳定性的理论基础和出发点。

（1）轮胎的侧偏现象　汽车受侧向力作用时，若车轮是刚性的，当侧向力不超过车轮与地面间的附着极限时，车轮与地面间没有侧向滑动，仍沿车轮本身平面决定的方向行驶。而当车轮有侧向弹性时，即使侧向力 F_y 没有达到附着极限，车轮行驶方向也将偏离车轮平面的方向，如图1-36所示，这就是弹性轮胎的侧偏现象，而偏离的 α 角称为弹性轮胎的侧偏角。

轮胎的侧偏现象不仅影响车轮的运动轨迹，同时使轮胎的滚动损失增加，并加剧了轮胎的磨损，是不利的，但它是不可避免的。

（2）轮胎的侧偏特性　轮胎的侧偏特性是指侧向力 F_y 和侧偏角 α 之间的变化关系。图1-37为某轮胎的侧向力 F_y 与侧偏角 α 的关系曲线。它表明随着侧向力 F_y 的加大，开始阶段侧偏角 α 大致呈线性关系增加；当 F_y 大到一定程度后，轮胎在路面上印痕的后部产生滑移，α 的增长很快；当侧向力等于附着力即 $F_z\varphi$ 时，车轮处于侧滑状态。

汽车正常行驶时，侧偏角一般不超过5°，故认为侧向力 F_y 与侧偏角 α 呈线性关系，即

$$F_y = k\alpha \tag{1-64}$$

式中　k——侧偏刚度，其单位为 N/(°) 或 N/rad，它表示轮胎侧偏一度或一弧度所需的侧向力。

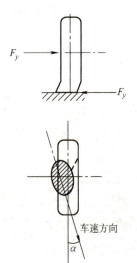

图1-36　轮胎侧偏现象

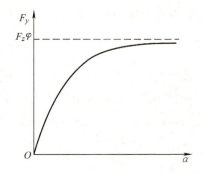

图1-37　轮胎侧偏特性曲线

可见，弹性车轮的侧偏角不仅与侧向力有关，还与侧偏刚度有关。一般中小型轿车轮胎 k 值在 28000～80000N/rad。

（3）轮胎的侧偏刚度　轮胎侧偏刚度对轮胎的侧偏特性具有决定性作用。汽车使用时，轮胎的侧偏刚度受轮胎结构形式、轮胎气压、轮胎垂直载荷的影响比较显著。

1）轮胎结构形式。子午线轮胎接触地面宽，其侧偏刚度比普通斜交轮胎大；钢丝子午线轮胎比尼龙子午线轮胎的侧偏刚度更大。尺寸较大的轮胎，承载能力强，具有较大的侧偏刚度。宽系列轮胎，即扁平率较小的轮胎，有较大的接地面积，轮胎的侧偏刚度较大。采用宽系列轮胎，是目前提高侧偏刚度的主要措施，不少轿车采用 60 系列轮胎，而追求高性能的运动型轿车采用 50 系列或 40 系列的轮胎。

2）轮胎气压。轮胎气压降低时，轮胎更富有弹性，侧偏刚度减小；轮胎气压升高，则轮胎弹性下降，侧偏刚度增大；当轮胎充气压力过高后，轮胎侧偏刚度则不再增加。

3）轮胎垂直载荷。垂直载荷大，变形大，接触面大，轮胎局部侧滑倾向减少，相当于轮胎侧偏刚度增大，但垂直载荷过大时，轮胎与地面接触区的压力变得极不均匀，使轮胎侧偏刚度反而有所减小。

2. 汽车转向运动学

为了反映弹性轮胎侧偏时对汽车转向运动的影响，有必要比较刚性车轮和弹性车轮转向时的几何关系。

（1）刚性车轮转向几何关系　假设车轮为不变形的刚性车轮，则刚性车轮的汽车转向运动如图 1-38a 所示。转向时，所有车轮应作纯滚动，为此各车轮应绕同一转向瞬心 O 作圆周运动，此时前内轮转角 δ_i 大于前外轮转角 δ_o，这种关系由转向梯形机构保证。图中 δ 称为前轮转角，它是前轴中点速度方向与汽车纵向对称轴线间的夹角，$\delta = \dfrac{\delta_o + \delta_i}{2}$。图中 R_0 称为转向半径，它是转向瞬心 O 至汽车纵向对称轴线间的距离。根据图中的转向几何关系可推得

$$R_0 = \frac{L}{\tan\delta} \tag{1-65}$$

当前轮转角不大时，$\tan\delta \approx \delta$，$\delta$ 用弧度表示，于是式（1-65）可写成下式

$$R_0 = \frac{L}{\delta} \tag{1-66}$$

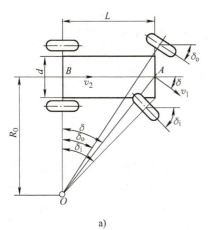 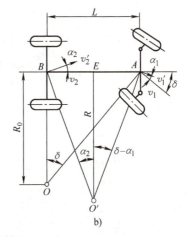

图 1-38　车轮转向简图
a）刚性车轮转向简图　b）弹性车轮转向简图

(2) 弹性车轮转向几何关系 弹性车轮汽车转向运动如图 1-38b 所示。设前轮转过 δ 角后作稳态等速圆周行驶，在离心力作用下，前后车轮均受到侧向力的作用，其弹性车轮产生了侧偏现象，前、后轴车轮产生的侧偏角分别为 α_1、α_2，相应的速度方向变为 v_1'、v_2'，转向瞬心变为 O'，转向半径变为 R，根据图中的转向几何关系可推得

$$R = \frac{L}{\tan(\delta - \alpha_1) + \tan\alpha_2} \tag{1-67}$$

当转角不大（高速行驶 δ 不大）时，有 $\tan(\delta - \alpha_1) + \tan\alpha_2 \approx \delta - \alpha_1 + \alpha_2$，则有

$$R = \frac{L}{\delta - (\alpha_1 - \alpha_2)} \tag{1-68}$$

由此可见，弹性车轮汽车处于转向运动状态时，由于轮胎的侧偏现象，使得汽车的运动轨迹不同于刚性车轮。

3. 汽车稳态转向特性

汽车稳态转向特性是指转向工况不随时间而变的汽车行驶状况，即没有外界扰动，车速恒定，转向盘方向固定不变，汽车的输出运动达到稳定平衡状态。如突然转动转向盘并固定不动时，则前轮转过相应的 δ 角，经过短暂的时间，汽车通常会出现不随时间而变的稳态响应，表现为汽车沿某一转向半径作等速圆周运动。

(1) 汽车模型

1) 车辆坐标系。为讨论方便，建立如图 1-39 所示的车辆坐标系，其坐标系的原点与质心重合，Oxz 处于汽车左右对称的平面内。当车辆在水平路面静止状态下，x 轴平行于地面指向前方，z 轴通过质心指向上方，y 轴指向驾驶人的左侧。汽车行驶时，是一个作空间运动的刚体，具有六个自由度，即汽车质心沿 x 轴的前进运动，沿 y 轴的侧向运动，沿 z 轴的垂直跳动，汽车绕 z 轴的横摆运动，汽车绕 x 轴的侧倾运动，汽车绕 y 轴的俯仰运动。

图 1-39 车辆坐标系

2) 简化的汽车模型。汽车转向行驶时，忽略转向系统的影响，直接以前轮转角作为系统的输入；忽略悬架作用，认为汽车只作平行于地面的平面运动，即汽车沿 z 轴的垂直位移，绕 x 轴的侧倾角和绕 y 轴的俯仰角均为零；汽车沿 x 轴的前进速度视为不变，因此汽车只有沿 y 轴侧向运动和绕 z 轴横摆运动这样的两个自由度。此外，忽略空气阻力，不考虑地面切向力对轮胎侧偏特性的影响，忽略左右车轮由于载荷的变化而引起的差别，用前、后轴的侧偏刚度分别表示前、后轴各单个轮胎侧偏刚度之和。当汽车作等速圆周行驶时，离心力

作用在汽车质心上，使前后轴车轮受到侧向力的作用，于是路面对轮胎就产生相应的侧向反作用力即侧偏力，导致弹性轮胎出现侧偏现象，产生侧偏角。这样，汽车便简化成了如图 1-40 所示的具有侧向和横摆运动的二自由度二轮摩托车模型。

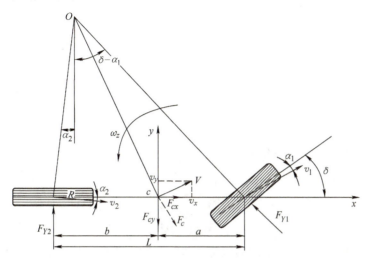

图 1-40　简化的汽车模型

（2）稳态响应　操纵汽车时，可以将汽车看成一个能施加输入信号的控制系统。转向时驾驶人所给出的前轮转角 δ 是对系统的输入，而汽车的输出运动如等速圆周运动就是系统的响应。通常，将稳态横摆角速度 ω_z 视为系统响应的一个重要参数。常用输出与输入的比值，如稳态横摆角速度与前轮转角之比 $\dfrac{\omega_z}{\delta}$ 来评价稳态响应。$\dfrac{\omega_z}{\delta}$ 称为稳态横摆角速度增益，也称转向灵敏度。

由刚体平面运动的理论知：ω_z 正好等于绕转向瞬心旋转的角速度值，即

$$\omega_z = \frac{v}{R} \tag{1-69}$$

式中　v——等速圆周行驶的车速；

R——汽车转向半径。

由式（1-68）和式（1-69）可得横摆角速度增益的表达式

$$\frac{\omega_z}{\delta} = \frac{v/R}{L/R + \alpha_1 - \alpha_2} \tag{1-70}$$

这表明，汽车通过一定弯道的横摆角速度增益不仅与车速有关，还随 α_1 和 α_2 而变。侧偏角 α_1 和 α_2 的大小取决于前后轴上的侧偏力和侧偏刚度。

$$F_{cy} = \frac{Gv^2}{gR} \tag{1-71}$$

由图 1-40 可知，二自由度汽车沿 y 轴方向的力平衡方程和绕质心的力矩平衡方程为

$$\left. \begin{array}{l} F_{Y1}\cos\delta + F_{Y2} = F_{cy} \\ aF_{Y1}\cos\delta - bF_{Y2} = I_z \dfrac{d\omega_z}{dt} \end{array} \right\} \tag{1-72}$$

式中　I_z——汽车绕 z 轴的转动惯量；

F_{Y1}、F_{Y2}——分别作用在汽车前、后轴上的侧偏力；

$\dfrac{d\omega_z}{dt}$——汽车横摆角加速度，稳态时横摆角速度 ω_z 为定值，则横摆角加速度为零。

考虑到转向角 δ 较小，解式（1-72）及式（1-71）可得

$$\left. \begin{array}{l} F_{Y1} = \dfrac{bmv^2}{LR} \\ F_{Y2} = \dfrac{amv^2}{LR} \end{array} \right\} \qquad (1\text{-}73)$$

式中　m——汽车质量。

由侧偏力与侧偏角的关系可得前、后轴相应的侧偏角

$$\left. \begin{array}{l} \alpha_1 = \dfrac{bmv^2}{k_1 LR} \\ \alpha_2 = \dfrac{amv^2}{k_2 LR} \end{array} \right\} \qquad (1\text{-}74)$$

式中　k_1、k_2——分别为前、后轴侧偏刚度，各为车轴两侧车轮侧偏刚度之和。

将式（1-74）代入式（1-70）可得横摆角速度增益

$$\dfrac{\omega_z}{\delta} = \dfrac{v/L}{1 + \dfrac{m}{L^2}\left(\dfrac{b}{k_1} - \dfrac{a}{k_2}\right)v^2} = \dfrac{v/L}{1 + Kv^2} \qquad (1\text{-}75)$$

式中　K——稳定性因数（s^2/m^2），$K = \dfrac{m}{L^2}\left(\dfrac{b}{k_1} - \dfrac{a}{k_2}\right)$。

由式（1-75）可知，汽车横摆角速度增益与稳定性因数 K 紧密相关，K 是表征汽车稳态响应的一个重要参数。

(3) 转向特性类型　汽车圆周行驶的输出轨迹不仅与前轮的输入转角 δ 有关，还随 α_1、α_2 之间的关系而变。若将弹性车轮的转向半径 $R = L/[\delta - (\alpha_1 - \alpha_2)]$ 与刚性车轮的转向半径 $R_0 = L/\delta$ 比较，则可将汽车的稳态转向特性分为下面三种类型。

1）若 $\alpha_1 = \alpha_2$，则 $R = R_0$，称汽车具有中性转向特性。

2）若 $\alpha_1 > \alpha_2$，则 $R > R_0$，称汽车具有不足转向特性。

3）若 $\alpha_1 < \alpha_2$，则 $R < R_0$，称汽车具有过多转向特性。

(4) 转向特性表征

1）用稳定性因数表征。汽车稳态转向特性通常用稳定性因数 K 来表征。为了说明方便，根据式（1-75）作出汽车稳态横摆角速度增益曲线如图 1-41 所示。由式（1-75）变换得

$$1 + Kv^2 = \dfrac{R}{R_0} \qquad (1\text{-}76)$$

下面根据稳定性因数 K 值的大小，利用式（1-76）和汽车稳态横摆角速度增益曲线

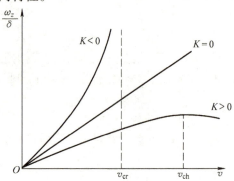

图 1-41　汽车稳态横摆角速度增益曲线

来说明汽车的稳态转向特性。

① 若 $K=0$，则 $R=R_0$，汽车转向半径 R 与刚性车轮时的转向半径 R_0 相同，汽车具有中性转向特性。汽车转向半径与车速无关；其稳态横摆角速度增益与车速呈线性关系。

② 若 $K>0$，则 $R>R_0$，汽车具有不足转向特性。当 δ 一定时，随着车速的增加，其 R 增加。其稳态横摆角速度增益与车速呈向下弯曲的关系曲线，相同车速时的横摆角速度增益比中性转向汽车小，K 值越大，横摆角速度增益越小，不足转向量越大。

特征车速 v_{ch} 是表征不足转向量的一个参数，它是指汽车稳态横摆角速度增益达到最大值所对应的车速。通过对 $\dfrac{\omega_z}{\delta}=\dfrac{v/L}{1+Kv^2}$ 求极值，推导可得 $v_{ch}=\sqrt{1/K}$，不足转向量越大，则特征车速越低。而特征车速值所对应的横摆角速度增益为同轴距中性转向汽车的一半。

③ 若 $K<0$，则 $R<R_0$，汽车具有过多转向特性。当 δ 一定时，随着车速的增加，R 减少。其稳态横摆角速度增益与车速呈向上弯曲的关系曲线，相同车速时的横摆角速度增益比中性转向汽车大。K 的绝对值越大，过多转向量越大。

临界车速 v_{cr} 是表征过多转向量的一个参数，它是指汽车稳态横摆角速度增益趋于无穷大时所对应的车速。通过 $\dfrac{\omega_z}{\delta}=\dfrac{v/L}{1+Kv^2}$ 可推得 $v_{cr}=\sqrt{-1/K}$。过多转向量越大，则临界车速越低。

过多转向特性汽车达到临界车速时将失去稳定性，因为横摆角速度增益无穷大时，只要有极其微小的前轮转角便会产生极大的横摆角速度。这意味着汽车的转向半径极小，汽车将因发生急转而失去操纵，进而侧滑或翻车。由于过多转向汽车有失去稳定性的危险，故汽车应具有适度的不足转向特性。

稳定性因数 K 用来表征汽车转向特性的重要意义在于，它把汽车结构参数 m、L、a、b、k_1、k_2 与稳态响应特性定量地联系起来，以便从设计上保证汽车具有适当的转向特性。现代轿车在侧向加速度为 $0.3g$ 时的平均 K 值约为 $0.0024\text{s}^2/\text{m}^2$。

2）用 $(\alpha_1-\alpha_2)$ 差值表征。为评价汽车转向特性，常输入一固定转向盘转角，令汽车以不同的等速度作圆周行驶，可以测出前后轴车轮侧偏角 $(\alpha_1-\alpha_2)$ 差值，并得到 $(\alpha_1-\alpha_2)$ 和 a_y 的关系曲线（图1-42）。利用 $(\alpha_1-\alpha_2)$ 差值与 K 和侧向加速度的关系可以推得

$$\alpha_1-\alpha_2=a_yLK \tag{1-77}$$

式中 a_y——侧向加速度。

依此，可对汽车转向特性作出如下评价。

① 若 $\alpha_1-\alpha_2=0$，说明 $K=0$，则汽车具有中性转向特性。

② 若 $\alpha_1-\alpha_2>0$，说明 $K>0$，则汽车具有不足转向特性，其 $(\alpha_1-\alpha_2)$ 与 a_y 呈线性关系。

③ 若 $\alpha_1-\alpha_2<0$，说明 $K<0$，则汽车具有过多转向特性，其 $(\alpha_1-\alpha_2)$ 与 a_y 呈线性关系。

3）用转向半径比 R/R_0 表征。在前轮转角一定条件下，若令车速极低，侧向加速度接近于零时的转向半径为 R_0，而一定车速下有一定侧向加速度时的转向半径为 R，则这两个转向半径之比 R/R_0 可用以表征汽车的稳态转向特性。

转向半径之比表达式为：$R/R_0 = 1 + Kv^2$，其 $R/R_0 - v$ 的关系曲线如图 1-43 所示。依此，可对汽车转向特性作出如下评价。

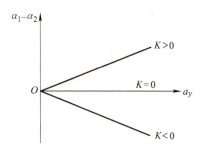

图 1-42 汽车的 $(\alpha_1 - \alpha_2)$ 和 a_y 关系曲线

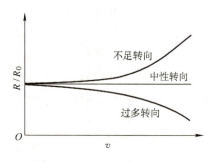

图 1-43 $R/R_0 - v$ 关系曲线

① 若 $R/R_0 = 1$，则为中性转向，其汽车转向半径不随车速变化。
② 若 $R/R_0 > 1$，则为不足转向，其汽车转向半径总大于 R_0，且随车速的增加而增大。
③ 若 $R/R_0 < 1$，则为过多转向，其汽车转向半径总小于 R_0，且随车速的增加而减小。

(5) 转向特性测定　当不需定量描述汽车稳态转向量时，常用简单的定转向盘转角试验法来定性测定汽车的转向特性。其测定步骤如下。

1) 在平坦的坚硬广场上画出半径为 15m 的圆道印迹。

2) 将汽车转向盘转动适当角度，使汽车以最低稳定车速沿半径 15m 的圆道印迹作等速圆周行驶，并保持转向盘转角不变。

3) 逐渐踩下加速踏板，采用逐级加速法或连续加速法提高车速，使汽车作较高车速的圆周行驶。

4) 根据汽车加速行驶后车轮的行驶轨迹定性判断汽车的稳态转向特性，如图 1-44 所示。若汽车转向半径不变，则汽车具有中性转向特性；若汽车转向半径变大，则汽车具有不足转向特性；若汽车转向半径变小，则汽车具有过多转向特性。

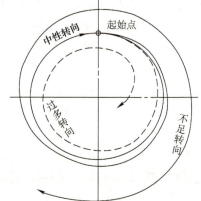

图 1-44 汽车转向特性的测定

4. 汽车稳态转向特性对操纵稳定性的影响

(1) 中性转向

1) 转向运动特征。$\alpha_1 = \alpha_2$，$R = R_0$，汽车沿一定转向半径的道路转向时，车轮的转向角与行驶速度无关。当道路转向半径不变时，汽车以任意速度行驶，驾驶人应保持转向盘位置不变。

2) 直行抗干扰能力。汽车直行时若突遇侧向力 F_y 的作用，由于 $\alpha_1 = \alpha_2$，汽车将沿着 $B-B$ 方向行驶（图 1-45a），偏离原行驶方向的角度为 α。若要直线行驶，应将转向盘反向转动后再回正（图 1-45b）。当侧向力消失后，驾驶人又要反向转动转向盘并回正。中性转向特性的汽车，直行抗干扰能力差，驾驶麻烦，轮胎磨损严重。

(2) 不足转向

1) 转向运动特征。$\alpha_1 > \alpha_2$，$R > R_0$，汽车沿一定转向半径的道路转向时，所需的转向角随行驶速度增加而加大。或者说当转角一定时，其转向半径随行驶速度增加而加大，不足转向量越大，这种变化就越大。

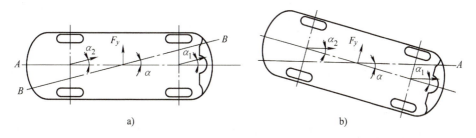

图 1-45 中性转向特性汽车运动简图
a) 汽车受侧向力时的偏驶 b) 汽车受侧向力时的直驶

2) 直行抗干扰能力。汽车直行突遇侧向力 F_y 作用时（图 1-46），由于 $\alpha_1 > \alpha_2$，汽车将绕 O 转动，由此产生离心力 F_c。其离心力的侧向分力 F_{cy} 的方向总与侧向力 F_y 方向相反，起到阻止侧偏的作用，汽车偏离原行驶方向不严重；当侧向外力 F_y 消失后，F_{cy} 使汽车自动回正，汽车直行抗干扰能力好。

（3）过多转向

1) 转向运动特征。$\alpha_1 < \alpha_2$，$R < R_0$，汽车沿一定转向半径的道路转向时，所需的转向角随行驶速度增加而减小。或者说当转角一定时，其转向半径随行驶速度的增加而减小，过度转向量越大，这种变化就越大。

2) 直行抗干扰能力。汽车直行突遇侧向力 F_y 作用时（图 1-47），由于 $\alpha_1 < \alpha_2$，汽车将绕 O 转动，由此产生离心力 F_c，其离心力的侧向分力 F_{cy} 的方向总与侧向力 F_y 方向相同，使侧偏现象更为严重，并导致转向半径 R 进一步减少，其恶性循环不断进行下去，汽车将会完全失去操纵性，导致汽车产生剧烈回转甚至掉头；当侧向外力 F_y 消失后，其恶性循环还将继续。汽车直行时无抗侧向干扰能力，是一种不稳定的转向特性。

比较上述三种情况可知，不足转向特性的汽车具有良好的操纵稳定性，所以现代汽车都

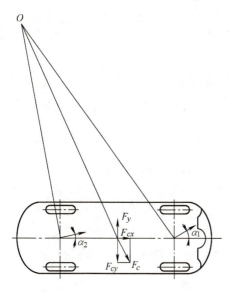

图 1-46 不足转向特性汽车运动简图

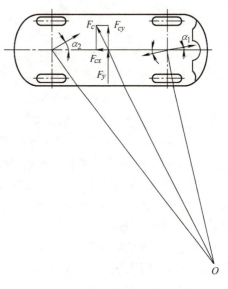

图 1-47 过多转向特性汽车运动简图

采用不足转向特性。但不足转向特性的汽车，转向灵敏性差，在相同的弯道行驶时，前轮的转角较大，驾驶人应多转一下转向盘。不过人们已习惯于驾驶具有不足转向特性的汽车，知道如何控制转向盘使汽车遵循期望的路径行驶。若汽车的转向特性因使用因素的变化而突然发生改变，由于驾驶人的经验不适应新的、不良的转向特性，则转弯时就有可能出现汽车失控而造成事故。

5. 汽车转向瞬态响应

从给予汽车前轮角阶跃输入开始，到进入稳态响应为止的过渡过程，其汽车的瞬间运动称为汽车转向的瞬态响应。正常瞬态响应的概况如图1-48所示，其瞬态横摆角速度$\omega_z(t)$是随时间而变化的函数，其主要特征说明如下。

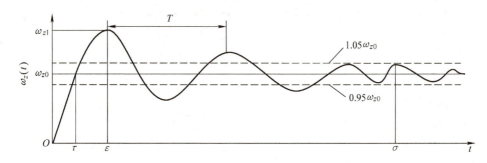

图1-48 汽车瞬态响应

（1）横摆角速度波动 瞬态响应中，横摆角速度$\omega_z(t)$在ω_{z0}值上下波动，并逐渐衰减。在一定车速下，横摆角速度值的波动代表着汽车转向半径的时大时小，使乘员感到左右摇晃，增加疲劳程度并使驾驶困难。因此，其横摆角速度波动越小越好。

汽车横摆角速度波动的固有（圆）频率ω_0是评价汽车瞬态响应的一个重要参数，其固有（圆）频率为

$$\omega_0 = \frac{L}{v}\sqrt{\frac{k_1 k_2}{mI_z}(1+Kv^2)} \tag{1-78}$$

式中 I_z——汽车绕z轴的转动惯量。

汽车固有（圆）频率ω_0应高些好，现代轿车固有频率$f_0(f_0=\omega_0/2\pi)$为1Hz左右。一定车速下，减少汽车质量和绕z轴的转动惯量，增加汽车各车轮的侧偏刚度，可使汽车横摆角速度的波动频率提高并使波动衰减较快。

（2）时间滞后 在给予角阶跃输入的瞬时，汽车的横摆角速度不能立刻达到稳态横摆角速度ω_{z0}，具有时间滞后现象。通常用反应时间和峰值反应时间来评价。

反应时间是指角阶跃输入后，横摆角速度第一次达到稳定值ω_{z0}所需的时间τ。反应时间短，则驾驶人会感到汽车响应迅速及时，否则会感到汽车反应迟钝。提高汽车固有（圆）频率ω_0，可以使τ值减小。

峰值反应时间是指角阶跃输入后，横摆角速度达到第一个峰值ω_{z1}所需的时间ε。峰值反应时间越短，则汽车的瞬态响应就越快。

（3）超调量 在$t=\varepsilon$时，汽车的横摆角速度达到最大值ω_{z1}，ω_{z1}/ω_{z0}的百分率称为超调量。超调量是表示瞬态响应中执行指令误差的大小。超调量当然越小越好。减少超调量可

使横摆角速度波动衰减较快。

（4）稳定时间　稳定时间是指从角阶跃输入开始，至横摆角速度 $\omega_z(t)$ 达到稳定值 ω_{z0} 的 95%～105% 范围所经历的时间 σ。稳定时间越短，汽车会越快进入稳态响应。因此，其稳定时间应越短越好。凡是能使横摆角速度衰减较快的因素，都会使稳定时间缩短。

一般情况，其横摆角速度 $\omega_z(t)$ 为减幅正弦函数，最后会趋于一稳定值 ω_{z0}。但对于过多转向特性汽车，当车速 ≥ 临界车速 v_{cr} 时，汽车的横摆角速度不能收敛，此时汽车是不稳定的。

瞬态响应特性好的汽车，其横摆角速度波动小而响应快。

1.4.3　汽车操纵稳定性的主要影响因素

1. 汽车质心位置变化

若汽车质心位置沿汽车纵轴线前后发生变化，则作用于汽车前、后轮的侧向反作用力大小会相应变化，汽车前、后轮侧偏角也发生变化，将导致汽车转向特性发生变化，从而影响汽车的操纵稳定性。汽车使用时由于载荷的变化（空载、满载等）可能会使汽车质心位置发生变化。若质心前移，转向时前轮的侧偏力增大，使前轮的侧偏角增大，从而增加了汽车的不足转向量；反之，质心后移，就减少了汽车的不足转向量，或汽车趋向于过多转向特性。

2. 汽车前后轴载荷分配与车轮侧偏刚度的匹配

在汽车设计及改装中，应使前后轴载荷分配与车轮的侧偏刚度相适应，使稳定性因数 $K>0$，以保证汽车的不足转向特性。

前置发动机前驱动的轿车，前轴上的轴荷较大，转弯时前轴承担的离心惯性力较大，在前后车轮侧偏刚度相同的情况下，前轮会产生较大的侧偏角，使汽车不足转向量加大。反之，后置发动机后驱动的轿车则不足转向量减少或趋向于过多转向特性。

3. 汽车驱动形式

车轮的切向力增加时，轮胎的侧偏刚度下降，则转向时其侧偏角会增大。因此，后轮驱动的车辆，转向时后轮施加驱动力，后轮侧偏角增大，汽车不足转向量减少或趋向于过多转向特性；前轮驱动的车辆，转向时前轮施加驱动力，前轮侧偏角增大，汽车不足转向量加大。

4. 汽车车轮

（1）轮胎结构　轮胎侧偏刚度对汽车的转向特性具有决定性的影响，而轮胎结构基本上决定了轮胎的侧偏刚度。因此，使用中不应随意地换装不同结构（帘布层数、扁平率等）、不同形式（子午线轮胎、普通斜交轮胎）的轮胎，因为这有可能使汽车趋向于过多转向特性。

子午线轮胎和普通斜交轮胎在车上混合装用对汽车的操纵性有严重影响。子午线轮胎侧偏刚度大，若仅前轮改用子午线轮胎，则会减少汽车的不足转向量，或汽车趋向于过多转向特性。

扁平率小的宽轮胎，侧偏刚度大，相同侧偏力时，产生的侧偏角小，因此，若仅将前轮换用扁平率小的轮胎，则汽车趋向于过多转向特性；如仅将后轮换用扁平率小的轮胎，则汽车不足转向量加大。

(2) 轮胎气压　轮胎气压对侧偏刚度影响很大,降低轮胎气压,侧偏刚度下降,相同侧偏力时,侧偏角加大。汽车说明书中规定的轮胎气压是考虑了获得不足转向性的数值,使用时应注意在冷态下检查,并且应按说明书的规定调整轮胎的充气压力。有的高速轿车甚至规定了每种乘坐条件及不同季节时前后轮胎的充气压力,以确保需要的不足转向特性。

为使汽车具有适度的不足转向特性,汽车使用中应特别注意:前轮气压不要过高;后轮气压不要过低。因为这样会使 k_1 过大、α_1 过小、k_2 过小、α_2 过大,从而导致汽车不足转向量减小或趋向过多转向特性。

(3) 车轮平衡　高速行驶的汽车,若车轮特别是转向轮不平衡,则会引起车轮的跳动和摆振,使汽车行驶方向难以控制,严重影响汽车的操纵稳定性。图1-49为车轮动不平衡的运动示意图,假定 a 点和 b 点上分别具有两个质点 m_1 和 m_2,其质量相等方位相反,当车轮旋转时,m_1 和 m_2 产生的离心力构成了方向反复变动的力偶 M,使车轮处于动不平衡中。若转向轮动不平衡,则车轮转动时,由于 M 的作用,将会造成车轮绕主销摆振。因此,高速行驶的汽车,其车轮必须动平衡。

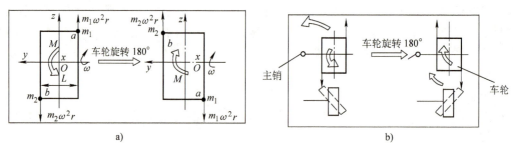

图1-49　车轮动不平衡
a) 车轮动不平衡受力　b) 动不平衡引起转向轮摆振

5. 左、右轮垂直载荷再分配

轮胎侧偏刚度随垂直载荷变化的曲线如图1-50所示。当车身没有侧向倾斜时,左、右轮垂直载荷均为 F_{z0},每个车轮的侧偏刚度均为 k_0,若车轴受到的侧向力为 F_y,则车轮产生的侧偏角 α_0 为

$$\alpha_0 = \frac{F_y}{2k_0} \tag{1-79}$$

实际上,当汽车转弯时,整个车身在离心力作用下,对车身的侧倾轴线形成侧倾力矩,使车身产生侧倾。车身侧倾力矩分摊到轴上的部分,导致轴上垂直载荷在左、右轮上重新分配,使内轮垂直载荷减少 ΔF_z 为 F_{zl},外轮垂直载荷增加 ΔF_z 为 F_{zr},使轴上两侧车轮的侧偏刚度分别为 k_l 和 k_r。由于同轴上左、右轮的侧偏角必然相等,设为 α,则在侧向力 F_y 作用下有 $F_y = k_l \alpha + k_r \alpha$,于是有

$$\alpha = \frac{F_y}{k_l + k_r} \tag{1-80}$$

若令 $k_0' = (k_l + k_r)/2$,则 k_0' 为垂直载荷重新分配后每个车轮的平均侧偏刚度,于是有

$$\alpha = \frac{F_y}{2k_0'} \tag{1-81}$$

由图 1-50 可见，$k'_0 < k_0$。这说明：当车轴左、右轮垂直载荷发生变动时，两侧车轮的侧偏刚度变化不同步，使得该轴车轮的平均侧偏刚度下降，且左、右轮垂直载荷变动量越大，则平均侧偏刚度就越小。

在侧向力作用下，若汽车前轴左、右轮垂直载荷变动量相对较大，则前轴的侧偏刚度下降，因而汽车的不足转向量加大；若汽车后轴左、右轮垂直载荷变动量相对较大，则后轴的侧偏刚度下降，因而汽车的不足转向量减小或

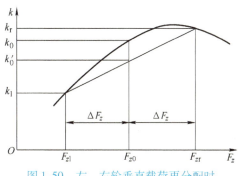

图 1-50　左、右轮垂直载荷再分配时轮胎的侧偏刚度

趋向于过多转向特性；若载货汽车后轴左右偏载严重，则后轴的侧偏刚度下降，汽车趋向于过多转向特性。

汽车前轴和后轴左、右车轮载荷变动量取决于：前、后悬架的侧倾角刚度、簧上质量、簧下质量、质心位置以及前、后悬架侧倾中心位置等一系列参数的数值。增加前悬架的侧倾角刚度，在车身侧倾时能使侧倾力矩分摊到前轴上的数值增加，可使前轴左右轮垂直载荷的变动量较大，从而增加汽车的不足转向量；减少后悬架的侧倾角刚度，能使侧倾力矩分摊到后轴上的数值减少，可使后轴左右轮垂直载荷的变动量较小，从而增加汽车的不足转向量。小轿车常用前悬架横向稳定杆来增加其侧倾角刚度，使汽车不足转向量增加。

6. 侧倾转向

汽车转弯行驶，在离心力的作用下，车身发生侧倾。由车身侧倾所引起的前轮绕主销的转动，后轮绕垂直于地面轴线的转动，即车轮转向角的变动，称为侧倾转向。发生侧倾转向时，非独立悬架的车轴也发生绕垂直线的转动，所以侧倾转向也称轴转向。从运动学的观点来看，车轮及车轴绕垂直于地面轴线转动的效果与轮胎的侧偏是一样的，所以侧倾转向又称为运动学侧偏。

随着前、后侧倾转向的方向与数值的不同，汽车的不足转向量可能增加或减少。图 1-51 表明了后悬架轴转向对稳态转向特性的影响。

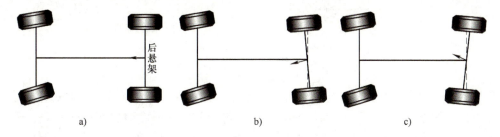

图 1-51　后悬架轴转向对稳态转向特性的影响
a) 正常状态　b) 趋于不足转向　c) 趋于过多转向

轴转向发生的内因是悬架导向杆系的布置及其运动学关系的内在要求，而轴转向发生的外因是由于侧向力 F_y 的作用，改变了内、外侧车轮的垂直载荷，使得外侧车轮随着垂直载荷的加大纵置板簧被压缩而后移，内侧车轮则随着垂直载荷的减小板簧被拉伸而前移，于是整个车轴相对原来的轴线偏转了一个角度，如图 1-52 所示。显然，路面高低不平也会迫使

车轮上下跳动,对悬架产生压缩和拉伸,同样会引起汽车轴转向。

轴转向后,若汽车转向半径增加,则增加不足转向量;若转向半径减少,则减少不足转向量。通常,对于纵置钢板弹簧悬架来说,若前轴轴转向,则可增加不足转向量,若后轴轴转向,则会减少不足转向量。为了改善后悬架采用纵置板簧汽车的操纵稳定性,可使其固定铰链点下移,直至低于车轴中心,此时轴转向可增加不足转向量。现代高速小客车当后悬架采用钢板弹簧时,多用这种安装方式,如海爱斯牌旅行车、莱特爱斯牌客货两用小客车等。

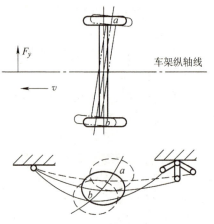

图 1-52 汽车轴转向现象

7. 车身侧倾时车轮外倾角变化

汽车转弯行驶车身侧倾时,由于悬架形式不同,车轮外倾角会发生不同的变化(图 1-53),使轮心前进方向发生相应变化,这与轮胎侧偏具有相同的效果,可使汽车的转向特性发生变化。

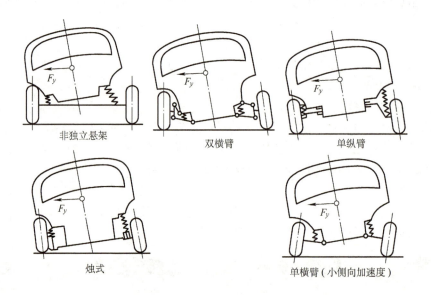

图 1-53 悬架形式与车轮外倾角变化关系

车身侧倾时,当离心力与车轮倾斜方向一致时,如单纵臂、双横臂式、烛式悬架等,车轮被推向转弯的外侧,相当于侧偏角加大。此时若为前轮,则可增加不足转向量;若为后轮,则会减少不足转向量。这说明车轮倾斜方向与侧向力方向一致时,相当于轮胎侧偏刚度下降。若车轮倾斜方向与侧向力反向,则相当于侧偏刚度增大,此时若为前轮,则减少不足转向量,若为后轮,则增加不足转向量。

通常,车轮倾斜5°~6°相当于轮胎侧偏角改变1°。为了获得良好的汽车操纵稳定性,前后悬架的形式应合适。

8. 转向轮定位

转向轮定位对汽车操纵稳定性的影响很大。保持合适的转向轮定位参数和轮胎侧偏特性,可使转向轮具有良好的稳定效应,即转向轮有保持居中位置和转向后自动回正的能力,可保持汽车良好的操纵稳定性。

汽车运动时,由于受纵向力、侧向力和垂直力的作用,转向轮定位参数会发生变化。汽车在使用过程中,由于车身、悬架、前桥、转向节的变形以及转向轮定位调整不当等原因也会引起转向轮定位角的改变。这些变化可能导致转向轮摆振、汽车跑偏等不良现象。如主销后倾角、主销内倾角过大或过小都有可能使前轮摆头:过小,稳定力矩小,车轮容易偏摆;过大,稳定力矩大,前轮回正过猛。如左、右车轮定位参数不同,则左、右车轮的稳定力矩和受力状态不平衡,汽车行驶就会出现跑偏。通常,汽车向前轮外倾角较大、前束角较小的一边自动跑偏。主销内倾角两边不等时,后轮驱动的汽车,驱动行驶时向主销内倾角较小的一边跑偏;前轮驱动的汽车,驱动行驶时向主销内倾角较大的一边跑偏;制动时向主销内倾角较小一边跑偏。

1.5 汽车行驶平顺性

汽车行驶平顺性是指汽车在行驶过程中,能保证乘员在所处的振动环境里具有一定的舒适程度,以及保持所运货物完整无损的性能。它又称为乘坐舒适性。

随着人类物质生活水平的提高,人们对汽车的舒适性要求也越来越高。现代汽车应该充分体现以人为本的原则,在保证安全、快捷、节能、环保的同时,让乘员享受用车的快乐和舒适。因此,汽车的行驶平顺性是现代高速、高效率汽车的一个重要性能。

1.5.1 汽车振动与人体反应

1. 汽车行驶时的振动

汽车是个复杂的振动系统。汽车行驶时,振动的发生源主要有路面的不平和冲击、不平衡车轮的转动、不平衡传动轴的旋转,以及汽车发动机转矩的变化等。这些因素引起的振动大多与车速相关,尤其是路面不平引起的振动,随着车速的变化,振动的频率和强弱会产生相应的变化。通常,车速越高,路面不平对其的冲击就越大,振动的强度也就越大。当振动达到一定程度时,其乘员会感到不舒适以至疲劳,或者损坏运载货物。另外,汽车的强烈振动还会降低汽车零部件的寿命,车轮与路面间载荷的波动还会影响其附着效果而关系到汽车的操纵稳定性。若用降低车速的方法去减少振动,则将降低汽车的运输生产率。因此,改善汽车行驶平顺性对提高汽车舒适性、耐久性、操纵稳定性以及运输效率都是非常重要的。

2. 人体对振动的反应

人体对振动的反应是一个十分复杂的过程,既与振动性质、振动环境有关,又与人的心理、生理状态有关。人体对振动反应大体经过两个过程:在振动输入人体后,首先引起人体各部位的机械振动响应,人体各部位如头、胸、胃、肠、四肢等对同一振动会有不同的响应,然后产生人体各部位及总体的生理、心理反应,如不舒适感、四肢疲劳、头晕、呕吐等。大量的振动试验表明,人体对不同方向的振动反应存在差异,对上下振动忍耐性最强,其次是前后振动,对左右振动最敏感。人体对上下振动最敏感的频率范围为 4~12.5Hz。在 4~8Hz 这个频率范围,人的内脏器官产生共振;8~12.5Hz 频率范围,振动对人的脊椎系统影响很大。对水平振动最敏感的频率范围为 0.5~2Hz。人体若在最敏感频率处振动,人的抗振能力会严重下降，氧气消耗量剧增，能量代谢加快。人体处于振动环境的时间越长，人体所能承受的振动强度就越小。

由于人的个体差异，不同的人对振动的敏感程度反应不一，所以准确定量地描述人体对汽车振动的感受是非常困难的。不过，人们对步行时身体上下运动的这种振动是适应的，其振动频率为 60~85 次/min（1~1.4Hz）。许多平顺性良好的汽车，其车身振动的固有频率均在上述频率范围内。当振动频率低于 0.6Hz 时，人们有晕车的感觉，当振动频率过高，则有明显冲击的感觉。然而，有些汽车振动的固有频率虽然在人们适应的上述频率范围内，但平顺性仍不够好。这充分说明人体对振动的反应不仅取决于振动的固有频率，还与振动的其他物理量有关。

1.5.2 汽车行驶平顺性的评价

大量的试验和研究表明：人体对汽车振动的反应是汽车振动频率、强度、振动方向及振动时间的综合作用结果。因此，平顺性评价指标应能很好地反映这些参数。国际标准化组织在进行大量调查研究的基础上，提出了 ISO 2631《人体承受全身振动的评价指南》。ISO 2631 用加速度均方根值给出了在中心频率 1~80Hz 振动频率范围内人体对振动反应的三种不同的感觉界限。

（1）暴露极限 它是指人们在振动环境里可以承受的振动量上限。当人们承受的振动强度在这个极限之内，将保持健康或安全。

（2）疲劳-工效降低界限 它是指人们在振动环境里因持续振动造成疲劳而导致工作效率下降的振动界限。当驾驶人承受的振动强度在此界限内时，能准确灵敏地反应，保持正常驾驶。

（3）舒适-降低界限 它是指人们在振动环境因持续振动导致舒适程度下降而不令人满意的振动界限。当乘员承受的振动强度在此界限内时，其主观感觉良好，能顺利完成吃、读、写等动作。

图 1-54 为 ISO 2631 在双对数坐标下不同暴露时间（承受振动的持续时间）的"疲劳-工效降低界限"，图 1-54a 为垂直方向的，图 1-54b 为水平方向的。另外，两个界限的振动允许值随频率的变化趋势完全与图 1-54 相同，只是振动加速度均方根允许值不同。其中，"暴露极限"为"疲劳-工效降低界限"的 2 倍（增加 6dB）；"舒适-降低界限"为"疲劳-工效降低界限"的 1/3.15（降低 10dB）。

从图 1-54 可以看出，感觉界限的加速度均方根允许值与振动频率、振动方向和暴露时间有关。同样的暴露时间，不同的振动频率，其振动的感觉界限不同，人体在最敏感的频率范围（对于垂直振动为 4~8Hz；对于水平振动为 1~2Hz）时，其加速度均方根允许值最小。同样的暴露时间，频率在 2.8Hz 以下时，水平振动加速度均方根允许值低于垂直振动，在 2.8Hz 以上时则相反。振动频率相同时，暴露时间越长，则感觉界限的加速度均方根允许值越小，正因为这样，故可用允许暴露时间的长短来衡量人体感觉到的振动强度大小，通常，其疲劳-工效降低界限用时间 T_{FD} 表示，舒适-降低界限用时间 T_{CD} 表示。

我国参照 ISO 2631 制定了国家标准《汽车平顺性试验方法》和《客车平顺性评价指标及极限》。

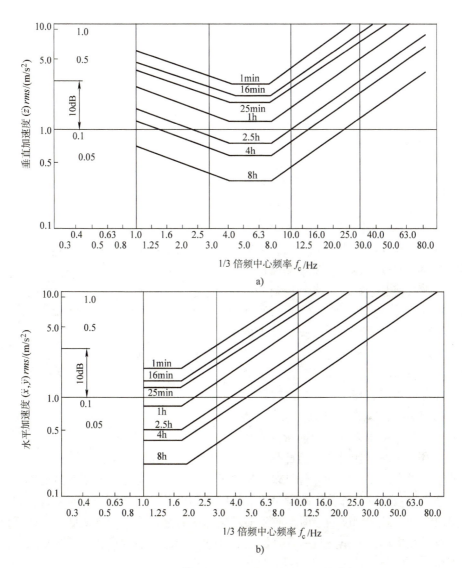

图 1-54 ISO 2631 人体对振动反应的"疲劳-工效降低界限"
a）垂直方向（z）b）水平方向（x—纵向，y—横向）

1.5.3 汽车行驶平顺性的主要影响因素

为了便于分析，需要对由多质量组成的汽车振动系统进行简化。图 1-55 为经过简化的振动系统模型，它把汽车总质量 m 视为由彼此相联系的悬挂质量 m_2 与非悬挂质量 m_1 组成。其悬挂质量是簧上质量，主要由车身、车架及其上的总成构成；非悬挂质量是簧下质量，主要由车轴、车轮构成。悬挂质量通过减振器、悬架弹簧与非悬挂质量相连。整车通过具有一定弹性和阻尼的轮胎支承在路面上。

汽车振动系统的特性、使用维护和道路条件对汽车的行驶平顺性产生重要影响。

1. 悬架特性

悬架刚度、悬架系统弹性特性、减振器阻尼系数对汽车行驶平顺性的影响最大。

（1）悬架刚度　若将汽车车身看成是弹性悬架上作单自由度振动的质量，则其固有频率为

$$f_0 = \frac{1}{2\pi}\sqrt{\frac{gC}{G}} \tag{1-82}$$

式中　f_0——车身固有频率（Hz）；

　　　C——悬架刚度（N/mm）；

　　　G——悬挂重力（N）；

　　　g——重力加速度，$g=9810\text{mm/s}^2$。

该式说明，在汽车质量一定时，车身的固有频率取决于悬架刚度。减小悬架刚度，可以降低固有频率，明显减小车身的加速度，这是改善平顺性的基本措施。为此，需要采用刚度较小的软弹簧。但悬架刚度也不宜过小，否则会使非悬挂质量高频振动的幅值加大；在紧急制动时会产生严重的汽车"点头"现象；转弯时车身容易产生较大的侧倾等不良现象，影响操纵稳定性。

汽车前后悬架的刚度应匹配，以保证前后悬架具有合适的固有频率。前后悬架的固有频率应避开激振频率，以避免出现"共振"现象。另外，由于来自路面的激励先作用于前轮，然后才作用到后轮，因此作用给

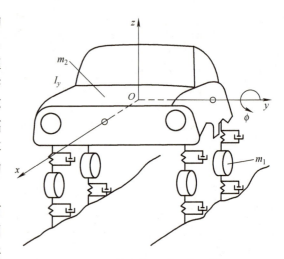

图1-55　四轮汽车振动的简化模型

前后轮的激励具有时差，这就容易引起车身的纵向角振动。考虑到悬架的阻尼作用，其簧上质量的位移会比激励的位移落后一段时间，且固有频率越低，则落后时间就越长，为减轻车身的纵向角振动，悬架刚度确定时，应使前悬架的固有频率略比后悬架低，这样就可保证车身前后端作同相运动，即车身只有垂直振动。从乘员的舒适性观点看，纵向角振动比垂直振动影响更坏。

（2）悬架系统弹性特性　悬架系统的弹性特性是指悬架变形与所受载荷之间的对应关系，分为线性与非线性两种。其中线性悬架的刚度为常数，其车身振动的固有频率将随装载质量的多少而改变，这种汽车在空载或部分载荷时前、后悬架振动固有频率过高，会导致车身猛烈颠簸，平顺性变差。而非线性悬架的刚度是可变的，能保证汽车在各种载荷下，车身振动的固有频率基本不变，平顺性较好。

对于载荷变化较大的公共汽车、客车和载货汽车，为满足不同载荷对悬架刚度的不同需要，常采用非线性悬架，即变刚度悬架。当载荷较小时，悬架刚度较小，以避免振动频率过高，改善平顺性；当载荷较大时，刚度急剧增大，使汽车的侧倾和纵向角振动减轻，提高汽车的平顺性。

常用的非线性悬架有：空气弹簧、油气弹簧、橡胶弹簧和硅油弹簧悬架。

（3）悬架阻尼　悬架系统的阻尼主要来自减振器、钢板弹簧叶片之间的摩擦。悬架阻尼的作用是使车身的振动迅速衰减，减小传递给乘员和货物的振动加速度，缩短振动时间，

改善行驶平顺性,还能改善车轮与道路的接触状况,防止车轮跳离地面,提高操纵稳定性。

为衰减车身的自由振动和抑制车身的共振,减小车身振动加速度,汽车悬架系统中应有适当的阻尼。若阻尼过大,则悬架弹簧会失去缓冲作用,使较大的路面冲击快速传递到车身,平顺性不好;若阻尼过小,则振动衰减缓慢,受冲击后振动持续时间长,使乘客感到不舒适。

减振器的阻力常用相对阻尼系数 ψ 来评价,即

$$\psi = \frac{r}{2\sqrt{Cm_2}} \tag{1-83}$$

式中 r——减振器阻力系数;

m_2——悬挂质量。

实际应用中,常将减振器伸张行程的相对阻尼系数 ψ_e 比压缩行程的相对阻尼系数 ψ_c 适当设计得大些,即伸张行程的阻尼力比压缩行程的阻尼力大些。一般减振器 $\psi_c = (0.25 \sim 0.50)\psi_e$,这样既可使减振器总体阻尼适当,减振效果好,又可不传递较大冲击力。

悬架结构形式不同、使用条件不同,则满足平顺性要求的相对阻尼系数也不同。对于无内摩擦的弹性元件悬架,$\psi_c = 0.25 \sim 0.50$;对于有内摩擦的钢板弹簧悬架,相对阻尼系数较小,如解放牌载货汽车前悬架的相对阻尼系数 $\psi = 0.13$,其中 $\psi_c = 0.086$,$\psi_e = 0.174$;对于越野汽车或行驶路面条件较差的汽车取值相对较大,一般 $\psi_e > 0.3$。

2. 汽车轮胎

汽车轮胎具有缓冲和减振的作用,它与悬架系统共同保证了汽车的平顺性。轮胎对平顺性的影响主要取决于轮胎的缓冲性能、径向刚度和平衡程度。

轮胎的缓冲性能好,既可以减少因路面不平引起的对车身冲击,又可在很大程度上吸收因路面不平所产生的振动。缓冲性能好的轮胎在不平道路行驶时,轮胎能通过本身的弹性变形对凹凸不平的路面进行补偿,表现出很强的展平能力,使轮心位移曲线较道路断面轮廓曲线圆滑平整,可使汽车在高频的共振振动减小。近年来随着车速提高,希望轮胎的缓冲性能越来越好。提高轮胎缓冲性能的方法有:一是增大轮胎断面、轮辋宽度和空气容量,并相应降低轮胎气压;二是改变轮胎结构型式,采用径向弹性大的胎体,如采用子午线轮胎;三是提高帘线和橡胶的弹性,采用较柔软的胎冠。

减少轮胎径向刚度,可使悬架换算刚度减小,改善汽车的行驶平顺性。但轮胎刚度过低,会增加车轮的侧向偏离,影响汽车的操纵稳定性,同时,还使滚动阻力增加,轮胎寿命降低。因此,应适当减小轮胎径向刚度,尽量采用子午线轮胎。

轮胎因偏磨、翻新或质量不佳,能造成车轮旋转质量不平衡。汽车高速行驶时,不平衡的车轮会引起汽车振动,影响平顺性和行驶稳定性。因此,必须对每一车轮(含装好的轮胎)进行动平衡,以保证高速行驶时的舒适性。

3. 悬挂质量

汽车悬挂质量的振动是以自振频率进行的,其悬挂质量的大小和分布对悬架的振动特性产生重要影响,因而对汽车行驶平顺性影响较大。

一般来说,汽车的悬挂质量增加,则车身的振动频率和加速度会降低,因此汽车行驶平顺性会提高。为保证汽车空载或轻载时的行驶平顺性,汽车最好使用非线性悬架或变刚度悬架。

汽车悬挂质量的分布关系到汽车前后轴振动的相互影响。图1-56是双轴汽车在纵向垂直平面内简化的自由振动模型。图中，按动力学的等效条件将汽车的悬挂质量 m_2 分解为前轴上、后轴上及质心 C 上的三个集中质量 m_{2f}、m_{2r} 及 m_{2c}，并由无质量的刚性杆互相连接。它们的大小应同时满足三个条件：总质量不变、质心位置不变、对通过质心的 y 轴的转动惯量 I_y 不变。分别表示为

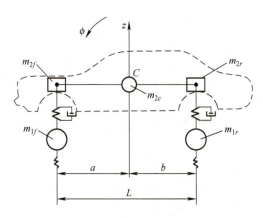

图1-56 双轴汽车振动简化的平面模型

$$m_2 = m_{2f} + m_{2r} + m_{2c} \quad (1-84)$$

$$m_{2f}a - m_{2r}b = 0 \quad (1-85)$$

$$I_y = m_2\rho_y^2 = m_{2f}a^2 + m_{2r}b^2 \quad (1-86)$$

式中 ρ_y——绕横轴 y 的回转半径；

a、b——车身质心至前、后轴线的距离。

由式（1-84）、式（1-85）和式（1-86）可解得三个集中的质量分别为

$$m_{2f} = m_2 \frac{\rho_y^2}{aL} \quad (1-87)$$

$$m_{2r} = m_2 \frac{\rho_y^2}{bL} \quad (1-88)$$

$$m_{2c} = m_2(1 - \frac{\rho_y^2}{ab}) \quad (1-89)$$

式中 L——轴距。

通常，令 $\varepsilon = \frac{\rho_y^2}{ab}$，则 ε 称为悬挂质量分配系数，它用来描述悬挂质量在车上前后分布的状况。由式（1-89）可见，当 $\varepsilon = 1$ 时，质心上的质量 $m_{2c} = 0$，其悬挂质量集中分布在前、后轴上，此时前、后轴上方的集中质量 m_{2f}、m_{2r} 在垂直方向的运动相互独立。这说明当前轮遇到路面不平而引起振动时，质量 m_{2f} 运动，而质量 m_{2r} 不运动；反之亦然。这表明：当 $\varepsilon = 1$ 时，汽车前、后悬挂质量的振动互不影响，汽车的行驶平顺性较好。

根据统计，大部分汽车的 $\varepsilon = 0.8 \sim 1.2$，即接近于1。为了维持 $\varepsilon \approx 1$，以减少前、后悬挂质量振动的联系，应保证 ρ_y 有相应数值，如把质量分配到汽车的两端（如发动机前移，行李舱后移等），或改变汽车的质心位置等。

4. 非悬挂质量

非悬挂质量对汽车的振动产生重要影响。减小非悬挂质量可降低车身的振动频率，增高车轮的振动频率。这样就使低频共振与高频共振区域的振动减小，而将高频共振移向更高的行驶速度，对行驶平顺性有利。其次，减小非悬挂质量，可以减少传给车身的冲击力，改善行驶平顺性。另外，减小非悬挂质量，还将引起高频振动的相对阻尼系数增加，因而减振器所吸收的能量减少，工作条件可以获得改善。

非悬挂质量可因悬架导向装置型式而改变，采用独立悬架，可使非悬挂质量减小。

常用非悬挂质量与悬挂质量之比 m_1/m_2 评价非悬挂质量对行驶平顺性的影响。其比值

越小，行驶平顺性越好。对于现代轿车，$m_1/m_2 = 10.5\% \sim 14.5\%$，可以保证良好的行驶平顺性。

5. 座椅

座椅的布置对平顺性有较大影响。振动时接近车身中部的座椅，振幅较小，前、后两端的座椅振幅较大。通常用座椅到汽车质心的距离与汽车质心到前（后）轴线距离之比评价座位的舒适性。该比值越小，车身振动对乘客的影响就越小。座椅在高度方向上也应尽量缩小与质心间的距离，以减小水平纵向振动的振幅。

座椅应具有良好的柔和性，其振动特性（振幅、频率）和消振速度要合理。这就要适当选择弹簧座椅的刚度和阻尼，使人—座椅系统的固有频率避开人体最敏感的频率范围，且又不与车身的固有频率重合，以免共振。当座椅上乘员的自振频率与车身振动频率的比值约为 $1.6 \sim 2.0$ 时，其舒适性最好。座位的坐垫对舒适性也有较大影响，较硬悬架的汽车采用较软的坐垫，较软悬架的汽车采用较硬的坐垫，可以提高乘坐舒适性。

6. 汽车使用维护

车速对行驶平顺性影响很大，车速越高，车身在不平路面行驶时受到的动载荷越大，乘员的舒适性就会下降。因此，应保持适当的车速。路面越恶劣，车速越不能过高。应特别注意的是，对具有一定不平度的路面，必然有一个共振车速，驾驶时必须使常用车速远离共振车速。

悬架系统技术状况不佳，会导致行驶平顺性变差。因此，应加强减振器及钢板弹簧的维护，以防减振器失效及弹簧片生锈降低弹性元件的作用，影响行驶平顺性。

7. 汽车道路条件

路面不平是汽车行驶振动的主要原因。因此，提高道路级别，改善路面质量，减少路面不平度，可以减少对汽车的冲击，使汽车的振动强度降低，从而改善乘坐舒适性，为汽车的高速行驶、高效运输创造条件。

1.6 汽车通过性

汽车通过性是指汽车在一定的装载质量下，能以足够高的平均速度通过各种坏路及无路地带和克服各种障碍的能力。如通过松软地面（土壤、沙漠、雪地、沼泽）、坎坷不平地段和各种障碍（陡坡、侧坡、壕沟、台阶、水障）等。军用、农用及在工地、林区使用的汽车，要求有良好的通过性。

1.6.1 汽车通过性几何参数

汽车行驶时，由于汽车与地面间的间隙不足，汽车被托住而无法通过的现象，称为间隙失效。间隙失效主要表现为：顶起失效、触头失效、托尾失效。顶起失效是指车辆中间底部的零件碰到地面而被顶住无法通过的失效；触头失效是指汽车前端触及地面而无法通过的失效；托尾失效是指汽车尾部触及地面而无法通过的失效。

通过性几何参数主要是指与防止汽车间隙失效有关的汽车本身的几何参数，如最小离地间隙、接近角、离去角、纵向通过角等，如图 1-57 所示。这些参数反映了汽车通过高低不平地段和越过障碍物的能力。另外，通过性几何参数还包括反映汽车机动性的有关参数，如最小转弯直径和内轮差、转弯通道圆,这些参数反映了汽车通过狭窄弯曲地带或绕过障碍物的能力。

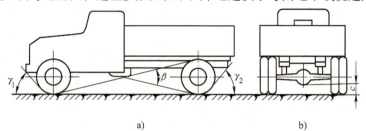

图1-57 汽车通过性几何参数
a) 汽车侧视 b) 汽车后视

1. 最小离地间隙

最小离地间隙 c 是指汽车除车轮以外的最低点与路面之间的距离,它反映了汽车能无碰撞地越过石块、树桩等障碍物的能力。c 值越大,汽车越不易被顶起失效,通过性越好,但 c 值过大时会导致汽车重心过高,使汽车稳定性变差。许多汽车的最小离地间隙在主减速器外壳下边缘处。

2. 接近角

汽车满载、静止时,从汽车前端凸出点向前轮引切线,该切线与路面的夹角 γ_1 称为接近角。γ_1 反映了汽车接近障碍物不发生碰撞的能力,γ_1 值越大,汽车越不易发生触头失效,通过性越好。

3. 离去角

汽车满载、静止时,从汽车后端凸出点向后轮引切线,该切线与路面的夹角 γ_2 称为离去角。γ_2 反映了汽车驶离障碍物不发生碰撞的能力,γ_2 值越大,汽车越不易发生托尾失效,通过性越好。

4. 纵向通过角

汽车满载、静止时,在汽车侧视图上通过前、后车轮外缘作切线交于车体下部较低部位所形成的最小锐角 β 称为纵向通过角。β 反映了汽车能够无碰撞地通过小丘、拱桥及凸起路面等障碍物的能力,β 值越大,汽车越不易发生顶起失效,汽车通过性越好。

5. 最小转弯直径和内轮差

汽车在转向过程中,转向盘向左或向右转到极限位置时,前外轮印迹中心在其支承面上的轨迹圆直径中的较大者,称为汽车的最小转弯直径 d_H,$d_H = 2R_H$,如图1-58所示;内轮差是指前内轮轨迹圆与后内轮轨迹圆的半径之差 d。它们反映了汽车在最小面积内的回转能力和通过狭窄弯曲地带或绕过障碍物的能力,最小转弯直径、内轮差越小,则汽车的通过性就越好。

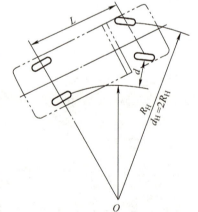

图1-58 最小转弯直径和内轮差

6. 转弯通道圆

当转向盘转到极限位置、汽车以最低稳定车速转向行驶时,车体所有点在支承平面上的投影均位于圆周以外的最大内圆称为转弯通道内圆；车体上所有点在支承平面上的投影均位于圆周以内的最小外圆称为转弯通道外圆。若转弯通道圆内圆直径越大，外圆直径越小，则说明汽车转弯所需的通道宽度越窄，通过性越好。

各类汽车通过性几何参数值的范围如表 1-19 所示。

表 1-19 汽车通过性的几何参数

汽车类型	驱动形式	最小离地间隙 c/mm	接近角 γ_1/(°)	离去角 γ_2/(°)	最小转弯直径 d_H/m
轿车	4×2	120~200	20~30	15~22	7~13
	4×4	210~370	45~50	35~40	10~15
货车	4×2	250~300	25~60	25~45	8~14
	4×4、6×6	260~350	45~60	35~45	11~21
越野车（乘用）	4×4	210~370	45~50	35~40	10~15
客车	6×4、4×2	220~370	10~40	6~20	14~22

1.6.2 汽车通过性牵引支承参数

通过性的牵引支承参数是以汽车附着力、驱动力和行驶阻力来反映汽车通过性能的参数，它反映了汽车通过松软土壤、沙漠、雪地、冰面、沼泽等地面的能力。通过性的牵引支承参数主要有：最大单位驱动力、附着质量系数和车轮接地比压。

1. 最大单位驱动力

汽车在松软路面行驶时，路面变形较大，行驶阻力大。为了获得良好的通过性，汽车需要有足够大的驱动或牵引能力。通常用最大单位驱动力来表征这种能力。

最大单位驱动力是指汽车的最大驱动力与汽车总重力之比，即

$$\frac{F_{X\max}}{G} = \left(\frac{T_{tq}i_g i_0 i_R \eta_T}{Gr}\right)_{\max} \tag{1-90}$$

式中　i_R——分动器传动比。

汽车低速行驶时，若忽略空气阻力，则最大单位驱动力就等于最大动力因数。因此，最大单位驱动力可用来广泛评价不同总重力越野汽车的驱动性能或牵引性能。

汽车行驶时，最大单位驱动力大，说明汽车行驶的驱动条件好，克服外界阻力的能力强。由于越野汽车经常行驶在松软土壤等恶劣环境的路面，其行驶阻力很大，因此越野汽车必须有较大的最大单位驱动力。

为了获得足够大的单位驱动力，要求越野汽车有较大的比功率以及较大的传动比。这些可通过提高发动机功率，在传动系中增加副变速器或分动器，以增加传动系统的总传动比来实现。在困难的行驶条件下，限制越野汽车的额定载质量能提高单位驱动力，同时也能降低汽车在松软地面上的滚动阻力。

2. 附着质量系数

汽车行驶时，若附着条件好，则汽车动力性可以充分发挥，汽车通过性可以得到提高。为保证汽车通过性，在松软路面行驶的汽车，应满足的附着条件为

$$F_\varphi \geqslant F_f + F_i \tag{1-91}$$

设汽车总质量为 m，汽车驱动轴载质量即附着质量为 m_φ，路面附着系数为 φ，滚动阻

力系数为 f，道路坡度为 i。将所设参数代入式（1-91）得

$$m_\varphi g\varphi \geq mg(f+i) \tag{1-92}$$

令 $K_\varphi = \dfrac{m_\varphi}{m}$，则 K_φ 称为附着质量系数，由式（1-92）得

$$K_\varphi = \dfrac{m_\varphi}{m} \geq \dfrac{f+i}{\varphi} \tag{1-93}$$

显然，附着质量系数 K_φ 越大，则汽车的附着条件越好，汽车获得的驱动力就越大，汽车克服道路阻力的能力就越强，汽车在坏路面上行驶的通过性就越好。由于越野车采用全轮驱动，能获得最大的附着质量系数（$K_\varphi = 1$），因此越野车的通过性最好。

3. 车轮接地比压

车轮接地比压是指作用在车轮上的径向载荷与轮胎接地面积之比。车轮接地比压 P 与轮胎气压 P_W 有关，车轮在硬路面上承受额定载荷时，其接地比压 $P = (1.05 \sim 1.2)P_W$，对于帘布层较多的轮胎，式中的系数应取较大值。

松软地面的滚动阻力系数和附着系数都与车轮接地比压有关。汽车在松软的地面上行驶时，降低车轮接地比压，可使轮辙深度减小，从而降低行驶的滚动阻力；同样，在黏性土壤和松软雪地上，降低车轮接地比压可使车轮接地面积增加，使地面承受的剪切力增大，附着系数提高，车轮不易打滑。

在松软路面行驶的汽车，适当降低车轮的接地比压，既可改善汽车的附着条件，又可减少汽车的行驶阻力，因而可提高汽车的通过性。

1.6.3 汽车通过性的主要影响因素

1. 发动机动力性

汽车通过坏路或无路地带时，要克服较大的道路阻力。为保证汽车的通过性，汽车应有良好的动力性，有足够大的最大单位驱动力。为此，发动机应有足够大的功率或转矩，应适当提高汽车比功率或汽车单位质量的发动机转矩，这是提高汽车动力性、确保汽车通过性的基础。

2. 传动系统传动比

增大传动系统传动比，既可提高汽车最大动力因数，以克服较大的道路阻力，从而提高汽车的通过性，又可降低最低稳定车速，以减小车轮对松软路面的冲击，从而降低由此引起的土壤被剪切破坏的概率，提高汽车通过坏路或无路地段的能力。因此，越野车均设有副变速器或使用两档分动器，以增加传动系统的总传动比。

3. 液力传动

采用液力传动，起步时转矩增加平缓，避免了对路面的冲击；行车时传动系统载荷稳定，可减轻车轮对土壤的破坏；能使汽车稳定地低速（$0.5 \sim 1 \text{km/h}$）行驶，减少车轮滑转倾向；实现无级变速，能避免换档冲击。液力传动的这些特点均能改善汽车在松软路面行驶的通过性。

4. 差速器

普通锥齿轮式差速器，由于具有在驱动轮间平均分配转矩的特性，当一侧车轮出现滑转时，另一侧车轮只能产生与滑转车轮相等的驱动力，使总驱动力较小不能克服行驶阻力，汽

车不能前进,通过性差。

越野汽车采用高摩擦式差速器,可以使转得较慢的车轮得到较大的驱动力,从而使总驱动力增加,有利于提高汽车的通过性。若采用差速锁,两边车轮的驱动力可以按各自的附着力来分配,其改善通过性的作用比高摩擦差速器更明显。

5. 汽车车轮

汽车车轮对汽车通过性有着重要的影响。为了提高汽车的通过性,应合理地确定或选择车轮尺寸、轮胎花纹、轮胎气压、轮胎类型。

(1) 车轮尺寸 车轮直径直接影响汽车的越障能力和附着性能。加大车轮直径可以提高汽车克服障碍物(如台阶、壕沟)的能力;加大车轮直径可以增加接触面积,减小接地比压,使附着性能提高,土壤阻力减少,车轮滑转减少。但加大轮胎直径会使惯性增大,汽车质心升高,轮胎成本增加,并要采用大传动比的传动系统。因此,应设计合适的车轮直径。

轮胎宽度对附着性能影响较大。加大轮胎宽度可以大幅度增加接地面积,直接降低轮胎的接地面比压,提高附着能力,在松软路面行车时,可以减少道路阻力。因此,在沙漠、雪地、沼泽、田间行驶的汽车,适宜采用宽轮胎。如采用拱形宽轮胎,它可在相同轮辋直径的情况下,其轮胎的断面宽度比普通轮胎要大 $2.0 \sim 2.5$ 倍,轮胎气压很低($29.4 \sim 83.3 \text{kPa}$),若用这种轮胎代替并列双胎,其接地面积将大幅增加,可提高汽车的通过性。

(2) 轮胎花纹 轮胎花纹对附着系数有很大影响。正确地选择轮胎花纹,对提高汽车通过性有很大作用。越野汽车采用宽而深花纹的轮胎,在松软地面上行驶时,其花纹能较好地嵌入土壤,使附着能力提高;在潮湿路面上行驶时,只有花纹的凸起部分与路面接触,增加了车轮的接地比压,有利于挤出水分,提高附着系数。越野行驶的汽车,由于道路条件较差,因此,其越野轮胎花纹的形状应具有自动排出泥土的性能。

(3) 轮胎气压 轮胎气压对汽车通过性的影响表现在行驶阻力和附着性能上。汽车在松软路面上行驶时,降低轮胎气压可以增加轮胎与路面的接触面积,减小车轮接地比压使附着系数提高,路面变形减小,道路阻力下降。在硬路面上行驶时,适当提高轮胎气压,可以减小轮胎变形,使行驶阻力减小。因此,应根据道路行驶条件,采用合适的轮胎气压。在沙漠、雪地、沼泽、田间行驶的汽车,可以采用特殊的低压轮胎,如拱型轮胎,但在硬路面上行驶,会使行驶阻力增加,且易损坏轮胎。有的越野汽车装有中央充气系统,驾驶人在驾驶室内可根据路面情况调整轮胎气压,以确保汽车具有良好的附着性能和较小的行驶阻力,提高汽车通过性。

6. 前、后轮距

采用轮胎宽度相等、前后轴轮距相同的布置形式,行车时其后轮沿前轮压实的轮辙行驶,可使全车的行驶阻力减小,提高汽车通过性。现代越野汽车普遍采用这种布置形式。

7. 驱动形式

4×2 后轮驱动汽车比前轮驱动汽车的附着条件好,具有更大的爬坡能力和加速能力,通过性较好。全轮驱动汽车附着条件最好,附着质量系数最大,能获得较大的驱动力,通过性最好。因此,越野汽车均采用全轮驱动。

8. 涉水能力

汽车越野行驶时,涉水不可避免。加强汽车电路系统、燃油供给系统、空气供给系统、润滑系统等重要部位的防水密封，可以提高汽车的涉水能力，保证汽车的通过性。

9. 驾驶技术

驾驶技术随时随地都影响着汽车通过性。为保证汽车具有较好的附着性能、较大的驱动力和良好的通过性，在松软地面驾驶汽车，起步不能过猛；应尽量使用低速档；尽量避免换档和加速；尽量采用低速行车；尽量保持直线行驶。

对装有差速锁的汽车，要把握差速器锁止的时机。汽车在进入可能滑转地段之前应挂上差速锁。若已经出现滑转再挂差速锁，土壤表面已被破坏，附着系数下降，效果会显著变差。当汽车离开滑转地段后，应及时脱开差速锁，否则，汽车行驶阻力过大，轮胎磨损严重。

1.7 电动汽车性能

电动汽车性能主要通过汽车的动力性、续航能力、能耗经济性和电气安全性来反映，其性能的好坏直接影响车辆的行驶状态和用户对车辆的认可程度。因此，客观合理地评价电动汽车的性能，可为消费者购车、用车提供参考。

1.7.1 电动汽车动力性评价

1. 电动汽车动力性评价指标

纯电动汽车常用的动力性评价指标有最高车速、30分钟最高车速、加速能力、爬坡车速、坡道起步能力；对于在用电动汽车，常用驱动能力评价。

1）最高车速。它是指电动汽车能够往返各持续行驶1km以上距离的最高车速的平均值，它体现汽车的瞬时最高车速，反映汽车的极限动力性。

2）30分钟最高车速。它是指电动汽车能够持续行驶30min以上的最高平均车速，它体现汽车持续高速行驶的能力。

3）加速能力。它是指电动汽车由某一车速加速到另一车速所需的最短时间。M1、N1类纯电动汽车采用0～50km/h和50～80km/h加速时间；M2、M3类纯电动汽车采用0～30km/h和30～50km/h加速时间。0～50km/h或0～30km/h加速时间，主要体现汽车起步加速性能；50～80km/h或30～50km/h加速时间，主要体现汽车超车过程加速性能；0～100km/h加速时间，主要体现汽车在常用车速区域加速性能。

4）爬坡车速。它是指电动汽车在给定坡度的坡道上能够持续行驶1km以上的最高平均车速，它体现汽车在行驶过程中的最大爬坡性能。

5）坡道起步能力。它是指电动汽车在坡道上能够起动且1min内向上行驶至少10m的最大坡度，它体现汽车在坡道上起步的能力。

6）驱动能力。它是指电动汽车在规定工况条件下的驱动轮驱动力和稳定行驶能力，它体现在用电动汽车的总体技术状况。

纯电动汽车的最高车速、30分钟最高车速、爬坡车速越高，加速时间越短，起步的最大坡度越陡，驱动轮驱动力越大，稳定行驶能力越强，则电动汽车的动力性越好。

2. 电动汽车动力性评价标准

（1）厂商标准　电动汽车动力性是否达标，往往通过制造厂提供的动力性参数比较确定，因此，各制造厂规定的动力性极限指标，可视为电动汽车动力性评价标准。不同的品牌、不同的类别，其电动汽车动力性评价标准不尽相同。

（2）行业标准　GB/T 28382—2012《纯电动乘用车 技术条件》要求如下。

1）最高车速。30分钟最高车速，其值应不低于100km/h。

2）加速性能。0～50km/h 加速时间，应不超过10s；50～80km/h 加速时间，应不超过15s。

3）爬坡性能。车辆通过4%坡度的爬坡车速应不低于60km/h；车辆通过12%坡度的爬坡车速应不低于30km/h；车辆最大爬坡度应不低于20%。

1.7.2　电动汽车续航能力评价

1. 电动汽车续航能力评价指标

纯电动汽车续航能力的评价指标是续驶里程。续驶里程是指电动车在动力电池完全充电状态下，以一定的行驶工况能连续行驶的最大距离。纯电动汽车续驶里程长，则行驶范围广，使用方便，但过长，则必须增加更多的动力电池，势必会减少有效载荷，影响汽车的使用性能。若纯电动汽车续驶里程过短，则行驶范围小，长途行车需频繁为动力电池充电，会减少车辆运行时间，不利于提高运输效率，且使用麻烦。

续驶里程是纯电动汽车非常重要的性能指标，续驶里程短是影响纯电动汽车推向市场的最大障碍。因此，纯电动汽车应具备足够大的续驶里程，来满足较大范围行驶的需求，但续驶里程不是越大越好。

2. 电动汽车续航能力评价标准

（1）厂商标准　电动汽车制造厂提供的续驶里程，应该是可信的、可以达到的，因此，可作为电动汽车续航能力的评价标准。不同的品牌、不同的类别，其电动汽车续航能力的评价标准不尽相同，表1-20是几款纯电动汽车NEDC循环工况的续驶里程。NEDC是指由4个基本市区循环（15工况循环）和1个市郊循环（13工况循环）组成的多工况循环。

表1-20　纯电动汽车NEDC循环工况续驶里程

车型	NEDC 续驶里程/km	车型	NEDC 续驶里程/km
荣威 Ei5 2021 款	501	广汽本田 VE-1	470
一汽大众 ID.4 X2021 款	555	比亚迪 e2	401
北汽 EU5 R600	501	吉利帝豪 GSe	450
长安 CS55	605	特斯拉 MODEL X	580
蔚来全新 ES8	580	奇瑞艾瑞泽 5e	401

（2）行业标准　不同的检测规范、不同的车型类别，其电动汽车的评价标准也不尽相同。GB/T 28382—2012《纯电动乘用车 技术条件》要求如下，按照 GB/T 18386—2017 工况法测量的纯电动乘用车续驶里程应大于100km。

1.7.3　电动汽车能耗经济性评价

1. 电动汽车能耗经济性评价指标

电动汽车能耗经济性的主要评价指标是能量消耗率。能量消耗率是指纯电动汽车单位里程的能量消耗量，单位为 W·h/km。能量消耗率越小，则电动汽车的使用成本越低，能够续驶的里程就越长，说明电动汽车的经济性就越好，电动汽车的实用性就越高。

2. **电动汽车能量消耗率评价标准**

（1）厂商标准 电动汽车制造厂提供的能量消耗率，是评价该车能耗经济性的标准。

（2）行业标准 国家对电动汽车能量消耗率的限值，可作为行业评价标准。不同的检测规范、不同的车型类别，不同的整备质量，其电动汽车能量消耗率的限值不尽相同。

GB/T 36980—2018《电动汽车能量消耗率限值》，适用于 GB/T 18386—2017 以工况法检测的最大设计总质量不超过 3500kg 的 M1 类纯电动汽车，其各车型能量消耗率应满足本标准规定的相应限值，具体表述如下。

1）对于具有三排以下座椅且最高车速大于或等于 120km/h 的车型，能量消耗率限值见表 1-21。

表 1-21 能量消耗率限值

整车整备质量 /kg	车型能量消耗率限值(第一阶段)[1] /(kW·h/100km)	车型能量消耗率限值(第二阶段)[2] /(kW·h/100km)
CM≤750	13.1	11.2
750 < CM≤865	13.6	11.6
865 < CM≤980	14.1	12.1
980 < CM≤1090	14.6	12.5
1090 < CM≤1205	15.1	13.0
1205 < CM≤1320	15.7	13.4
1320 < CM≤1430	16.2	13.9
1430 < CM≤1540	16.7	14.3
1540 < CM≤1660	17.2	14.8
1660 < CM≤1770	17.7	15.2
1770 < CM≤1880	18.3	15.7
1880 < CM≤2000	18.8	16.1
2000 < CM≤2110	19.3	16.6
2110 < CM≤2280	20.0	17.1
2280 < CM≤2510	20.9	17.9
2510 < CM	21.9	18.8

[1] 实施时间点为标准发布之日起 1 年后，即 2020 年 7 月 1 日。
[2] 具体时间由主管部门根据第一阶段限值的实施情况另行确定。

2）其他车型能量消耗率限值应作如下计算，计算后圆整到小数点后一位。

① 对于具有三排以下座椅且最高车速小于 120km/h 的车型，表 1-21 相应能量消耗率限值乘以折算系数 K，K 根据式（1-94）计算确定。

$$K = 0.00312 \times v_{amax} + 0.6256 \qquad (1\text{-}94)$$

式中 K——折算系数，计算结果圆整至小数点后两位；

v_{amax}——最高车速（km/h）。

② 对于具有三排及以上座椅且最高车速大于或等于120km/h的车型，表1-21相应能量消耗率限值乘以1.03。

③ 对于具有三排以上座椅且最高车速小于120km/h的车型，表1-21相应能量消耗率限值乘以1.03K，K根据式（1-94）计算确定。

1.7.4 电动汽车电气安全性评价

纯电动汽车的电压等级较高，一般均为B级电压。乘用车电压多为300~500V，商用车电压多为300~800V，远远高于人体安全电压（36V），并且电动汽车在行驶时，经常会出现振动、冲击，有时甚至发生碰撞事故，易导致电气系统防护损坏和绝缘性能下降等。因此，对于在用电动汽车的电气安全性评价非常重要，它不仅关系到车上乘员的人身安全，还影响到电气设备的正常工作和车辆的安全运行。

1. 电气安全性评价项目

（1）高压部件外观　电动汽车高压部件主要包括动力电池、电机、电机控制器、DC-DC变换器、充电机以及动力电缆。通过高压部件外观检查可以发现电气系统的工作环境，初步诊断电气系统的技术状况。高压部件外观状况良好，符合标准，则说明电动汽车人员的直接接触防护要求较好。

（2）高压绝缘性能　绝缘性能是指使用不导电的物质将带电体隔离或包裹起来，从而有效防止触电的特性。这里的绝缘性能是指电动汽车高压电气系统与车辆底盘之间的绝缘性，它能反映车上乘员间接接触防护的性能。绝缘性能用绝缘电阻来评价，电气系统的绝缘电阻越大，则绝缘性能越好，说明车上乘员间接接触防护能力强，安全性高。

（3）安全防护功能　电动汽车的安全防护功能可提高乘员的安全性，例如绝缘监测功能、REESS热事件报警功能必须正常，这样当车辆绝缘性能下降至危险程度或REESS将要发生热失控的安全事件时，车辆会向驾驶人发出警示，以免发生安全事故。因此，应确保安全防护功能正常。

2. 电气安全性评价方法及要求

（1）外观评价及要求

1）检查动力电池、电机、电机控制器、DC-DC变换器、车载充电机等外壳，应无明显变形、破损，警告标识应清晰牢固。

2）检查动力电池，其化学类型应清晰可见。

3）检查动力电缆，应无破损，其接头应紧固可靠，线缆与车辆运动部件应无干涉。

（2）绝缘电阻检测评价及要求

1）测试准备。

① 电压检测工具的内阻不小于10MΩ。

② 在测量时，若绝缘监测功能对整车绝缘电阻的测试产生影响，则应关闭车辆的绝缘监测功能或者将绝缘电阻监测单元从B级电压电路中断开。

2）按检测规范测量整车绝缘电阻。检测时，测量电压应是不小于电力系统的最大工作电压的直流电压，并施加足够长的时间以获得稳定的读数。

3）对绝缘电阻的要求。在最大工作电压下，直流电路绝缘电阻应不小于100Ω/V，交流电路应不小于500Ω/V；若直流和交流的B级电压电路可导电地连接在一起，则绝缘电阻应不小于 500Ω/V。

(3) 安全防护功能检测评价及要求　安全防护功能的检测，通常需要根据制造商提供的方法及操作说明进行。可以通过车辆自检系统检查，并通过试验方法验证评价。

1) 车辆系统自检。在车辆上电后，系统自检，查看车辆的仪表，如仪表中出现安全防护功能的报警信号（声或光信号），如 REESS 热事件报警信号、动力电池高温报警信号等，则需要进行验证处理，以确定故障所在或安全防护功能是否正常。

2) 试验方法验证。系统自检出现的结果是否可信，可设置一定的试验方法进行验证。下面以车辆的绝缘监测功能为例进行说明。

现代电动汽车都必须具备绝缘电阻监测功能，车辆在"OK"或"READY"状态下，绝缘监测功能应开始工作，当绝缘阻值低于绝缘电阻的最低要求时，可通过声、光报警，如仪表文字或图标显示等提示驾驶人。绝缘电阻监测功能是否正常，会影响到人身安全，因此需进行试验验证。其验证方法是：测试时，车辆 B 级电压电路处于接通状态，且绝缘监测功能开启，在测量电路并入一个可调电阻，将车辆上电至"OK"或"READY"状态，调节可调电阻（相当于改变车辆绝缘电阻），观察绝缘监测功能报警信号。当车辆在绝缘电阻等于小于制造商规定的阈值时，若报警，则绝缘电阻监测功能正常，若未报警，则不合格；当车辆在绝缘电阻大于阈值时就报警，属于误报，也不合格。

1.7.5　电动汽车使用特点

1. 环保性能好

电动汽车本身零排放，不会污染大气。即使按所耗电量换算为发电厂的排放，其污染物也显著减少，由于电厂大多建于远离人口密集的城市，对人类伤害较少，而且电厂是固定不动的，集中清除各种有害排放物较容易。另外，电动汽车噪声小。

2. 行驶性能优

电动汽车的电动机输出特性能更好地适应道路阻力变化的需要，克服外界阻力的能力强，汽车行驶稳定，动力性好。

3. 能量来源广

电动汽车电池的能量来源广，不仅可以来自传统的汽油、柴油等矿物燃料发电，也可以来自煤、核能、水力、风力发电，能解除人们对石油资源日见枯竭的担心，还可以利用旋转零件转动或汽车制动时的惯性能量发电。

4. 利用效率高

传统汽车使用汽油、柴油作燃料，从原油提炼到最终从发动机输出轴输出的平均能量利用率只有 15% 左右，而电动汽车平均能量利用率可达 20%，如果利用太阳能、水力能、原子能等发电，利用率会更高一些。

5. 结构简单、维修方便

电动汽车在结构上比传统燃油汽车简单，运动部件减少，大大降低日常维修量，驾驶操作更为方便，维修简单。

6. 续驶里程短、价格贵

目前，纯电动汽车技术还不如传统燃油汽车技术那样成熟完善，动力电池寿命较短，一次充电后的续驶里程稍短，价格较贵。但随着科学技术的发展和电动汽车的推广与普及，纯电动汽车存在的技术难题会逐步得到解决，如比亚迪电动汽车汉 EV 的最大续驶里程就可达 600km，价格也会相应降低。

本 章 小 结

1. 汽车使用性能是指汽车在一定的使用条件下，以最佳效益安全工作的能力。影响汽车运输生产率和运输成本的汽车主要使用性能有：汽车动力性、经济性、制动性、操纵稳定性、行驶平顺性以及通过性。

2. 汽车使用性能的好坏应综合考虑汽车动力性、经济性、制动性、操纵稳定性、行驶平顺性以及通过性，并通过检测或试验由各自的评价指标进行评价。

3. 汽车动力性是指汽车以最大可能的平均行驶速度运送货物或乘客的能力，它由汽车最高车速、加速时间、最大爬坡度、驱动轮输出功率等指标评价。汽车正常行驶的条件是：汽车驱动力应大于或等于汽车滚动阻力、坡度阻力和空气阻力之和，且小于或等于汽车附着力。影响汽车动力性的主要因素有：发动机参数、传动系统参数、空气阻力系数、汽车质量、汽车驱动形式、汽车轮胎、使用技术。在用汽车动力性可通过底盘测功机检测发动机额定转矩和额定功率时的驱动轮输出功率来评价。

4. 汽车燃油经济性是指汽车以最少的燃油消耗完成单位运输工作量的能力，常用等速百公里油耗、循环工况百公里油耗或单位运输工作量的燃油消耗量等指标评价。优化汽车结构、提高汽车使用水平、改善汽车环境条件可以提高汽车的燃油经济性。汽车燃油经济性可通过道路试验和台架试验来评价。

5. 汽车制动性是指汽车行驶时，能在短距离内停车且维持行驶方向稳定性和在下长坡时能维持一定车速，以及保证汽车长时间停驻坡道的能力，常用制动效能、制动效能恒定性和制动时的方向稳定性来评价。影响汽车制动性的主要因素有：制动系统管路布置、车轮制动器、汽车质心位置、汽车装载质量、制动力调节装置、制动辅助系统、道路与轮胎、发动机制动与排气制动、驾驶技术。汽车制动性可通过路试或台试检测，可用制动距离、MFDD 和制动力评价。

6. 汽车操纵稳定性是指汽车在行驶过程中，能抵抗各种外界干扰、遵循驾驶人给定行驶方向稳定行驶的能力。弹性轮胎在侧向力作用下具有侧偏现象，使得汽车的行驶轨迹发生改变。汽车的稳态转向特性可分为中性转向、不足转向、过多转向三类，由于不足转向特性汽车具有良好的操纵稳定性，故现代汽车都采用不足转向特性。影响汽车操纵稳定性的主要因素有：汽车质心位置的变化、前后轴载荷分配与车轮侧偏刚度的匹配、驱动形式、左右车轮垂直载荷再分配、侧倾转向、车身侧倾时车轮外倾角的变化、转向轮定位。

7. 汽车行驶平顺性是指汽车在行驶过程中，能保证乘员在所处的振动环境里具有一定的舒适程度，以及保持所运货物完整无损的性能。汽车是个复杂的振动系统，而人体对它的反应由其振动频率、强度、振动方向及振动时间的综合作用决定。暴露极限是人体能够承受的振动量上限；疲劳-工效降低界限是保持工作效率不下降的振动界限，货车可用此界限评价；舒适-降低界限是舒适程度能令人满意的振动界限，轿车和客车可用此界限评价。汽车行驶平顺性主要与悬架、轮胎、座椅的结构和特性有关，同时还受悬挂质量与非悬挂质量、汽车使用维护、汽车道路条件等因素的影响。

8. 汽车通过性是指汽车在一定的装载质量下，能以足够高的平均速度通过各种坏路及无路地带和克服各种障碍的能力。通过性几何参数有：最小离地间隙、接近角、离去角、纵向通过角、最小转弯直径和内轮差、转弯通道圆，它们反映了汽车通过高低不平地段、狭窄弯曲地带和越过障碍物的能力。牵引支承参数有最大单位驱动力、附着质量系数和车轮接地比压，它们反映了汽车通过松软土壤、沙漠、雪地、冰面、沼泽等地面的能力。影响汽车通过性的主要因素有：发动机动力性、传动系统传动比、液力传动、差速器、车轮、前后轮距、驱动形式、涉水能力和驾驶技术。

9. 电动汽车性能主要通过电动汽车的动力性、续航能力、能耗经济性和电气安全性来反映。主要评价指标有：最高车速、30分钟最高车速、续驶里程、能量消耗量（W·h/km）和高压绝缘性能。纯电动汽车具有环保性能好、行驶性能优、能量来源广、利用效率高、结构简单、维修方便等优点。

<h3 style="text-align:center">复习思考题</h3>

1. 汽车的使用性能有哪些？为何要研究汽车的使用性能？
2. 汽车动力性的总指标是什么？具体评价指标有哪些？
3. 驱动力的定义是什么？它与哪些因素有关？
4. 汽车滚动阻力产生的原因是什么？分析影响滚动阻力系数的主要因素。
5. 何为空气阻力，空气阻力主要由哪几部分组成？降低空气阻力系数的措施有哪些？
6. 汽车传动系统的功率损失有哪些？分析其影响因素。
7. 汽车行驶的驱动和附着条件是什么？请写出 4×4 汽车驱动和附着条件的表达式。
8. 试从提高动力性的观点出发，说明 4×2 汽车是前轮驱动好还是后轮驱动好？
9. 写出汽车在平路和上坡时的匀速和加速行驶的驱动力平衡方程。
10. 试分别根据驱动力－行驶阻力平衡图、动力特性图和功率平衡图分析汽车的动力性。
11. 试分析影响汽车动力性的主要因素。
12. 变速器最高档、最低档和中间档传动比分配是如何确定的？
13. 简述底盘测功机的工作原理，如何检测和评价在用汽车的动力性？
14. 汽车燃油经济性评价指标有哪些？各有何优缺点？
15. 汽车车速对燃料经济性有何影响？
16. 为什么说汽车列车运输经济性好？
17. 采用高档行驶为什么能够节油？
18. 为什么加速滑行可以节油？
19. 变速器为何设置超速档？
20. 从使用技术方面来讲，提高燃料经济性的措施有哪些？
21. 从驾驶技术方面来讲，提高燃油经济性的措施有哪些？
22. 汽车制动性包括哪些内容？其评价指标是什么？
23. 何为地面制动力？地面制动力的大小取决于哪些条件？
24. 何为附着力？试述其影响因素。
25. 何为制动跑偏、制动侧滑？两者产生的原因是什么？

26. 试用附着系数与滑移率关系曲线说明车轮制动的最佳状态。
27. 为何后轮先抱死比前轮先抱死具有更大的危险性？
28. 用作图法绘出 I 曲线与 β 曲线，并说明图上不同区域的车轮抱死状态。
29. 什么是同步附着系数？它对汽车制动性能有何影响？
30. 汽车辅助制动装置对改善制动性能有何作用？
31. 单轴反力式制动试验台由哪几部分组成？其工作原理是什么？
32. 汽车制动性的检测方法有哪些？如何检测？
33. 试推导汽车的侧向和纵向稳定性条件。
34. 什么叫轮胎的侧偏特性？它受哪些因素的影响？
35. 汽车稳态转向特性有哪几种？各有何特点？
36. 现代汽车通常设计成何种转向特性，为什么？
37. 影响汽车稳态转向特性的因素有哪些？
38. 什么叫特征车速、临界车速？如何计算？各自用来表征何种转向特性？
39. 如何验证汽车的转向特性？
40. 什么叫汽车的行驶平顺性？主要受哪些因素影响？
41. 人体对振动的反应有哪几种感觉界限？它们之间有何关系？
42. 变刚度悬架如何影响汽车的平顺性？
43. 如何改善汽车的行驶平顺性？
44. 什么叫汽车的通过性？
45. 汽车通过性的几何参数主要有哪些？它们如何影响汽车通过性？
46. 汽车通过性的牵引支承参数有哪些？它们如何影响汽车通过性？
47. 何为汽车通过性的间隙失效？有哪几种失效方式？
48. 为什么越野汽车要采用全轮驱动？
49. 影响汽车通过性的因素有哪些？如何提高汽车的通过性？
50. 电动汽车性能的评价指标有哪些？
51. 试分析电动汽车的使用特点。

实训一　汽车驱动轮输出功率检测

1. 实训内容
1）检测汽车驱动轮输出功率。
2）评价在用汽车动力性。

2. 实训目的和要求
1）了解汽车底盘测功机的结构和工作原理。
2）掌握汽车底盘测功机的使用方法。
3）学会检测汽车驱动轮输出功率。
4）知道分析和处理检测结果，并评价在用汽车动力性。

实训二　汽车等速百公里油耗检测

1. 实训内容

1）路试检测汽车等速百公里油耗。

2）评价汽车燃油经济性。

2. 实训目的和要求

1）了解车用油耗仪的结构及工作原理。

2）掌握车用油耗仪的使用方法。

3）学会路试检测汽车等速百公里油耗。

4）知道分析和处理检测结果,并评价汽车燃油经济性。

实训三　汽车制动性检测

1. 实训内容

1）台试检测汽车制动性。

2）评价汽车制动性。

2. 实训目的和要求

1）了解反力式制动试验台的结构和工作原理。

2）掌握反力式制动试验台的使用方法。

3）学会台式检测制动力、车轮阻滞力和制动协调时间。

4）知道分析和处理检测结果,并评价汽车制动性。

第2章 汽车电子控制系统的使用

> 学习目标：
- 了解汽车电子控制系统的基本组成和工作原理。
- 熟悉汽车发动机电子控制系统的主要功能和控制原理。
- 掌握电子控制自动变速器的使用方法及特点。
- 掌握电子控制防抱死制动系统、防滑转系统的使用要领。
- 掌握电子巡航控制系统的使用方法及特点。
- 掌握电子稳定程序系统的使用要领及特点。
- 知道如何合理使用汽车电子控制系统。

2.1 汽车发动机电子控制系统

2.1.1 概述

随着汽车工业的快速发展，能源和大气污染的危机日趋严重，传统发动机的控制系统已不能适应人们对环境和能源问题的要求，而电子控制系统能全面、精确地控制发动机，能改善和提高发动机的使用性能。因此，现代汽车发动机已普遍采用计算机电子控制系统。

1. 发动机电子控制系统的基本组成

发动机电子控制系统主要由传感器、电子控制单元和执行器三部分组成。

（1）传感器 传感器是一种转换器，是发动机电子控制系统中信息的输入部分。它用来感知发动机外部条件与自身性能变化的信息，并转换为电信号传送给电子控制单元。发动机电子控制系统用的传感器因控制功能的不同而有差异，因车型及其生产年代不同而略有差别，其传感器主要有下列种类。

1）空气流量传感器。在 L 型 EFI（电控燃油喷射系统）中，空气流量传感器用来测量发动机吸入的空气量并转换成电信号送入电子控制单元，作为燃油喷射和点火控制的主控制信号。

2）进气压力传感器。在 D 型 EFI 中，进气压力传感器测量进气歧管的绝对压力来间接反映发动机吸入的空气量，并转换成电信号输入电子控制单元，作为燃油喷射和点火控制的主控制信号。

3）转速和曲轴位置传感器。转速和曲轴位置传感器提供发动机转速信号和点火时刻、喷油时刻的参考点信号输入电子控制单元，作为点火和燃油喷射的主控制信号。

4）气缸位置传感器。气缸位置传感器用于产生发动机第 1 缸的位置信号并输入电子控制单元，ECU可据此信号实现各缸的顺序喷油和点火控制，其信号是顺序喷油和点火控制的主控制信号。

5）节气门位置传感器。节气门位置传感器检测发动机节气门的开启状态及开、闭的速率，并将此转换成电信号输送到电子控制单元，用来控制燃油喷射及其他控制系统，如EGR（废气再循环控制）、点火正时控制等。

6）冷却液温度传感器。冷却液温度传感器感知冷却液温度而向电子控制单元输入温度信号，作为燃油喷射和点火正时的修正信号，同时也是其他控制系统的控制信号。

7）进气温度传感器。进气温度传感器随时检测进气温度参数，并向电子控制单元输入温度信号，作为燃油喷射和点火正时的修正信号。

8）氧传感器。氧传感器用来检测发动机废气中氧的含量，并向ECU输入空燃比的反馈信息，进行喷油量的闭环控制。

9）爆燃传感器。当发动机产生爆燃时，爆燃传感器将爆燃引起的振动转变为电信号送至ECU，其ECU则发出指令控制点火提前角，抑制发动机爆燃的产生。

10）大气压力传感器。大气压力传感器用来检测大气压力，并向电子控制单元输入大气压力信号，作为燃油喷射和点火正时的修正信号。

11）车速传感器。车速传感器用来检测车速，并向ECU输入车速信号，作为控制发动机转速，实现超速断油控制的信号，在发动机和自动变速器共同控制时，还是自动变速器的主控制信号。

12）EGR阀位置传感器。EGR阀位置传感器将EGR阀的位置转变为电信号，并向电子控制单元输入，而ECU则将此信号与根据其他传感器信号确定的最佳位置进行比较，然后输出信号控制EGR阀，使EGR阀始终处于理想的位置，将排放物NO_x控制在最低程度。

13）其他传感器信号：

① 起动信号。在发动机起动时，起动系统向电子控制单元提供起动信号，作为燃油喷射和点火正时的修正信号。

② 离合器开关信号。在离合器接合和分离时，离合器开关向电子控制单元输入离合器工作状态信号，作为燃油喷射和点火正时的修正信号。

③ 动力转向开关信号。具有动力转向的汽车，当转向盘左右转动时，其动力转向油泵工作而使发动机负荷加大，此时动力转向开关向电子控制单元输入信号，作为燃油喷射和点火正时的修正信号。

④ 档位开关信号。装有自动变速器的汽车，当由P位、N位挂入其他档位时，发动机负荷将有所增加，档位开关向电子控制单元输入信号，作为燃油喷射和点火正时的修正信号。

⑤ 制动开关信号。在制动时，制动开关向电子控制单元提供制动信号，作为对燃油喷射、点火正时、自动变速器等的控制信号。

⑥ 空调开关信号。当空调开关打开时，发动机因空调工作而负荷加大，空调开关向ECU输入信号，作为燃油喷射和点火正时的修正信号。

⑦ 定速巡航控制信号。当进入巡航控制状态时，由巡行控制开关向电子控制单元输入巡行控制状态信号，由电子控制单元对车速进行自动控制。

⑧ 蓄电池电压信号。当蓄电池电压变化时，由于喷油器的电磁线圈电流会随之改变，

使喷油器阀的开启速率发生变化,引起喷油量偏差。为消除这种偏差,当蓄电池电压变化时,向电子控制单元输入电压变化信号,作为燃油喷射的修正信号。

(2) 电子控制单元 电子控制单元(Electric Control Unit)通常简称为ECU,是发动机电子控制系统的中枢,是系统中的信息处理部分。它用来接受各传感器的信息,并储存、计算、处理信息,形成控制指令对外输出以控制执行器。

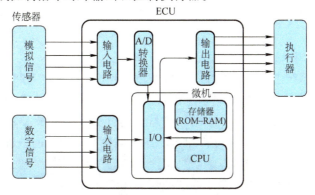

图 2-1 电子控制单元的组成

1) 电子控制单元的组成。ECU主要由输入电路、A/D转换器、计算机和输出电路组成,如图2-1所示。

① 输入电路。输入电路的功用是对传感器输入的信号进行预处理,使输入信号变成微机可以接受的信号。

② A/D转换器。A/D转换器的功用是将模拟信号转变为数字信号。因为输入信号有模拟信号和数字信号,而微机又只能接受数字信号,因此对输入的模拟信号必须进行A/D转换。

③ 微机。微机即微型计算机,它包括CPU、存储器、输入输出接口(I/O接口)、总线等。信号通过输入接口进入CPU,经数据处理后,把运算结果通过输出接口送至输出电路。

④ 输出电路。输出电路的功用是将微机发出的指令信号转变成控制信号,以驱动执行器工作。

2) 电子控制单元的功能。ECU的主要功能如下。

① 接受传感器、开关等各种形式输入的信号,并将输入信号处理成微机能够接受的信号,如将模拟信号转换成数字信号。

② 给部分传感器提供电压稳定的电源和基准电压。

③ 储存、计算、分析处理信息。微机中的控制程序,根据输入信号进行运算处理,求出执行命令数值;将输出的信息与标准值对比,查出故障;存储运算中的数据、存储故障信息。

④ 输出执行命令。把弱信号变为强的执行命令,以控制执行器。

⑤ 完成多种控制功能。如点火控制、燃油喷射控制、怠速控制、排放控制、进气控制、增压控制等多种功能。

⑥ 自适应功能。当一些不可监测的参数改变时,ECU能通过自适应修正,使发动机的运行工况与其相适应。

（3）执行器　执行器是受 ECU 控制，具体执行某项控制功能的装置，是控制系统的输出部分。它将 ECU 发出的控制指令转变为实现控制目标的物理运动，达到输出控制的目的。

执行器的种类和形式主要取决于发动机电子控制系统中控制功能的多少和特性。现代轿车发动机电子控制系统的执行器，主要有下列各种形式：喷油器、点火控制器、怠速控制阀、EGR 阀、进气控制阀、二次空气喷射阀、活性炭罐电磁阀、车速控制电磁阀、燃油泵继电器、冷却风扇继电器、自诊断显示与报警装置、故障备用程序启动装置和仪表显示器等。

2. 发动机电子控制系统的工作原理

发动机电子控制系统中的传感器、电子控制单元和执行器是相互联系的有机体。汽车运行时，传感器反映发动机状况的物理量，它们将空气进气量或压力、进气温度、冷却液温度、节气门位置、发动机转速、排放中的氧含量等运行参数信号输入 ECU，而 ECU 则按设定的程序和最佳参数进行分析、判断和计算，并根据计算结果，向各种执行器发出指令信号，其执行器则控制最佳喷油量和点火时刻，使发动机在各种工况都处于最优化的状态下工作，保证发动机具有最佳的动力、最小的油耗和最低的排放污染。

2.1.2　发动机电子控制系统的主要功能

1. 汽油喷射控制

发动机电子控制系统根据发动机运转工况及影响因素来精确控制喷油器的喷油量，使空燃比始终保持在最佳水平，从而确保发动机动力性并降低发动机的燃油消耗、减少排气污染。喷入气缸内的实际喷油量包括基本喷油量和修正喷油量，它们是通过控制喷油器的喷油时间来实现的。

（1）基本喷油量控制　基本喷油量是保证发动机在正常温度下运行时能获得最佳空燃比的喷油量。基本喷油量可由基本喷油时间来保证。通常，通过试验确定发动机在特定工况下的最佳喷油时间，取得一组发动机转速、空气流量或进气管压力所对应的基本喷油时间标准数据，并储存在计算机的存储器 ROM 中。发动机工作时，计算机根据发动机的转速信号和进气管的空气流量信号或进气压力传感器的压力信号确定基本喷油量，并通过喷油器驱动电路控制喷油器每个工作循环的通电时间即喷油时间。

（2）修正喷油量控制　基本喷油量是在发动机正常温度运行条件下，对应一定的转速和进气量而制订的。但发动机工况、运行条件及其影响因素是不断变化的，若要适应这些变化，使发动机任何时候都能得到最佳空燃比，则必须根据随时输入的传感器信号，进行快速不断地修正基本喷油时间、修正喷油量。现代轿车修正喷油量控制的项目有：

1）起动工况修正。起动时，发动机转速很低，这时相对应的基本喷油量很小。为改善起动性能，必须适当增加喷油量。计算机根据点火开关的起动信号、冷却液温度传感器信号、进气温度传感器信号和蓄电池电压信号给出起动喷油量的修正指令，适当增加喷油量。蓄电池电压越低、冷却液温度和进气温度越低，增加的喷油量就越多，反之则越少。

2）起动后和暖机工况修正。起动后和暖机时，发动机温度较低，汽油雾化不良，为了保持发动机的稳定运转，必须在相应的基本喷油量基础上，适当增加喷油量。计算机根据点火开关从起动档到点火档的信号、发动机转速传感器信号、冷却液温度传感器信号给出起动后和暖机工况的喷油量修正指令，适当增加喷油量。起动后的喷油加浓修正持续时间较短，为数十秒,而暖机工况修正时间较长,它与冷却液温度的整个上升过程伴随而行,直至达到规定值。其增加的喷油量随发动机转速脉冲信号的累计增加而减少,也随冷却液温度的升高而减少。

3)过渡工况修正。过渡工况是指汽车加速和减速工况。在汽车进行加速、减速过渡工况时,若仅仅使用燃油的基本喷油量,则混合气的空燃比会偏离理想值。一般情况下,偏离趋向是:加速时混合气变稀,空燃比变大;减速时混合气变浓,空燃比变小。因此,加速时,为保证发动机具有良好的加速性能,对喷油量要进行增量修正;减速时,为降低汽油消耗和排气污染,对喷油量要进行减量修正。

汽车加速时,计算机根据节气门位置传感器信号、冷却液温度传感器信号进行喷油量增量修正控制:当节气门开度迅速增大时,计算机在正常的喷油脉冲之间,额外地增加一次喷油脉冲信号,使喷油器多喷一次油;若冷却液温度较低,则多喷一次油的时间相对延长;若急加速,计算机则考虑系统反应滞后的现象,输出非同步喷射指令,使补充喷射提前。

汽车减速时,计算机根据节气门位置传感器信号、发动机转速传感器信号、冷却液温度传感器信号、制动信号进行喷油量减量修正控制。当节气门开度突然减小至关闭时,计算机将输出减少喷油量或停止喷油的指令;减速时,若发动机转速很高,则计算机将不发出喷油指令而停止喷油;若发动机转速低于某一范围,则计算机恢复喷油指令,以便发动机不熄火;当冷却液温度较低、发动机转速较低时,计算机不发出停止喷油指令;踩制动踏板时,计算机将发出停止喷油指令停止喷油。

4)进气温度和大气压力修正。进气温度、大气压力影响空气密度和混合气质量,为了在不同的进气温度、大气压力下都能达到最佳空燃比,必须适当修正喷油量。计算机根据进气温度传感器信号、大气压力传感器信号给出喷油量的修正指令。

随着进气温度的升高,空气密度下降,每循环吸入的空气质量下降,则混合气的空燃比减少。因此,当进气温度超过基准计算温度时,应进行减少喷油量的修正,进气温度越高,则减少的喷油量就应该越多。

随着海拔的增加,大气压力减少,空气密度下降,则混合气的空燃比减少。因此,当大气压力低于基准计算压力时,应进行减少喷油量的修正,大气压力越低,则减少的喷油量就应该越多。

5)蓄电池电压变化修正。汽车使用时,蓄电池电压的变化,会引起喷油器电磁线圈电流变化,从而使喷油器阀的开启时间改变,导致喷油量发生偏差,为保证最佳空燃比,必须适当修正喷油量。计算机根据蓄电池电压的变化给出喷油量的修正指令,改变喷油器的喷油时间。电压越低,喷油器阀开启的滞后时间越长。因此,当蓄电池电压降低时,应加大喷油脉冲的宽度,延长喷油时间,进行增加喷油量的修正,电压越低,则增加的喷油量就应该越多。

6)空燃比反馈修正。不同发动机工况要求不同的空燃比,而氧传感器可通过监测发动机排气中的氧含量来随时反映混合气空燃比。计算机根据氧传感器的反馈信号修正喷油脉冲指令,来确保发动机在各种工况都具有合适的混合气空燃比。

7)满负荷修正。当汽车在节气门全开情况下满负荷行驶时,要求发动机发出更大的转矩,发动机应采用浓混合气。计算机则根据节气门位置传感器的信号给出喷油量的修正指令,适当增加喷油量。满负荷修正控制时为开环控制,应停止氧传感器的反馈控制作用。

2. 点火控制

发动机电子控制系统根据发动机运转工况及影响因素来进行点火控制，使发动机具有最佳的点火提前角和足够的点火能量，从而保证混合气燃烧及时、完全，达到提高发动机动力性、经济性和减少排气污染的目的。点火控制内容包括点火提前角控制和点火能量控制两方面。

（1）点火提前角控制　最佳点火提前角是指发动机在某一状态下，输出功率最大、油耗最小、排放最低时的点火提前角，它随汽车使用条件和运行工况的变化而变化。因此，在汽车行驶时，必须对发动机的实际点火提前角进行实时控制，使其趋于最佳点火提前角。现代汽车上，发动机实际点火提前角包含初始点火提前角、基本点火提前角、修正点火提前角。

1）初始点火提前角。初始点火提前角也称固定点火提前角，它由曲轴位置传感器信号与曲轴转角的对应关系确定，不受点火控制系统的控制。

2）基本点火提前角。基本点火提前角是微机根据发动机的转速和负荷，通过查找和计算所确定的点火提前角。基本点火提前角能保证发动机在正常的工况范围内运转时处于最佳点火时刻，它随发动机转速和负荷的变化而变化。

3）修正点火提前角。修正点火提前角是微机根据发动机的转速和负荷信号以外的有关传感器信号对点火提前角进行修正的点火提前角。最佳点火提前角不仅与发动机转速、负荷有关，而且还与许多使用因素如发动机温度、爆燃、换档等有关。因此，若要发动机任何时候都能在最佳点火提前角下工作，则微机必须根据随时输入的有关传感器信号，对点火提前角进行修正控制，以适应运行条件的变化。现代轿车修正点火提前角的项目主要有以下方面。

① 暖机修正。发动机刚起动后，冷却液温度低，需要适当增大点火提前角，以改善混合气燃烧，加快暖机过程。计算机根据节气门位置传感器信号、冷却液温度传感器信号修正点火提前角。

② 冷却液温度修正。发动机正常运行时，冷却液温度较低，应增大点火提前角，以改善燃烧过程；冷却液温度过高时，应减小点火提前角，以防止爆燃。计算机根据节气门位置传感器信号、冷却液温度传感器信号修正点火提前角。

③ 怠速稳定修正。发动机在怠速运行期间，若怠速不稳定，则对点火提前角适当修正，以稳定怠速。计算机根据发动机转速信号、节气门位置传感器信号、车速信号等修正点火提前角，当怠速过高时，减小点火提前角，当怠速过低时，增大点火提前角。

④ 自动变速器换档修正。自动变速器换档时，为减少冲击、平稳换档，应减小点火提前角。计算机根据档位开关信号、发动机转速和负荷信号等修正点火提前角。

⑤ 加载修正。当发动机载荷突然增加时，如空调起动、动力转向泵工作、发电机负荷过大等，为使发动机稳定运转，应增大点火提前角。计算机根据空调开关信号、动力转向开关信号、发电机负荷信号、发动机转速信号等修正点火提前角。

⑥ 爆燃修正。当发动机产生爆燃时，应减小点火提前角。计算机根据爆燃传感器信号、冷却液温度传感器信号等修正点火提前角。

⑦ 空燃比反馈修正。计算机根据氧传感器的反馈信号对空燃比进行修正时，喷油量的

变化会引起发动机转速的波动，为了提高发动机转速的稳定性，应修正点火提前角。计算机根据氧传感器的反馈信号、发动机转速信号、车速信号等修正点火提前角，在反馈修正油量减少时，适当增大点火提前角。

（2）点火能量控制　发动机若点火能量不足，则混合气不能被点燃，就会出现失火现象，这将导致发动机动力下降、油耗增加、排放增多。而点燃缸内混合气所需的火花能量与发动机运行工况和使用条件有关。因此，点火能量必须高于各种工况条件下将混合气可靠点燃所必需的能量。

在现代汽车电子控制系统中，电感储能式点火系统的点火能量的实时控制主要是通过点火线圈通电时间的控制来实现的。

火花塞提供的点火能量取决于点火线圈中储存的能量，而后者又取决于初级电流和初级线圈的电感。初级线圈的电感虽然是一个常数，但初级电流在初级线圈中的充磁过程中却是随着时间的推移而逐步增大的，直到最终充磁结束时达到一个限定的电流为止。为了获得较大的点火能量，应使初级线圈通电时间足够长，以使初级电流在点火之前达到限定的最大值。但是，通电时间过长并无好处，因为现代高性能点火线圈的初级线圈直流电阻不足1Ω，充磁极快。初级电流达到最大、充磁结束之后，初级电流的能量将消耗在初级线圈的直流电阻上并转变成热能，使点火线圈过热，甚至烧毁。理想的状况是，提高点火线圈初级电流的上升速率，使初级电流在点火时刻之前一个很短的瞬间达到限定的最大值。而初级电流的上升速率与蓄电池电压有关，电压越高，上升速率越快。因此，蓄电池电压高时，应减少通电时间，以免点火线圈因温度过高而烧毁；蓄电池电压低时，应增加点火线圈通电时间，使其有较大的初级电流，保证点火系统有足够的点火能量。另外，随着发动机转速的升高，点火线圈的通电时间也应相对增长，以保证高速时不失火。

在ECU的ROM存储器中，存有蓄电池电压、发动机转速与通电时间的特性标准参数。发动机工作时，计算机根据蓄电池电压信号、转速传感器信号等综合计算判断后确定并控制点火线圈的通电时间。

3. 怠速控制

（1）怠速控制意义　怠速工况是汽车发动机最常用的工况之一，它是指加速踏板完全松开，发动机在无负荷、转速保持在目标转速下稳定运转的工况。发动机怠速工况运转性能的优劣也是评价发动机性能的重要指标，怠速性能主要体现在三个方面：怠速稳定性、怠速排放和怠速油耗。怠速转速过高，会增加燃油消耗量；怠速转速过低，会加大有害物的排放。另外，怠速使用条件变化，如冷车运转及电器负荷、空调装置、自动变速器、动力转向伺服机构的接入等情况，都会引起怠速转速不稳定，甚至引起发动机熄火。因此，现代汽车发动机电子控制系统广泛采用怠速控制，以确保发动机具有良好的怠速性能。

（2）怠速控制原理　发动机怠速运行时，节气门处于全关位置。ECU根据节气门全关信号判断发动机处于怠速状态，并依据各有关传感器输入的信号决定怠速的目标转速，然后与发动机的实际转速进行比较确定控制量，再由驱动器发出信号去驱动怠速执行器调节进气量，同时配合喷油量及点火提前角的控制，改变怠速工况燃油消耗所发出的功率，以稳定或改变怠速转速。

（3）怠速控制功能

1）起动控制。发动机起动时，怠速控制系统使怠速辅助空气通道进气量最大，以利于起动；起动之后，再根据发动机冷却液温度来确定怠速辅助空气通道进气量的多少。

2）稳定怠速控制。发动机怠速运行的状态不同，其设定的目标转速也不同。ECU 能根据发动机转速传感器信号、节气门位置传感器信号、冷却液温度传感器信号等确定目标转速，并输出怠速控制信号，通过怠速控制执行器的动作，自动维持发动机怠速在目标转速下稳定运转。

3）快速暖机控制。发动机冷机起动后，ECU 能根据冷却液温度较低的信号控制怠速控制执行器，使发动机在较高的怠速下稳定运行，以加速发动机的暖机过程。当冷却液温度到达 70℃时，暖机控制结束。

4）高怠速控制。在怠速工况下，当发动机载荷突然增加时，如空调起动、电器负载增多等，ECU 能根据载荷变化信号自动控制怠速控制执行器，改变怠速工况燃油消耗所发出的功率，使发动机在高怠速下稳定运行。

4. 故障自诊断

故障自诊断就是利用 ECU 不间断地监测发动机电子控制系统各组成部分的工作状况参数，并和存储的标准参数比较，来判断系统中的故障。

（1）故障自诊断原理　在发动机电子控制系统的 ECU 中，预先设置了判别各输入信号的监控程序和有关诊断参数标准。工作时，自诊断系统不断地监测发动机各传感器输入的电信号、执行器的反馈信号和微机的工作状态。当电子控制系统工作异常时，自诊断系统就会作出有故障的判断，ECU 把这一故障以故障码的形式存入内部随机存储器（RAM），同时点亮故障警告灯，并启用备用参数运行或启用安全保障措施。

（2）故障自诊断功能

1）传感器故障自诊断。ECU 内存有各个传感器工作正常时输入的电信号范围，当传感器或电路出现异常输入信号或不能识别的信号时，自诊断系统就判断该传感器或连接线路出现了故障。为使发动机不因一些传感器发生故障而停止工作，自诊断系统自动启用备用参数来代替故障传感器的信号参数工作，以维持发动机基本的运行，以便能将汽车就近送入维修厂或开回驻地。例如：冷却液温度传感器正常工作时，其输出信号电压会随发动机冷却液温度变化而在标准范围内波动。因此，当 ECU 检测到的电压信号超出标准范围，如果是偶尔一次，ECU 的诊断程序不认为是故障，但若不正常信号持续一段时间，则诊断程序即判定冷却液温度传感器或其线路存在故障；若冷却液温度传感器没有信号电压输出，则表明是线路断路或传感器损坏故障。确认冷却液温度传感器存在故障后，ECU 在存储故障信息及发出警告的同时，立即启用以起动时 20℃、运行时 80℃的冷却液温度备用参数对发动机进行控制，维持运行。

2）执行器故障自诊断。发动机运转时，ECU 按照发动机工况不断向各执行器发出各种指令，而故障监控回路随时向 ECU 反馈其执行情况，若执行器不能正常工作，则 ECU 能及时得到故障信息，并启用安全保障措施，确保发动机停止运转或维持运转。例如，当电子点火器出现故障时，ECU 发出点火控制命令后，得不到电子点火器的反馈信号，ECU 便认为电子点火器已经不能正常工作，就会判断为故障。此时，ECU 在存储故障信息及报警的同时，立即启用安全保障措施，向喷油器发出停止喷油的指令，以防未燃混合气过多进入三元催化转化器，会造成转化器因过量的氧化反应而被烧坏。

3）微机故障自诊断。对 ECU 微机故障的诊断是通过 ECU 内部的监视电路来实现的。

监视电路中安装有独立于微机系统之外的计数器。当微机正常运行时，由微机的运行程序对计数器定时进行清零处理，这样，监视计数器的数值是永远不会溢出的。当微机出现故障时，微机就不能对这个计数器进行定时清零，致使监视计数器不能复位而造成溢出。自诊断系统则根据监视计数器的溢出信号即可判断微机出了故障。微机系统若发生故障，控制程序就不可能正常运行，这样便会使汽车因发动机控制系统故障而无法行驶。为了保证汽车在微机出现故障时仍能继续运行，在ECU内设置了应急的后备电路。当ECU中微机发生故障时，ECU则根据监视计数器的溢出信号自动调用后备电路完成控制任务，启用固定的控制信号，进入简易控制运行状态，使车辆继续行驶。采用备用电路工作时，故障警告灯亮。

2.1.3 发动机电子控制系统的使用

现代汽车发动机电子控制系统，控制功能多，自动化控制程度高，使用者应根据其特点，注意使用方法，合理操作，正确使用。

保持系统具有良好的使用性能。发动机电子控制系统一般具有自身诊断功能，若出现故障，警告灯就会开始闪烁，警示驾驶人系统已发生故障。当接通点火开关，发动机未起动时，警告灯亮，是正常的，但起动后该灯仍亮，则系统有故障。当系统存在故障时，应及时检查排除，使电子控制系统工作正常，以确保发动机具有良好的性能。

保持系统具有良好的使用条件。电子控制系统的故障大都是由接触不良引起，因此，要保持各插头、接线柱的清洁和接触可靠。禁止使用大功率的无线电发射装置，对音响和其他无线电设备的天线也应安装在距离ECU较远的地方，以防止对系统的干扰。电子控制汽油喷射系统要求汽油的清洁度高，使用中应定期清洁燃油滤清器。

对系统进行正确的维护。系统ECU是高质量器件，本身故障较少，需要检查时，要用专用仪器。安装ECU时要小心，不能让它受到剧烈振动，并且要防止雨水浸入。蓄电池搭铁极性不能接反，不允许在未装蓄电池的情况下，用起动设备起动发动机，以免电控系统因过电压而损坏。

2.2 汽车电子控制自动变速器

2.2.1 概述

自动变速器是指能够根据道路行驶条件自动改变汽车驱动轮转速和转矩的装置。目前，汽车上广泛采用电子控制自动变速器。

1. 电子控制自动变速器的组成

电子控制自动变速器（AT）主要由变速系统、电子控制系统、液压控制系统三大部分组成，如图2-2所示。

AT的变速系统由液力变矩器、机械变速器组成，其主要功能是变速、变矩。液力变矩器安装在发动机飞轮上，是发动机的动力输出端。液力变矩器利用液力传动原理，将发动机的动力传递给机械变速器的输入轴，并可在一定范围内实现增矩减速和无级变速。机械变速器包括齿轮变速机构和换档执行机构，一般有3～5个前进档，一个倒档。机械变速器用来接受变矩器输出的动力，并通过变换档位，进一步扩大变速范围，以提高汽车的适应能力。

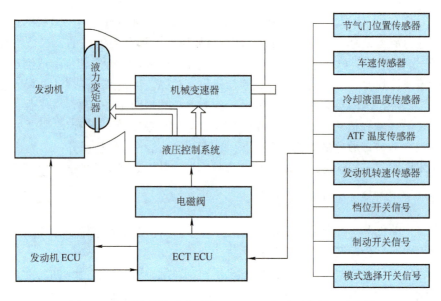

图 2-2 电子控制自动变速器（AT）组成及基本原理示意图

液力变矩器和机械变速器配合的变速系统可以实现汽车由起步至最高车速范围内的无级变速，能适应汽车各种行驶阻力的变化。

AT 电子控制系统主要由自动变速器电子控制单元（ECT ECU）、各类传感器及执行器（电磁阀）组成，如图 2-3 所示，其主要功用是自动控制换档。工作时，ECT ECU 根据各类传感器提供的信号，输出换档指令，控制电磁阀线圈电流的通断，改变换档阀的控制油压，导致换档阀的移动，从而切换换档执行元件的油路，实现自动换档。

液压控制系统主要由液压泵、自动变速器油（ATF）、一系列的液压阀及其阀体组成。液压控制系统受电子控制系统控制，属于电控液动性质，其主要功用是操作换档。工作时，液压控制系统根据电磁阀的工作状态，通过控制换档执行元件油路的通断，实现自动换档。

2. 电子控制自动变速器原理

汽车行驶时，ECT ECU 根据各传感器提供的车速、节气门开度、发动机冷却液温度、ATF 温度、档位开关、模式选择开关等信号，经过计算、处理比较后，按照预先设定的换档规律，确定换档或锁止时机，然后将相应的控制信号输送给电磁阀，电磁阀则通过控制液压控制阀的工作来完成 ECT ECU 下达的换档、锁止等命令，使汽车在各种使用条件下实现自动换档，保证汽车顺畅行驶。而发动机的动力则经飞轮传给液力变矩器，液力变矩器则根据液压传递的原理，视需要在一定范围内自动、无级地改变输入的转矩和转速，并将动力传递给机械变速器。当机械变速器内的齿轮根据行驶条件的需要通过执行元件（离合器、制动器）以某种组合方式传动时，变速器便获得了不同的传动比，产生了各种不同的档位，而动力则由输出轴输出。

2.2.2 自动变速器电子控制系统的主要功能

1. 换档控制

换档控制由 ECT ECU 控制换档电磁阀进行。ECT ECU 中存有汽车各种行驶条件下，自

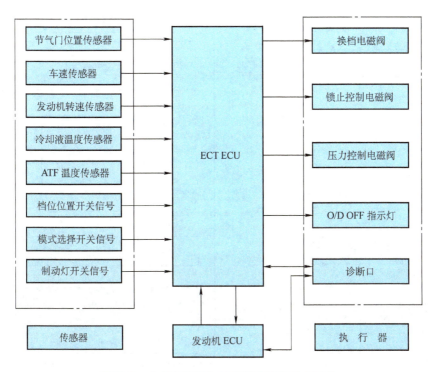

图 2-3　自动变速器电子控制系统的基本组成

动变速器最佳换档点的标准参数。汽车行驶时，ECT ECU 则通过图 2-3 所示的各种传感器送来的信号，判断汽车的行驶状况和驾驶人的操作方法（踩加速踏板的快慢、操纵手柄的位置），比较换档点的标准参数，确定换档时机。当实际车速达到最佳换档点时，ECT ECU 就自动启动换档控制电磁阀以控制换档。对于有驾驶模式选择的自动变速器，ECT ECU 可对每一个驾驶模式（经济、动力、雪地）采用不同的换档程序，以适应不同的行驶条件。

2. 锁止控制

离合器锁止时，能使变矩器的传动效率最高，但变矩器失去变矩功能。汽车在良好的路面行驶，其道路阻力小，对变矩的要求低，为提高传动效率以降低油耗，应使离合器锁止。ECT ECU 中存有汽车不同行驶条件下锁止离合器的最佳控制程序。汽车行驶时，ECT ECU 接受来自传感器的输入信号，以车速和节气门开度为依据，比较锁止点的标准参数，来确定变矩器离合器是否应锁止，并控制锁止控制电磁阀调节锁止时的开、关压力，使锁止离合器处于接合或分离状态。

3. 坡度逻辑控制

坡度逻辑控制原理见图 2-4，ECT ECU 根据车速传感器、节气门位置传感器、发动机冷却液温度传感器、制动开关信号和操纵手柄位置信号，将实际的行驶条件（行驶阻力、冷却液温度、自动档位）与存储在 ECT ECU 中的行驶条件相比较，来控制汽车上坡、下坡和减速时的换档。

当 ECT ECU 感知车辆在自动变速位置处于上坡状态时，存储在 ECU 中的各档间的变速标准数据可使 ECT ECU 的模糊逻辑根据坡度的大小，自动选择最合适的档位。当 ECT ECU 感知车辆在自动变速位置处于下坡或道路转弯减速时，ECT ECU 按照其存储的坡度大小或

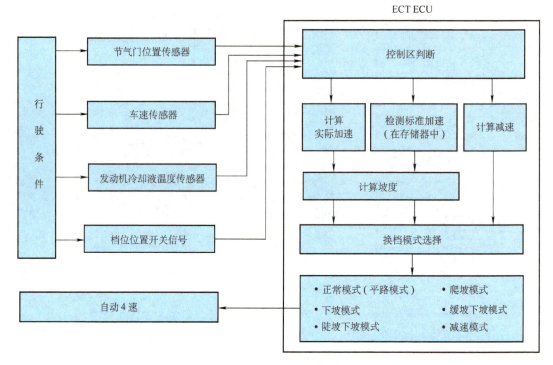

图 2-4 坡度逻辑控制原理图

用于控制减速的设定数据,以一定的下坡模式(如缓坡下坡模式、陡坡下坡模式)或减速模式,自动选择最佳换档时刻和选择最合适的档位。为保证自动换档系统的稳定性,升档和降档的换档时刻是不同的。

4. 主油路压力控制

ECT ECU 主要根据节气门的开度、档位、自动变速器油温度及换档等信号,计算得到相应的主油路油压值,并通过对压力控制电磁阀的控制,来实现对主油路油压的控制。

(1) 节气门开度变化对主油路油压的控制 节气门开度增大时,发动机功率增大,变速器传递转矩相应增大,换档执行元件的油压应增大。ECT ECU 根据节气门开度和换档情况,控制压力控制电磁阀,使主油路油压适当提高。

(2) 档位及其变化对主油路油压的控制

1) 倒档、低速档油压增大控制。变速器在倒档和低档位时要求主油路油压相应增大,以满足执行元件传递较大转矩的需要。ECT ECU 根据换档开关信号,判断倒档和低档位的工作情况,控制压力控制电磁阀,使主油路油压适当提高。

2) 换档时油压减小控制。在自动变速器换档过程中,为减小换档冲击,应减小换档液压执行元件的压力。因此,换档时要求变速器管道压力降低,ECT ECU 则根据节气门开度和换档情况向压力控制电磁阀发出信号以降低管道压力,从而减少换档振动。

3) 温度变化对主油路油压的控制。低温时,ATF 黏度过大,容易造成换档执行元件动作迟缓,应增加变速器管道压力。当变速器机油温度低于 10℃ 且车辆速度低于 5km/h 时,ECT ECU 会向压力控制电磁阀发出信号以增加主油路压力,从而减少 N→D 和 N→R 的换档时间。

5. 对发动机控制

需要对发动机控制时，ECT ECU 向发动机 ECU 发出控制信号，而发动机 ECU 则通过向发动机电控系统的相关执行器发出指令，从而控制发动机。如要减小发动机的输出转矩，ECT ECU 则向发动机 ECU 发出减小转矩的信号，而发动机 ECU 则发出延迟点火时间或减少喷油量的控制信号，使发动机的转矩适当减小。

（1）车库室内换档控制　当变速器从 N 位（或者 P 位、R 位）切换到 D 位（或者 2 位、1 位），或者从其他范围切换到 R 位时，ECT ECU 会向发动机 ECU 发出减小转矩的信号，以减少换档振动。

（2）行驶换档过程控制　当自动变速器自动换档瞬间，ECT ECU 会向发动机 ECU 发出减小转矩的信号，以减少换档冲击。

6. 故障自诊断

ECT ECU 持续监控传感器、电磁阀、计算机和其他电气部件，当自动变速器电子控制系统出现故障时，ECT ECU 能够判断出系统的异常，检测到故障信号，发出警告，使驾驶室仪表总成中的相关警告灯闪烁，以提醒驾驶人，并将故障以故障码的形式加以储存，以备查询。

在 ECT ECU 检测到自动变速器电子控制系统发生故障的同时，ECT ECU 启用了后备程序。此时，所有的电磁阀关闭，自动变速器的自动换档功能失效，只能在后备程序的控制下工作，后备程序为每一个操纵手柄的位置提供了一个实际的档位，驾驶人可以通过手动换档来驾驶汽车。

2.2.3　电子控制自动变速器的使用

现代轿车装用电子控制自动变速器已越来越普遍，怎样正确地使用自动变速器，是驾驶人非常关心的问题。因为只有正确使用自动变速器，才能充分发挥其优良的性能，提高其使用的效益。

1. 自动变速操纵手柄位置的选用

自动变速器汽车的操纵手柄，绝大多数装置在驾驶舱地板上，也有的位于转向柱上。变速杆操纵位置的设置数目及其排列，不同的车型、不同的自动变速器类型也略有差异，常见的自动变速器操纵手柄位置的排列如图 2-5 所示。自动变速器操纵手柄位置的选用如下。

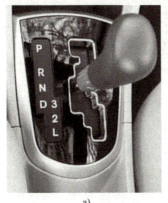 

a)　　　　　　　　　b)

图 2-5　自动变速器操纵手柄位置排列

a）一般自动变速器　b）手自一体自动变速器

（1）P位（停车） 停车用。在P位下变速器齿轮处于空转状态，不传递动力，但通过锁止机构将变速器输出轴锁止，以防止车辆移动。起动发动机时，建议挂此位。

（2）R位（倒车） 倒车用。在R位，变速器输入轴与输出轴转向相反，使车辆向后行驶。R位只有在汽车停下后才能挂入，在此位置时发动机不能起动。

（3）N位（空档位） 在N位，变速器齿轮处于空转状态，不传递动力。下列情况可使用N位：遇到交通阻塞汽车停车时，可与汽车制动器同时使用；汽车停车时，需保持发动机运转；汽车被牵引时。

（4）D位（前进位） 在7个操纵位置的自动变速器上，D位设有自动前进档位（1～4档）。在此位，变速器可实现1、2、3和4档位间的自动换档；在手自一体自动变速器上，D位的档位数可能更多。D位常用于正常的市区或良好的公路条件，只要条件允许，应选择D位。在D位自动变速器换到最高档时，发动机转速、燃油消耗及噪声水平都会降低。在此位置不能起动发动机。

（5）3位（前进位） 3位是自动前进档位（1～3档），在此位下，变速器可实现1、2、3档位间的自动换档。在市区交通繁忙情况下，若采用D位，则汽车在快慢经常变化的驾驶过程中，自动变速器总在3档和4档之间产生循环跳档，易加快自动变速器的磨损。若采用3位行车，则可避免这种现象发生。因此，3位常用于市区交通繁忙的情况。在此位置不能起动发动机。

（6）2位（前进位） 2位为强制前进低档位（1～2档），在此位变速器只能在1、2档位间自动换档。在该位行驶，车辆上坡时可获得更好的动力性，而当车辆下坡时，变速器可逆向传递动力，实现发动机制动，所以该位常用于颠簸崎岖的道路上或在下坡时要求发动机制动的场合。在此位置不能起动发动机。

（7）L位（前进位） L位在有的车上称为1位。L位时，自动变速器将被锁定在1档。在该位行驶，汽车将会获得最大的驱动能力和最强的发动机制动效果。因此，L位常用于上陡坡或在下坡时要求发动机制动的场合。在L位行驶时，自动变速器不会自动换档，高速行车时，不要将变速杆挂到L位，因为这种操作会严重损坏自动变速器和发动机。在此位置不能起动发动机。

（8）M位（前进位） M位是手自一体变速器的手动模式，在此位只能手动换档，由驾驶人自主控制档位。

自动变速器操纵手柄应挂入何位，与汽车的行驶条件有关。通常，在正常的市区或公路条件下，自动变速器应挂在D位；在市区交通繁忙情况下，自动变速器应挂在3位；在上大坡或下坡需要发动机制动时，可根据需要使用L位、2位或M位，但L位或M位的1档的爬坡能力最强，发动机制动效果最佳。

2. 自动变速换档模式的选用

为了适应不同条件下的经济性和动力性要求，电子控制自动变速器上一般都装有换档模式选择开关。模式选择开关一般提供经济模式、运动模式和雪地模式三种不同模式选择。

（1）经济模式 自动变速器经济模式是以经济省油为优先的换档模式。自动变速器在经济模式下工作，其计算机控制变速器自动换档时，尽量保持平稳操作，换档车速相对较低，可降低燃油消耗和噪声。自动变速器的经济模式通常为缺省选择，无须按任何键，不论操纵手柄在什么位置，只要发动机起动，即自动进入经济模式。以省油为优先，可降低燃油消耗和噪声。汽车在城市道路、良好路面行驶时，应选择经济模式，以提高汽车燃油经济性。

(2) 运动模式　自动变速器运动模式是以动力性考虑为优先的换档模式。自动变速器在运动模式下工作，计算机控制变速器自动换档时，换档车速相对较高，油耗较多，发动机经常处在大功率范围内工作，汽车可获得更好的加速性能。进入运动模式，需要操纵控制开关，如按下操纵手柄上的"S"键（图2-5b），仪表板上的指示灯将"S"点亮，则自动变速器进入运动模式。如果要恢复经济模式，则再按下操纵手柄上的"S"键，仪表板指示灯"S"熄灭即是。汽车在上坡及山路上行驶，或汽车遇到较大阻力，或汽车加速超车时，可选择运动模式，以增强汽车的动力性。

(3) 雪地模式　自动变速器雪地模式是考虑汽车起步、行驶时驱动力不能过大的换档模式。自动变速器在雪地模式下工作，计算机控制自动变速器自动换档时，将控制车轮驱动力适应汽车在低附着系数路面上的起步和行驶，防止驱动轮打滑。进入雪地模式，需要操纵控制开关，如将操纵手柄置于D位并按压操纵手柄旁边的"*"键（图2-5b），则启用键"*"指示灯点亮，此时自动变速器进入雪地模式，并关闭了经济模式和运动模式，如果取消雪地模式，自动变速器将自动进入经济模式。汽车在雨雪等滑溜路面上起步或行驶，可选择雪地模式，以提高汽车行驶的稳定性。

3. 手自一体变速器的使用

手自一体变速器属于自动变速器的一种，它具有手动和自动换档功能。手自一体变速器能充分发挥自动变速器操作方便的优势，克服自动变速器经济性稍差的不足，并提高驾驶的乐趣。但很多人买手自一体变速器车辆后，把它当普通自动变速器使用，前进时总是D位，根本没用过手动模式，这样其变速器的良好性能不仅发挥不了，而且还会加剧变速器的磨损，缩短其使用寿命。

(1) 手自一体变速器操纵手柄位置　手自一体变速器操纵手柄位置因车型不同而异，通常如图2-6所示。手自一体变速器的手动模式有多种标注，多为"M"，有的为"S"，有的只有"+、-"号。尽管如此，但它们的手动换档方法基本相同。

图2-6　手自一体变速器操纵手柄位置

(2) 手自一体变速器换档方法　手自一体变速器有A/M两种模式，其自动模式与普通自动变速器完全相同，但手动模式与真正的手动变速器换档不同，它只有单纯的上推加档和下拉降档，不用离合，其实质就是把自动档计算机控制的加减档改为手动。

使用手动换档模式时，需要把操纵手柄切换至"M"（或S）位（图2-6），然后根据情况进行升降档操作,往"+"方向推则为加档,往"-"方向拉则为降档,此时仪表盘中的显示屏会出现当前档位信息,使驾驶人知道当前档位,以便换档操作。

(3) 手动模式适用场合 在良好路面、城市道路上,汽车行驶时多用自动模式,也可用手动模式。但在下列场合必须使用手动模式。

1) 下长坡行驶。采用手动模式可以利用发动机制动,可提高行车安全性。一般是坡度越陡,则档位应选得越低。而 A/MT 的自动模式无发动机制动功能。

2) 上大坡行驶。采用手动模式可以根据坡度大小选择合适的档位,坡度越大,则档位选得越低。上坡时,若只使用 A/MT 的自动模式,则变速器会自动加减档换档,寻找合适的档位上坡,这样会加快变速器的磨损,缩短其使用寿命。

3) 复杂道路条件行驶。在复杂道路条件下,道路阻力变化莫测,采用手动模式行驶,选择相对低点的档位,可以顺利通过。若使用 A/MT 的自动模式,则变速器为了适应道路阻力的变化,需要不断频繁地变换档位,容易加剧变速器的磨损。

提示:对于手自一体变速器汽车,总是使用自动模式操作是不对的,而应根据道路行驶条件适当变换操作模式,如汽车在上坡、下坡,或在复杂路面行驶时,可选择手动模式操作汽车。

4. 自动变速器的使用注意事项

1) 发动机起动时,应将操纵手柄置于 P 位或 N 位,同时踩下制动踏板并拉紧驻车制动器,以防意外事故发生。

2) 汽车起步时,应先将操纵手柄移入正确位置后,再踩加速踏板,而且不能踩得过猛,应缓缓踩下,否则容易加剧自动变速器内的执行机构如离合器、制动器的磨损,严重时还有可能造成零部件的事故性损坏。

3) 汽车行驶时,除非必要,尽量不要将加速踏板猛踩到底,因为这样会出现立即强制性地换入低档,即"强制低档",容易使发动机的转速过高,从而造成自动变速器内摩擦件的磨损和 ATF 温度的升高,对自动变速器的使用不利。

4) 汽车行驶时,特别是高速行驶时,不能选用 N 位滑行,这很容易烧坏变速器。因为这时变速器输出轴转速很高,而发动机却在急速运转,ATF 油泵供油不足,润滑状况恶化,易烧坏变速器。有些驾驶人为了节油,而选用 N 位滑行,结果只能是得不偿失。

5) 汽车超车时,往往要迅速踩下加速踏板,利用"强制低档"来提高汽车的加速能力。但要注意的是,一旦车辆的加速要求得到满足时,应立即松开加速踏板,否则,对自动变速器的油液和摩擦件使用不利。

6) 汽车上坡时,应视坡度的大小和坡道的长短选择操纵手柄位置。当坡度小、坡道短时,可选择 D 位或 3 位。当坡度大、坡道长时,必须选择 1 位或 2 位,若选择 D 位,则容易出现"循环跳档"现象,如在 D 位直接档上坡时,由于驱动力小于坡道阻力,则汽车自动减速降档,而降档后汽车驱动力增加,当其超过坡道阻力时,汽车又自动加速升档,这样就不断地进行降档和升档循环,加速换档执行元件的磨损。

7) 汽车下坡时,除踩制动踏板外,同时可利用发动机制动。当车速降至 30km/h 时,可将操纵手柄置于 1 位或 2 位,使汽车获得最有效的制动。

8) 汽车高速行驶时,不允许将操纵手柄自 D 位拉向 2 位或 1 位,否则会"强制低档",加快自动变速器内摩擦件的磨损和 ATF 温度的升高。

9）在操作手柄换档过程中，不要下踩加速踏板；在车辆未停稳之前，不允许将操纵手柄从前进档位拉向 R 位，也不得将操纵手柄从 R 位拉向前进档位。否则，会造成自动变速器内部的离合器和制动器等损坏。

10）汽车被牵引时，应将操纵手柄置于 N 位，而且车速不得超过 30km/h，每次连续被牵引的距离不得超出 80km。否则，自动变速器内部会因无法润滑而容易损坏。

5. 自动变速器的使用特点

使用电子控制自动变速器，与普通手动变速器相比，具有如下特点。

（1）驾驶操纵方便　在操作自动变速器时，只需将操纵手柄设置于 D 位，就可根据实际需要自动升档和减档，减少了手动变速器换档时松加速踏板、踩离合器、更换变速杆的位置等较复杂的操作。驾驶人控制车速时，就只需控制加速踏板，必要时也可用制动踏板予以配合。如果道路条件变化，需要移动一下操纵手柄时，其操纵也很简单、省力，大大降低了对驾驶人操作水平的要求。

（2）延长汽车的使用寿命　由于液力变矩器是以液体作为传动介质，所以发动机与传动系间是一种"软"连接，这样汽车行驶时可消除和吸收传动装置的动载荷。另外，这种汽车起步、换档平稳，冲击载荷较小。因此，汽车使用自动变速器，可延长发动机和传动系统的使用寿命。尤其是对行驶在地形复杂、路面条件恶劣的车辆，其作用更为显著。

（3）提高汽车的动力性　自动变速器汽车换档时，功率传递没有中断，换档时机准确无误，可保证汽车有良好的加速性和较高的平均车速。行驶时在一定范围内可以实现无级调速，能自动适应道路阻力和车速的变化。当行驶阻力增大时，汽车自动降低速度，增加驱动轮的驱动力矩；当行驶阻力减小时，减小驱动力矩，增加车速，从而大大减少了行驶过程中的换档次数。这些都有利于提高汽车的动力性。

（4）提高汽车的行驶平顺性　自动变速器能把发动机的转速控制在一定的范围内，避免急剧的变化，这有利于减少发动机的振动和噪声；自动变速器通过电控系统，能精确地控制换档时机和品质，可以得到很平稳的换档过程和减少换档次数；自动变速器可使汽车起步容易且平稳无振动。这些因素都可以提高汽车行驶的平稳性，可有效地改善汽车行驶的平顺性。

（5）提高汽车的通过性　采用自动变速器的汽车，起步时，驱动轮上的驱动力矩是逐渐增加的，因而振动小，附着条件好，可避免车轮打滑，使起步容易，且行驶平稳。自动变速器汽车的稳定车速可以很低，当行驶阻力很大时（如爬陡坡），发动机也不至于熄火，使汽车仍能以极低速度行驶。在坏路面行驶时，因换档时没有动力间断，且无冲击，不会出现汽车停车的现象，因此，汽车的通过性好。

（6）减少汽车的排放污染　由于手动变速器在换档过程中常伴有供油量的急剧变化，发动机的转速变化较大，导致燃烧过程变坏，使废气中有害成分的含量增加。当使用自动变速器时，由于采用液力传动和自动换档技术，能把发动机限制在污染较小的转速范围内工作，从而能减少发动机排气中有害物质的含量。

（7）提高行车的安全性　由于简化了驾驶操作，且省力省时，减轻了劳动强度，则驾驶人不易疲劳，可以把注意力集中于观察交通情况，掌握好运行方向和车速，因此，可以大大地提高汽车运行的安全性。

2.3 汽车电子控制防抱死制动系统

2.3.1 概述

1. 汽车防抱死制动系统基本概念

汽车防抱死制动系统（Anti-Lock Breaking System）是指汽车在制动过程中防止车轮制动抱死拖滑的控制系统，简称 ABS。电子控制防抱死制动系统是汽车上的一种主动安全装置，它能有效地控制汽车在紧急制动时车轮的运动状态，避免车轮在路面上抱死滑移，提高汽车在制动过程中的效能和汽车制动时的方向稳定性。随着汽车行驶速度的提高以及道路交通流量的加大，对于汽车制动效能以及制动时的方向稳定性要求越来越高，因此，现代汽车普遍采用电子控制防抱死制动系统。

2. 汽车防抱死制动系统基本理论

（1）汽车制动效能与纵向附着系数的关系　汽车制动效能的好坏取决于地面制动力，而地面制动力又取决于制动器制动力和轮胎与地面间的纵向附着力。只有当汽车具有足够大的制动器制动力，同时地面又能提供较高的附着力时，才能获得较大的地面制动力。一般情况下，汽车制动系统的制动器利用气压或液压均能提供足够大的制动器制动力，因而提高汽车制动效能的关键，在于如何获得较大的附着力。汽车的附着力等于地面对车轮的垂直反力和纵向附着系数的乘积，当汽车的结构参数、使用条件一定时，其垂直反力可认为是个定值，因此，汽车的制动效能取决于纵向附着系数。

（2）汽车制动方向稳定性与侧向附着系数的关系　汽车制动方向稳定性取决于该工况下汽车抵抗侧滑的能力。而汽车抵抗侧滑的能力又受侧向附着力的影响，当汽车侧向力大于侧向附着力时，汽车完全丧失了抵抗侧滑的能力，因此汽车制动时，其方向不可控制，会失去方向稳定性。侧向附着力的大小等于地面对车轮的垂直反力和侧向附着系数的乘积，当汽车结构参数、使用条件一定时，其垂直反力可认为是个定值，因此，汽车制动时的方向稳定性取决于车轮与路面间的侧向附着系数。

（3）车轮滑移与附着系数的关系　在各种路面上，车轮与路面间的附着系数均随车轮滑移率的变化而变化。研究表明，当车轮滑移率 $s=20\%$ 左右时，纵向附着系数达到最大值，而侧向附着系数也处于较大值；当 $s=100\%$ 时，即车轮制动抱死拖滑时，纵向附着系数下降较多而变为 φ_s，而侧向附着系数为 0。

（4）汽车防抱死制动系统基本原理　从上面分析可知，附着系数对汽车制动效能及方向稳定性都具有重要的影响，而附着系数又随车轮的运动状态不同而有所变化。因此，如果能将车轮滑移率 s 控制在 20% 左右，则可获得最大纵向附着系数，同时也能获得较大侧向附着系数，这样就能保证汽车具有良好的制动性能。

汽车电子控制防抱死制动系统就是通过其控制装置，对汽车制动过程中车轮运动状态进行监测和有效的控制，防止车轮制动抱死，将车轮滑移率控制在 20% 左右，使车轮尽可能处于最佳运动状态，使制动车轮获得尽可能大的纵向附着力和较大的侧向附着力，从而使汽车具有良好的制动效能和制动方向稳定性。

2.3.2 电子控制防抱死制动系统的组成与工作原理

1. 防抱死制动系统的基本组成

现代汽车电子控制防抱死制动系统是在普通制动系统的基础上增加的控制装置,它主要由轮速传感器、ABS电控单元（即ABS ECU）、ABS压力调节器和警告灯等组成,如图2-7所示。

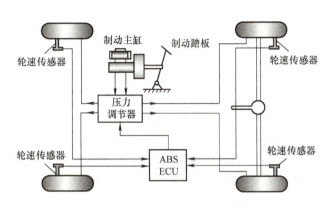

图2-7 ABS基本组成示意图

（1）轮速传感器 轮速传感器用来检测车轮速度,并向ABS ECU反映各车轮的运动状况。轮速传感器主要由永久磁铁、感应线圈、传感器转子（感应齿圈）组成,如图2-8所示。

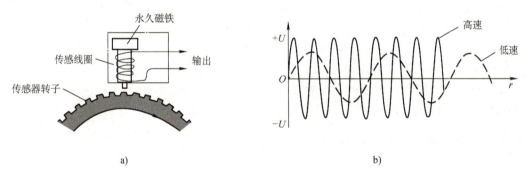

图2-8 轮速传感器的组成及原理
a) 轮速传感器 b) 传感器输出信号波形

轮速传感器对轮速进行非接触式测量,通过传感器发出的电压信号频率来确定轮速。当车轮转动时,传感器转子同步转动,而带探头的传感器固定不动（图2-8）,此时传感器转子的齿顶与齿根轮流交替地对向磁极探头,使磁路的磁阻发生变化,从而导致磁通量迅速变化,因此在线圈中感应出近似正弦波的输出电压。当传感器转子的齿数一定时,该电压信号频率与车轮的转速成正比。信号的高频率、低频率分别反映的是车轮的高转速和低转速。轮速传感器发出的脉冲电压信号通过电缆传输至ABS ECU,而ABS ECU则可根据信号的频率检测出车轮的瞬时速度。

（2）ABS ECU ABS ECU是ABS的电控单元,作用是接受轮速传感器送来的信号,计算车轮的转速、加速度、减速度和滑移率,并进行分析、处理,然后向 ABS 压力调节器发出控制信号,使制动压力调节器按要求工作。ABS ECU 还具有故障自诊断功能,当 ABS 出现故障时,它可断开继电器、电磁阀及泵电动机电路而关闭 ABS,存储故障信息,点亮 ABS 警告灯。

(3) ABS 压力调节器　ABS 压力调节器是 ABS 系统的执行机构,用来调节制动系统的压力。它根据 ABS ECU 传送的控制指令,通过减压、保压、增压来调整作用在每个制动轮缸的油压,从而控制车轮的速度。ABS 压力调节器是一个总成,主要由电磁阀、贮液罐、缓冲腔、液压泵和电动机等组成。

(4) ABS 警告灯　ABS 警告灯是一种黄色警告灯,用来警示 ABS 故障,以便驾驶人直观判断 ABS 的状况。ABS 警告灯由 ABS ECU 控制,通常用 ABS、ALB 或 ANTILOCK 作标识。ABS 具有失效保护和自诊断功能,当 ABS ECU 监测到系统出现故障时,将自动关闭 ABS,存储故障信息,并点亮 ABS 警告灯。

2. 防抱死制动系统的工作原理

常规制动时,如一般制动、点制动、下坡控制车速过高的制动,车轮并不会趋于抱死状态,ABS 只是处于准备状态而并不干涉普通制动器的正常制动。紧急制动时,每个轮速传感器,将关于各车轮的转速信号输入 ABS ECU,而 ABS ECU 则根据各轮速传感器提供的信号,计算出车轮的减速度、加速度和滑移率,并与 ABS ECU 中预先设置的门限值进行比较和判定,然后形成相应的控制指令控制 ABS 调节器,而 ABS 调节器则根据控制指令,对各自制动轮缸的制动压力进行调节,以保证车轮滑移率处于理想区域范围,防止车轮抱死拖滑。若车轮即将抱死,ABS ECU 则根据轮速传感器输入的信号判定车轮趋于抱死状态,于是输出指令控制 ABS 压力调节器,对即将抱死车轮的制动轮缸的制动压力进行调节,使制动压力历经降低、保持和升高等阶段,以保证车轮滑移率处于 20% 左右,保持车轮与地面附着系数为最大值,侧向附着系数为较大值,从而在各种条件下可使汽车获得最大制动力,同时还可保证汽车制动时的方向稳定性。

当 ABS 出现故障时,普通的制动系统仍可进行正常制动,但制动力增大后,可使车轮制动抱死,制动效果变差。此时,ABS 警告灯闪亮,以提示驾驶人进行维护。

2.3.3　电子控制防抱死制动系统的使用

1. 防抱死制动系统的使用要领

汽车行驶时,只有正确操作和使用 ABS,才能充分发挥 ABS 的作用,才能在紧急情况下取得良好的效果。其使用要领如下。

1) 紧急制动时,将制动踏板一脚踩到底,始终不放松。一般来说,在制动力缓缓施加的情况下,ABS 多不发挥作用,只有在制动力猛然增加使车轮转速骤减、车轮趋于抱死时,ABS 才生效。因此,驾驶装有 ABS 的汽车,紧急制动时应快速踩下制动踏板。

2) 在溜滑路面行车紧急制动时,应将制动踏板踩到底,不用"点刹"。驾驶装有 ABS 和没装 ABS 的汽车,紧急制动最大的不同点就在于"刹死"与否。没有 ABS 的汽车制动时,常采用连续点制动可防止汽车失控,而有 ABS 的制动则不存在制动抱死问题,应一脚踩到底,以迅速制动加大汽车的制动力,提高制动效果。

3) 驾驶 ABS 车辆制动时,也应谨慎从事,不可粗心大意。因为 ABS 只能提供较好的制动性能，而并不能随意减少制动距离，绝对不侧滑。低附着系数路面，其附着力照样很小，溜滑路面它照样溜滑。尽管 ABS 为驾驶人提供了转向时的可控能力，可它本身并不能完成汽车的转向操作。因此，驾驶 ABS 汽车时，制动车速照样不能过高，转弯时应尽量避免紧急制动，行车时要注意转向盘控制。

4）当 ABS 出现故障时，对汽车的制动操作应与未装 ABS 的汽车相同。因为 ABS 出故障后，ABS 功能完全丧失，汽车紧急制动时，车轮可能抱死，汽车的制动效能和方向稳定性都变差。

2. 防抱死制动系统的路试检查

汽车路试时，通过观察汽车行驶及制动过程中发生的现象，可以评价 ABS 的性能。常用下面几种方法判断 ABS 性能。

1）根据 ABS 故障指示灯判断。正常情况下，在点火开关接通或起动发动机时，ABS 故障指示灯应闪亮 4s 左右时间（因车型而异）熄灭。在试车期间及停车过程中，ABS 故障指示灯应保持熄灭。若 ABS 故障指示灯点亮，则表明 ABS 有故障。

2）根据制动轮胎的印迹判断。试车在大于 40km/h 以上速度紧急制动时，若在路面上留下较长的拖印痕迹，则说明车轮制动抱死，ABS 存在故障。若制动效果好但留下很短的拖印痕迹，则说明 ABS 工作正常，因为汽车在经历低速制动停车时，车轮会出现短暂的抱死状态。

3）根据制动时汽车的方向稳定性判断。试车若以较小的制动强度制动，其方向稳定性较好，转向正常，但试车以较高的车速（如 60km/h）在弯道紧急制动时，汽车有严重的侧滑、甩尾现象，或转向失灵，则说明 ABS 存在故障或性能不良。因为 ABS 正常时，紧急制动，车轮不会抱死，汽车不可能出现侧滑、甩尾和丧失转向能力。

3. 防抱死制动系统的使用特点

装有防抱死制动系统的汽车，与不装备 ABS 的汽车相比较，具有如下特点。

（1）汽车的制动距离最短　ABS 可自动保证在不同路面的情况下都能获得满意的车轮滑移率，使其附着系数为 φ_p，因此可得到最大的地面制动力，从而使制动距离最短。

（2）汽车制动方向稳定性最好　装 ABS 的汽车，由于滑移率控制精确，车轮不抱死，其轮胎和路面之间的侧向附着系数较大，因此在制动时具有较大的抗侧滑能力，所以汽车在转弯制动、高速制动或在低附着系数路面上制动时都具有良好的方向稳定性，可避免汽车制动时的侧滑、甩尾和丧失转向能力。资料表明，装有 ABS 的车辆，因车轮侧滑引起的事故比例可下降 8% 左右。

（3）轮胎磨损减少　装有 ABS 的汽车，因车轮制动不抱死，故避免了因抱死而使轮胎和地面剧烈摩擦拖出黑印时所引起的强烈磨损，大大延长了轮胎的使用寿命。据资料统计，紧急制动一次轮胎抱死拖出黑印的磨损量，相当于正常行驶 200km 的磨损量。因此，ABS 可减少轮胎的磨损。经测定，汽车在紧急制动时，车轮抱死所造成的轮胎累加磨损费，已超过一套防抱死制动系统的造价。因此，装用 ABS 可带来一定的经济效益。

（4）具有自诊断能力　ABS 工作时，如果发现系统内部有故障，就会自动记录，并点亮 ABS 故障警告灯，让普通制动系统继续工作。此时，利用自诊断故障码，可迅速找到故障位置，有利于快速排除故障。

（5）使用方便，工作可靠　防抱死制动系统的使用与普通制动系统的使用几乎没有区别，制动时只要把脚踏在制动踏板上，ABS 就会根据情况自动进入工作状态，如遇雨雪路滑，驾驶人也没有必要使用一连串的点制动方式进行制动，防抱死制动系统会使制动状态保持在最佳点，同时 ABS 工作十分可靠。

2.4 汽车电子控制防滑转系统

2.4.1 概述

1. 汽车防滑转系统基本概念

汽车防滑转系统（Anti Slip Regulation）是指汽车在驱动过程中防止驱动轮发生滑转的控制系统，简称 ASR。电子控制防滑转系统能有效地控制汽车驱动轮的运动状态，避免车轮在路面上驱动滑转，提高汽车在驱动过程中的驱动能力和驱动时的方向稳定性。因此，现代轿车广泛使用电子控制防滑转系统。

2. 汽车防滑转系统基本理论

（1）驱动能力与纵向附着系数的关系　汽车驱动能力的好坏取决于驱动轮上的地面驱动力，而地面驱动力又取决于发动机输出动力和驱动轮的附着力。通常，发动机输出的动力足够，因而地面驱动力的大小取决于驱动轮的附着力。而驱动轮的附着力等于地面对驱动轮的垂直反力和纵向附着系数的乘积，当汽车的结构参数、使用条件一定时，其垂直反力可认为是个定值，因此，汽车的驱动能力取决于纵向附着系数。纵向附着系数越大，驱动能力就越强。

（2）汽车驱动时方向稳定性与侧向附着系数的关系　汽车驱动时的方向稳定性，取决于该工况下汽车抵抗侧滑的能力。而汽车抵抗侧滑的能力又受侧向附着力的影响，当汽车侧向力大于侧向附着力，汽车驱动行驶时，其方向不可控制，驱动车轴会侧滑，易失去方向稳定性。侧向附着力的大小等于地面对车轮的垂直反力和侧向附着系数的乘积。当汽车结构参数、使用条件一定时，其垂直反力可认为是个定值，因此，汽车驱动时的方向稳定性取决于侧向附着系数。侧向附着系数越大，驱动时方向稳定性越好。

（3）驱动轮滑转与路面附着系数的关系　当驱动轮的驱动力等于路面附着力时，驱动轮就有滑转的趋势，此时若再加大节气门，则驱动车轮就会产生滑转。驱动轮的滑转程度可用滑转率来描述，滑转率的定义如下：

$$s_d = \frac{r\omega - v}{r\omega} \times 100\% \tag{2-1}$$

式中　s_d——驱动轮的滑转率；

v——驱动轮中心速度，即车身速度，常用从动轮的轮缘速度代替；

ω——驱动轮的角速度；

r——驱动轮的滚动半径。

当车身未动（$v=0$）而驱动轮转动时，$s_d=100\%$，驱动轮处于完全滑转状态；当驱动轮轮缘速度与车身速度相等时，$s_d=0$，驱动轮处于纯滚动状态。

汽车驱动时驱动轮的滑转与汽车制动时车轮的滑移，其本质是相同的，都是车轮与路面的相对运动，因此，滑转率对路面附着系数的影响与滑移率具有相似的规律。在各种路面上，驱动轮与路面的附着系数均随驱动轮滑转率的变化而变化。研究表明，当车轮滑转率 $s_d = 20\%$ 左右时，纵向附着系数达到最大值，而侧向附着系数也处于较大值；当 $s_d = 100\%$，即驱动轮滑转时，纵向附着系数下降较多，而侧向附着系数为 0。

（4）汽车防滑转系统基本原理　从上面分析可知，路面附着系数对驱动能力以及方向稳定性都具有重要的影响，而附着系数又随车轮的运动状态不同而有所变化。因此，如果能将驱动轮滑转率控制在 20% 左右，则可获得最大纵向附着系数，同时也能获得较大侧向附着系数，这样就能保证汽车具有良好的驱动性能和方向稳定性。

汽车电子控制防滑转系统就是通过其控制装置，对汽车驱动过程中驱动轮的运动状态进行实时监测和有效控制，防止驱动轮滑转，将驱动轮滑转率控制在 20% 左右，使驱动轮处于最佳运动状态，确保驱动轮获得最大的纵向附着力和较大的侧向附着力，从而使汽车具有良好的驱动能力和方向稳定性，汽车的动力性和操纵稳定性得到有效提高。

3. 防滑转系统的控制方式

汽车驱动力大于驱动轮与路面间的附着力是汽车发生加速滑转的直接原因。ASR 的作用就是维持最佳的汽车驱动力，防止汽车在驱动过程中的滑转，特别是防止汽车在不对称路面或在转弯时驱动轮的滑转，从而使汽车具有良好的加速性、方向稳定性和操纵性。要防止驱动轮滑转，就必须对驱动力矩加以控制，适当降低汽车驱动力。降低汽车驱动力的控制方式主要有制动控制、发动机控制和发动机与制动综合控制三种方案，当驱动防滑转控制单元 ASR ECU 检测到驱动轮的滑转率超过设定界限时，则 ASR ECU 就要对驱动轮的滑转加以控制。

（1）制动控制　制动控制就是对将要滑转的驱动轮施加制动力，用制动力去"抵消"一部分汽车驱动力，从而达到控制驱动轮驱动力，使之与路面附着状态相适应的目的。当汽车在不对称附着系数路面驱动时，如果驱动轮只有一边车轮滑转，则对发生滑转的驱动轮直接施加制动。由于需要发动机输出较大的转矩来克服施加制动的驱动轮，因此会通过差速器平均分配转矩的作用，使作用在另一边没有达到附着极限的驱动轮的驱动转矩增加，从而使整个驱动轴的总地面驱动力增加，帮助滑转车轮脱离低附着系数路段，提高汽车的动力性和通过性。

（2）发动机控制　发动机控制就是当驱动轮将要滑转时控制发动机的输出功率，减少驱动轮的驱动转矩，使之与路面附着状态相适应。通常，ASR ECU 根据路面状况，通过改变节气门开度、调节喷油器喷油量和调整点火时间来控制发动机的输出转矩，供给驱动车轮与路面附着力相适应的最佳驱动转矩。如汽车在起步、加速时，加速踏板踩得过猛，则汽车会因驱动力过大而出现两边驱动轮都滑转的情况，此时 ASR ECU 输出控制信号，控制发动机的功率输出，以抑制驱动轮的滑转，避免汽车驱动力和行驶稳定性下降。

（3）发动机与制动综合控制　发动机与制动综合控制就是对滑转驱动轮的输出转矩和制动力进行结合的一种控制，它能取得最好的控制效果，是一种最理想的控制。汽车在行驶过程中，路面情况变化多端，驱动轮附着力随之变化，综合控制系统能根据发动机的状况和车轮滑转的实际情况采取相应的控制。如汽车在附着系数不对称路面驱动行驶时，若低附着系数路面驱动轮滑转，则对滑转车轮施以制动的方法最为有效；如汽车在附着系数较小的对称路面驱动行驶时，若驱动轮滑转，则通过减小发动机输出功率来降低驱动轮驱动转矩的方法，控制车轮滑转较为有利；如汽车在附着系数不对称路面高速行驶时车轮滑转，则采用车轮制动及减小发动机输出功率综合控制方法更为有利。

2.4.2 电子控制防滑转系统的组成与工作原理

1. 防滑转系统的基本组成

汽车电子控制防滑转（ASR）系统主要由 ASR 传感器、ASR ECU 和 ASR 制动压力调节器组成。典型的 ASR 系统如图 2-9 所示。

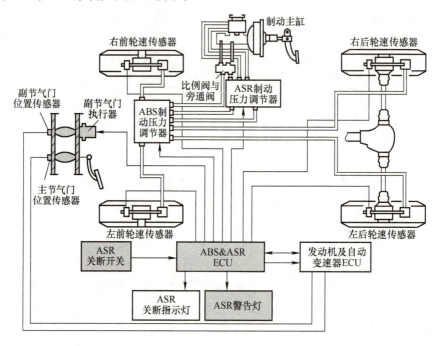

图 2-9 典型的 ASR 系统

（1）ASR 传感器

1）轮速传感器。ASR 和 ABS 的轮速传感器共用，它用来检测轮速信号，ABS/ASR ECU 可根据前后轮速信号准确地计算出驱动轮滑转率。

2）节气门位置传感器。ASR 和发动机电子控制系统共用节气门位置传感器，有主节气门、辅节气门位置传感器，它们用来检测节气门开度信号，ABS/ASR ECU 根据该信号控制发动机输出功率。

3）ASR 选择开关。ABS/ASR ECU 可根据 ASR 选择开关信号确定 ASR 是否投入工作。

（2）ASR ECU　ASR ECU 是防滑转系统的电控单元，主要由微处理器、输入电路、输出电路及电源等组成。ASR ECU 的作用是根据 ASR 传感器提供的信号，经过计算处理，实时地控制 ASR 制动压力调节器和辅助节气门驱动步进电动机等。同时它还具有自诊断功能，一旦发现系统存在故障，ASR 将会自动关闭，并发出警告信号。ASR ECU 既可以是独立的，也可与 ABS 共用，但由于 ASR 和 ABS 的一些信号输入和处理都是相同的，因此为使电子器件应用数量减少、结构紧凑，通常将 ASR ECU 与 ABS ECU 组合成一个 ECU，即为 ABS/ASR ECU。

（3）ASR 制动压力调节器　ASR 制动压力调节器是 ASR 的执行机构，主要由电动机、液压泵、储能器和电磁阀组成。ASR 制动压力调节器的作用是根据 ABS/ASR ECU 的控制指令来控制电磁阀的动作,调节驱动轮制动压力的大小,将驱动轮的滑转率控制在目标范围之内,从而提高汽车的驱动能力。

2. 防滑转系统的工作原理

图 2-9 所示的汽车电子控制防滑转系统,采用发动机输出控制和驱动轮制动控制的综合控制方式来控制驱动轮滑转。当 ABS/ASR ECU 检测到驱动轮的滑转率超过设定界限时,ASR 就对驱动轮的滑转加以控制。

汽车行驶时,ABS/ASR ECU 根据各车轮转速传感器产生的车轮转速信号,确定驱动轮的滑转率。当驱动轮滑转时,ABS/ASR ECU 则根据车速、驱动轮速、路面条件和驾驶人踩加速踏板的动作来实现其防滑转控制,使滑转率达到最佳状态。如当驱动轮滑转率超过限定值时,ABS/ASR ECU 则指令驱动步进电动机逐渐关闭辅助节气门,使发动机输出转矩降低,驱动轮的驱动力减小,从而抑制驱动轮滑转;如果驱动轮滑转率仍超过限定值,ABS/ASR ECU 则又发出控制信号,控制 ASR 制动压力调节器工作,对驱动轮施加适当制动,使驱动轮速下降,将驱动轮滑转率控制在最佳范围内。当汽车在附着系数不对称路面行车时,若处于泥泞路面的驱动轮产生滑转,则 ABS/ASR ECU 控制 ASR 制动压力调节器对滑转驱动轮进行制动,此时需要较大的转矩克服施加制动的驱动轮,由于差速器具有平均分配转矩的功能,因而处于好路面的车轮便可获得较大的驱动转矩,使整车的驱动力达到最大值,从而提高了汽车的行驶能力。

若一旦 ASR 出现故障,ABS/ASR ECU 则启动 ASR 的失效保护功能,使 ASR 停止工作。此时,汽车像没有 ASR 一样可以正常行驶,但汽车丧失了 ASR 的基本功能。

2.4.3 电子控制防滑转系统的使用

1. 防滑转系统的使用要领

1)汽车行驶时,应将 ASR 选择开关打开,使 ASR 有机会参加工作,以便提高汽车的驱动、行驶性能。但在附着系数较高的良好路面上行车时,由于路面附着力足够,因而 ASR 往往不会起作用。

2)在溜滑路面行驶时,发动机节气门开度不能太大,车速不能过高。因为这种路面附着系数很低,驱动轮容易滑转,节气门开度太大只能使 ASR 经常工作,浪费能量。

3)在不对称路面行车时,ASR 能显著提高汽车的通过性,此时汽车应低速行驶,以充分发挥高附着系数一侧驱动轮的附着作用,增加汽车的驱动力,提高汽车动力性和通过性。

4)汽车驱动行驶时,不能过于依赖 ASR 的作用。因为 ASR 只能改善或提高汽车行驶的驱动能力和方向稳定性,但并不能改变路面的特性,低附着系数路面其附着力照样很低。因此,在驾驶装有 ASR 的汽车时,还是要根据路面的行驶条件细心操作,在路况较差时,应低速行车,以确保汽车具有良好的行驶性能。

5)汽车行驶时,若 ASR 警告灯持续点亮,则说明 ASR 存在故障。为确保汽车具有良好的驱动、行驶性能,应检修 ASR。

2. 防滑转系统的使用特点

装有防滑转系统的汽车,与不装备 ASR 的汽车相比较,具有如下特点。

(1)汽车的动力性好 ASR 能使汽车充分利用驱动轮的最大附着力,使汽车获得较大的驱动力，因而可提高汽车的起步能力、加速能力和爬坡能力。尤其在附着系数小的路面，或者在不对称附着系数的路面，汽车动力性的提高更加显著。

（2）汽车的方向稳定性好　ASR能在汽车行驶时，保证汽车驱动轮也获得较大的侧向附着力，因而可提高汽车抵抗侧滑的能力，使汽车在驱动过程中具有良好的方向稳定性。对于后轴驱动汽车可减少后轴侧滑的危险，对于前轴驱动汽车，可避免汽车失去转向能力。这对汽车在湿滑的路面上起步、加速、转弯行驶来说，显得尤为重要。

（3）汽车的通过性好　由于ASR能够充分利用驱动轮的最大附着力，因而汽车在溜滑路面行驶时通过性较好。尤其是汽车行驶在不对称附着系数的路面时，汽车的通过性将会显著提高。

（4）汽车的驾驶性能好　由于ASR极大地改善了汽车的行驶性能，在很大程度上使驾驶人操作汽车得心应手，大大减少驾驶汽车的紧张程度，提高驾驶的舒适性。如当汽车遇到恶劣的路面状况时，驾驶人可以减少在转向盘和加速踏板上的很多动作，使得驾驶更轻松，驾驶性能好。

（5）驱动轮胎磨损减少　由于消除了驱动轮的滑转现象，因而使得驱动轮胎的磨损减少。

2.5　汽车巡航控制系统

2.5.1　概述

汽车巡航控制系统（Cruise Control System）是指汽车在运行中不踩加速踏板便可按照驾驶人的要求，自动保持一定行车速度的控制装置，简称CCS。根据其特点，又称恒速控制系统或车速控制系统。巡航控制系统的主要作用是可以按照驾驶人的需求进行车辆时速锁定，不用踩加速踏板就能自动保持一个固定时速行驶，能有效减轻驾驶人因长时间驾驶操控车速引起的疲劳。

汽车巡航控制系统，根据其巡航功能及其适应程度可分为定速巡航控制系统、自适应巡航控制系统和全速自适应巡航控制系统三类。

定速巡航控制系统（CCS）是安装在汽车中能够自动控制车辆行驶速度的控制装置。在行驶过程中，驾驶人启动定速巡航后，选择设定速度，即可松开节气门保持当前速度行驶，行驶中能通过控制按钮（杆）调整速度。若要取消巡航设定，踩下制动踏板或关闭巡航开关即可。

自适应巡航控制系统（Adaptive Cruise Control）是在定速巡航控制系统CCS基础上发展起来的一种智能化自动控制系统，简称ACC，又称智能巡航控制系统。相对于定速巡航，ACC也被称为主动巡航系统，它不仅可以让车辆保持一定行驶速度，还能根据与前车跟车距离的变化自动加速或减速来调节车速，以保证与前车的最佳安全距离。如前方道路畅通，ACC将保持设定的最大巡航速度向前行驶，如前方道路有车辆，ACC将根据需要降低车速，与前车保持合适跟车距离。ACC需要车辆达到一定速度之后才可以启动，速度过低会自动解除，ACC的工作条件通常在40~150km/h区间内。ACC启用时，驾驶人仍需观察前方路况，并在必要时施加制动。

全速自适应巡航控制系统是在 ACC 基础上升级而来的更智能的控制系统。与自适应巡航相比,全速自适应巡航的工作范围更大,能提供全时速范围内的定速巡航,工作条件通常在 0~150km/h 区间内,不仅能按驾驶人设定的车速、预设的跟车距离行驶,还可以实现跟随前车停车、起步。全速自适应巡航能够让驾驶人的双脚彻底释放,可以体验到更智能化的驾驶感受。

巡航控制系统自 20 世纪 50 年代末在汽车上首次应用以来,已经广泛普及。定速巡航控制系统功能简单,价格低廉,目前普通轿车均已配置。自适应巡航控制系统,功能强大,舒适性好,是中高级轿车的常用配置。全速自适应巡航控制系统,具有很强的舒适辅助驾驶功能,自适应巡航能力强,无论汽车在任何车速下行驶,都可以实现自动启动,不仅能适应高速公路行驶,还能适应路况复杂的城市道路条件,是高级轿车的选配装置。

随着我国高速公路通车里程的增多,驾驶汽车在高速公路上长时间行驶的机会增加,汽车电子巡航控制系统在我国汽车上已得到了广泛的应用。

2.5.2 电子巡航控制系统的组成与工作原理

1. 电子巡航控制系统的基本组成

电子巡航控制系统主要由传感器、操作开关、巡航控制 ECU 和执行器等组成。典型的巡航控制系统组成如图 2-10 所示。

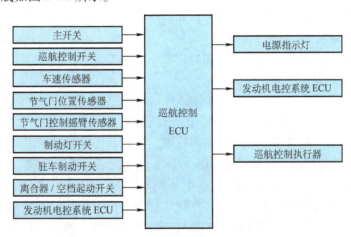

图 2-10 典型电子巡航控制系统的组成

(1) 巡航控制传感器　巡航控制系统主要有车速传感器、节气门位置传感器及节气门控制摇臂传感器。汽车巡航行驶时,这些传感器将信号送入巡航控制 ECU,其 ECU 则根据这些信号实现对车速的恒定控制。

1) 车速传感器。车速传感器用来给巡航控制 ECU 提供车速信号。通常,CCS 与发动机电控系统、自动变速器及 ABS 等共用车速传感器。

2) 节气门位置传感器。节气门位置传感器用来给巡航控制 ECU 提供节气门开度信号。通常,CCS 与发动机电控系统、自动变速器共用节气门位置传感器。

3) 节气门控制摇臂传感器。节气门控制摇臂传感器用来给巡航控制 ECU 提供节气门摇臂位置的电信号。

（2）巡航控制开关　它包括巡航操控开关和取消巡航设定开关，前者属于主动操作开关，由驾驶人直接操控，后者属于从动操作开关，它跟随驾驶人踩制动踏板、离合器踏板等操作而自动接通。

1) 巡航操控开关。巡航操控开关常布置在转向盘附近，如图 2-11 所示。它主要包括主开关和控制开关两部分：主开关为 ON/OFF，用于巡航控制系统的开启和关闭；控制开关为 SET（设置）、RES（恢复）、CANCEL（取消），用来设定及取消巡航车速。

2) 取消巡航设定开关。取消巡航设定开关包括制动灯开关、驻车制动开关、离合器开关和空档起动开关。当其中任一开关接

图 2-11　汽车巡航操控开关

通时，巡航控制将被自动取消。取消巡航设定开关用来给巡航控制 ECU 提供取消巡航控制的开关信号，当汽车巡航行驶时，如进行制动、换档和停车，则巡航控制功能将自动取消。但当 CCS 取消瞬间的车速大于 40km/h 时，此车速将存储于巡航控制 ECU 中，当接通 RES 开关时，最后存储的车速就会自动恢复。

① 制动灯开关。驾驶人踩制动踏板时，此制动灯开关接通，此信号送入巡航控制 ECU，ECU 则据此取消巡航控制。

② 驻车制动开关。当拉起驻车制动器操纵杆时，驻车制动开关就接通，此信号送入巡航控制 ECU，ECU 则据此取消巡航控制。

③ 离合器开关。它为手动变速器车型使用，当踩下离合器踏板时，离合器开关接通，此信号送入巡航控制 ECU，ECU 则据此取消巡航控制。

④ 空档起动开关。它为自动变速器车型使用，当自动变速器操纵手柄置于 P 位或 N 位时，该开关接通，此信号送入巡航控制 ECU，ECU 则据此取消巡航控制。

（3）巡航控制 ECU　巡航控制 ECU 主要由微处理器、输入输出电路、执行器驱动电路和保护电路等组成。ECU 接收来各种巡航控制传感器和开关的信号，按照存储的程序进行处理。当车速偏离设定的巡航车速时，ECU 给执行器输出指令信号，控制执行器动作，实现车速的稳定控制。

（4）巡航控制执行器　巡航控制执行器用来接受 ECU 输出的电流或电压信号，并转变为相应的机械运动，以控制节气门的开度，实现汽车的恒速行驶。目前使用的执行器有两种类型：一种是电动式执行器，它由电动机来驱动节气门动作；另一种是气动式执行器，它是利用进气管真空度或真空泵产生的真空度来驱动节气门动作。

2. 电子巡航控制系统的工作原理

驾驶人通过控制开关向巡航控制 ECU 输入设定车速，其 ECU 中的存储器对设定车速进行记忆作为目标车速。巡航行驶时，车速传感器向巡航控制 ECU 输入实际车速信号，于是巡航控制 ECU 对两车速进行比较，当实际车速偏离设定的巡航车速时，其 ECU 就根据车速的偏离程度，计算出节气门应有的开度，向巡航控制执行器发出控制信号，使执行器动作来调节节气门开度，使汽车在设定的车速下稳定行驶。

汽车在巡航控制状态时，一般当车速低于 40km/h 时，巡航控制 ECU 将取消巡航控制；当汽车减速度大于 $2m/s^2$ 时，以及汽车制动灯开关动作时，其 ECU 也自动取消巡航控制，以确保行车安全。

2.5.3 电子巡航控制系统的使用

1. 电子巡航控制系统的使用方法

1）按下巡航操控开关 ON/OFF 键，仪表中巡航指示灯亮起，车辆作好巡航准备。

2）踩下加速踏板，当车辆加速到每小时 40km 以上，达到希望的合适速度后，按下 RES + 键，速度被设定在当前车速，车辆开始巡航，此时右脚松开加速踏板。

3）当想要提升或降低巡航速度时，可以分别按 RES + 键或 SET - 键来调整汽车速度。

4）取消巡航定速，有三个方式：按 CANCEL 键、踩制动踏板、按开关键。

5）恢复巡航定速，如果是按 CANCEL 键、踩制动踏板取消的巡航定速，则可按 RES + 键恢复到之前的巡航定速速度。

6）再次按下 ON/OFF 键，仪表中巡航指示灯灭，巡航功能关闭。

2. 电子巡航控制系统使用注意事项

1）在不使用巡航控制系统时，应将巡航控制主开关置于关闭状态，以免巡航控制系统参与工作而引发事故。

2）在交通条件不畅，或道路条件较差，或雨、冰、雪等恶劣气候，或重载行驶时，不要使用巡航控制系统，因为此时汽车的可控性较差。

3）汽车上、下陡坡行驶时，最好不要使用巡航控制系统，因为道路阻力变化太大，汽车可控性较差，车速难以稳定。

4）汽车巡航行驶时，对装备手动变速器的汽车，切不能在未踩下离合器踏板的前提下将变速杆移置空档，以免造成发动机超速运转，导致损坏。

5）使用巡航控制系统时，应注意观察仪表板上的巡航控制指示灯是否闪亮，若闪亮，则表明巡航控制系统存在故障。发现故障时，应停止使用巡航控制系统，待排除故障后再使用巡航控制。

6）巡航控制 ECU 是巡航控制系统的中枢，对电磁环境、湿度及机械振动等较敏感。使用时应注意防潮、防振、防磁和防污染。

3. 汽车巡航控制系统的使用特点

（1）自动控制汽车恒速行驶　在高速公路上行车时，打开巡航控制系统，CCS 能根据行车阻力自动控制节气门开度，调节发动机动力，使汽车按驾驶人设定的车速稳定行驶。无论是上坡、下坡或平路行驶或是在风速变化的情况下行驶，只要在发动机功率允许的范围内，汽车的行驶速度就能保持不变。

（2）减轻驾驶人劳动强度　巡航控制系统实现了部分自动驾驶，汽车在上坡、下坡或平路行驶时，驾驶人只需掌握好转向盘，而可避免频繁地踩加速踏板和换档，这样就可大大减轻驾驶人长途行车时的劳动强度。

（3）降低油耗、减少污染　巡航控制系统工作时，始终使汽车燃油的供给与发动机功率之间处于最佳配合状态，能节省燃油。巡航控制系统实现定速行驶，其加速踏板及制动踏板的踩放次数大大减少，能降低耗油，行车较为经济。巡航控制系统能选择在最有利的车速和发动机转速下运行,能改善发动机燃烧过程,使燃油燃烧完全,热效率提高,降低油耗,减少有害气体 CO、HC、NO_x 排放,有利于节能和环保。

(4)提高行驶舒适性 巡航控制系统工作时,车速恒定,可以减少变速引起的惯性冲击,大大提高乘坐的舒适性。

(5)延长汽车使用寿命 巡航控制系统工作时,车速恒定,额外惯性力减少,可使零件损伤减少,汽车故障减少,汽车使用寿命延长。

(6)提高行车安全性 巡航控制系统工作时,由于减轻了驾驶人的劳动强度,驾驶人不易疲劳,能集中精力控制转向盘,因而能提高行车安全性。巡航控制系统还能确保驾驶人的操作优先权,这为驾驶人的安全驾驶提供了有利条件。另外,当车辆速度超过人为设定范围时,巡航系统能自动停止工作,以确保车辆行驶安全。

2.6 汽车电子稳定程序系统

2.6.1 概述

汽车电子稳定程序系统(Electronic Stability Program)又称汽车稳定性控制系统,简称ESP。ESP是通过实时调整车辆的运行状态,使车辆能够按照驾驶人的意图行驶,并防止车辆失稳的汽车主动安全装置。ESP是在 ABS、EBD 和 ASR 基础上发展与延伸而来的,它整合了制动防抱死、制动力分配、驱动防滑转系统的功能并加以拓展,使汽车在制动、驱动、转向行驶过程中都具有良好的操纵性和方向稳定性。

汽车电子稳定程序系统是一种车辆动态稳定控制系统,其主要功能是在异常的路面、危机的工况以及紧急情况下对车辆提供全面的动态稳定性控制。ESP 采用对车轮制动控制和发动机动力控制的方式实现目标控制。制动控制:当 ESP 检测到车辆出现失控或偏离理想状态时,ESP 通过控制车辆的制动系统来帮助恢复稳定,系统可以根据需要对单个车轮或多个车轮进行制动力分配,以减轻车辆的侧滑或失控倾向。发动机动力控制:当 ESP 检测到车轮滑转失稳,ESP 通过调整发动机输出动力来改善车辆的稳定性,系统可以减小发动机的动力输出,以减轻车辆的侧滑或偏离轨迹的倾向。必要时,ESP 还可以与其他的安全系统协同工作,以提供更全面的稳定性控制,提高车辆的稳定性和操控性。

汽车电子稳定程序系统对汽车的操控性、稳定性、安全性和舒适性均具有重要作用,因此现代中高级轿车均已配置了汽车电子稳定程序系统。为了保证汽车的安全舒适行驶,应合理使用汽车电子稳定程序系统。

2.6.2 电子稳定程序系统的组成与工作原理

1. 电子稳定程序系统的基本组成

电子稳定程序系统主要由 ESP 传感器、电控单元以及执行器等组成,典型组成部件如图2-12 所示。

(1)ESP 传感器

1)轮速传感器。它安装于4个车轮的轮毂上,检测车轮的角速度,提供车轮抱死或滑转的电压信号。

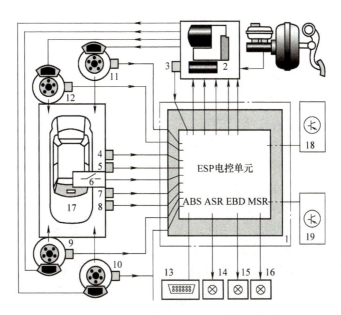

图 2-12 汽车 ESP 的组成及原理示意图

1—ESP 电控单元　2—液压控制单元　3—制动压力传感器　4—侧向加速度传感器
5—横向偏摆率传感器　6—ASR/ESP 按钮　7—转向盘转角传感器　8—制动灯开关
9～12—轮速传感器　13—自诊断接口　14—制动系统警告灯　15—ABS 警告灯
16—ABS/ESP 警告灯　17—车辆驾驶状态　18—发动机控制调整　19—变速器控制调整

2）转向盘转角传感器。它安装于转向盘转轴上,用来检测转向角和转向动作,ECU 据此认定汽车行驶方向。

3）制动压力传感器。它安装于制动管路上,用来检测制动管路的实际制动压力,ECU 据此可算出车轮制动力和整车纵向力大小。

4）横向偏摆率传感器。它安装于汽车行李舱的前部,用来检测车辆绕纵轴旋转的角度和转动速率,ECU 据此了解汽车是否发生横向摆动,并控制车辆的实际行驶方向。

5）纵向加速度传感器。它只安装在四驱车上。对于单轴驱动车辆,通过计算制动压力、车轮转速信号以及发动机管理系统信息,可以得出纵向加速度。

6）侧向加速度传感器。它安装于汽车质心附近地板下方的中间位置,用来检测车辆侧向力大小,以便 ECU 判定汽车的运动状态。

7）制动开关信号传感器。它安装于制动踏板上,ECU 据此信号得知驾驶人有无制动动作。

(2) 电控单元（ECU）　它是 ESP 的控制中心,集 ABS、EBD、ASR、ESP 的电脑为一体,组成一个综合信息处理系统,根据汽车失稳程度,计算出恢复汽车稳态所需的各项调节参数（转矩、驱动力、制动力等）,并控制执行器。

(3) 执行器　它主要是液压控制单元,受控于 ECU,用来调节系统压力,保证汽车正常行驶。

2. 电子稳定程序系统的工作原理

车辆在行驶状态下,各种传感器会不断感知车辆的状态,并将数据传输给电控单元。电控单元通过对这些数据的分析和评估，可以预测车辆是否处于或将处于失控状态。当评估显示车辆处于失控状态时，电控单元会向 ESP 执行器发出修正指令（图 2-12），以控制车辆恢复动态平衡。

汽车在受侧向力作用和转向时，侧向力常常接近附着极限，易使车辆出现侧滑、激转或转向反应迟钝等丧失稳定性的危险情况。ESP 就能够根据汽车行驶时传感器收集的车轮速度、转向角度、侧向加速度及横向移动等信息，通过对车轮制动器和发动机动力进行控制，调节车轮纵向力大小，从而使车辆在转向或受侧向力作用时具有良好的操纵性和方向稳定性。

（1）抑制车轮侧滑　当汽车在弯道或湿滑路面高速行驶时，如果后轮产生侧滑，汽车横向甩尾，ESP 则立即把制动力施加到转弯的外前轮上，使汽车产生相反的"回正力矩"，恢复直线行驶，如图 2-13a 所示；如果前轮产生侧滑，ESP 则立即把制动力施加到两个非驱动的后轮上（外大内小），使汽车产生相反的"回正力矩"，恢复直线行驶，如图 2-13b 所示。因前轮为驱动轮，应使后轮采用"先拉后摆"的办法恢复直行，对两后轮还可以用"占空比方式"调节制动力的大小。如果汽车驱动轮有滑转引起侧滑，ESP 还可对发动机输出动力进行控制，减少驱动力，或对驱动轮施加制动来消除滑转，从而抑制侧滑。

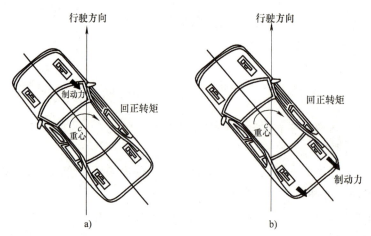

图 2-13　抑制车轮侧滑
a）抑制后轮侧滑　b）抑制前轮侧滑

（2）抑制转向不足　汽车高速行驶出现障碍物时，驾驶人向左急转向，但惯性力是向前的，与转向轮方向不一致，会出现"转向不足"状态，ESP 立即制动左后轮，产生向左的转矩，迅速向左转向，消除转向不足状态，如图 2-14a 所示。

（3）抑制转向过度　高速行驶时，当汽车向左急转向绕过障碍物后，需急速向右转向恢复直线行驶，ESP 立即制动右前轮，恢复直行状态。当惯性力较大时，会使汽车产生"转向过度"状态，严重时会造成向左甩尾现象，此时 ESP 又立即制动左前轮，产生向左的转矩，使汽车平稳地回到直线行驶状态，抑制了转向过度，如图 2-14b 所示。

2.6.3　电子稳定程序系统的使用

1. 电子稳定程序系统的使用要领

1）ESP 的开启与关闭。ESP 开关按键，通常安装在仪表台的中控台上。发动机起动后

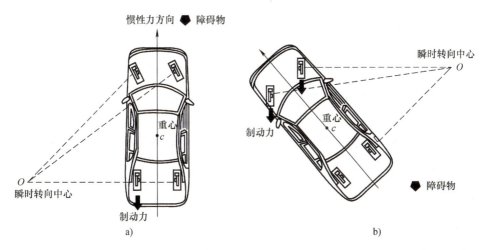

图 2-14 抑制转向不足和转向过度
a) 抑制转向不足　b) 抑制转向过度

ESP 开关自动接通（即开启），按下此键则关闭 ESP，再按此键则 ESP 接通。

2）为提高汽车的操纵稳定性，确保行车安全，汽车行驶时，一般应开启 ESP。

3）在高速公路行驶时，必须开启 ESP，此时 ESP 时刻监视汽车的行驶，当遇到车身失控或者已经失控时会自动启动干预对策，使行车安全性好。

4）开启 ESP 时，驾驶汽车也应谨慎从事，不可粗心大意。因为 ESP 只能提供较好的操控性，但它不能改变路面的状况、交通环境、行驶条件、驾驶水平。因此，当汽车在滑溜路面、山区多弯条件行驶时，还是应低速行车。

5）在城市路面行驶时，车速较低，可关闭 ESP。因为低速行驶时，汽车操纵性、安全性都较好，开启 ESP 效果不明显，而开启 ESP 后还会消耗能量，使汽车燃油经济性变差。

6）驾驶人想玩漂移或激烈驾驶时，应关闭 ESP。因为开启 ESP 后，由于 ESP 的干预将达不到驾驶人特意想要的感受。

7）在路况条件差时，如果想省油驾驶，应关闭 ESP。如汽车在冰雪或疏松路面，或弯曲地段较多的路面行驶，若开启 ESP，则 ESP 会经常干预，给驱动轮边驱动边制动，汽车就会更加费油。

2. 电子稳定程序系统的使用特点

（1）汽车的操作稳定性好　ESP 能够时刻监测车辆的行驶状态和控制车辆的动态参数，能够主动预防和纠正潜在的失控危险，来防止车辆侧滑、侧翻等，保证车辆稳定行驶，操作稳定性好。

（2）汽车的方向控制能力强　ESP 能够实时监控驾驶人的操控动作、路面反应、汽车运动状态，并不断向发动机和制动系统发出指令，通过主动调控发动机转速，并调整每个轮子的驱动力和制动力，来修正汽车的过度转向和转向不足。

（3）汽车的驱动能力大　ESP 能够在汽车驱动时，如起步、加速及滑溜路面行驶时防止车轮打滑，提高轮胎与路面的附着能力，增强汽车的驱动能力。当驾驶人加速过猛时，它能自动地使发动机转矩适应车轮对地面的传递能力。

（4）汽车的制动性能好　ESP 能够在汽车紧急制动时防止车轮抱死，能在结冰及滑溜路面上行驶时，减少制动距离，防止侧向滑移。这样驾驶人在转向及滑溜路面紧急制动时，能显著改善汽车的制动性能。

本 章 小 结

1. 发动机电子控制系统主要由传感器、电子控制单元和执行器三部分组成。传感器将反映发动机状况的物理量信号输入 ECU，ECU 则按设定的程序和最佳参数进行分析、判断和计算，并根据计算结果，向各种执行器发出指令信号，其执行器则控制最佳喷油量和点火时刻，使发动机在各种工况下都处于最优化的状态工作。发动机电子控制系统具有汽油喷射控制、点火控制、怠速控制和故障自诊断功能。保持发动机电子控制系统具有良好的使用性能、良好的使用条件和进行正确的维护，能提高或改善发动机的动力性和经济性，并减少汽车的排放污染。

2. 电子控制自动变速器主要由变速系统、电子控制系统、液压控制系统三大部分组成。电子控制系统根据车速、节气门开度、发动机冷却液温度、ATF 温度、档位开关、模式选择开关等信号，按照预先设定的换档规律确定换档时机，通过液压控制系统实现自动换档，而变速系统则按选定档位的速比改变发动机的转矩和转速并将动力由输出轴输出。正确使用自动变速器操纵手柄档位，合理选择自动变速器的换档模式，掌握自动变速器使用的注意事项能延长汽车的使用寿命，减少汽车的排放污染，提高汽车的动力性、通过性、行驶平顺性和行车安全性。

3. 汽车防抱死制动系统是指汽车在制动过程中防止车轮制动抱死拖滑的控制系统，简称 ABS。电子控制防抱死制动系统是在普通制动系统基础上增加的控制装置，它主要由车轮转速传感器、ABS ECU、ABS 压力调节器和 ABS 警告灯等组成。汽车制动时，ABS 对车轮运动状态进行实时监测和控制，防止车轮制动抱死，将车轮滑移率控制在 20% 左右，使车轮尽可能处于最佳制动状态，使制动车轮获得尽可能大的纵向附着力和较大的侧向附着力，确保汽车具有良好的制动效能和制动方向稳定性。掌握电子控制防抱死制动系统的使用要领，正确操作使用 ABS，经常检查 ABS 使其处于良好的状态，可使汽车制动距离短、方向稳定性好和轮胎磨损少。

4. 汽车防滑转系统是指汽车在驱动过程中防止驱动轮发生滑转的控制系统，简称 ASR。电子控制驱动防滑转系统主要由 ASR 传感器、ASR ECU 和 ASR 制动压力调节器组成。汽车驱动行驶时，ASR 对汽车驱动轮的运动状态进行实时监测和控制，防止驱动轮滑转，将驱动轮滑转率控制在 20% 左右，使驱动轮处于最佳运动状态，使驱动轮获得最大的纵向附着力和较大的侧向附着力，确保汽车具有良好的驱动能力和方向稳定性。掌握电子控制防滑转系统的使用要领，正确操作使用 ASR，经常检查 ASR 使其处于良好的状态，能提高汽车的动力性、操纵稳定性、通过性，可减少驱动轮胎的磨损。

5. 汽车巡航控制系统是指汽车在运行中不踩加速踏板便可按照驾驶人的要求，自动保持一定行车速度的控制装置，简称 CCS。电子巡航控制系统主要由传感器、操作开关、巡航控制 ECU 和执行器等组成。巡航行驶时，车速传感器向巡航控制 ECU 输入实际车速信号，而巡航控制 ECU 则对设定车速和实际车速进行比较，当实际车速偏离设定的巡航车速时，其 ECU 就根据车速的偏离程度，向巡航控制执行器发出控制信号，使执行器动作来调节节气门开度，确保汽车在设定的车速下稳定行驶。掌握巡航控制系统使用注意事项，熟悉巡航车速设定、巡航车速增加、巡航车速降低、巡航车速恢复、巡航车速取消的操作方法，合理使用电子巡航控制系统，可减轻驾驶人劳动强度、提高行驶舒适性、降低油耗、减少污染、延长汽车使用寿命。

6. 汽车电子稳定程序系统（Electronic Stability Program）是通过实时调整车辆的运行状态，使车辆能够按照驾驶人的意图行驶，并防止车辆失稳的汽车主动安全装置，简称 ESP。电子稳定程序系统主要由 ESP 传感器、ESP 电控单元和 ESP 执行器等组成。车辆在行驶状态下，各种传感器会不断感知车辆的状态，并将数据传输给 ESP 电控单元，而电控单元经分析、评估，若车辆处于失控状态，则电控单元会向 ESP 执行器发出修正指令，以控制车辆恢复动态平衡。掌握 ESP 的使用要领，合理使用 ESP，能提高汽车的操作稳定性，并确保行车安全。

复习思考题

1. 发动机电子控制系统由哪几部分组成？试述其工作原理。
2. 发动机电子控制系统主要有哪些控制功能？试分析其控制原理。
3. 什么叫故障自诊断？试述故障自诊断原理。
4. 如何合理使用发动机电子控制系统？
5. 电子控制自动变速器由哪几部分组成？试述其工作原理。
6. 试述自动变速器电子、控制系统的组成及原理。
7. 如何正确使用自动变速器操纵手柄档位？如何合理选用自动变速器的换档模式？
8. 电子控制自动变速器的使用应注意哪些事项？
9. 什么是 ABS？ABS 的理论基础是什么？
10. ABS 由哪几部分组成？试述其工作原理。
11. 试述 ABS 的使用特点。
12. 如何检查 ABS 的性能？
13. 如何正确使用 ABS？
14. 什么是 ASR？ASR 的理论基础是什么？
15. ASR 由哪几部分组成？试述其工作原理。
16. ASR 的控制方式有哪几种？各适应哪些场合？
17. 如何正确使用 ASR？
18. 什么是汽车巡航控制系统？其功用是什么？
19. 汽车巡航控制系统由哪几部分组成？试述其工作原理。
20. 如何设定巡航车速、增加巡航车速、降低巡航车速、恢复巡航车速、取消巡航车速？
21. 什么情况下不宜使用汽车巡航控制系统？为什么？
22. 什么是 ESP？由哪几部分组成？
23. 怎样合理使用 ESP？

第3章 汽车在特殊条件下的使用

学习目标：

- 了解汽车走合期及其使用特点。
- 熟悉低温、高温、高原和山区条件对汽车使用性能的影响。
- 掌握汽车在走合期、低温、高温、高原和山区条件下的使用措施。
- 知道在特殊条件下如何正确使用汽车。

3.1 汽车走合期的使用

3.1.1 汽车走合期及其作用

汽车走合期是指新车或大修竣工汽车投入使用的初期。它是为了使汽车向正常使用阶段过渡，而在使用中对汽车相互配合的零件摩擦表面进行磨合的阶段。

新车或大修车，尽管经过了生产性工艺磨合，但零件的表面总存在着微观和宏观的几何形状偏差，汽车总成及部件装配也有一定的允许误差。因此，新配合件表面的实际接触面积比计算面积小得多，此时汽车若以全负荷运行，零件摩擦表面的单位压力会很大，将导致润滑油膜破坏和局部温度升高，使零件迅速磨损和破坏。若新车或大修车经过走合期的走合，将零件摩擦表面不平的部分磨去，逐渐形成比较光滑的、耐磨而可靠的工作表面，则可承受正常的工作负荷。同时，通过走合可暴露出生产或修理中的缺陷并加以消除，这样可使汽车进入正常使用时的故障率较低，从而保证汽车的稳定行驶。

汽车走合期在整个汽车使用期中虽然短暂，但它对汽车正常使用的影响却很大。正确合理地使用走合期，可以改善零件摩擦表面几何形状和表面物理机械性能，延长汽车的大修间隔里程和汽车使用寿命，提高汽车的使用可靠性和燃油经济性。

汽车走合期通常用里程表示，一般为 1000~1500km，其长短取决于汽车零件表面加工精度、装配质量、润滑油的品质、运行条件和驾驶技术等。不同的车型其走合里程也略有差异。

3.1.2 汽车走合期的使用特点

1. 零件磨损速度快

新车或大修车在出厂前虽按规定进行了磨合处理，但新配合零件表面仍较粗糙且表面间单位压力较大,因此开始走合时会产生较大的摩擦力,使零件表面的磨损速度加快;加之新配合零件之间间隙小,表面凸凹部分嵌合紧密,相对运动时,在摩擦力的作用下有较多的金属屑被磨落进入相配零件之间又构成磨料磨损,使磨损加剧;另外,由于间隙小,磨损过程中表面热量增大,进而使润滑油黏度降低,润滑条件变坏,使零件的磨损量增长较快。

2. 行驶故障多

由于零部件在加工、装配时存在一定偏差,同时,还隐藏着一些不易暴露和发现的故障,或者使用不当,未能正确执行走合规范,均会使走合期的行驶故障增加。如走合期内,若零件之间间隙过小,运行时温度过高,润滑条件较差,则容易出现发动机拉缸、烧瓦等故障;另外,走合期内还容易出现气液渗漏、紧固件松动等故障。

3. 润滑油易变质

走合期内,由于零件表面比较粗糙,配合间隙较小,油膜质量较差,汽车走合时零件表面和润滑油的温度都很高,同时有较多的金属屑被磨落进入配合零件间隙中,因此润滑油容易受高温氧化、被磨屑污染而变质。

4. 燃油消耗量高

走合期内,汽车节气门开度小,经常处于小负荷运行,发动机的负荷率较小,混合气偏浓,因而汽车的燃油经济性较差,耗油量较高。同时,走合期内,汽车零部件有较大的摩擦阻力,也使得油耗增加。

3.1.3 汽车走合期的使用措施

在走合期内,应根据汽车走合期的使用特点,采取下列使用措施,确保汽车平稳过渡到正常使用期。

1. 适当减载

汽车装载质量大小直接影响汽车的磨合质量。若汽车装载质量过大,则发动机和底盘各部受力较大,易使润滑条件变坏,导致汽车磨合条件恶化,严重时还会引发故障。因此,在走合期内,必须适当减载。通常,走合期初期的2~3h,汽车一般应空载,整个走合期应按额定的装载质量减载20%~25%,而且不允许拖挂或牵引其他车辆。

2. 严格限速

轻载高速与重载低速,都是大负荷的表现,对汽车的走合不利。当装载质量一定时,若车速较高,则发动机和传动零部件的负荷就较大,容易导致运动零部件的磨损加剧,因此在走合期内应严格限速,各档都需要限速。

通常,走合期货车的最高行驶速度,一般不得超过60km/h。不同类型的汽车,可根据其使用说明书的要求,确定其最高的走合速度。

3. 合理用油

合理使用燃油和润滑油,对汽车走合期具有重要的作用。为了防止发动机产生爆燃或工作粗暴而加速零部件的磨损,汽车在走合期中应采用优质燃油。为了使运动零部件的工作表面得到良好润滑,应选用黏度适当的优质润滑油或加有添加剂的专用润滑油,润滑油的加注数量应略多于规定量,并应按走合期维护的规定及时更换润滑油。

4. 正确驾驶

正确驾驶汽车,可以保证汽车的磨合质量。因此,在走合期内,驾驶人必须严格执行驾驶操作规程。起动发动机时不要猛踩加速踏板，严格控制加速踏板行程，避免发动机高速运转；发动机起动后，低速运转预热升温，待冷却液温度升至 50～60℃时，平稳起步，以减少对传动零件的冲击；行驶中，加速应缓慢，换档要及时，冷却液温度应控制在 80～95℃，机油压力应正常。要注意选择行驶路线，不在凹凸不平的路面上行驶，以减少振动和冲击；不要冲坡行驶，不用加速滑行法行驶，尽量减少汽车突然加速所引起的超负荷现象；尽量避免紧急制动、长时间制动或使用发动机制动。

5. 加强维护

为提高汽车的走合质量，应加强走合期的维护。走合期维护一般分走合前、走合中和走合后的维护。

走合前的维护主要是对汽车进行一次总体的检查，以防止汽车在走合期出现事故和损伤，保证顺利地完成走合。其主要内容有：检查汽车外部各种螺栓、螺母和锁销的紧固情况；检查润滑油、制动液、冷却液的加注及泄漏情况；检查轮胎气压是否符合标准；检查制动效能是否符合要求；检查各操纵机构、电气设备、灯光、仪表工作是否正常。

走合中的维护主要是对汽车各部技术状况开始发生变化的部分进行的及时维护，以恢复其良好的技术状况，保证下阶段走合顺利进行。其主要内容有：检查有关零部件的紧固程度和汽车传动系统、行驶系统的工作情况，并消除油、液、气的泄漏现象；清洗发动机润滑系统和底盘传动系统壳体，更换润滑油；对技术状况已经变化的部分进行维护。

走合后的维护是指走合期满后进行的维护，它通常结合二级维护进行。其主要内容有：对汽车进行全面的检查、紧固、调整和润滑作业，其作业的项目和深度参照制造厂的要求进行。通过走合后的维护，使汽车达到良好的技术状况，保证汽车能够正常地投入运行。

6. 不拉高速

所谓拉高速，就是新车在走合期后进入正常使用阶段初期，在满载情况下，每个档位在较高发动机转速下保持一定的时间行车，用以检验发动机、底盘等各个部位的性能。

对于新车，在走合期满后，用拉高速的方法检验汽车的极限工作状况，暴露高速行驶的缺陷，有问题早发现，能免费维修，是无可非议的。但过分夸大拉高速的作用是不可取的，也是不可信的。实际上，新车走合期完成并经维护后，汽车已经具备了高速行驶的条件，但拉高速时，满载大负荷行驶会加快汽车各部件的磨损，降低汽车的使用寿命。因此，刻意地去拉高速就等于有意去伤害汽车，会加速汽车的损坏。

3.2 汽车在低温条件下的使用

3.2.1 低温条件对汽车使用性能的影响

在寒冬季节，我国大部分地区最低气温在 0℃以下，北方地区的最低气温一般在 -15℃以下，部分地区的最低气温甚至在 -40℃以下。低温条件对汽车使用性能产生重大影响，使汽车使用性能显著变差，主要表现如下。

1. 发动机起动困难

当气温低于 -15℃时，发动机冷起动比较困难；而当气温低于 -30℃时，没有冷起动装置的汽车，不经预热则无法起动。发动机低温起动困难的主要原因是：曲轴转动阻力矩增大、燃油雾化性变差、蓄电池工作能力下降。

（1）曲轴转动阻力矩增大　起动时曲轴转动的阻力矩包括运动部件的惯性阻力矩、缸内被压缩气体的反作用力矩和各运动副的摩擦力矩。气温变化时，前两种阻力矩变化不大，但摩擦力矩却在低温时因发动机机油的黏度增大，机油流动性变差，润滑条件恶化而大大增加。

曲轴转动阻力矩增大，会导致发动机起动转速下降，使汽油机燃油汽化不良，使柴油机压缩终了的压力和温度较低，从而造成发动机起动困难。

（2）燃油雾化性变差　对于汽油机，气温降低时，汽油的黏度和相对密度增大（图3-1），使得汽油的流动性变差，表面张力变大，蒸发、雾化不良。同时，低温时由于零部件吸热作用大，因而汽油难以吸热蒸发，大部分汽油以液态进入气缸。据试验知，汽油机在气温为-12～0℃时起动，只有4%～12%的汽油蒸发而形成可燃混合气。这些表明：汽油机低温起动时，因燃油雾化性变差，其实际混合气过稀，故导致发动机难以起动。

对于柴油机，柴油的黏度会随气温的降低而增加，如图3-2所示。在低温条件下，柴油的黏度过大，会造成柴油雾化不良，使其燃烧过程变坏。当温度进一步降低时，柴油中的石蜡沉淀析出，使柴油的流动性逐渐丧失。同时，低温还使缸内压缩终了的温度降低。这些都可导致发动机难以起动。

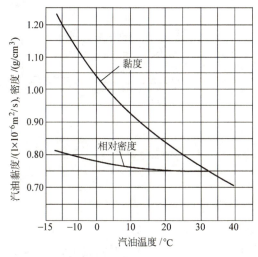

图3-1　汽油的黏度、相对密度与温度的关系

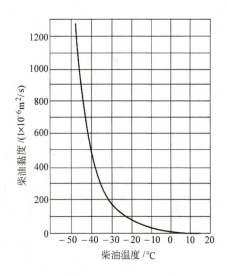

图3-2　柴油的黏度与温度的关系

（3）蓄电池工作能力下降　设蓄电池电动势为$E(V)$，蓄电池内阻为$R(\Omega)$，蓄电池输出电流为$I(A)$，则蓄电池电压$U(V)$为

$$U = E - IR$$

在低温条件下，蓄电池的电解液黏度较大，向极板的渗透能力下降，内阻R增加；同时，低温起动时曲轴转动阻力矩较大，起动电流很大。但低温时蓄电池电动势E变化不大，这就使得蓄电池的端电压U明显减小，导致蓄电池的输出电量下降。低温起动时，本需要起动功率大，然而蓄电池的输出电量反而下降（图3-3）。当气温降到一定程度时，蓄电池

满足不了起动时必须的功率要求，使起动机无力拖动发动机达到最低的起动转速，图3-3中两曲线的交点对应的温度就是蓄电池起动的低温极限。另外，低温起动时需要更强的点火能量，然而蓄电池端电压的降低也会使火花塞的跳火能量减小，不能满足起动要求，导致发动机低温起动困难。

2. 总成磨损严重

汽车在低温条件下使用时，各主要总成的磨损均较大，尤其是发动机和汽车传动系统的磨损更为明显。

（1）发动机磨损　汽车在低温条件下使用时，发动机的气缸磨损较为严重。试验表明，在发动机使用周期中，50%的气缸磨损发生在起动过程，而冬季起动磨损占总起动磨损的60%~70%，在气温-18℃时起动发动机一次的气缸磨损量相当于汽车正常行驶210km的磨损量。图3-4反映了每1000km发动机气缸磨损量与气缸壁温度的变化关系，其温度越低，气缸磨损越严重。低温条件下气缸壁磨损严重的主要原因如下。

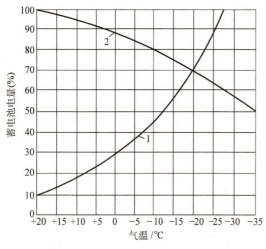

图3-3　蓄电池电量与气温的关系
1—必须的起动功率（蓄电池电量的百分数）
2—蓄电池供给的最大电量

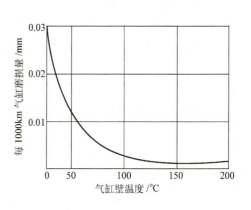

图3-4　发动机气缸磨损量与气缸壁温度的关系

1）润滑条件差。一是低温起动时，机油黏度大，流动性差，机油不能及时到达各运动件摩擦表面，使气缸壁、主轴承及连杆轴承等润滑条件恶化。二是低温起动时燃油蒸发性差，大部分燃油以液态进入气缸，冲刷了气缸壁的油膜，破坏了气缸壁摩擦表面的润滑特性，同时沿缸壁流入曲轴箱的燃油稀释了机油，使其油性劣化，降低了润滑性能。其润滑条件变差，会导致摩擦力加大、磨损增加。

2）电化学腐蚀。发动机气缸内燃烧产物中的碳、硫和氮的氧化物，溶于水形成酸类对缸壁的腐蚀，称为电化学腐蚀或湿腐蚀。气缸壁温度越低，越易发生电化学腐蚀。因为低温时，燃烧过程产生的水蒸气易凝结在气缸壁上，与燃烧过程中产生的氧化物如氧化硫反应生成酸性物质。低温时的电化学腐蚀会加快气缸壁的磨损。

（2）传动系统总成磨损　在低温条件下，传动系统润滑油黏度较大，使传动系统总成在起步后较长一段时间内运动阻力相应增大，会导致传动系统零件磨损加剧。同时低温条件下，油温升速很慢，齿轮和轴承得不到充分润滑，也会使零件磨损增大。试验表明，传动系统润滑油温度-5℃时的磨损量是温度为35℃时磨损量的10~12倍。

3. 燃油消耗量增大

汽车在低温条件下行驶，燃油消耗量会增大。试验表明：气温在5℃以下时，将对汽车运行燃油的消耗产生较大影响，气温每降低10℃，燃油消耗量将增大3%~5%。

汽车在低温条件下使用时，燃油消耗量增大的主要原因是：发动机暖车时间长，耗油量大；发动机工作温度低，散热快，能量损失大；发动机工作温度低，燃油汽化不良，燃烧不完全，热效率低；润滑油黏度大，摩擦损失大，发动机和传动系统的机械效率低，功率损失大。

4. 零件材料性能变差

低温条件下，零件材料的物理机械性能会变差，耐冲击载荷强度下降，易导致零部件在载荷作用下发生损坏。在-30℃以下时，碳钢类材料的冲击韧性急剧降低；硅钢、锰钢等合金钢零件和铸铁件易变脆折断；橡胶轮胎易变硬而丧失弹性，受冲击载荷作用时易破裂；塑料制品变脆易出现裂纹。

5. 排气污染严重

汽油机在低温条件下冷起动时，HC和CO的污染物排放比较严重。试验表明，汽油机有近80%的HC排放量是在冷起动阶段排出。HC和CO在低温冷起动排放多的主要原因：一是气温低，燃油雾化不良；二是气温低，氧传感器不起作用，无法提供反馈信号对燃油量进行有效的控制；三是气温低，催化转化器不起作用，典型的催化剂起燃温度一般在250~300℃，因此在冷起动期间，排出的HC和CO难以被催化转化器转化，而直接排到大气中。

柴油机在低温条件下冷起动和怠速工况时通常冒白烟，而白烟则是直径为1μm以上的可见污染物。柴油机低温冒白烟的主要原因是：气缸中温度较低，发火不良，燃油不能完全燃烧而以液滴颗粒状随废气排出。

6. 行驶条件变坏

气温很低的冬季，多为冰雪路面，轮胎与路面间的附着系数显著下降，行驶条件变坏。汽车制动时，制动距离较长，且极易发生侧滑；汽车加速或上坡时，驱动轮易滑转；汽车转向时，易失去转向能力，方向难以控制。这些都会严重影响行车安全。

3.2.2 汽车在低温条件下的使用措施

1. 加强技术维护

入冬前，为使汽车适应低温的运行条件，应结合汽车定期维护进行一次季节性技术维护，其主要内容如下。

（1）换用冬季润滑剂和其他工作液　发动机机油和车辆齿轮油应选用冬用黏度级或多黏度级润滑油；润滑脂应选用耐低温的润滑脂。这样，可改善汽车低温行驶的润滑条件，减少摩擦阻力，减轻零件的磨损，降低汽车的油耗。

液压传动制动系统应换用低温性好的合成型制动液，确保汽车低温行驶时具有良好的制动性。

（2）加装保温设施　汽车在严寒地区使用时，加装保温设施的目的是使发动机在正常的热状态下工作及随时顺利起动出车，以减少零件的磨损和节约燃油。保温的主要部位是发动机和蓄电池。

给发动机罩和散热器罩加装棉制或革制保温套,可使汽车在-30℃左右的气温下工作时,发动机罩内的温度仍保持在20~30℃。同时,停车后发动机主要部件的冷却速度即可大大地减缓。

发动机采用双层油底壳,或在油底壳下加封一层玻璃纤维,保温效果较好。发动机油底壳保温可使发动机机油温度趋于正常、稳定,能改善发动机的润滑条件。

对蓄电池保温,一般是将蓄电池装入双层保温箱。保温箱夹层中装有毛毡或聚苯乙烯等保温材料。低温条件下,蓄电池保温可提高其蓄电容量和工作能力。通常,电解液温度每提高1℃,蓄电池容量约能提高1%。另外,蓄电池保温效果越好,则电解液冻结以致冻坏蓄电池的危险性就越小,蓄电池的使用寿命就越长。

(3) 进行其他检查　检查调整冷却散热装置(节温器、风扇传动带等),检查或调整供油系、点火系;采取防滑保护措施等。

2. 起动前预热

在严寒条件下,在发动机起动前进行预热,是减少起动阻力、改善混合气形成条件或着火条件,提高汽车冷起动性能的一项重要措施。起动前的预热主要是对发动机缸体、进气系统和机油进行预热。其预热方法很多,可根据汽车发动机结构及当地汽车的使用条件选择。

(1) 进气预热　进气预热是指通过进气预热装置对发动机的进气进行预热。汽油机低温起动时,可在起动前预热进气管;而柴油机可在进气管加装电热装置或用火焰加热器加热空气滤清器、进气管道和进气气流。

低温条件下,对发动机采用进气预热,能提高进气温度,加快混合气的形成,降低发动机的起动温度,提高发动机的低温起动性能,实现发动机的顺利起动。

(2) 发动机预热　常用的发动机预热方法主要是:热水预热、蒸汽预热、电能预热和燃油加热器预热。

1) 热水预热。热水预热是将90~95℃的热水注入冷却系统,注满后,将发动机放水阀打开,使之边注边流,待流出的水温达到30~40℃时,将放水阀关闭。

热水预热是应用最广泛的预热方式,简便易行。但这种预热方法只能使发动机气缸得到预热,而曲轴、连杆轴承与曲轴箱机油不能得到预热。

2) 蒸汽预热。蒸汽预热是利用蒸汽遇冷后释放的潜热预热。预热时,将压力为35~78.5kPa的热蒸汽通过蒸汽管导入散热器的下水管而进入发动机冷却系统,或通过加装在缸体或缸盖上的蒸汽阀直接引入发动机的冷却水套。预热开始时,因发动机温度低,蒸汽进入冷却系统后会被冷凝,需打开放水阀排出积水;当缸体温度升高到一定程度时,放水阀处便排出蒸汽,直至预热温度升高到50~60℃时,就可向冷却系统加入热水。若在曲轴箱内加装蒸汽管或散热容器,可预热机油,降低机油黏度,增加机油流动性,减少摩擦阻力,使发动机易于起动。

由于蒸汽的热容量大,因此在气温较低时采用蒸汽预热效果较好,但蒸汽预热的成本较高。

3) 电能预热。电能预热是利用装置在发动机冷却系统和油底壳中的电加热器加热冷却液和机油的预热方法。这种方法应用方便,适应的低温下限较低,在-40℃以下的气温条件下使用,也能获得较好的效果。通常,其电加热器功率:加热冷却液时为0.6~2kW;加热发动机机油时为 0.1~1kW。

4）燃油加热器预热。燃油加热器预热是以车用燃油为能源，利用随车装备的燃油加热器加热发动机冷却液的预热方法。这种燃油加热器在车上与发动机冷却系统相连，如图3-5所示。预热时，点燃低温喷灯，将喷灯喷筒插入风罩，火焰喷在热交换器上加热冷却液升温，而循环泵把发动机气缸体下部的冷却液抽出并泵入热交换器，把被加热了的冷却液泵入发动机，使发动机升温。发动机预热速度主要取决于气温、发动机质量、冷却液质量。

燃油加热器预热能随车进行，使用方便，预热快。这种预热方法随着其燃油加热器技术的日臻完善，具有良好的发展前景。

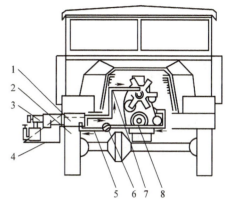

图3-5　燃油加热器预热原理
1—热交换器　2—风罩　3—低温喷灯　4—托架
5—热交换器入水管　6—微型电动循环泵
7—发动机入水管　8—发动机出水管

3. 使用起动液起动

起动液是一种专用的起动燃料，其主要成分是乙醚（$C_2H_5OC_2H_5$），即着火剂。乙醚沸点低（34.5℃），饱和蒸气压大（40℃时的饱和蒸气压为122.8kPa），具有很好的挥发性。同时，乙醚的闪点低，极易点燃或压燃。为全面保证起动液性能，除着火剂外，起动液还加有抗爆剂、润滑剂和促溶剂等。起动液具有良好的蒸发性，并容易被点燃或压燃。

为保证发动机在低温条件下不经预热直接起动，可使用起动液。起动液的加注方法应根据发动机进气系统的结构，尽可能将其呈雾状均匀地分配到各气缸中。一般不采用将起动液渗入基本燃料通过供油系统进入气缸的方法，而是另设一套起动装置来喷射起动液。

图3-6为某起动液起动装置原理图，它由打气筒、空气管、混合器、乳化管和喷嘴几部分组成。其工作原理是：起动前，将装有起动液的小罐放在混合器中，并盖好盖子；起动时，压下通针，穿破小罐，使起动液流入混合器的空腔内，由打气筒产生的压缩空气经空气管进入混合器的空腔里，然后空气和起动液分别通过空气量孔与起动液量孔以一定比例混合成乳化液，乳化液通过乳化管和喷嘴成为雾状进入发动机进气管。与此同时，起动发动机，雾化了的起动液和从空气滤清器进来的空气（柴油机）或可燃混合气（汽油机）混合后进入各个气缸。

对没有起动液起动装置的汽车，可使用起动液压力喷射罐（图3-7），直接把起动液喷入进气管，但应注意控制喷入量。喷入量过大时，会引起发动机起动粗暴。

采用起动液进行冷起动，可使发动机在-40℃或更低的气温下可靠起动。不过这种起动方法，还需与多级机油和低温蓄电池相配合，以便使起动机能将发动机驱动到必要的起动转速。

4. 正确使用防冻液

在低温条件下，发动机冷却系统使用防冻液，不仅可以防止缸体冻裂，还可以减轻驾驶人的劳动强度。正确使用防冻液和专门的起动预热设备相配合，可以大大地减少起动前的准备时间。

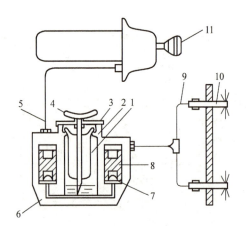 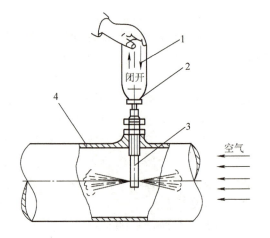

图 3-6 起动液起动装置原理图
1—起动液小罐 2—混合器 3—盖子 4—通针
5—空气管 6—起动液 7—起动液量孔
8—空气量孔 9—乳化管
10—喷嘴 11—打气筒

图 3-7 起动液喷射装置示意图
1—起动液压力喷射罐 2—单向阀
3—喷嘴 4—发动机进气

常用的防冻液有乙二醇型和丙二醇型。目前，大多数汽车选用乙二醇型冷却液，这种冷却液在使用中，如无渗漏，若水蒸发，则只需补充适量的水即可，其使用寿命长。不同类型的防冻液不能混用，所选防冻液的冰点应比当地的最低温度低10℃左右。

5. 提高驾驶技术

（1）起步柔和缓慢 在低温条件下，驾驶手动档车辆时，起步一定要柔和缓慢，做到慢抬离合轻踩加速踏板，可减少低温动力传动时的运转阻力，减小发动机低温运转的负荷，使汽车低温运转的磨损减轻。对于驾驶自动档车辆，轻踩加速踏板起步，还有利于防止驱动轮滑转。

（2）低速预热车辆 在低温条件下，润滑油会因黏度增加而不易流动，冷车起步后应慢慢驾驶预热各系统，使各总成润滑油温度正常，减少摩擦损失功率，其间不可猛踩加速踏板，更不要让发动机转速过高，待汽车逐渐走热后方可进入正常行车速度。这样既安全，又省油，亦能延长车辆使用寿命。

（3）选择合适的档位 低温驾车要勤换档，档位过低、过高都易使车辆失控，在冰雪路面上行驶尤为如此。在湿滑路面上起步以及在中低速行驶时，最好选择高一档的档位以避免驱动力过大造成打滑。

（4）保持适当的冷却液温度 在低温条件的行车过程中，要控制好发动机冷却液温度，保证发动机在正常的热状态下工作，提高汽车行驶的经济性和动力性。

（5）掌握必要的驾驶技巧

1）轻柔加速，缓慢减速。在有冰雪或湿滑的路面行车，要尽量保持匀速行驶，切忌猛加速、急制动，以免汽车行驶侧滑而失去方向稳定性。

2）选择合适的行驶路线。在冰雪路面上行车尽可能保持直线行走，不要频繁换道。在乡间道路行车时，最好选择沿着车辙行驶，尽量选择在路中间行车。行车转弯要特别注意避开弯道内的积雪和结冰，无法避开时一定要提早减档减速缓慢通过，车速降下来后，尽量转大弯，不要急转方向，更不要在急弯中制动或挂空档。

3）滑路需防滑。冰雪道路上行车时，应采取有效的防滑措施，如安装防滑链，但通过难行路段后应迅速拆除。滑路处严禁使用紧急制动，以免汽车制动侧滑。

4）发动机少熄火。在低温条件下临时停车，不要将发动机熄火，以避免低温频繁起动，减少发动机的起动磨损。

3.3 汽车在高温条件下的使用

3.3.1 高温条件对汽车使用性能的影响

在炎热的夏季，我国南方高温持续时间较长，最高气温可达35℃以上。汽车在高温条件下行驶，其散热温差小，散热能力差，对汽车使用性能产生重大影响，使汽车使用性能显著变差，主要表现如下。

1. 发动机功率下降

汽车在高温条件下行驶时，冷却系统散热效率降低，发动机罩内温度升高，空气密度减小，每循环实际进入气缸内的新鲜充气量减少，发动机的充气系数减小，使发动机功率下降，导致汽车动力性变差。试验表明：当气温从15℃升高到40℃时，发动机功率下降为6%～8%。环境温度越高，发动机功率下降越多。

2. 燃烧不正常

汽车在高温条件下行驶时，进入发动机的混合气温度较高，发动机整个工作循环的温度上升；同时，由于冷却系统散热能力下降，使发动机过热，从而导致发动机气缸壁、燃烧室壁温度升高，此时燃烧室中的积炭等高温沉积物或灼热点，易使发动机产生早燃或爆燃。这些不正常的燃烧不仅使发动机的动力性、经济性下降，还使发动机零件的热负荷和机械负荷上升，导致零件的热变形甚至裂纹，并加剧磨损。

3. 润滑油易变质

汽车在高温条件下工作时，发动机温度越高，机油越易变质。在高温条件下，发动机过热使机油流动区域的温度升高，如活塞、活塞环及油底壳等的温度过高，机油长期在高温下工作，使机油的抗氧化安定性变坏，加剧了机油的热分解、氧化和聚合过程，引起机油变质。另外，高温不正常燃烧的产物及进气中夹带的灰尘窜入曲轴箱，会污染机油并使其油温升高，加快了机油的氧化变质过程。

在高温条件下，汽车高负荷连续行驶时，手动变速器、主减速器内的齿轮油的温度会超过120℃，易引起齿轮油变质。另外，汽车润滑脂在高温下易流失（溶点温度一般在76℃）、变质。

4. 机件磨损严重

（1）发动机磨损严重 汽车在高温条件下工作时，发动机温度越高，发动机磨损越严重。发动机磨损严重的根本原因如下。

1）发动机高温时润滑条件恶化。温度越高，机油黏度越低，油性越差；温度越高，机油越易变质。这些都使发动机运动部件的润滑性能变差，导致摩擦力增加，磨损严重。

2）发动机不正常燃烧形成的高温高压。在高温条件下，发动机早燃或爆燃产生的高温高压，使发动机零件的热负荷和机械负荷过大，导致零件磨损严重。试验表明：爆燃可使气缸磨损比正常燃烧时增加两倍多，严重时可使气门、活塞等零件损坏。

3) 发动机燃烧产物的腐蚀。高温时，发动机气缸内燃烧产物中的硫和氮的氧化物、有机酸等腐蚀性物质直接与缸壁起化学作用，对缸壁进行腐蚀，这种腐蚀称为化学腐蚀或干腐蚀。其温度越高，干腐蚀越严重。这种腐蚀的长期作用会导致发动机气缸、活塞、活塞环磨损严重。

(2) 传动系磨损严重　汽车传动系统在高温条件下工作，其变速器、主减速器齿轮油的温度过高，黏度减小，其油膜的承载能力下降，导致磨损严重。另外，气温若高于润滑脂的高温界限，则润滑脂会流失而失去润滑作用，加剧磨损，甚至烧坏轴承或零件。

5. 液体管路易产生气阻

气阻是指由于管路中的液体受热后部分蒸发，在管路中形成气泡，阻碍液体流动甚至产生液流中断的现象。汽车上的供油系统和液压制动系统在高温时容易产生气阻。

(1) 供油系统气阻　汽车在高温条件下行驶时，发动机罩内温度很高，汽油在油管中受热后，部分汽油蒸发成气体而在管路中形成气泡，阻碍汽油流动；同时由于气体的可压缩性，使存在于汽油泵出油管中的油蒸气随着汽油泵的脉动压力不断地压缩和膨胀，而存在于汽油泵进油管中的气体破坏了汽油泵吸油行程中所形成的真空度，使发动机供油不足甚至中断。

气温越高，发动机罩内温度也就越高，越易产生气阻。特别是高温下汽车满载爬坡或大负荷行驶时，供油系统更容易发生气阻。

(2) 液压制动系统气阻　在液压传动制动系统中，如果使用的制动液高温抗气阻性差，则在气温高时系统内易产生气阻。若液压制动系统存在气阻，则踩制动踏板时，其管路中的制动液蒸气可被压缩，因而制动力会减小，制动系统工作可靠性会下降。

6. 轮胎易爆

汽车在高温条件下使用时，轮胎散热慢，胎内温度升高而使气压增大；同时，高温使得橡胶老化速度加快，强度降低，因而容易引起轮胎爆破。

3.3.2 汽车在高温条件下的使用措施

1. 加强技术维护

入夏前，为使汽车适应高温的运行条件，应结合二级维护进行一次季节性技术维护，其主要内容如下。

(1) 换用夏季润滑剂和其他工作液　高温将使润滑油早期变质、黏度降低，为保证汽车各总成在高温使用条件下能得到可靠润滑，减少摩擦阻力，减轻零件的磨损，降低汽车的油耗，发动机机油、车辆齿轮油应选用夏用黏度级或多黏度级的优质润滑油；润滑脂应选用耐高温的润滑脂，轮毂轴承应换用滴点较高的润滑脂。

高温可使制动液容易汽化，产生气阻，为保证汽车高温行驶时具有良好的制动性能，液压传动制动系统应换用高温抗气阻性好的制动液。

(2) 加强冷却系统的维护　要特别注意冷却系统的检查，如冷却系统的密封情况、散热器是否有破损、散热器盖上的通风口和通气孔是否畅通、冷却液温度表及温度传感器是否正常、风扇技术状况是否良好、节温器工作是否正常、冷却液量是否充足等。若发现问题，应进行维护，确保其工作正常。

水垢对冷却系统散热能力的影响很大，试验表明：水垢的热导率比铸铁小十几倍，比铝合金小 100~300 倍。因此，必要时应清除散热器和缸体、缸盖水套内的水垢，以提高冷却效果。清除水垢时，应根据铝合金气缸盖水套与铸铁气缸盖水套，选配不同的除垢剂。

加强冷却系统的维护，确保冷却系统具有良好的冷却效果。

（3）加强电源及点火系统的维护　高温时，混合气燃烧速率快，应适当减小点火提前角；对于可维护的蓄电池应检查调整蓄电池电解液密度，保持电解液液面高度正常和通气孔畅通；调整发电机调节器，适当减少充电电流。

（4）加强"三滤"的维护　对于在灰尘大的地区使用的车辆，应加强空气滤清器、燃油滤清器和机油滤清器的维护，以确保油路、气路的畅通，使发动机有良好的润滑条件、合适的混合气浓度，保证发动机在高温条件下正常工作。

2. 防止爆燃

汽车在高温条件下工作时，发动机易发生爆燃，而爆燃会使发动机磨损加剧或使有关零件损坏，因此应防止爆燃。对于电喷发动机来说，使用中防止爆燃可供选择的主要措施如下。

1）选用高牌号汽油，高牌号汽油抗爆性好。

2）保持发动机处于正常工作温度。加强冷却系统的维护，提高冷却能力，保证发动机在冷却液温度为 80~95℃ 处工作，温度过高容易爆燃。

3）避免汽车长时间超载、大负荷工作。

4）加强空气滤清器、汽油滤清器的维护，确保可燃混合气浓度正常。

5）必要时清除发动机燃烧室、活塞顶部、气门等部位的积炭，提高散热性，消除炽热点。

6）正确维护爆燃传感器，使爆燃传感器正常工作，从而保证 ECU 能及时地控制和调整点火提前角，防止爆燃。

7）改进进气方式，降低进气温度，可有效地防止爆燃。常用方法是将内吸式空气滤清器改成前吸式空气滤清器，使进气不受发动机热辐射的影响，其进气温度大为降低。

3. 防止气阻

防止气阻的方法是在原车基础上改善或减少供油系统受热，其主要可供选择的措施如下。

1）加强发动机的散热和通风，保持发动机处于正常工作温度，同时应及时清洗汽油滤清器，保证油路畅通，避免供油系统产生气阻。

2）采用结构和性能良好的汽油泵，以提高抗气阻的能力。

3）改变汽油泵的安装位置，或在气缸体与汽油泵之间加装石棉板垫片，以减少发动机传给汽油泵的热量，防止气阻。

4）装用电动汽油泵。因它不需要发动机驱动，所以可安装在不易受热的位置上，能降低汽油泵温度，可有效防止气阻。现代电喷汽车采用电动汽油泵，多安装在燃油箱内。

当汽车在高温条件下工作产生气阻时，可将汽车开到阴凉处或用湿布冷敷汽油泵，来降温消除气阻。

4. 防止爆胎

防止爆胎的方法主要是降低轮胎的温度并保持适当的轮胎气压。使用中防止爆胎的措施如下。

1) 保持规定的轮胎气压。轮胎气压过高或过低均会降低轮胎的使用寿命。轮胎气压越高,越易爆胎。

2) 限制车速。车速过高时,轮胎的弹性迟滞损失加大,轮胎温度增加,易引起爆胎。因此,长距离行车时,车速不宜过高,不能超过轮胎的规定车速。

3) 严禁超载。高温条件下,轮胎胎体强度下降,如果超载行驶,容易产生胎面脱胶和胎体爆破。因此,高温条件使用时应严禁汽车超载。

4) 勤查胎温。在行车中应经常检查轮胎温度,如发现轮胎温度过高(胎面部分烫手),既不能放气,也不能泼冷水,而应降低行车速度或在阴凉地点停歇使胎温降下来。

5) 轮胎定期换位。车上各轮胎的负荷、工作状况、散热条件时有差异,若各轮胎长期这样工作,则各轮胎会磨损不均,会造成个别轮胎早爆。因此,应加强轮胎的定期换位工作,防止轮胎早爆,保证各轮胎的使用寿命接近。

3.4　汽车在高原和山区条件下的使用

3.4.1　高原和山区条件对汽车使用性能的影响

汽车在高原山区条件下行驶,由于高原地区海拔高、气压低、空气稀薄,而山区路况复杂,坡路较多,因而对汽车使用性能产生重大影响,使汽车使用性能显著变差,主要表现如下。

1. 发动机动力性下降

随着海拔的升高,发动机动力性会下降。试验表明:海拔每升高1000m,发动机功率和转矩分别下降12%和11%左右,如图3-8所示。高原地区发动机动力性下降的主要原因如下。

(1) 充气量下降　随着海拔升高,气压降低,空气密度减小。海拔每增加1000m,大气压力下降约11.5%,空气密度约减少9%,如表3-1所示。这样,发动机在高原地区工作时,因气压降低,外界与气缸内的压差减小,又因空气密度减小,致使发动机的充气量下降,因此平均指示压力减小。对于四冲程发动机而言,平均指示压力与发动机功率成正比。这说明,对于一定型号的发动机而言,在转速不变的情况下,发动机功率或转矩会随着海拔升高而减小,发动机动力性下降。

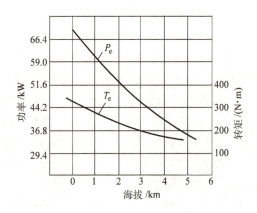

图3-8　发动机功率、转矩与海拔的关系

(2) 进气压力、温度低　海拔升高时,由于进气压力、进气温度降低(表3-1),使得压缩终了的压力和温度降低,导致混合气燃烧速度减慢,发动机指示效率下降,致使平均指示压力减小。因此,发动机功率或转矩也会随着海拔高度的升高而减小,发动机动力性下降。

表 3-1　海拔与大气压力、密度、温度的关系

海拔/m	大气压力/kPa	气压比例	空气温度/℃	空气密度/(kg/m³)	相对的空气密度
0	101.3	1	15	1.2255	1
1000	89.9	0.887	8.5	1.1120	0.9074
2000	79.5	0.7845	2	1.006	0.8215
3000	70.1	0.6918	-4.5	0.9094	0.7421
4000	61.3	0.6045	-11	0.8193	0.6685
5000	54.0	0.533	-17.5	0.7363	0.6008

2. 燃油经济性变差

发动机正常工作状况的喷油量和混合气浓度的设定一般是按海拔 1000m 以下的条件设计的，高原山区行驶的汽车，若未经修正，则汽车燃油经济性就会变差。且海拔越高，汽车行驶的油耗增加率越多，如图 3-9 所示。高原山区汽车燃油经济性变差的主要原因如下。

（1）混合气过浓　高原地区空气稀薄，空气密度变小，发动机循环充气量明显下降。随着海拔增加，空燃比变小，混合气变浓（图 3-10），如不进行修正，就会使发动机油耗增加。电子控制燃油喷射发动机的 ECU 可对空气状况进行修正，改善燃油经济性。

（2）行驶条件差　高原山区坡度陡而长，道路复杂，行驶阻力大，而发动机动力性又差，因而汽车经常采用低档大负荷低速行驶，使得汽车油耗增大。

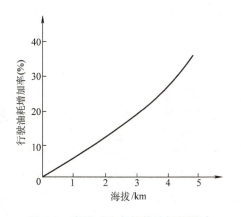

图 3-9　海拔对汽车行驶油耗的影响

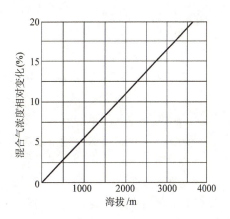

图 3-10　海拔对混合气浓度的影响

3. CO、HC 排放量增加

高原山区行驶的汽车，若未经调整，汽车主要排气污染物 CO、HC 的排放量会增加，且海拔越高，则 CO、HC 的排放量就越大，而 NO_x 的排放量就越小，如图 3-11 所示。这主要是由海拔增加时，发动机充气量下降，可燃混合气变浓，空燃比变小，不完全燃烧现象较为严重所致。

4. 机油易变质

在高原山区条件行车时，由于发动机功率下降、道路状况复杂、行驶阻力大，因此发动

机满负荷工作的时间比例增大，使发动机过热，导致其机油温度过高，促使机油氧化变质；此外，过浓的混合气不能完全燃烧，窜入曲轴箱后，会稀释发动机油而加快发动机油变质，使发动机润滑不良，磨损加剧。

5. 机件易损坏

汽车在高原山区行驶，弯多、坡陡，道路条件差，振动冲击大，制动强度大，且汽车经常在大负荷条件下工作，润滑条件恶化，易加剧汽车机件的损坏。

6. 制动性变差

汽车在高原、山区行驶时，制动器使用频繁，下长坡时，常需进行长时间连续制动，

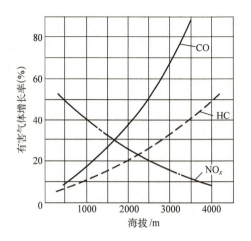

图 3-11　海拔对排气污染物浓度的影响

使制动器工作温度明显上升，常达到300℃以上，有时甚至高达600～700℃。由于制动器具有热衰退现象，因此高温时制动器的摩擦系数将明显下降，导致汽车制动力减少，制动效能变差。另外，山区道路弯多，汽车在转弯行驶制动时，容易出现后轴侧滑、前轮失去转向能力的现象。

液压制动系统的汽车在高原、山区使用时，制动系统的工作温度升高还会使制动液在制动管路中蒸发而产生气阻，导致制动性能下降或制动失效。

气压制动系统的汽车在高原、山区使用时，因制动频繁，需要更多的压缩空气。然而，由于高原、山区空气稀薄，空气压缩机的效率降低，泵气量减少，也使得制动效能受到很大影响。

3.4.2　汽车在高原和山区条件下的使用措施

在高原山区条件下使用的汽车，最大的问题是发动机性能变差和汽车行驶安全性不良。因此，应采取一系列的技术措施来改善发动机性能，改善安全行车性能。

1. 改善发动机性能的措施

（1）提高压缩比　由于高原地区空气稀薄，发动机实际充气量减小，压缩行程终了时气缸内的压力和温度均下降，汽油机爆燃倾向小，因此在高原和山区使用的汽车可适当提高发动机压缩比。

适当提高发动机压缩比，不仅可以提高压缩终了时的温度与压力、增大膨胀比、加快燃烧速率、改善燃烧过程、减少热损失，还可采用较稀的混合气，提高发动机的动力性和经济性。

可采用高压缩比的气缸盖提高压缩比，高压缩比气缸盖可以是专门设计的，也可以在原气缸盖上进行加工，用缩小燃烧室容积的方法使压缩比有所提高。还可以采用较薄气缸垫，来适当提高压缩比。

（2）合理选择配气相位　配气相位合适可以提高发动机的充气系数，改善发动机的动力性和经济性。配气相位的确定，应与发动机的实际转速范围相适应。转速不同，进、排气

门开、闭角对气流惯性的影响也不同，因而进、排气门开闭的最有利的角度应随之变化。在进、排气门开、关的四个时期中，进气迟关角和排气提前角的影响最大。

合理的进气迟关角可利用气流惯性提高充气量，在一定的气流惯性下，对应一个最佳迟关角。进气迟关角减小能提高低转速下的充气系数，改善发动机低速范围的动力性和经济性。反之，进气迟关角增大，对经常处于高速运转的发动机有利。排气提前角主要影响做功行程中的膨胀功损失和排气行程中的排气功损失，最佳的排气提前角应使这两种损失功之和为最小。最佳排气提前角随着发动机转速的下降而减小。

高原和山区使用的车辆，车速较低，发动机转速范围相应较低。因此，应缩短气门的开启期，使配气相位变窄，使进气迟关角和排气提前角都减小，从而提高汽车低速时的动力性。

高原和山区使用的车辆最好选用可变配气相位的发动机。这种发动机的配气相位角能根据发动机的运行状况而改变，能充分利用气流的惯性，提高充气效率，改善发动机在所有转速范围内的动力性、经济性，并降低排放污染。随着可变配气相位技术的快速发展，越来越多的现代轿车发动机已经采用了可变配气系统。

(3) 改进燃油供给系统　海拔升高后，充气量减小，应据此对燃油供给系统进行改进。采用电喷燃油控制系统，按海拔、转速、负荷等参数自动调整燃油和空气供给量，保证混合气浓度满足行驶条件的要求，提高发动机动力性和经济性。

对于在高海拔地区使用的柴油发动机，应重新调整油泵的供油特性。随海拔调整最大供油量，海拔越高，最大供油量越小。另外，由于高海拔地区柴油喷入气缸后的着火滞后期延长，燃烧速率减慢。因此，柴油机的喷油提前角应比平原地区略为提前：海拔在 2000～3000m 时，提前 1°～2°；海拔在 3000m 以上时，提前 2°～4°。

(4) 改进点火系统　海拔升高后，发动机压缩终了的压力、温度降低，火焰的传播速度减慢，发动机热效率下降，致使动力性和经济性变差。为了改善发动机性能，应将点火提前角比平原地区略微提前 2°～3°。高原地区进气压力、温度低，爆燃倾向小，为点火提前角的增加改进提供了可能。

现代汽车普遍采用微机控制的点火系统，它能根据发动机的运行工况（转速、负荷）及其爆燃倾向自动调整最佳点火提前角，来满足发动机动力性和经济性的需求。因此，高原地区的汽车最好采用微机控制点火系统。

适当调大火花塞电极间隙，以增强火花强度，提高点火系统的点火能量，可加快混合气的燃烧速度，促进充分燃烧，减少积炭生成。通常，车况好的火花塞电极间隙可比规定值增加 0.25mm 左右，车况较差的只增加 0.15mm 左右。

(5) 采用进气增压装置　在进气系统中安装增压器，能增加发动机充气量，提高压缩行程终了的压力和温度，改善发动机的动力性和经济性。采用进气增压装置（一般为废气涡轮增压），是高原山区车辆改善发动机性能的最有效方法，目前在柴油机上得到了广泛应用。但在汽油机上，由于爆燃、排气温度过高等问题的限制，增压技术的应用较为困难。

(6) 采用含氧燃料　含氧燃料是指掺有乙醇、丙酮及其他含氧化合物的燃料。由于掺入的燃料分子中都含有氧，因此在燃烧过程中，理论上必要的空气量减小，相对的氧气量增加，能补偿高原和山区因气压低而产生的充气量不足问题。

(7) 改善润滑条件　在高原地区行驶的车辆，发动机应选用优质机油。选用的机油必须具有良好的黏温特性，以保证发动机在低温时具有良好的起动性能，在高温时具有良好的润滑能力。应保持良好的曲轴箱通风，以减少燃烧室的高温废气对机油的污染。应采用机油散热器散热，以降低机油的温度，防止机油高温氧化变质。

2. 改善安全行车性能的措施

在高原山区使用的汽车，由于地形复杂，常会遇到上坡、下坡、窄路、弯多等问题，因此采取相应技术措施改善其行车安全性能非常重要。

（1）采用耐高温制动摩擦片　在高原山区使用的汽车，制动频繁，容易产生热衰退现象，使制动效能显著下降。采用耐高温的制动摩擦片，可以提高制动器的抗热衰退性能。因此，采用耐高温制动摩擦片是改善高原山区安全行车性能的一种简易方法。

耐高温摩擦片采用环氧树脂、三聚腈胺树脂等改进的酚醛树脂作为粘合剂，有些采用了无机粘合剂，把石棉摩擦材料粘结、固化成形而制成。石棉摩擦材料中常加有金属添加剂，摩擦片温度高达400℃以上时，尚可产生足够的制动力矩，可适应高原山区条件下行车制动的需要。

（2）利用发动机制动　汽车下长坡时，需要持续不断地制动以控制汽车的行驶车速。此时，利用发动机制动可减轻车轮制动器的工作强度，降低制动器的温度升高幅度。在利用发动机制动时，变速器档位越低，同样车速下发动机转速越高，产生的制动力矩越大。一般下长坡采用发动机制动时，把变速器挂入上坡时所用档位较合适。但在紧急制动时，不要采用发动机制动，以免制动效果变差。

（3）采用辅助制动器制动　采用辅助制动器制动可以减轻主制动器的负担，降低主制动器的温度，保证主制动器的制动效能，能适应高原和山区下长坡制动的场合。辅助制动器有电涡流、液体涡流和发动机排气制动等几种。前两种辅助制动器由于体积较大、结构复杂，多用于山区或矿山用的重型汽车。而发动机排气制动器是一种简便而有效的辅助制动装置，该装置实际上是在发动机制动的基础上，再在发动机排气管上装一个片状阀门构成，在使用发动机制动的同时，将阀门关闭，以增大发动机的排气阻力。排气制动器是对驱动轴车轮制动，其制动效能好，制动功率可达发动机有效功率的80%~90%，同时它可保证驱动轴两侧车轮制动均匀，制动方向稳定性好。对于高原山区使用的汽车，采用排气制动器制动效果较好。

（4）制动鼓淋水降温　在高原山区使用的汽车，应安装制动鼓淋水降温装置。它主要由储液器、储液器开关、淋水头等组成。为防止制动器过热，在汽车下长坡前，可开始对制动鼓外表面淋水冷却降温；也可以在制动过程中，不断地对制动鼓淋水降温，以防制动器温度过高而使摩擦片烧蚀。采用制动鼓淋水降温的方法虽然很好，但缺水地区或水用完后则无法使用。

（5）防止制动系统气阻　采用液压制动系统的汽车，在高原山区行车时，由于环境气压低、制动频繁，制动管路易发生气阻现象，导致制动失灵，给行车安全带来极大威胁。因此，应防止制动系统气阻。

防止制动系统气阻的最有效方法是采用不易挥发的合成型制动液。合成型制动液具有制动压力传递快、制动效果好、性能稳定、沸点较高、不易挥发变稠和吸湿性小等优点，在高原和山区的汽车上使用能发挥其重要作用。

（6）防止轮胎爆裂　高原山区的道路等级低，制动、转向、换档次数明显增加，轮胎磨损较快；海拔升高时，轮胎气压也会升高；轮胎传递驱动力较大或速度过高时，轮胎表面温度较高，橡胶强度变差。这些为行车时轮胎爆裂而引发事故留下了隐患。因此，防止轮胎爆裂要注意保持轮胎压力不超过规定值，同时注意轮胎的工作温度不能过高，必要时应更换轮胎。

（7）加强安全维护　汽车在高原和山区条件下使用时，道路复杂，制动系统、转向系统等工作频繁，应加强对制动系统和转向系统等的安全维护。对制动系统，应注意检查、调整车轮制动器摩擦片与制动鼓（或制动盘）的间隙；检测汽车制动力、左右车轮制动力差值等。对转向系统，应注意检查、调整纵横拉杆的连接情况、松紧程度；检查转向盘的自由转动量，若超过规定值，则应找到造成间隙过大部位，进行调整。通过检查、维护和调整，要确保制动系统和转向系统等重要的安全机构万无一失。

另外，还应检查照明系统，确保其具有良好的技术状况，以使夜间行车安全。

（8）提高驾驶技术　出车前，汽车技术状况应良好，驾车人应有充沛的精力，要了解和掌握高原山区地形复杂、路窄、弯多，需经常上坡、下坡、转弯的特点，能根据实际情况采取相应的驾驶技术操纵汽车，确保行车安全。

1）上坡应选择合适档位。上坡前，根据坡道的长短、坡度的大小，选择合适的档位，提前换档，使汽车具有足够的爬坡能力。上坡中，若车速下降，发动机声音变得沉闷，说明发动机乏力，应迅速换入低一级档位，以免发动机负荷过大而出现过热现象。

2）下坡应正确使用制动。下坡时禁止发动机熄火空档滑行。汽车下长坡时，需要持续不断地制动以控制汽车的行驶车速。如果长期使用主制动器，则制动器温度会过高而影响汽车的制动效能。可视情况采用发动机制动，或采用辅助制动器制动。若制动器温度仍然过高，则应对制动鼓淋水降温。

3）行车应选择适当车速。在高原和山区使用的汽车，应适当降低车速，采用中速行车，这样有利于制动，可减少使用制动的次数，从而减少制动器的发热和失效，保证行车安全。转弯更应降低车速，以防止汽车在离心力作用下产生危险的侧滑。

4）滑溜路面应谨慎驾驶。在高原和山区的雨、雪、冰等滑溜路面行车时，严禁紧急制动，以防制动时车轮突然抱死导致前轮失去转向能力及后轮出现严重侧滑。在滑溜路面行驶时，不应急踩加速踏板，以防驱动轮滑转导致严重侧滑。

本 章 小 结

1. 汽车在走合期、低温、高温、高原和山区条件下使用时，其各自的使用条件会对汽车使用性能产生重大影响，使汽车使用性能显著变差。为保证合理使用汽车，提高汽车的使用性能，应根据汽车各自的使用条件，采取相应的技术措施。

2. 汽车走合期是指新车或大修竣工汽车投入使用的初期。汽车走合期的使用特点是：零件磨损速度快、行驶故障多、润滑油易变质、燃油消耗量高。汽车走合期应采取的使用措施是：适当减载、严格限速、合理用油、正确驾驶、加强维护和不拉高速。

3. 汽车在低温条件下使用，其使用性能显著变差，主要表现为：发动机起动困难、总成磨损严重、燃油消耗量增大、零件材料性能变差、排气污染严重、行驶条件变坏。汽车在低温条件下应采取的使用措施是：加强技术维护、起动前预热、使用起动液起动、正确使用防冻液、提高驾驶技术。

4. 汽车在高温条件下使用，其使用性能显著变差，主要表现为：发动机功率下降、燃烧不正常、润滑油易变质、零部件磨损严重、液体管路易产生气阻、轮胎易爆。汽车在高温条件下应采取的使用措施是：加强技术维护、防止爆燃、防止气阻、防止爆胎。

5. 汽车在高原山区条件下使用，其使用性能显著变差，主要表现为：发动机动力性下降、燃油经济性变差、CO 及 HC 排放浓度增加、机油易变质、零件易损坏、制动性变差。汽车在高原山区条件下改善发动机性能的措施是：提高压缩比、合理选择配气相位、改进燃油供给系统、改进点火系统、采用含氧燃料、改善润滑条件、采用进气增压装置。汽车在高原山区条件下改善安全行车性能的措施是：采用耐高温制动摩擦片、利用发动机制动、采用辅助制动器制动、制动鼓淋水降温、防止制动系统气阻、防止轮胎爆裂、加强安全维护、提高驾驶技术。

复习思考题

1. 对新车、大修竣工汽车为什么要进行走合？
2. 汽车走合期作用及使用特点是什么？
3. 汽车走合期应采取哪些技术措施？试分析说明。
4. 试分析发动机在低温条件下起动困难的原因。
5. 试分析低温条件对汽车总成磨损的影响。
6. 汽车在低温条件下应采取哪些使用措施？试分析说明。
7. 高温条件对汽车使用性能有何影响？试分析说明。
8. 汽车在高温条件下应采取哪些使用措施？试分析说明。
9. 高原和山区条件对汽车使用性能有何影响？试分析说明。
10. 高原和山区条件下改善发动机性能的措施有哪些？试分析说明。
11. 高原和山区条件下改善安全行车性能的措施有哪些？试分析说明。

第 4 章 汽车运行材料及其使用

学习目标：

- 了解汽车运行材料的种类、分类方法。
- 熟悉汽车燃油、润滑剂、制动液、冷却液的主要使用性能。
- 掌握汽车燃油、润滑剂、制动液、冷却液的选用原则及使用注意事项。
- 掌握汽车轮胎的有关术语、规格表示方法及延长汽车轮胎寿命的使用措施。
- 知道如何正确使用汽车运行材料。

汽车运行材料主要指燃油、润滑剂、制动液、冷却液和轮胎等。合理使用汽车运行材料，可以发挥汽车使用性能，提高汽车使用可靠性，延长汽车使用寿命。

4.1 汽车燃油及其使用

4.1.1 车用汽油及其使用

1. 车用汽油应有的性能

车用汽油是汽车汽油机的燃料。为保证汽油机能够迅速起动、正常运转、延长使用寿命及降低排放污染，车用汽油应具有下列使用性能。

（1）适当的蒸发性　汽油的蒸发性是指汽油由液态转化为气态的性能。汽油蒸发性越好，汽油就越易汽化，就越易形成均匀的混合气，能使发动机在各种使用条件下易于起动、加速及正常运转。但蒸发性太好，在温度较高条件下使用时，在供油管路中易产生气泡而发生气阻，导致发动机不能正常工作。若蒸发性差，则汽油难以完全汽化，容易造成汽油燃烧不完全，排放污染增加，燃油消耗增多，汽车起动、加速性能变差。因此，要求汽油应具有适当的蒸发性。汽油的蒸发性可用馏程和饱和蒸气压来评定。

1）馏程。馏程是指100mL液体燃料蒸馏时，从初馏点到终馏点的温度范围。对汽油来说，是以10%、50%、90%馏出量的回收温度及终馏点（蒸馏结束时温度）来表示馏程的。通过汽油馏程的回收温度可大致判断汽油中轻质成分和重质成分的比例及汽油的蒸发性。

10%回收温度表示汽油中轻质馏分含量的多少，若其回收温度低，则汽油所含轻质馏分多、蒸发性好，冬季或冷车易起动，油耗少，所以要求其回收温度不高于70℃。但10%回收温度也不宜过低，因为过低时，蒸发性太好，易产生气阻。

50%回收温度表示汽油中中间馏分含量的多少，它反映了汽油的平均蒸发性。50%回收温度低时，发动机的加速性能好，运转稳定。因此，要求50%回收温度不高于110℃。

90%回收温度和终馏点表示汽油中重质馏分含量的多少。90%回收温度、终馏点过高，则汽油所含重质馏分多，汽油难以完全蒸发与燃烧，从而使油耗增大、排放污染物增加、发动机磨损严重。因此，要求90%回收温度不高于190℃，终馏点不高于205℃。

2) 饱和蒸气压。饱和蒸气压是指油品在密闭容器中，当蒸发和凝结达到平衡时，液面蒸气所产生的最大压力。饱和蒸气压大，说明汽油蒸发性好。若饱和蒸气压过大，则汽油在使用中容易产生气阻，在储存运输过程容易产生蒸发损失。因此，车用汽油饱和蒸气压每年5月1日~10月31日应为40~65kPa，11月1日~4月30日应为45~85kPa。

饱和蒸气压限制了汽油蒸发性的上限，馏程限制了汽油蒸发性的下限，通过对汽油的馏程和饱和蒸气压的限制，可确保汽油具有适当的蒸发性。

(2) 良好的抗爆性　汽油的抗爆性是指汽油在发动机中燃烧时，抵抗产生爆燃的能力。爆燃是汽油机的一种不正常燃烧，它是指混合气点燃后，在火焰传播过程中，位于火焰前锋未燃烧的混合气发生自燃，形成压力冲击波，产生金属敲击声的一种现象。爆燃能使发动机功率下降，油耗增加，噪声增大，部件磨损加快。影响爆燃的因素很多，其中压缩比、汽油抗爆性影响最大。高压缩比发动机的动力性和经济性好，但容易产生爆燃。采用抗爆性好的汽油，可以抑制爆燃，能使发动机采用较高的压缩比。因此，使用中要求汽油应具有良好的抗爆性。汽油的抗爆性可用汽油的辛烷值和抗爆指数来评定。

1) 辛烷值。辛烷值是表示点燃式发动机燃料抗爆性的一个约定数值。辛烷值在规定条件下的标准发动机试验中，通过和标准燃料进行比较的方法测定，采用和被测定燃料具有相同抗爆性的标准燃料中异辛烷的体积百分数表示。

测定辛烷值的标准燃料，由两种抗爆性相差悬殊的烷烃混合而成。一种是异辛烷，其抗爆性很好，规定其辛烷值为100；另一种是正庚烷，其抗爆性极差，规定其辛烷值为0。它们按不同的体积比例混合，便得到辛烷值0~100的各种标准燃料。测定时，若被测汽油与某一标准燃料的标准爆燃强度相同，则该标准燃料的异辛烷体积百分数即为被测汽油的辛烷值。

测定辛烷值的方法有马达法（MON）和研究法（RON）两种。马达法辛烷值是模拟重负荷高转速工况测得的辛烷值；研究法辛烷值是模拟小负荷低转速工况测得的辛烷值。同种汽油测定的方法不同，测得的辛烷值也不同，用研究法测定的辛烷值比用马达法测定的辛烷值高6~10个单位。我国的汽油是按研究法测得的辛烷值划分牌号的。

汽油的辛烷值越高，其抗爆性越好。为提高汽油的辛烷值，目前常用的方法：一是采用先进的汽油炼制工艺，直接生产出抗爆性好的基础油；二是在汽油中调入能够提高抗爆性、改善辛烷值的组分，如调入烷基化油、异构化油和适量的苯、甲苯等；三是加入抗爆添加剂，如添加抗爆性好的含氧化物，现在都使用无铅汽油，因而禁止用四乙基铅作抗爆添加剂。

2) 抗爆指数。抗爆指数是指同一种汽油用马达法测得的辛烷值和用研究法测得的辛烷值的平均数，也称为平均辛烷值，它用来反映一般条件下汽油的平均抗爆性能。

(3) 良好的安定性　汽油的安定性是指汽油在正常的储存与使用过程中，抵抗氧化变质的能力。安定性差的汽油易发生氧化反应，生成胶状与酸性物质，使辛烷值降低，酸值增加。使用这种汽油，油路、喷油嘴易被阻塞，气门易粘结关闭不严，发动机不能正常工作；同时燃烧室易形成积炭，导致散热不良，易引起爆燃和早燃。因此，要求汽油应具有良好的安定性。汽油安定性可用溶剂洗胶质和诱导期来评定。

溶剂洗胶质是指在规定条件下测得的汽油蒸发残渣中的正庚烷不溶部分（mg/100mL），它可用来判断汽油在汽油机中生成胶质的倾向。诱导期是指在规定的加速氧化条件下，汽油处于稳定状态所经历的时间周期（min），它可评定汽油在储存期间产生氧化和形成胶质的倾向。

(4) 无腐蚀性　汽油的腐蚀性是指汽油对金属的腐蚀能力。汽油在运输、储存和使用过程中，不可避免要与各种金属接触。如果汽油具有腐蚀作用，则会对汽油的储油箱、输油管道、发动机产生腐蚀。因此，要求汽油无腐蚀性。汽油腐蚀性可用硫含量、博士试验硫醇硫含量、铜片腐蚀试验和水溶性酸或碱来评定，如果这些指标均满足要求，则汽油无腐蚀性。

(5) 良好的清洁性　汽油的清洁性是指汽油中是否含有机械杂质和水分。机械杂质会堵塞汽油滤清器、喷油器喷嘴，并加速气缸、活塞环的磨损。水分溶解在汽油中会增大腐蚀性，降低安定性，低温时还易结冰堵塞油路。因此，要求汽油有良好的清洁性。汽油的清洁性通常用目测法评定，评定时，将试样注入100mL玻璃筒中观察，试样应当透明，没有悬浮和沉降的机械杂质及水分。

2. 车用汽油的牌号与标准

汽油的牌号用辛烷值表示，牌号越大，辛烷值越高，抗爆性越好。我国车用汽油、车用乙醇汽油（E10）均按研究法辛烷值（RON）划分，有89，92，95和98号四个牌号。

(1) 车用汽油　为保护生态环境，对汽车的排放要求越来越高，考虑到已经实施和将要实施的更加严格的机动车排放法规，车用汽油的性能应相应提高。GB 17930—2016《车用汽油》（ⅥB）的技术要求和试验方法如表4-1所示。车用汽油（ⅥB）是指符合国六机动车排放标准的第二阶段油品，它能够满足国六机动车污染物的排放要求。目前，我国使用车用汽油（ⅥB）。

表4-1　车用汽油（ⅥB）技术要求和试验方法

项　目		质量指标				试验方法
抗爆性：		89	92	95	98	
研究法辛烷值（RON）	不小于	89	92	95	98	GB/T 5487
抗爆指数（RON + MON）/2	不小于	84	87	90	93	GB/T 503、GB/T 5487
铅含量[①]/(g/L)	不大于	0.005				GB/T 8020
馏程：						GB/T 6536
10% 回收温度/℃	不高于	70				
50% 回收温度/℃	不高于	110				
90% 回收温度/℃	不高于	190				
终馏点/℃	不高于	205				
残留量/%（体积分数）	不大于	2				
蒸气压[②]/ kPa						GB/T 8017
11月1日～4月30日		45～85				
5月1日～10月31日		40～65[③]				

（续）

项　　目		质量指标				试验方法
胶质含量/(mg/100mL)		89	92	95	98	GB/T 8019
未洗胶质含量(加入清净剂前)	不大于	30				
溶剂洗胶质含量	不大于	5				
诱导期/min	不小于	480				GB/T 8018
硫含量④/(mg/kg)	不大于	10				SH/T 0689
硫醇(博世试验)		通过				NB/SH/T 0714
铜片腐蚀(50℃,3h)/级	不大于	1				GB/T 5096
水溶性酸或碱		无				GB/T 259
机械杂质及水分		无				目测⑤
苯含量⑥(体积分数)/%	不大于	0.8				SH/T 0713
芳烃含量⑦(体积分数)/%	不大于	35				GB/T 30519
烯烃含量⑦(体积分数)/%	不大于	15				GB/T 30519
氧含量⑧(质量分数)/%	不大于	2.7				NB/SH/T 0663
甲醇含量①(质量分数)/%	不大于	0.3				NB/SH/T 0663
锰含量①/(g/F)	不大于	0.002				SH/T 0711
铁含量①/(g/F)	不大于	0.01				SH/T 0712
密度⑨(20℃)/(kg/m³)		720~775				GB/T 1884、GB/T 1885

① 车用汽油中，不得人为加入甲醇以及含铅、含铁和含锰的添加剂。
② 也可采用 SH/T 0794 进行测定，有异议时，以 GB/T 8017 方法为准。换季时，加油站允许有 15 天的置换期。
③ 广东、海南全年执行此项要求。
④ 也可采用 GB/T 11140、SH/T 0253、ASTM D7039 进行测定，在有异议时，以 SH/T 0689 方法为准。
⑤ 将试样注入 100mL 玻璃量筒中观察，应当透明，没有悬浮和沉降的机械杂质和水分。在有异议时，以 GB/T 511 和 GB/T 260 方法为准。
⑥ 也可采用 GB/T 28768、GB/T 30519 和 SH/T 0693 进行测定，在有异议时，以 SH/T 0713 方法为准。
⑦ 也可采用 GB/T 11132、GB/T 28768 进行测定，在有异议时，以 GB/T 30519 方法为准。
⑧ 也可采用 SH/T 0720 进行测定，在有异议时，以 NB/SH/T 0663 方法为准。
⑨ 也可采用 SH/T 0604 进行测定，在有异议时，以 GB/T 1884、GB/T 1885 方法为准。

（2）车用乙醇汽油　我国车用乙醇汽油是指在汽油组分油中按体积混合比加入 10% 的变性燃料乙醇后，作为汽油车燃料用的汽油。乙醇的辛烷值较高，汽油中加入乙醇可以提高汽油的辛烷值，同时乙醇作为含氧化合物加入汽油中，可改善燃烧特性，减少一氧化碳和碳氢化合物的排放。

目前使用的车用乙醇汽油，其技术要求符合 GB 18351—2017《车用乙醇汽油（E10）》。车用乙醇汽油（E10）与车用汽油最主要的差别是其乙醇含量（体积分数）为（10.0±2.0)%。

3. 车用汽油的选用

汽油牌号越大，则抗爆性越好，但油价也越高。为保证汽车使用的经济性，在发动机用油不爆燃的前提下，尽量选用较低的汽油牌号。汽油牌号的选用方法如下。

（1）根据汽车使用说明书要求选用汽油牌号　汽车发动机的结构条件不同，汽车的抗爆性能就不一样，因而汽油牌号应按说明书要求，以正常运行条件下不发生爆燃为前提选用。

(2) 根据发动机的爆燃倾向选用汽油牌号　发动机爆燃倾向越严重时，汽油的抗爆性应越好，汽油牌号应选得越高。通常，发动机压缩比越高，其爆燃倾向越严重，应选用高牌号汽油；高原地区空气密度小，发动机工作时，压缩终了的气缸压力和温度较低，发动机不易爆燃，汽油牌号可选低些；炎热夏季高温条件行驶的汽车，其发动机爆燃倾向严重，应选用高牌号汽油。

(3) 根据经验选用汽油牌号　驾驶人还可以根据用油时的感觉、发动机的运行状况，凭经验选出最适应自驾汽车的汽油牌号。通常，加速时发动机有严重的敲缸声，若选用高一牌号汽油时声音消失，则说明原汽油牌号选低了，应选高一牌号汽油。

4.1.2　车用柴油及其使用

1. 车用柴油应有的性能

车用柴油是汽车柴油机的燃料。为保证柴油机能够正常起动、平稳运转、延长使用寿命及降低排放污染，车用柴油应具有下列使用性能。

(1) 良好的低温流动性　低温流动性是指柴油在低温条件下的流动能力。若低温流动性好，则能保证柴油在低温条件下可靠地喷入气缸；若低温流动性差，则汽车在低温条件下使用时，会因柴油失去流动性而中断供油，导致汽车无法行驶。为使柴油机在低温条件下能可靠工作，其柴油应具有良好的低温流动性。柴油的低温流动性可用柴油的凝点、浊点和冷滤点来评定。

凝点是指在规定条件下，柴油冷却到液面不能移动时的最高温度。柴油的凝点越低，说明其低温流动性越好。我国车用柴油是按凝点划分牌号的。

浊点是指在规定条件下，柴油冷却开始析出石蜡晶体而成混浊状时的最高温度。柴油达到浊点后，虽未失去流动性，但易造成油路堵塞。

冷滤点是指在规定条件下，柴油不能以 20mL/min 的流量通过一定规格过滤器的最高温度。通常，柴油的冷滤点相当于柴油实际使用的最低温度，因而冷滤点是选择轻柴油低温流动性的依据。

(2) 良好的燃烧性　柴油的燃烧性又称发火性，它是指柴油自燃的能力。发火性好的柴油，着火延迟期短，着火燃烧后气缸内压力上升平缓，柴油机工作柔和。发火性差的柴油，着火延迟期长，着火后气缸内压力和温度骤升，燃烧不正常，工作粗暴，使发动机功率下降、油耗增加、排污严重、磨损加剧。为使柴油机正常工作，柴油应具有良好的燃烧性。柴油的燃烧性可用十六烷值来评定。

十六烷值是表示压燃式发动机燃料发火性的一个约定数值，是指在规定条件下的标准发动机试验中，当试油与标准燃料发火性相同时，标准燃料中所含正十六烷的体积分数。此处的标准燃料是由两种发火性相差悬殊的烃混合而成，一种是正十六烷，其发火性很好，规定其十六烷值为 100；另一种是 α-甲基萘，其发火性极差，规定其十六烷值为 0，它们按不同的体积比例混合，便得到十六烷值 0~100 的各种标准燃料。

柴油的十六烷值高，其发火性就好，低温条件下易于起动，适宜在高转速柴油机上使用。但十六烷值不宜太高，否则柴油的相对分子质量较大，其低温流动性、雾化和蒸发性能均会受到影响，致使燃烧不完全、发动机功率下降、油耗增加。因此，柴油的十六烷值应适当。

(3) 适当的蒸发性 柴油的蒸发性对柴油机的正常燃烧具有重要的影响。柴油的蒸发性好，混合气形成的质量就高，容易燃烧完全、油耗低、排污少；但蒸发性太好，则会使全部柴油迅速燃烧，缸内压力升高剧烈，发动机工作容易粗暴。因此，柴油应具有适当的蒸发性。柴油的蒸发性可用馏程和闪点来评定。

1）馏程。柴油馏程中用50%、90%、95%馏出量的回收温度来反映柴油中轻质成分和重质成分的比例及柴油的蒸发性。

50%回收温度低，说明柴油的轻质馏分多，易于起动。但其回收温度过低时，柴油蒸发太快，发动机工作粗暴。

90%与95%回收温度低，说明柴油中重质馏分含量少，柴油容易燃烧充分、完全，可提高柴油机的动力性，降低油耗，减小磨损。

2）闪点。闪点是指柴油在一定试验条件下加热时，当油料蒸气与周围空气形成的混合气接近火焰时，开始发出闪火时的最低温度。闪点既是柴油蒸发性评定指标，也是柴油安全性评定指标。闪点低的柴油蒸发性好，但闪点太低时会使柴油机工作粗暴，同时在储运及使用中也不安全。油品的危险等级根据闪点划分，闪点在45℃以下的为易燃品，45℃以上的为可燃品。

闪点限制了柴油蒸发性的上限，馏程限制了柴油蒸发性的下限，通过对柴油的馏程和闪点的限制，可确保柴油具有适当的蒸发性。

(4) 良好的安定性 柴油的安定性是指柴油在储存、运输和使用过程中保持其颜色、组成和使用性能不变的能力。如果柴油的安定性不好，则易生成胶质，产生不溶性沉淀，堵塞油路、喷嘴。因此，为保证柴油机的正常工作，柴油应具有良好的安定性。柴油的安定性可用色度、氧化安定性和10%蒸余物残炭来评定。

1）色度。色度是评定柴油颜色的指标，以色号表示。我国石油产品的颜色分为16个色号，依次为0.5, 1.0, 1.5, …, 7.5, 8.0，颜色逐渐加深，最深的为8.0。测定时，将试样注入试样容器中，用一个标准光源照射，将试样的颜色与标准比色板（16个色号）进行比较，以相等的色号作为该试样的色号。色泽的深浅取决于柴油中胶质含量的多少，胶质除去的越多，色泽就越浅。控制柴油的色号，主要是控制柴油重质馏分，控制其残炭与沉渣，从而使得柴油的热安定性满足要求。

2）氧化安定性。氧化安定性是指一定量的过滤试油，在规定的条件氧化后所测得的不溶物的总量，以 mg/100mL 表示。这种不溶物越多，则柴油的安定性就越差。

3）10%蒸余物残炭。10%蒸余物残炭是指将柴油馏程中90%馏出后的蒸余物进行裂解所形成的残留物。这种残留物越多，表示柴油在燃烧室中生成积炭的倾向就越大，喷嘴结胶堵塞的可能性就越大，柴油的安定性就越差。

(5) 适当的黏度 黏度是液体流动时内摩擦力的量度。如果柴油的黏度过大，则其流动阻力过大，流动性差，容易导致供油中断，同时还使雾化变差、蒸发速度缓慢，使混合气形成不好，影响发动机正常工作。如果柴油的黏度过低，则密封性变差，喷油泵柱塞在供油行程中，泄漏量大，有效供油量减少，同时还使润滑性能不良，加剧喷油泵柱塞偶件的磨损。因此，柴油应具有适当的黏度。

(6) 无腐蚀性 柴油的腐蚀性可用硫含量、硫醇硫含量、酸度、铜片腐蚀、水溶性酸或碱等指标评定，其意义与车用汽油的相应指标大致相同，但柴油中的硫含量、酸度对柴油机的使用影响更大。柴油中的硫燃烧后的生成物不仅对发动机具有强烈的腐蚀性，还严重污染环境。酸度是指中和 100mL 柴油的酸性物质所需要的氢氧化钾毫克数，以 mg KOH/100mL 表示，若柴油的酸度大，则会使发动机沉积物增加，燃烧室积炭增多，喷油泵柱塞偶件磨损加剧。因此，应严格控制各项防腐性指标，确保柴油无腐蚀性。

（7）良好的清洁性　柴油的清洁性可用灰分、水分和机械杂质等指标评定。灰分是指在规定条件下，柴油被炭化后的残留物经煅烧所剩余的不燃物，以质量分数表示。柴油中的灰分是造成气缸壁与活塞环以及喷油泵柱塞偶件磨损的重要原因之一。柴油中的水分会降低柴油发热量，冬季结冰堵塞油路，增加硫化物对零件的腐蚀作用。机械杂质会造成供油系偶件的卡死，滤清器、喷油器喷嘴的堵塞。因此，柴油应具有良好的清洁性。

2. 车用柴油的牌号与标准

车用柴油的牌号按凝点划分，有六个牌号即 5 号、0 号、-10 号、-20 号、-35 号、-50 号。GB 19147—2016《车用柴油》（Ⅵ）规定的技术要求和试验方法如表 4-2 所示，其车用柴油（Ⅵ）能够满足国六机动车污染物的排放要求。目前，我国使用车用柴油（Ⅵ）。

表 4-2　车用柴油（Ⅵ）技术要求和试验方法

项　目		质量指标					试验方法
		5 号	0 号	-10 号	-20 号	-35 号	-50 号	
氧化安定性（以总不溶物计）/(mg/100mL) 不大于		2.5						SH/T 0175
硫含量[①]/(mg/kg)	不大于	10						SH/T 0689
酸度（以 KOH 计）/(mg/100mL)	不大于	7						GB/T 258
10% 蒸余物残炭[②]（质量分数）/%	不大于	0.3						GB/T 17144
灰分（质量分数）/%	不大于	0.01						GB/T 508
铜片腐蚀（50℃,3h）/级	不大于	1						GB/T 5096
水含量[③]（体积分数）/%	不大于	痕迹						GB/T 260
润滑性 校正磨痕直径（60℃）/μm　不大于		460						SH/T 0765
多环芳烃含量[④]（质量分数）/%　不大于		7						SH/T 0806
总污染物含量/(mg/kg)　不大于		24						GB/T 33400
运动黏度[⑤]（20℃）/(mm²/s)		3.0~8.0		2.5~8.0		1.8~7.0		GB/T 265
凝点/℃	不高于	5	0	-10	-20	-35	-50	GB/T 510
冷滤点/℃	不高于	8	4	-5	-14	-29	-44	SH/T 0248
闪点（闭口）/℃	不低于	60		50		45		GB/T 261
十六烷值	不小于	51		49		47		GB/T 386
十六烷指数[⑥]	不小于	46		46		43		SH/T 0694
馏程： 50% 回收温度/℃　不高于 90% 回收温度/℃　不高于 95% 回收温度/℃　不高于		300 355 365						GB/T 6536

(续)

项　目	质量指标						试验方法
	5号	0号	-10号	-20号	-35号	-50号	
密度⑦(20℃)/(kg/m³)	810~845			790~840			GB/T 1884 GB/T 1885
脂肪酸甲酯含量⑧(体积分数)/% 不大于	1.0						NB/SH/T0916

① 也可采用 GB/T 11140 和 ASTM D7039 进行测定，结果有异议时，以 SH/T 0689 方法为准。
② 也可采用 GB/T 268 进行测定，结果有异议时，以 GB/T 17144 方法为准。若车用柴油中含有硝酸酯型十六烷值改进剂，10%蒸余物残炭的测定，应使用不加硝酸酯的基础燃料进行。
③ 可用目测法。即将试样注入100mL玻璃量筒中，在室温（20±5℃）下观察，应当透明，没有悬浮和沉降的水分。
也可采用 GB/T 11133 和 SH/T 0246 测定，结果有异议时，以 GB/T 260 方法为准。
④ 也可采用 SH/T 0606 进行测定，结果有异议时，以 SH/T 0806 方法为准。
⑤ 也可采用 GB/T 30515 进行测定，结果有异议时，以 GB/T 265 方法为准。
⑥ 十六烷指数的计算可采用 GB/T 11139，结果有异议时，以 SH/T 0694 方法为准。
⑦ 也可采用 SH/T 0604 进行测定，结果有异议时，以 GB/T 1884 和 GB/T 1885 方法为准。
⑧ 脂肪酸甲酯应满足 GB/T 20828 的要求。也可采用 GB/T 23801 进行测定，结果有异议时，以 NB/SH/T 0916 方法为准。

3. 车用柴油的选用

车用柴油牌号的选用依据是当地的气温。当气温过低时，柴油就失去流动性而不能正常工作。柴油凝点越低，则低温流动性越好，但油价也越高。为保证汽车使用的经济性，在发动机用油低温不失去流动性的前提下，尽量选用较高凝点的柴油。

冷滤点通常作为柴油实际使用的最低温度，因此车用柴油牌号选择时，应使最低使用温度等于或略高于车用柴油的冷滤点。由于柴油牌号是根据凝点划分的，且柴油的凝点比冷滤点低 4~6℃，因此所选的柴油牌号（凝点温度）加上 4~6℃ 后应低于或等于当地的最低使用温度。

柴油牌号选择，通常是根据当地月风险率为10%的最低气温（表4-3）与柴油凝点温度相比较确定，所选用的柴油凝点应比当地月风险率为10%的最低气温低 4~6℃。据此，各牌号车用柴油适用范围如下。

表4-3　部分地区风险率为10%的最低气温　　　　　　　　（单位：℃）

部分地区	1月	2月	3月	4月	5月	6月	7月	8月	9月	10月	11月	12月
河北省	-14	-13	-5	1	8	14	19	17	9	1	-6	-12
山西省	-17	-16	-8	-1	5	11	15	13	6	-2	-9	-16
内蒙古自治区	-43	-42	-35	-21	-7	-1	1	1	-8	-19	-32	-41
黑龙江省	-44	-42	-35	-20	-6	1	7	4	-6	-20	-35	-43
吉林省	-29	-27	-17	-5	1	8	14	12	2	-6	-17	-26
辽宁省	-23	-21	-12	-1	6	12	18	15	6	-2	-12	-20
山东省	-12	-12	-5	2	8	14	19	18	11	4	-4	-10
江苏省	-10	9	-3	3	11	15	20	20	12	5	-2	-8
安徽省	-7	-7	-1	5	12	18	20	20	14	7	0	-5

（续）

部 分 地 区	1月	2月	3月	4月	5月	6月	7月	8月	9月	10月	11月	12月
浙江省	-4	-3	1	6	13	17	22	21	15	8	2	-3
江西省	-2	-2	3	9	15	20	23	23	18	12	4	0
福建省	-4	-2	3	8	14	18	21	20	15	8	1	-3
广东省	1	2	7	12	18	21	23	23	20	13	7	2
广西壮族自治区	3	3	8	12	18	21	23	23	19	15	9	4
湖南省	-2	-2	3	9	14	18	22	21	16	10	4	-1
湖北省	-6	-4	0	6	12	17	21	20	14	8	1	-4
河南省	-10	-9	-2	4	10	15	20	18	11	4	-3	-8
四川省	-21	-17	-11	-7	-1	1	2	1	0	-7	-14	-19
贵州省	-6	-6	-1	3	7	9	12	11	8	4	-4	-4
云南省	-9	-8	-6	-3	1	5	7	7	5	-1	-5	-8
西藏自治区	-29	-25	-21	-15	-9	-3	-1	0	-6	-14	-22	-29
新疆维吾尔自治区	-40	-38	-28	-12	-5	-2	0	-2	-6	-14	-25	-34
青海省	-33	-30	-25	-18	-10	-6	-3	-4	-6	-16	-28	-33
甘肃省	-22	-23	-16	-9	-1	3	5	5	0	-8	-16	-22
陕西省	-17	-15	-6	-1	5	10	15	12	6	-1	-9	-15
宁夏回族自治区	-21	-20	-10	-4	2	6	9	8	3	-4	-12	-19

注：月风险率为10%的最低气温值表示该月中最低气温低于该值的概率为10%，或者说该月中最低气温高于该值的概率为90%。

5号车用柴油：适用于月风险率为10%的最低气温在8℃以上的地区使用。

0号车用柴油：适用于月风险率为10%的最低气温在4℃以上的地区使用。

-10号车用柴油：适用于月风险率为10%的最低气温在-5℃以上的地区使用。

-20号车用柴油：适用于月风险率为10%的最低气温在-14℃以上的地区使用。

-35号车用柴油：适用于月风险率为10%的最低气温在-29℃以上的地区使用。

-50号车用柴油：适用于月风险率为10%的最低气温在-44℃以上的地区使用。

4.2 汽车润滑剂及其使用

汽车润滑剂是指发动机油、汽车齿轮油和汽车润滑脂。润滑剂的主要作用就是润滑，所谓润滑就是在相对运动的两个接触表面之间加入润滑剂，使两摩擦面之间形成润滑膜，将直接接触的表面分隔开来，变干摩擦为润滑剂分子间的内摩擦。合理使用汽车润滑剂，可以减少摩擦，降低磨损，提高传动效率，节省燃油消耗，改善汽车动力性，延长汽车使用寿命。

4.2.1 发动机油及其使用

发动机油是指发动机润滑油（通称机油），它具有润滑、冷却、清净、密封和防蚀的作用。

1. 发动机油应有的性能

(1) 适当的黏度　黏度是液体流动时，其分子之间摩擦阻力的量度。若机油的黏度过大，则零件运动时需克服的阻力大，功率损失增加；若机油的黏度过小，则不能在高温摩擦表面上形成牢固的油膜，使零件不能得到正常的润滑而加大磨损。因此，机油应具有适当的黏度。机油的黏度一般用运动黏度来表示。

(2) 良好的黏温性　黏温性是指机油黏度随使用温度变化的特性。黏温性好的机油，其黏度受温度变化的影响小，能保证发动机在大温差范围内工作时具有良好的润滑性。黏温性用黏度指数表示，黏度指数越高，表示机油的黏温性能越好。黏度指数是指机油黏度随温度变化的程度，与标准油黏度随温度变化的程度比较所得的相对值。

(3) 良好的润滑性　润滑性是指机油降低摩擦、减少磨损和防止金属烧结的能力。润滑性良好的机油能在摩擦表面上建立起牢固的油膜，它即使在重负荷下也不易破裂，从而确保零件的良好润滑，减少零件之间的摩擦、磨损、延长零件的使用寿命。

(4) 良好的低温流动性　机油在低温下使用时必须具有良好的流动性，否则发动机在冷起动时，机油就不能迅速地流到各个润滑点起润滑作用，将造成短暂的干摩擦或半干摩擦，会加大发动机的磨损，使发动机的使用寿命缩短。

(5) 良好的清净分散性　清净分散性是指机油在工作中抵抗因机油氧化而生成积炭、漆膜和油泥等沉积物的能力，或清除这些沉积物的能力。机油的这种性能，能将气缸、活塞和活塞环等发动机零件上的氧化物及时地清洗下来，避免其氧化物沉积和粘附在零件上，使之悬浮在机油中，并通过机油滤清器除掉，这样就能很好地保证润滑油路的畅通及发动机部件的正常工作。

(6) 良好的抗氧性　抗氧性是指机油抵抗氧化的能力。机油经常在高温条件下工作，与空气接触，如果机油的抗氧性不好，则机油会和氧发生反应，产生酸性物质、沉积物，并导致机油变质。酸性物质会腐蚀金属；沉积物会粘附在气缸壁、活塞、活塞环槽等部位，影响发动机正常工作；机油变质会失去润滑功能。因此，在机油中应加入抗氧添加剂，使其具有良好的抗氧性。

(7) 良好的抗腐性　抗腐性是指机油抵抗对金属腐蚀的能力。机油在使用过程中不可避免被氧化而生成各种有机酸，这些有机酸将对金属起腐蚀作用。为使机油具有良好的抗腐性，应适当减小酸值，并加入适量的防腐添加剂。

(8) 良好的抗磨性　抗磨性是指机油保持在运动部件间的油膜，防止金属对金属相接触的能力。在机油中加入抗磨添加剂，如油性剂、减摩剂、极压添加剂，能增加吸附油膜的强度，减小摩擦系数，提高抗磨性，延长运动部件的使用寿命。

(9) 良好的抗泡性　抗泡性是指机油在使用过程中，抵抗机油生成泡沫的能力。机油在润滑中快速循环时，会产生泡沫。如果生成的泡沫太多，或泡沫不能迅速消除，将会造成摩擦表面供油不足，以致破坏正常的润滑。为使机油具有良好的抗泡性，通常在机油中要加入适量的抗泡沫添加剂。

2. 发动机油的分类

在发动机油分类中，世界各国广泛采用美国石油学会 (API) 的质量等级分类法和美国汽车工程师学会 (SAE) 的黏度分类法。

(1) 按机油质量等级分类　机油的质量等级是由机油在发动机试验评定中所表现的润

滑性、清净分散性、抗氧抗腐性、抗磨性、抗泡沫性等确定的。我国参照 API 分类法制定了内燃机油质量等级分类标准。

将内燃机油划分为汽油机油和柴油机油两个系列。汽油机油代号中，第一个字母"S"表示汽油机油，"GF"表示以汽油为燃料的、具有燃油经济性要求的乘用车发动机油，其"S"与其后面的字母或"GF"与其后面的数字代表汽油机油的质量等级。柴油机油代号中，第一个字母"C"表示柴油机油，其"C"与其后面的字母代表柴油机油的质量等级，其后的数字 2 或 4 表示 2 冲程或 4 冲程柴油发动机。

发动机油质量等级顺序越靠后，其质量等级越高，使用性能越好。各个质量等级的发动机油特性及使用场合如表 4-4 所示。

表 4-4　发动机油质量等级分类

机油系列	品种代号	特性和使用场合
汽油机油	SE	用于轿车和某些货车的汽油机以及要求使用 API SE、SD 级油的汽油机。此种油品的抗氧化性能及控制汽油机高温沉积物、锈蚀和腐蚀的性能优于 SD 或 SC
	SF	用于轿车和某些货车的汽油机以及要求使用 API SF、SE 及 SC 级油的汽油机。此种油品的抗氧化和抗磨损性能优于 SE，还具有控制汽油机沉积、锈蚀和腐蚀的性能，并可代替 SE
	SG	用于轿车、中型货车和轻型货车的汽油机以及要求使用 API SG 级油的汽油机。SG 质量还包括 CC 或 CD 的使用性能。此种油品改进了 SF 级油，可控制发动机沉积物、磨损和油的氧化性能，具有抗锈蚀和腐蚀的性能，并可代替 SF、SF/CD、SE 或 SE/CC
	SH、GF-1	用于轿车、中型货车和轻型货车的汽油机以及要求使用 API SH 级油的汽油机。此种油品在控制发动机沉积物、油的氧化、磨损、锈蚀和腐蚀方面优于 SG，并可代替 SG。GF-1 与 SH 相比，增加了对燃油经济性的要求
	SJ、GF-2	用于轿车、运动型多用途汽车、中型货车和轻型货车的汽油机以及要求使用 API SJ 级油的汽油机。此种油品在挥发性、过滤性、高温泡沫性和高温沉积物控制等方面的性能优于 SH，可代替 SH，并可在 SH 以前的"S"系列等级中使用。GF-2 与 SJ 相比，增加了对燃料经济性的要求，GF-2 可代替 GF-1
	SL、GF-3	用于轿车、运动型多用途汽车、中型货车和轻型货车的汽油机以及要求使用 API SL 级油的汽油机。此种油品在挥发性、过滤性、高温泡沫性和高温沉积物控制等方面的性能优于 SJ，可代替 SJ，并可在 SJ 以前的"S"系列等级中使用。GF-3 与 SL 相比，增加了对燃料经济性的要求，GF-3 可代替 GF-2
	SM、GF-4	用于轿车、运动型多用途汽车、中型货车和轻型货车的汽油机以及要求使用 API SM 级油的汽油机。此种油品在高温氧化和清净性能、高温磨损性能以及高温沉积物控制等方面的性能优于 SL。可代替 SL，并可在 SL 以前的"S"系列等级中使用。GF-4 与 SM 相比，增加了对燃料经济性的要求，GF-4 可代替 GF-3
	SN、GF-5	用于轿车、运动型多用途汽车、中型货车和轻型货车的汽油机以及要求使用 API SN 级油的汽油机。此种油品在高温氧化和清洁性能、低温油泥以及高温沉积物控制等方面的性能优于 SM。可代替 SM，并可在 SM 以前的"S"系列等级中使用，对于资源节约型 SN 油品，除具有上述性能外，强调燃料经济性、对排放系统和涡轮增压器的保护，以及与乙醇体积分数最高达 85% 的燃料的兼容性。GF-5 与资源节约型 SN 相比，性能基本一致，GF-5 可代替 GF-4

（续）

机油系列	品种代号	特性和使用场合
柴油机油	CC	用于中负荷及重负荷下运行的自然吸气、涡轮增压和机械增压式柴油机以及一些重负荷汽油机。对于柴油机具有控制高温沉积物和轴瓦腐蚀的性能，对于汽油机具有控制锈蚀、腐蚀和高温沉积物的性能
	CD	用于需要高效控制磨损及沉积物或使用包括高硫燃料自然吸气、涡轮增压和机械增压式柴油机以及要求使用 API CD 级油的柴油机。具有控制轴承腐蚀和高温沉积物的性能，并可代替 CC 级油
	CF	用于非道路间接喷射式柴油发动机和其他柴油发动机。也可用于需有效控制活塞沉积物、磨损和含铜轴瓦腐蚀的自然吸气、涡轮增压和机械增压式柴油机。能够使用硫的质量分数大于 0.5% 的高硫柴油燃料，并可代替 CD
	CF-2	用于需高效控制气缸、环表面胶合和沉积物的二冲程柴油机，并可代替 CD-Ⅱ
	CF-4	用于高速四冲程柴油机以及要求使用 API CF-4 级油的柴油机，特别适用于高速公路行驶的重负荷货车。此种油品在机油油耗和活塞沉积物控制等方面的性能优于 CE，可代替 CE、CD 和 CC
	CG-4	用于可在高速公路和非道路使用的高速、四冲程柴油机。能够使用硫的质量分数小于 0.05%～0.5% 的柴油燃料。此种油品可有效控制高温活塞沉积物、磨损、腐蚀、泡沫、氧化和碳烟的累积，并可代替 CF-4、CE、CD 和 CC
	CH-4	用于高速、四冲程柴油机。能够使用硫的质量分数不大于 0.5% 的柴油燃料。即使在不利的应用场合，此种油品可凭借其在磨损控制、高温稳定性和碳烟控制方面的特性有效地保持发动机的耐久性；对于非铁金属的腐蚀、氧化和不溶物的增稠、泡沫性以及由于剪切所造成的黏度损失可提供最佳的保护。其性能优于 CG-4，可代替 CG-4、CF-4、CE、CD 和 CC
	CI-4	用于高速、四冲程柴油机。能够使用硫的质量分数不大于 0.5% 的柴油燃料。此种油品在装有废气再循环装置的系统里使用，可保持发动机的耐久性。对于腐蚀性和与碳烟有关的磨损倾向、活塞沉积物，以及由于碳烟累积所引起的黏温性变差、氧化增稠、机油消耗、泡沫性、密封材料的适应性降低和由于剪切所造成的黏度损失可提供最佳的保护。其性能优于 CH-4，并可代替 CH-4、CG-4、CF-4、CE、CD 和 CC
	CJ-4	用于高速、四冲程柴油机。能够使用硫的质量分数不大于 0.5% 的柴油燃料。对于使用废气后处理系统的发动机，如使用硫的质量分数大于 0.0015% 的燃料，可能会影响废气后处理系统的耐久性和/或机油的换油期。此种油品在装有微粒过滤器和其他后处理系统里使用，可特别有效地保持排放控制系统的耐久性。对于催化剂中毒的控制、微粒过滤器的堵塞、发动机磨损、活塞沉积物、高低温稳定性、碳烟处理特性、氧化增稠、泡沫性和由于剪切所造成的黏度损失可提供最佳的保护。其性能优于 CI-4，并可代替 CI-4、CH-4、CG-4、CF-4、CE、CD 和 CC

注：表中所提及的 SD、SC、CD-Ⅱ和 CE 已经废止。

（2）按机油黏度等级分类 我国参照 SAE 分类法，根据低温和高温下机油的黏度划分黏度等级，将机油分为单级油和多级油。

单级油是冬（低温型）、夏（高温型）专用油，它采用含字母 W（代表冬季）和不含字母两组黏度系列（表4-5）。低温型黏度等级根据机油的低温启动黏度、低温泵送黏度和 100℃ 时的运动黏度来划分，有 0W、5W、10W、15W、20W、25W 等 6 个低温黏度等级，W 前的数字越小，其低温黏度越小，低温流动性越好，适用的最低气温越低，适用于冬天寒冷地区。高温型黏度等级以 100℃ 时的运动黏度和 150℃ 时高温高剪切黏度来划分，有 8、12、16、20、30、40、50、60 等 8 个高温运动黏度等级，数字越大，其黏度越大，适用的最高气温越高，适用于温度较高地区。

表 4-5 机油黏度分类

黏度等级	低温启动黏度 /mPa·s (不大于)	低温泵送黏度（无屈服应力时）/mPa·s (不大于)	运动黏度 (100℃) / (mm²/s) (不小于)	运动黏度 (100℃) / (mm²/s) (小于)	高温高剪切黏度 (150℃) /mPa·s (不小于)
0	6200 在 -35℃	60000 在 -40℃	3.8		
5W	6600 在 -30℃	60000 在 -35℃	3.8		
10W	7000 在 -25℃	60000 在 -30℃	4.1		
15W	7000 在 -20℃	60000 在 -25℃	5.6		
20W	9500 在 -15℃	60000 在 -20℃	5.6		
25W	13000 在 -10℃	60000 在 -15℃	9.3		
8			4.0	6.1	1.7
12			5.0	7.1	2.0
16			6.1	8.2	2.3
20			6.9	9.3	2.6
30			9.3	12.5	2.9
40			12.5	16.3	3.5 (0W-40, 5W-40 和 10W-40)
40			12.5	16.3	3.7 (15W-40, 20W-40, 25W-40 和 40 等级)
50			16.3	21.9	3.7
60			21.9	26.1	3.7

多级油是指能够同时满足低温和高温正常润滑要求的、具有多黏度等级的机油。这类机油低温黏度小，而高温时运动黏度较高。多级油由低温黏度级号和高温黏度级号组合表示，如 5W-20，在低温使用时，它具有 5W 的黏度级，在 100℃使用时，它又具有 20 的黏度级，多级油可以四季通用。目前，汽车发动机普遍使用多级油。

3. 发动机油的牌号

发动机油牌号包括机油的质量等级、黏度等级和机油的类别。汽油机油牌号的标记如 SN0W-40 汽油机油、SN40 汽油机油。柴油机油牌号的标记如 CF-4 10W-30 柴油机油、CH-4 30 柴油机油。

通用发动机油是指能够同时满足汽油机和柴油机使用的机油。通用发动机油牌号的标记如 SJ/CF-4 5W-30 或 CF-4/SJ 5W-30，前者表示其配方首先满足 SJ 汽油机油的要求，后者表示其配方首先满足 CF-4 柴油机油的要求，两者均需同时符合 SJ 汽油机油和 CF-4 柴油机油的全部质量指标。其牌号标记的 5W-30 反映的是黏度等级，它是一种多级油。

4. 发动机油的选用

（1）机油的选用原则 按照汽车使用说明书中的规定选用机油的质量等级和黏度等级；或根据发动机结构特性和工作条件要求，先确定机油的质量等级，然后依据发动机使用的外部环境温度等条件，选择该质量等级中合适的黏度等级。

（2）机油等级的选择

1）汽油机油可根据发动机工况、使用条件和生产年代来选用其质量等级。通常，发动机的最大功率、转矩、转速越大，对机油的质量等级要求就越高。汽车使用条件恶劣时，对机油的质量等级要求较高，如有下列情况，机油就应提高一个等级。

① 经常处于停停开开使用状态的出租车，易产生低温油泥。

② 长期低温、低速行驶的汽车，易产生低温沉积物。

③ 长期高温、高速行驶的汽车，机油容易氧化变质。

④ 长期在灰尘大的场所行驶的汽车，机油容易污染变质。

⑤ 较新型号汽车，或近年生产的汽车，由于对高使用性能的追求和对低排放污染的控制，要求机油的质量等级较高。

2）柴油机油可根据柴油机的强化系数及运行条件来选用其质量等级。强化系数K_φ用来反映柴油机的强化程度，K_φ的表达式为

$$K_\varphi = 5 P_{me} C_m \tag{4-1}$$

式中　P_{me}——发动机平均有效压力（MPa）；

　　　C_m——活塞平均线速度（m/s）。

强化系数越大，说明柴油机的机械负荷和热负荷越大，柴油机的强化程度越高，机油的工作条件越苛刻，要求选用的机油质量等级就越高。通常，$K_\varphi < 50$ 时，可选用 CC 级柴油机油；当 $K_\varphi \geq 50$ 时，应选用 CD 级以上的柴油机油。

运行条件可影响机油的工作环境。对运行条件苛刻的柴油车，如林区运材车、高速公路行驶的重负荷货车、重载矿用汽车等，宜选用更高质量等级的柴油机油。

注意：高等级的机油可代替低等级的机油，但经济上不合算；而低等级的机油绝不能代替高等级的机油，否则会加剧发动机的损坏。发动机油质量等级的选择可参考表 4-4。

（3）机油黏度等级的选择　机油黏度的高低对发动机的使用性能具有重要影响。黏度过高时，发动机起动后，机油的泵送性能差，加剧发动机磨损；黏度过低时，油膜易被破坏，对润滑不利。因此，应正确选择机油的黏度等级。

机油的黏度等级主要是根据环境温度来选择，同时还应考虑发动机工况和技术状况对其黏度的要求。温度影响着机油的黏度，为保证发动机高、低温运转时润滑正常，应根据季节、气温来选择机油的黏度等级。为避免冬夏季换油，应尽量选用黏温特性好、黏度指数高的多级油。另外，发动机重载低速时，机油的黏度应选得大些；发动机轻载高速时，机油的黏度应选得小些；发动机磨损严重时，机油的黏度应选得大些；发动机走合期或新发动机，机油黏度应选得小些。表 4-6 列出了部分机油黏度等级适用的气温范围和季节，可供选择机油黏度等级时参考。

表 4-6　不同黏度等级发动机油适用的气温和季节

黏度等级	适用的气温范围/℃	适用的季节
30	0 ~ 30	夏季
40	0 ~ 40	夏季
50	5 ~ 50	夏季
5W-30	−30 ~ 30	冬夏通用
5W-40	−30 ~ 40	冬夏通用
10W-30	−25 ~ 30	冬夏通用
10W-40	−25 ~ 40	冬夏通用

(续)

黏度等级	适用的气温范围/℃	适用的季节
15W-30	-20~30	冬夏通用
15W-40	-20~40	冬夏通用
20W-50	-10~50	冬夏通用

5. 发动机油的合理更换

发动机油在使用过程中，受高温的氧化，燃烧产物的作用，外部尘埃、水分等的混入，使发动机油劣化变质。变质后的机油，润滑性能不良，抗磨损性能下降，会加剧零件的磨损。因此，对在用发动机油应适时更换。根据换油准则的不同，发动机油的更换可分为定期换油、按质换油和油质监测下的定期换油三种。

（1）定期换油　发动机油的劣化，受使用时间、使用条件和工况的影响较大，其中使用时间比较容易掌握。定期换油就是按照汽车行驶里程或使用时间对发动机油使用性能的影响规律来更换机油，当机油使用到一定时间或里程，必须进行更换。

一般按汽车制造厂商推荐的换油周期换油，大部分车换油周期是 5000~10000km，部分高档类车辆，当达到换油里程时，车内会出现换油提示。实际使用中，路况、车况、机油品质，都会影响换油周期。如长期在市区行驶，汽车停车、起步频繁，会加剧发动机磨损、加快机油污染，因此须缩短换油周期。

定期换油不需对在用机油的质量进行鉴定、化验，操作简单、方便，目前国内普遍采用这种换油方法。

（2）按质换油　按质换油就是根据发动机在用机油的质量更换机油，当能够反映在用机油质量的一些代表性项目指标达到了换油指标要求时，应更换机油。

在实际使用中，在用发动机油的变质速度与使用时间或里程的长短不是成比例的，在相同的使用时间或里程内，机油的主要性能指标变化是有差别的，这主要取决于汽车的技术状况和使用条件。如果汽车技术状况较好、使用条件较好，机油变质速度就较为缓慢，到了定期换油周期时油质仍然较好；如果汽车技术状况不好、使用条件差，机油变质速度就比较快，使其未到定期换油周期时油质就已经很差了。因此，采用定期换油的方法就容易造成不该换的换了，浪费了油料；而该换的没有换，润滑条件无法保证，使零件磨损加快。

由于定期换油的不合理性，随着在用机油化验技术的进步，按质换油正在逐步取代定期换油。实行按质换油，必须配备一定数量、具有监测化验能力的技术人员和必要的化验设备，在汽车维护时，按规定对在用机油进行监测、化验。当在用机油检测指标达到规定的极限时，必须更换机油。

（3）油质监测下的定期换油　油质监测下的定期换油是指在规定了发动机换油期的同时也监测在用机油的某些理化指标，必要时可提前报废的一种换油方法。它是定期换油和按质换油的一种综合方法。这样不仅可及时更换不适用的机油，更为重要的是能够发现发动机的隐患，以便提前采取措施加以消除，从而避免造成重大损失。

4.2.2 汽车齿轮油及其使用

汽车齿轮油是指汽车驱动桥、手动变速器、转向器等齿轮传动部件所用的润滑油。它具有润滑、冷却、清净、密封和防蚀的作用。

1. 汽车齿轮油应有的性能

（1）良好的油性及极压抗磨性　油性是指齿轮油能有效地使润滑油膜吸附于运动件润滑表面的性能；抗磨性是指齿轮油保持运动部件润滑表面油膜完好，抵抗润滑表面磨损的能力。有些齿轮传动经常在苛刻的极压润滑条件下工作，所承受的压力、滑动速度和局部温度都很高，这就要求在齿轮油中加入极压添加剂，以有效防止在高负荷条件下的齿面擦伤及咬合。

（2）适宜的黏度和良好的黏温特性　黏度也是齿轮油的重要使用性能之一，对油膜形成的影响很大。一般而言，高黏度齿轮油可有效防止齿轮及轴承损伤，减小机械运转噪声；低黏度齿轮油在提高机械效率、加强冷却和清洗作用等方面有明显优点。各种润滑油的黏度均随温度升高而下降，下降幅度越小，则润滑油的黏温特性越好。汽车齿轮油的工作温度变化范围很大，因此应具有良好的黏温特性。

（3）良好的低温流动性　齿轮油在低温下应能保持必要的流动性，若齿轮油在低温下有蜡析出，黏度急剧上升，就不能确保有效的润滑。为使齿轮油能适应冬季低温条件下的使用要求，齿轮油中应加入倾点降低剂，以改善其低温流动性。

（4）良好的热氧化安定性和缓蚀、耐腐蚀性　良好的热氧化安定性，可以提高汽车齿轮油高温工作条件下抵抗氧化变质的能力；良好的缓蚀可以保护齿轮不受锈蚀，提高齿轮的使用性能和延长齿轮的使用寿命；良好的耐腐蚀性可以在金属表面形成保护膜，从而防止腐蚀性物质侵蚀金属材料。

（5）良好的抗泡性　齿轮油应具有良好的抗泡性，以保证在齿轮剧烈搅拌过程中产生的泡沫少并易于消失。

2. 汽车齿轮油分类

汽车齿轮油按质量等级和黏度等级进行分类。

（1）按齿轮油质量等级分类　汽车齿轮油的分类，各国广泛采用 API 分类法。API 根据齿轮类型、承载能力、使用场合、使用性能，将齿轮油分为 GL-1、GL-2、GL-3、GL-4、GL-5 和 GL-6 六级，如表 4-7 所示。GL 后的序号越大，级别就越高即越高级，越能满足齿轮在更苛刻的条件下工作。

表 4-7　汽车齿轮油 API 使用性能分类

分类	使用说明	用途
GL-1	低齿面压力、低滑动速度下运行的汽车螺旋锥齿轮、蜗轮式驱动桥以及各种手动变速器规定用 GL-1 齿轮油。直馏矿油能满足这类情况的要求，可以加入抗氧剂、缓蚀剂和消泡剂改善其性能，但不加摩擦改进剂和极压	汽车手动变速器，包括拖拉机和载货汽车手动变速器
GL-2	汽车蜗轮式驱动桥，其负荷、温度及滑动速度的状况，用 GL-1 级齿轮油不能满足其要求时，规定用 GL-2 齿轮油。通常都加有脂肪类物质	蜗轮蜗杆传动装置
GL-3	滑动速度和负荷比较苛刻的汽车手动变速器和弧齿锥齿轮的驱动桥规定用 GL-3 级齿轮油，这种使用条件要求齿轮油的承载能力比 GL-2 级齿轮油高，但比 GL-4 级齿轮油低	苛刻条件下的手动变速器和弧齿锥齿轮的驱动桥
GL-4	在高速低转矩和低速高转矩下运转的各种齿轮，特别是客车和其他各种车用的准双曲面齿轮，规定用 GL-4 级齿轮油	手动变速器、弧齿锥齿轮和使用条件不太苛刻的准双曲面齿轮

（续）

分类	使用说明	用途
GL-5	在高速冲击负荷、高速低转矩、低速高转矩条件下运转的各种齿轮，特别是客车和其他车用的准双曲面齿轮，规定用 GL-5 级齿轮油	适用于运转条件缓和或苛刻的准双曲面齿轮及其他各种齿轮，也可用于手动变速器
GL-6	高速冲击负荷下运转的小客车和其他车辆的各种齿轮，特别是高偏置的准双曲面齿轮，偏置大于 5cm 或接近大齿圈直径的 25%，规定用 GL-6 级齿轮油	轿车齿轮、高偏置准双曲面齿轮

我国参照 API 分类法，根据齿轮油特性、使用场合和使用对象，将汽车齿轮油分为如表 4-8 所示等级。其中，GL-3 相当于普通车辆齿轮油；GL-4 相当于中负荷车辆齿轮油；GL-5 相当于重负荷车辆齿轮油；MT-1 相当于非同步手动变速器油。

表 4-8 汽车齿轮油使用性能分类

分类	使用说明
GL-3	适用于速度和负荷比较苛刻的汽车手动变速器及较缓和的弧齿锥齿轮驱动桥
GL-4	适用于速度和负荷比较苛刻的弧齿锥齿轮和较缓和的准双曲面齿轮，可用于手动变速器和驱动桥
GL-5	适用于高速冲击负荷、高速低转矩和低速高转矩下操作的各种齿轮，特别是准双曲面齿轮
MT-1	适用于在大型客车和重型货车上使用的非同步手动变速器。该类润滑剂对于防止化合物热降解、部件磨损及油封劣化提供保护。GL-4 和 GL-5 不具备这些性能 MT-1 没有给出乘用车和重负荷车辆中同步器和驱动桥的性能要求

（2）按齿轮油黏度等级分类　汽车齿轮油黏度的分类，各国广泛采用 SAE 分类法。我国参照 SAE 分类法，根据低温和高温下齿轮油的黏度划分黏度等级，将齿轮油分为单级油和多级油。

单级齿轮油采用含 W 和不含 W 的两组黏度系列（表 4-9）。含字母的黏度等级代号由一组数字和字母 W 组成，如 70W、75W、80W、85W 等，为低温黏度等级，是冬用齿轮油，它根据低温黏度达 150000mPa·s 时的最高温度和 100℃时最小运动黏度划分等级；不含 W 的黏度等级代号由一组数字组成，如 80、85、90、110、140、190、250 等，为高温黏度等级，表示夏用齿轮油，它根据 100℃时的运动黏度划分等级。齿轮油的黏度按牌号的递增而增大。将两个适当的单级油进行组合，可得到同时符合两个黏度等级的多级油，主要有 80W-90、85W-90、85W-140 等。

表 4-9 汽车齿轮油黏度分类

黏度等级	最高温度（黏度达到 150000mPa·s）/℃	运动黏度(100℃)/(mm^2/s)（最小）	运动黏度(100℃)/(mm^2/s)（最大）
70W	-55	4.1	
75W	-40	4.1	
80W	-26	7.0	
85W	-12	11.0	
80		7.0	<11.0

(续)

黏度等级	最高温度 （黏度达到150000mPa·s）/℃	运动黏度（100℃）/ （mm²/s）（最小）	运动黏度（100℃）/ （mm²/s）（最大）
85		11.0	<13.5
90		13.5	<18.5
110		18.5	<24.0
140		24.0	<32.5
190		32.5	<41.0
250		41.0	—

3. 汽车齿轮油的选用

（1）齿轮油选用原则 按照汽车使用说明书中的规定选用齿轮油的质量等级和黏度等级；或根据齿轮油工作条件的苛刻程度，先确定齿轮油的质量等级，然后依汽车使用环境的温度，选择该质量等级中合适的黏度等级。

（2）质量等级选择 可根据齿轮油工作条件的苛刻程度选用其质量等级。工作条件的苛刻程度可用齿面压力 p、滑动速度 v 的乘积 pv 值来度量，其 pv 值与发热量成正比，是表征齿面烧结危险的大致标准。由于 pv 值取决于传动装置的类型，所以可按齿轮类型和传动装置的功能来选择齿轮油的质量级别。一般来说，驱动桥主减速器工作条件苛刻，而准双曲面齿轮主减速器工作条件更为苛刻，所以对齿轮油的质量要求更高，应选用更高级别的齿轮油。

通常情况下，手动变速器、弧齿锥齿轮和圆柱齿轮驱动桥可选用 GL-3 或 GL-4 齿轮油；准双曲面齿轮驱动桥，可选用 GL-4 或 GL-5 齿轮油；对于高速冲击负荷、高速低转矩和低速高转矩的变速器、准双曲面齿轮驱动桥，必须使用 GL-5 齿轮油。为减少用油级别，在汽车各传动装置对齿轮油使用性能要求相差不大的情况下，可选用同一质量级别的齿轮油。

必须注意：高等级的齿轮油可代替低等级的齿轮油，但经济上不合算；而低等级齿轮油则不能替换高等级的齿轮油，以免加剧齿轮磨损；各质量等级的齿轮油不能互相混用。

（3）黏度等级的选择 齿轮油的黏度等级主要是根据使用环境的最低气温和最高气温来选择。齿轮油的黏度应既能保证低温条件下的车辆起步，又能满足油温升高后的润滑要求。

由于齿轮油以动力黏度 150000mPa·s 作为低温流动性的极限，所以汽车齿轮油黏度分类表中 150000mPa·s 时的最高温度，就是保证齿轮油低温操作性能的最低温度，也就是汽车使用环境的最低温度，因此，应根据当地冬季最低气温选用适当黏度等级的齿轮油，如表 4-10 所示。

表 4-10 根据当地冬季最低气温选择黏度等级

黏度等级	70W	75W	80W	85W	90	140	250
冬季最低气温/℃	-55	-40	-26	-12	-10	10	—

通常，江南地区以及冬季气温不低于 -10℃ 的地区，全年可使用 90 号齿轮油；气温特别高时（或大功率或柴油车等）才使用 140 号齿轮油；在江北地区全年都可使用 80W 或

85W 齿轮油；气温低于 -26℃ 的地区冬季应使用 75W 齿轮油。

为避免冬夏季换油，应尽量选用黏温特性好、黏度指数高的多级齿轮油。如年环境温度在 -25~49℃ 的地区，可全年使用 80W-90 齿轮油；年环境温度在 -15~49℃ 的地区，可全年使用 85W-90 齿轮油。

4. 汽车齿轮油的合理更换

汽车齿轮油在使用过程中，其性能会逐渐劣化，因此应适时更换汽车齿轮油。汽车齿轮油的更换多采用定期换油，一般国产载货汽车行驶 20000km、乘用车行驶 30000~40000km 更换一次齿轮油。但按质换油仍是在用汽车齿轮油更换的发展方向。

4.2.3 汽车润滑脂及其使用

润滑脂是指将稠化剂分散在液体润滑剂中所组成的一种稳定的固体或半固体润滑材料。润滑脂由基础油、稠化剂、添加剂和填料组成，稠化剂构成润滑脂的结构骨架，基础油则保持在骨架之中。润滑脂具有润滑、密封和保护的作用，而绝大多数润滑脂用于润滑，称为减摩润滑脂。汽车上不宜施加液体润滑油的部位，如轮毂轴承、各拉杆球节、发电机轴承、水泵轴承、离合器轴承和传动轴花键等，均使用润滑脂。

1. 润滑脂应有的性能

(1) 适当的稠度　稠度是指润滑脂的稀稠程度。适当的稠度可使润滑脂容易加注并保持在摩擦面上，以保持持久的润滑作用。稠度可用锥入度表示。锥入度是指润滑脂在规定的负荷、时间和温度的条件下，锥体刺入试料的深度，其单位以 0.1mm 表示。锥入度值越大，稠度越小，反之，稠度越大。

(2) 良好的高、低温性能　高温性能是指润滑脂的耐热性能。耐热性好，可使润滑脂在较高工作温度下不变软，不失去润滑作用。润滑脂的高温性能可用滴点、蒸发损失和漏失量等指标评定，滴点是指润滑脂在规定的试验条件下加热，从仪器的脂杯中滴下第一滴液体时的温度，滴点越高，其耐热性越好。

低温性能是指润滑脂在低温条件下的工作能力，低温性能好，可使其在较低温度下保持良好的润滑性能。润滑脂的低温性能，取决于它的相似黏度及黏温性。

(3) 良好的抗水性　抗水性是指润滑脂遇水后抵抗结构和稠度改变的性能。抗水性差的润滑脂遇水后稠度会下降，甚至乳化而流失。在雨天或涉水行车时，汽车底盘的润滑脂润滑点，可能与水接触，为保证其润滑正常，要求其润滑脂具有良好的抗水性。

(4) 良好的缓蚀性、耐腐性　缓蚀性、耐腐性是指润滑脂抵抗与其相接触的金属被腐蚀和生锈的能力。缓蚀性差的润滑脂，其水污染后，容易使与其接触的金属生锈、腐蚀；润滑脂中本身如果含有过量游离酸、游离碱或活性硫化物，或因氧化产生的有机酸都可能腐蚀金属，为提高润滑脂的氧化安定性，防止在空气中氧化，通常在润滑脂中加入抗氧剂。

(5) 适当的胶体安定性　胶体安定性是指润滑脂在储存和使用中避免胶体分解，防止液体润滑油被析出的能力。胶体安定性主要取决于润滑脂的组成和加工工艺，与外界条件有一定关系。通常，基础油的黏度越小，稠化剂含量越少，稠化剂的稠化能力越低，基础油就越容易析出；温度升高，基础油黏度变小，分子运动加快，基础油易从结构骨架中析出；压力增大，润滑脂结构骨架遭到压缩，基础油也易析出。但是，润滑脂如果工作时不能分离出部分油来，就不能起到润滑作用。因此，理想的润滑脂，需要有适当的胶体安定性。

2. 润滑脂的分类

(1) 按润滑脂稠度等级分类　润滑脂稠度等级用锥入度的大小划分（表4-11），润滑脂的稠度分为九个等级：000、00、0、1、2、3、4、5、6。级别越靠后，表示稠度越大，润滑脂越硬。每种润滑脂都有不同的稠度等级，以便选用。

表4-11　按锥入度划分的润滑脂稠度等级

稠度号	000	00	0	1	2	3	4	5	6
工作锥入度(25℃)/(0.1mm)	445~475	400~430	355~385	310~340	265~295	220~250	175~205	130~160	85~115
状态	液态	几乎液态	极软	非常软	软	中	硬	非常硬	极硬

(2) 按润滑脂应用场合分类　车用润滑脂应用场合分类是根据润滑脂在汽车上的应用场合要求以及产品的性能来划分的。每个车用润滑脂的类型由一组大写英文字母所组成的代号来表示，字母含义见表4-12，车用润滑脂的详细分类见表4-13。它适用于汽车底盘、轮毂轴承和汽车辅件的润滑脂，其负荷与车辆及其运行工况有关，见表4-14。

表4-12　字母代号含义

字母	含义	字母	含义
A	对于底盘和轮毂轴承，为轻负荷	G	轮毂
B	对于万向节等底盘零部件，为中到重负荷；对于轮毂轴承，为轻到中负荷	L	底盘
		O	摆动
C	对于轮毂轴承，为中到重负荷	P	辅件
E	电性能	R	旋转

表4-13　车用润滑脂详细分类

应用场合	品种代号	用途描述	性能描述
底盘润滑脂	LA	适用于在轻负荷以下工作的车辆（乘用车、商用车等）的万向节和底盘零部件等。车辆使用中存在润滑周期短（乘用车的润滑周期小于3200km）的非关键部件应考虑为轻负荷	该类润滑脂具有抗氧化性和机械安定性、防腐蚀性、抗磨损性和橡胶相容性等；没有特殊温度要求；通常推荐稠度为2#的润滑脂，也可使用其他稠度等级的润滑脂
	LB	适用于中、重负荷条件下乘用车、商用车和其他车辆的底盘和万向节，车辆遇到润滑周期延长（乘用车的润滑周期大于3200km）、高负荷、严重的振动、暴露于水或其他污染等条件，应考虑为重负荷	该类润滑脂具有抗氧化性和机械安定性，在遇到水等杂质污染、重负荷等情况下，可以防止包括万向联轴节等底盘零件的腐蚀和磨损，而且橡胶相容性良好；使用温度范围为-40~120℃；通常推荐使用稠度为2#的润滑脂，也可使用其他稠度等级的润滑脂
轮毂轴承润滑脂	GA	适用于工作在轻负荷下的乘用车、商用车和其他车辆的轮毂轴承，车辆使用中润滑周期短的非关键应用，可考虑为轻负荷	该类润滑脂具有良好的橡胶相容性，除此之外，没有特定的性能要求；使用温度范围为-20~70℃
	GB	适用于工作在轻到中等负荷下的乘用车、商用车和其他车辆的轮毂轴承，通常运行在城市、高速公路和非道路的大多数车辆应考虑为中等负荷	该类润滑脂具有抗氧化性、低挥发性、机械安定性等性能，可以防止轴承的腐蚀和磨损，而且橡胶相容性良好；使用温度范围为-40~120℃；通常推荐稠度为2#的润滑脂，也可使用稠度等级为1#或3#的润滑脂

(续)

应用场合	品种代号	用途描述	性能描述
轮毂轴承润滑脂	GC	适用于中、重负荷条件下乘用车、商用车和其他车辆的轮毂轴承，轴承温度较高应考虑为重负荷。这类车辆的使用状况为：频繁起动—停止（如公交车、出租车、城市警车等），或强力制动（如拖车、重载车辆、山区行驶等）	该类润滑脂具有防止氧化、蒸发和稠度变稀的性能，可以避免轴承的腐蚀和磨损，而且橡胶相容性良好；使用温度范围为 -40~160℃，偶尔可达 200℃；通常推荐稠度为 2# 的润滑脂，也可使用稠度等级为 1# 或 3# 的润滑脂
通用润滑脂底盘轮毂轴承	GC-LB	适用于中到重负荷条件下工作的公交车、出租车、城市警车、拖车、重载车辆、山区行驶等乘用车、货车和其他车辆	该类润滑脂的性能同时达到 LB 类底盘润滑脂和 GC 类轮毂轴承润滑脂的性能
汽车辅件润滑脂	PR	适用于旋转的轴承，如交流发电机轴承、离合器分离轴承、冷气装置用的电磁离合器轴承、水泵轴承、发动机传动带张紧轮轴承	该类润滑脂具有长寿命、抗磨性、防锈性、低噪声、满足加速度很高的变速运转等；使用温度范围为 -40~180℃；转速最高可达 18000r/min；通常推荐使用稠度为 2# 的润滑脂，也可使用其他稠度等级的润滑脂
	PO	适用于往复运动或摆动的零部件，如软轴、牵引鞍座、制动装置等	该类润滑脂具有良好的润滑防锈性、抗磨性、耐温性、抗水性能、塑料相容性等性能；使用温度范围为 -40~80℃，在特殊情况下能适应的最高使用温度为 200℃；可视情况选择适当稠度等级的润滑脂
	PE	适用于电器开关等	根据具体应用，该类润滑脂具有良好的电气性能、润滑防锈性、抗磨性等；通常推荐稠度等级为 2# 或 3# 的润滑脂

表 4-14 负荷与车辆及运行工况的关系

负荷	车辆及运行工况
轻负荷	M_1、N_1、O_1 和 O_2 类型的车辆；润滑周期短的零件；零部件的工作温度范围为 -20~70℃
中负荷	M_2、N_2、O_3 类型的车辆，即在城市、高速公路和非道路运行的大多数车辆；需要延长润滑周期；零部件的工作温度范围为 -40~120℃
重负荷	M_3、N_3、O_4 以及全部 G 类等类型的车辆如公交车、出租车、城市警车、拖车、山区行驶、载重量高的车辆等；轴承温度高、频繁起动-停止，或者强力制动、需要延长润滑周期；严重的振动、接触水或其他污染物；零部件的工作温度范围为 -40~160℃，偶尔达到 200℃

注：M 代表至少四轮载客车辆；N 代表至少四轮载货车辆；O 代表挂车（包括半挂车）；G 代表越野车。

3. 润滑脂品种

汽车常用的润滑脂品种有钙基润滑脂、石墨钙基润滑脂、复合钙基润滑脂、钠基润滑脂、钙钠基润滑脂、锂基润滑脂等。

（1）钙基润滑脂　钙基润滑脂是用天然脂肪酸钙皂稠化中等黏度的矿物油制成，而合成钙基脂是用合成脂肪酸的钙皂稠化中等黏度的矿物油制成。

钙基润滑脂抗水性好，耐热性差。钙基润滑脂适用于工作温度不太高（-10~60℃）、易于接触水的中低速运动部件。如用来润滑底盘拉杆球节、水泵轴承和分电器凸轮等。

(2) 石墨钙基润滑脂　石墨钙基润滑脂是先按照生产钙基润滑脂的方法用 11 号气缸油和植物油钙皂制成钙基脂，成脂后逐步加入 10% 左右的片状石墨，分散均匀后冷却并研磨成产品。

石墨钙基润滑脂具有良好的抗水性和极压抗磨性，适用于工作温度不超过 60℃ 的重负荷、低速度、粗糙摩擦面的润滑，如汽车钢板弹簧部位的润滑。因石墨中含较多的杂质，故不宜用于滚动轴承或其他精密机械摩擦面上的润滑。

(3) 复合钙基润滑脂　复合钙基润滑脂是由脂肪酸和醋酸制成的复合钙皂稠化高、中黏度矿物油或硅油制成，而合成复合钙基润滑脂是由合成脂肪酸和醋酸制成的复合钙皂去稠化高、中黏度矿物油而成。

复合钙基润滑脂具有良好的耐热性和极压性，适用于较高温度（150℃）及潮湿条件下工作，可用于车轮毂轴承和水泵轴承的润滑。

(4) 钠基润滑脂　钠基润滑脂是由天然脂肪酸钠皂稠化中等黏度的矿物油或合成润滑油制成，而合成钠基润滑脂是由合成脂肪酸钠皂稠化中等黏度矿物油制成。

钠基润滑脂具有良好的耐热性和抗磨性，但其抗水性差，遇水易乳化变质。钠基润滑脂适用于 -10~110℃ 温度范围内，一般中等负荷、不接触水的润滑部位。

(5) 钙钠基润滑脂　钙钠基润滑脂是由脂肪酸钙、钠皂稠化中等矿物油制成。

钙钠基润滑脂兼有钙基脂的抗水性和钠基脂的耐热性，具有良好的输送性和机械安定性。它常用来润滑汽车底盘的滚动轴承。

(6) 锂基润滑脂　锂基润滑脂是由天然脂肪酸锂皂稠化中等黏度的矿物油或中等黏度的合成油制成，而合成锂基润滑脂是由合成脂肪酸锂皂稠化中等黏度的矿物润滑油制成。

锂基润滑脂具有良好的耐热性、抗水性、机械安定性和胶体安定性。锂基润滑脂包括通用锂基润滑脂、汽车通用锂基润滑脂、极压锂基润滑脂。

通用锂基润滑脂适用于 -20~120℃ 温度范围内各种机械设备的滚动轴承、滑动轴承及其他摩擦部位的润滑，可代替钙基、钠基及钙钠基润滑脂。

汽车通用锂基润滑脂适用于 -30~120℃ 温度范围内汽车底盘、轮毂轴承、水泵和发电机等各摩擦部位的润滑，进口汽车和国产新车普遍推荐使用该种润滑脂。

极压锂基润滑脂适用于 -20~120℃ 温度范围内高负荷机械设备的齿轮和轴承的润滑，与通用锂基润滑脂的区别是有较高的极压耐磨性，部分高性能进口汽车推荐使用该种润滑脂。

4. 润滑脂的选用

(1) 润滑脂选用原则　根据汽车使用维修说明书的规定，按照润滑脂使用部位的工作条件选用合适的润滑品种和稠度牌号。通常，根据工作温度、水污染状况、负荷和转速等条件来选用润滑脂，表 4-13、表 4-14 可供具体车型选用润滑脂时参考。

(2) 选择时应考虑的因素

1) 工作温度。润滑脂使用部位的最低温度应高于所选用润滑脂的低温界限，否则在起动和运转时，将会增大阻力并加剧磨损；其最高工作温度应低于所选用润滑脂的高温界限，否则会因润滑脂流失而失去润滑作用，加剧磨损。

2) 水污染。应根据润滑脂使用部位的环境条件和缓蚀性要求，综合确定润滑脂水污染的程度。

3）负荷。它是指摩擦面单位面积所承受的压力，与车辆及其运行工况有关（见表4-14），应根据负荷的高低确定适当的润滑脂。另外，高负荷时，可选用极压型润滑脂；低负荷时，可选用非极压型润滑脂。

4）稠度牌号。根据环境温度、负荷及转速等因素选择稠度牌号。一般，高速低负荷部位，应选用稠度牌号低的润滑脂，而环境温度较高时，稠度牌号可提高一级。汽车一般推荐使用1号、2号和3号润滑脂。

5）品种。符合润滑部位使用条件的润滑脂品种往往有多个，应根据各种润滑脂的特性确定最合适的品种。如汽车轮毂轴承多采用锂基润滑脂；钢板弹簧多采用石墨钙基润滑脂等。

4.3 汽车特种液及其使用

4.3.1 汽车制动液及其使用

汽车制动液是指汽车液压制动系统中传递制动压力使车轮制动的工作介质，俗称刹车油。制动液的优劣，直接影响汽车的制动性能。

1. 制动液应有的性能

（1）良好的高温抗气阻性　汽车长时间制动时会产生大量摩擦热，使制动系统温度升高。如使用沸点较低的制动液，在高温时制动液会蒸发使制动系统管路充有蒸气，产生气阻，引起制动失灵。为保证行车安全，要求制动液有较高的沸点。但由于多数制动液不是单体化合物，没有固定的沸点，所以用平衡回流沸点作为高温抗气阻性的评定指标。平衡回流沸点是指在大气压力下，在加热冷凝回流系统内，试样在规定的回流速度下沸腾的温度。由于制动液吸湿含水后，其平衡回流沸点（湿沸点）显著下降，因此，汽车高级制动液也把湿平衡回流沸点作为一个重要的控制指标。通常，湿沸点是指制动液含水率为3.5%时的平衡回流沸点，其湿沸点越高越好。

（2）适当的黏度　制动液应在较宽的温度范围内保持适当的黏度，这样制动液就具有很好的流动性，能保证迅速传递压力，确保制动系统的安全可靠。

（3）良好的橡胶适应性　制动液与系统的橡胶配件接触时，橡胶配件不应产生软化、溶胀、溶解、硬化和紧缩等不良现象，以免制动失灵。

（4）良好的耐腐蚀性　制动液长期与铸铁、铜、铝及其他合金制成的制动装置接触，要求制动液对金属不产生腐蚀，在规格中用酸值和腐蚀试验进行控制。

（5）良好的稳定性　制动液在长期保存及使用中，当工作环境温度发生变化时，制动液的性质不应发生明显的物理和化学变化，不允许生成胶质和油泥沉积物。

（6）良好的溶水性　要求制动液吸水后能与水互溶，不产生分离和沉淀，以免在高温时形成水蒸气产生气阻，在低温时形成冰栓，堵塞制动管路。

2. 制动液分类

（1）按制动液标准分类　美国汽车工程师协会（SAE）制动液分类法，是一种按最低平衡回流沸点及相应使用条件的分类方法，其制动液分类如表4-15所示。

美国联邦政府运输部（DOT）以 SAE 为基础，制定了要求更加苛刻的 DOT 制动液分类法，其特点是进一步提高平衡回流沸点，并控制最低湿沸点，其制动液分类如表 4-15 所示。

我国参照制动液 ISO 和 DOT 分类方法，制定了强制标准 GB 12981《机动车辆制动液》，该标准按机动车辆使用工况温度和黏度要求的不同，将制动液分为 HZY3、HZY4、HZY5、HZY6 四种级别。该标准规定了以合成液体为基础液并加有多种添加剂制成的合成制动液的技术要求和试验方法。该标准系列的代号由汉语拼音字母和阿拉伯数字两部分组成，其中 H、Z 和 Y 分别为合成、制动和液体的汉语拼音的第一个字母（大写），阿拉伯数字作为区别本系列各品种的标记。序号越大，表示级别越高，性能越好。HZY3、HZY4、HZY5 级别分别对应国际通用产品 DOT3、DOT4、DOT5 或 DOT5.1，如表 4-15 所示。

表 4-15 制动液按标准分类

分类方法	制动液级别	最低平衡回流沸点		适应气候条件
		干沸点/℃	湿沸点/℃	
SAE	SAE J1703	150		严寒
	SAE J1704	190		正常
	SAE J1705	232		高温
DOT	DOT3	205	140	正常
	DOT4	230	155	高温
	DOT5	260	180	极高温
GB 12981 机动车辆制动液	HZY3	205	140	正常
	HZY4	230	155	高温
	HZY5	260	180	极高温
	HZY6	250	165	极高温

（2）按制动液原料分类　就制动液原料来源而言，汽车制动液可分为醇型制动液、矿油型制动液、合成型制动液三类。

1）醇型制动液。醇型制动液是以精制蓖麻油与醇类按一定比例混合制成。醇型制动液润滑性好、原料易得、工艺简单，但低温黏度大、平衡回流沸点低、与水互溶性差，使用过程中易氧化变质。此类制动液不能满足严寒或炎热地区车辆使用的要求，在炎热季节使用时，制动液中的醇类易蒸发产生气阻，在严寒地区的冬季使用，制动液会变稠分层，使制动沉重，甚至失灵，目前醇型制动液已被淘汰。

2）矿油型制动液。矿油型制动液是以深度脱蜡的精制柴油馏分作为基础油，加入增黏剂、抗氧化剂、缓蚀剂等调和而成。矿油型制动液润滑性能好，对金属无腐蚀作用，适应的温度范围宽，可在 -50 ~ 150℃的范围内使用。但矿油型制动液对天然橡胶有溶胀作用，制动系统必须使用耐油的橡胶皮碗、软管、密封件。另外，这类制动与水互溶性差，进入少量水后高温易产生气阻，影响制动效果。

3）合成型制动液。合成型制动液是以高分子醇醚和酯类化合物为主要组分，配合各种添加剂制成。合成型制动液具有性能稳定、沸点高、吸湿性小、无金属腐蚀性、与橡胶配伍性好等优点，而且具有优异的高低温性能，适合在各种汽车上使用，适合汽车在高原、平原、高温、低温等气候条件不同的地区使用，能确保汽车在高温、低温、严寒、潮湿气候条件下的行驶安全。

3. 制动液的选用

（1）制动液选用原则

1）根据汽车使用说明书推荐的质量等级、品牌、型号等进行选择。车辆使用说明书在给出了标准品牌号外，一般还提供了可供代用的制动液品牌号。用户应尽可能选用标准品牌号的产品，缺乏时才考虑选用代用品。如果推荐的代用品牌也缺乏，才可以选择其他相应等级的制动液；对有特殊要求的制动系统，应加注特定牌号的制动液。

2）尽量选择合成型制动液。因为合成型制动液具有优良的性能，能满足不同地区、不同季节、不同气候条件、不同工作温度、不同制动负荷、不同汽车制动的要求。

3）按照机动车制动液国标或 DOT 标准，尽量选择高质量等级制动液。各等级制动液的主要特性和推荐使用范围如表 4-16 所示。

表 4-16 汽车制动液的主要特性和推荐使用范围

级别	制动液的主要特性	推荐使用范围
HZY3	具有良好的高温抗气阻性能和优良的低温性能	相当于 DOT3 的水平，我国广大地区均可使用
HZY4	具有优良的高温抗气阻性能和良好的低温性能	相当于 DOT4 的水平，我国广大地区均可使用
HZY5、HZY6	具有优异的高温抗气阻性能和良好的低温性能	相当于 DOT5、DOT5.1 的水平，供特殊要求或极高温地区的车辆使用

（2）制动液使用注意事项

1）不同规格的制动液不能混用，否则会因分层而降低制动效能。

2）制动液中不能有水分和矿物油混入，以免制动液的性能变差。

3）制动液装入系统前应进行检查，如发现杂质或白色沉淀等，应过滤后再用。

4）更换制动液时，应将制动系统清洗干净。

4.3.2 发动机冷却液及其使用

冷却液是指汽车发动机冷却系统中用于循环带走高温零件热量的冷却介质。为保证发动机正常工作和延长发动机的使用寿命，应正确使用发动机冷却液。

1. 冷却液应有的性能

（1）冰点低 冰点是指冷却液开始结冰的温度。如果发动机冷却液冰点高于环境温度，则汽车长时间停放时，发动机会被冻裂。因此，要求冷却液冰点较低，具有防冻功能，当今冷却液的冰点一般在 -50 ~ -15℃。

（2）沸点高 沸点是指在大气压力下，冷却液开始沸腾的温度。冷却液沸点高可保证汽车在满载、高负荷、高速、高温条件下能正常行车，散热器不会产生"开锅"现象。冷却液的沸点一般要大于 105℃。

（3）耐腐蚀 冷却液每时每刻都与发动机冷却系统中的金属相接触，因此必须要有耐腐蚀功能。优质的冷却液，与水相比具有防腐功能，能更好地保护散热器，延长发动机的使用寿命。

（4）防水垢 自来水中有许多矿物质，用自来水作冷却液容易产生水垢。水垢附着在散热器、水套的金属表面，使散热效果变差，对发动机运转不利。因此，冷却液使用时应能够防止水垢产生。优质的冷却液采用蒸馏水制造,并加有防垢添加剂,不但不生水垢,而且还具有除垢功能。

2. 冷却液分类

汽车发动机冷却液是由防冻剂、缓蚀剂和水按一定比例混合而成,用于发动机冷却系统中,具有冷却、防冻、防腐、防结垢等作用的功能性液体。冷却液分类方法如下。

(1) 按含水量分类　发动机冷却液按含水量不同可分为冷却液浓缩液和冷却液稀释液。

1) 冷却液浓缩液。浓缩液是指水分含量不大于5%(体积分数),经加水稀释后用于发动机冷却系统的冷却液,其冷却液的冰点由防冻剂和稀释水的比例决定。

2) 冷却液稀释液。稀释液是指直接用于发动机冷却系统,具有特定冰点数值的冷却液。其冷却液冰点的数值可由型号知道,如稀释液冷却液型号为 LEC - Ⅱ - 25,则其冰点就是 -25℃。

(2) 按组成不同分类　冷却液按其组成不同可分为四类。

1) 乙二醇型冷却液。以乙二醇作为防冻剂,冰点不高于 -25℃ 的冷却液。

2) 1,2 - 丙二醇型冷却液。以 1,2 - 丙二醇作为防冻剂,冰点不高于 -25℃ 的冷却液。

3) 1,3 - 丙二醇型冷却液。以 1,3 - 丙二醇作为防冻剂,冰点不高于 -25℃ 的冷却液。

4) 其他类型冷却液。

① 采用乙二醇或 1,2 - 丙二醇或 1,3 - 丙二醇作为防冻剂,冰点在 0 ~ -25℃(不包含 -25℃)的冷却液。

② 以其他原料作为防冻剂,具有特定冰点数值的冷却液。

(3) 按发动机使用负荷分类　按燃油汽车发动机使用负荷大小分为轻负荷冷却液和重负荷冷却液两类。

1) 轻负荷冷却液。轻负荷冷却液的分类、代号及型号应符合表4-17的规定。

表4-17　轻负荷冷却液的分类、代号及型号

产品分类		代号	型　号
乙二醇型	浓缩液	LEC- Ⅰ	—
	稀释液	LEC - Ⅱ	LEC - Ⅱ -25、LEC - Ⅱ -30、LEC - Ⅱ -35、LEC - Ⅱ -40、LEC - Ⅱ -45、LEC - Ⅱ -50
1,2 - 丙二醇型	浓缩液	LPC - Ⅰ	—
	稀释液	LPC - Ⅱ	LPC - Ⅱ -25、LPC - Ⅱ -30、LP - Ⅱ -35、LPDC - Ⅱ -40、LPDC - Ⅱ -45、LPDC - Ⅱ -50
1,3 - 丙二醇型	浓缩液	LPDC - Ⅰ	—
	稀释液	LPDC - Ⅱ	LPDC - Ⅱ -25、LPDC - Ⅱ -30、LPDC - Ⅱ -35、LPDC - Ⅱ -40、LPDC - Ⅱ -45、LPDC - Ⅱ -50
其他类型	稀释液	LOC - Ⅱ	LOC - Ⅱ - (冰点标注值),如 LOC - Ⅱ -15

2) 重负荷冷却液。重负荷冷却液的分类、代号及型号应符合表4-18的规定。

表 4-18 重负荷冷却液的分类、代号及型号

产品分类		代号	型 号
乙二醇型	浓缩液	HEC-Ⅰ	
	稀释液	HEC-Ⅱ	HEC-Ⅱ-25、HEC-Ⅱ-30、HEC-Ⅱ-35、HEC-Ⅱ-40、HEC-Ⅱ-45、HEC-Ⅱ-50
1,2-丙二醇型	浓缩液	HPC-Ⅰ	—
	稀释液	HPC-Ⅱ	HPC-Ⅱ-25、HPC-Ⅱ-30、HP-Ⅱ-35、HPDC-Ⅱ-40、HPDC-Ⅱ-45、HPDC-Ⅱ-50
1,3-丙二醇型	浓缩液	HPDC-Ⅰ	—
	稀释液	HPDC-Ⅱ	HPDC-Ⅱ-25、HPDC-Ⅱ-30、HPDC-Ⅱ-35、HPDC-Ⅱ-40、HPDC-Ⅱ-45、HPDC-Ⅱ-50
其他类型	稀释液	HOC-Ⅱ	LOC-Ⅱ-(冰点标注值),如 LOC-Ⅱ-15

3. 冷却液的选用

(1) 冷却液的选用原则

1) 根据汽车发动机负荷大小选用冷却液。重负荷发动机选用重负荷冷却液,轻负荷发动机选用轻负荷冷却液。使用条件恶劣、高温、重载运行车辆宜选用重负荷冷却液。

2) 按照汽车使用说明书的要求选用发动机冷却液。每款车型都有推荐的专用冷却液,购买时可按其规定的品牌、类型选择冷却液。这样选择的冷却液,其针对性较好,冷却、防冻、防沸、防蚀效果显著,可放心使用。

3) 根据当地冬季最低气温选用适当牌号的冷却液,冰点应低于最低气温10℃左右。在我国北方大部分地区,最起码要选冰点低于-35℃的冷却液。

(2) 冷却液使用注意事项

1) 不同厂家、不同类型、不同牌号的发动机冷却液不能混用,以免起化学反应、沉淀或生成气泡,降低使用效果。

2) 对冷却液浓缩液进行稀释时,应使用蒸馏水,切勿使用硬水配制,以免产生沉淀。

3) 加注冷却液前,应检查冷却系统的密封性,确保无泄漏。冷却液加注不要过满,一般只能加到冷却系统总容量的95%,以免升温后膨胀溢出。

4) 在更换冷却液时,应先将冷却系统用净水冲洗干净,然后再加入新的冷却液。

5) 乙二醇型冷却液,只要使用维护得当,可连续使用3~5年,但每年应检测一次冷却液密度,需要时,可视情加入适量的水。

6) 乙二醇是有机溶剂,使用中要注意不得将其洒溅到橡胶制品或油漆表面,更应注意不要接触皮肤。若不慎洒溅上,应立即用清水冲洗以免造成零件腐蚀或皮肤损伤。

7) 选用近期生产的冷却液,过期的冷却液不能用,以免对发动机不利。

4.4 汽车轮胎及其使用

汽车轮胎装在轮辋上,它直接与路面接触,和汽车悬架共同缓和汽车行驶受到的冲击,保证汽车具有良好的乘坐舒适性;保证车轮和路面具有良好的附着能力,提高汽车的动力

性、制动性和通过性;承受着汽车的重力。轮胎在汽车上所起的重要作用越来越受到重视。

4.4.1 轮胎分类

汽车轮胎的分类方法很多,可按胎体帘线排列方向、有无内胎、车种、用途、大小、花纹、气压等分类,下面仅介绍其中几种。

1. 按胎体帘线排列方向分类

(1) 斜交轮胎 普通斜交轮胎是指胎体帘布层和缓冲层各相邻层帘线交叉且与胎面中心线呈小于90°角排列的充气轮胎,如图4-1a所示。帘布层通常由成双数的多层挂胶帘布用橡胶贴合而成;缓冲层位于胎面和帘布层之间,它用胶片和数层挂胶稀帘布制成,其质软富有弹性。

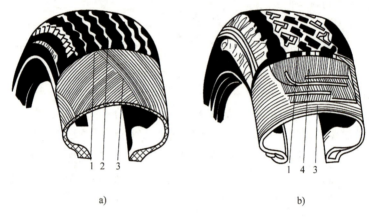

图4-1 轮胎的帘线排列
a) 斜交轮胎 b) 子午线轮胎
1—胎面 2—缓冲层 3—帘布层 4—带束层

斜交轮胎的特点是:胎体坚固,胎侧不易损坏,低速行驶舒适性好,轮胎噪声小,滚动阻力大,使用寿命短。由于斜交轮胎价格较低,故有的低速车辆,如农用汽车还在继续使用。

(2) 子午线轮胎 子午线轮胎是指胎体帘布层帘线与胎面中心线成90°角排列,与帘布层轮胎的子午断面一致的充气轮胎,如图4-1b所示。子午线轮胎的帘布层层数一般比普通斜交轮胎减少40%~50%,且无偶数限制,胎体较柔软,而带束层层数较多,极大提高了胎面的刚度和强度。

子午线轮胎的特点是:帘布层数少,滚动阻力小,行车节油;帘线强度利用充分,承载能力大;胎体柔软,缓冲能力好,乘坐舒适;胎面耐磨性好,使用寿命长;接地面积大,附着性能好;能量损失小,行驶温度低,适应高速行车。因此,子午线轮胎已成为轮胎生产和消费的发展主流,在轿车、客车、货车上都得到了广泛的应用。

2. 按有无内胎分类

(1) 有内胎轮胎 有内胎轮胎在外胎的内部有一个充有压缩空气的内胎。其轮胎特点是内外胎之间有摩擦、散热慢、行驶温度高、不适应高速行驶;使用时内胎略受穿刺便形成小孔,而使轮胎迅速降压,行驶安全性差,但途中修理较为方便。目前,载货汽车广泛使用有内胎轮胎。

（2）无内胎轮胎　无内胎轮胎内壁涂有一层用特殊配方的厚橡胶制成的气密层，空气直接充入轮胎内腔。其轮胎特点是：行驶安全性好，当轮胎被尖锐物刺穿后，气密层能自动紧裹刺穿物而保持较长时间不漏气，即使将刺穿物拔出，由于气密层的作用，也能暂时保持气压，不致影响汽车行驶；散热快，热量可直接从轮辋散出，轮胎温度低，适应高速行车；胎体柔软，缓冲性能好，使用寿命长。目前，轿车普遍采用无内胎轮胎。

3. 按汽车种类分类

轮胎按汽车种类分类，大概可分为如下几种：PC——轿车轮胎；LT——轻型载货汽车轮胎；TB——载货汽车及大客车轮胎；AG——农用车轮胎；OTR——工程车轮胎；ID——工业用车轮胎。

4.4.2　轮胎规格

1. 轮胎表示的基本术语

（1）轮胎的主要尺寸　轮胎主要尺寸是指轮胎按规定的压力充气后，在无负荷状态下的外直径 D、断面宽 B、断面高 H、轮辋名义直径 d（与相对应的轮胎内直径一致），如图4-2所示。

（2）轮胎的高宽比　轮胎高宽比是指轮胎断面高 H 与断面宽 B 的比值，也称轮胎扁平率。轮胎系列是用轮胎高宽比乘以100来表示的，如"80"系列、"75"系列轮胎，其高宽比分别为0.80和0.75。

（3）轮胎的速度　轮胎的最高速度是指在规定条件下、承载规定负荷、行驶规定时间所允许使用的最高速度。将最高速度分为若干级，用速度符号表示。选用轮胎时，轮胎的速度应与汽车的最高车速相匹配。国标规定的速度符号与其对应的最高速度如表4-19所示。

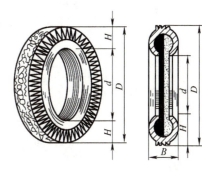

图4-2　轮胎的主要尺寸

表4-19　轮胎速度符号与最高速度对应表（节选）

速度符号	最高速度/(km/h)	速度符号	最高速度/(km/h)
G	90	R	170
J	100	S	180
K	110	T	190
L	120	U	200
M	130	H	210
N	140	V	240
P	150	W	270
Q	160	Y	300

（4）轮胎的负荷能力　轮胎的负荷能力是指在一定行驶速度和相应充气压力时的最大载质量。它可以由轮胎的层级、负荷指数表示。

1）层级。轮胎的层级（PR）是表示轮胎承载能力的相对层数，主要区别尺寸相同但结构和承载能力不同的轮胎。轮胎的层级并不代表轮胎的实际帘线层数，其层级反映的承载能力，近似于棉帘线层数的载质量。例如，9.00-20-14层级尼龙斜交轮胎，实际胎体帘线只有8层，近似于同规格14层棉帘线轮胎的载质量。

2）负荷指数。轮胎的负荷指数是指轮胎在规定的充气压力、规定的车速条件下，轮胎负荷能力的数字符号，每个数字符号代表了相应的负荷值（kg）。根据轮胎的负荷指数，即可查出轮胎在规定条件下的最大载质量。

2. 轮胎规格表示方法

轮胎规格的表示方法多种多样，下面以实例形式说明汽车轮胎规格的主要表示方法。

（1）斜交轮胎　我国斜交轮胎的规格用B-d表示，轿车和重型载货汽车斜交轮胎的尺寸B、d均为英寸（in）。

1）轿车斜交轮胎。

2）载货汽车斜交轮胎。

（2）子午线轮胎　我国子午线轮胎的规格用BRd表示，其中R代表子午线轮胎。国产轿车子午线轮胎尺寸B为米制单位（mm）；载货汽车子午线轮胎B有英制单位（in）和米制单位（mm）两种；而轮辋尺寸d为英制单位（in）。美国轿车子午线轮胎在规格前加"P"。

1）轿车子午线轮胎。

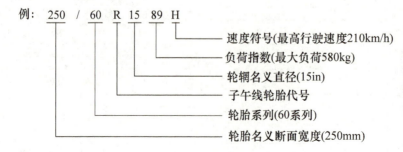

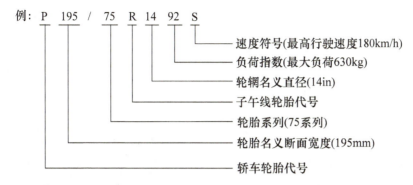

2）载货汽车子午线轮胎。

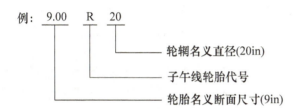

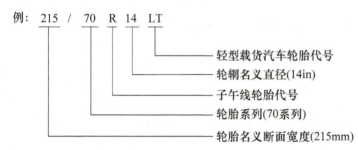

4.4.3 轮胎使用

在运输成本中,轮胎费用占10%～15%。正确合理地使用轮胎,能降低行驶阻力,节省油耗,减少轮胎的磨损速度,防止不正常的磨损和损坏,提高轮胎使用寿命,降低汽车运输成本。同时,保持轮胎良好的技术状况,可以确保汽车处于最佳行驶状态,有利于行车安全。为此,应采取下列措施。

1. 正确选配轮胎

原则上要按照车辆使用说明书的规定选用轮胎的规格牌号。实际选配时,轮胎的尺寸规格应符合原车的要求;轮胎的速度等级须与车辆最高行驶速度相适应;轮胎的负荷能力要与载质量相适应;轮胎的花纹要与道路条件相适应。轮胎的尺寸规格、速度等级及负荷能力均标记在胎侧,选用时必须认真核对,使轮胎的规格、性能完全符合该车型及运用条件的要求,这是用好轮胎的前提条件。选配轮胎时应注意以下几点。

1）同一辆车所装的轮胎,其厂牌、花纹应一致,不允许混装不同规格的轮胎。否则,会使轮胎磨损加剧,油耗增加,破坏汽车的操纵稳定性。

2）换用新轮胎时,最好全车成套更换。如不能这样,应尽量避免只换一个轮胎,最少应同时更换一根轴上的轮胎,不允许在同一轴上装用新旧差异较大的轮胎。由于轿车多是前轮驱动型车，它的前轮既是驱动轮，又是转向轮，其前轮轮胎磨损速度较快。因此，花纹最深的轮胎或新胎应装在前轮上，这样还可使前轮的摆振和侧滑减少，保证行车安全。

2. 保持合适的轮胎气压

轮胎气压标准是根据轮胎的构造、材料强度、实际负荷以及汽车的操纵稳定性、行驶平顺性、汽车的动力性及经济性的要求确定的，因此使用时轮胎的气压应符合规定值。

轮胎气压的过高或过低，对汽车的使用性能不利。如果轮胎气压过低，会使轮胎的滚动阻力加大，汽车动力性变差，汽车油耗上升，同时汽车操纵性也受到影响；如果轮胎气压过高，则轮胎与路面的附着性能下降，汽车制动距离延长，易发生侧滑。轮胎气压过高或过低还会加剧轮胎的磨损，缩短轮胎的使用寿命，如图4-3所示。胎压过低时，轮胎的刚度也随之下降，造成汽车行驶时胎侧发生强烈弯曲，使胎体产生很大的应力，帘布层受到损害，同时，胎侧弯曲变形时，胎温升高，轮胎胎肩磨损加快，如图4-4所示；胎压过高时，造成胎体应力过大，胎冠中间部分磨损增加，严重时胎冠爆裂。因此，应定期检查和调整轮胎气压，使之符合规定值。

检查轮胎气压应在轮胎处于冷态状态下，取下轮胎气阀帽，用胎压表检查。如果气压过高，可通过气门芯放掉胎内一些空气。如果气压过低，则用压缩空气充压至规定值。气阀漏气时容易导致轮胎气压过低，应检查气阀是否漏气。可用肥皂水抹在气阀上检查漏气情况，若出现气泡，说明气阀漏气，可调整气门芯位置或重新拧紧气门芯；若继续漏气，则应更换气门芯。

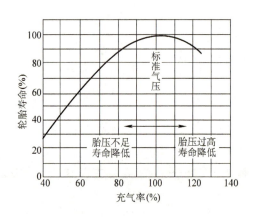

图4-3 胎压与轮胎寿命的关系

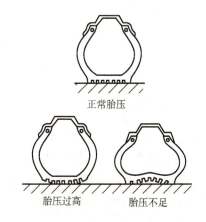

图4-4 轮胎气压状况与轮胎磨损

3. 防止轮胎超载

汽车在使用过程中不得超载，轮胎的负荷不应超过轮胎的额定负荷。超载行驶时，轮胎帘线所受压力增大，易造成帘线折断、松散和帘线脱层，当受到冲击载荷时，会引起爆胎，同时因接地面积增大，会加剧胎肩的磨损。因此，汽车必须按标定的容载量装货或载客，以防超载。同时，要注意货物装载平衡，不得偏载，防止个别轮胎超载，导致轮胎早期损坏。

4. 轮胎应定期换位

由于汽车在行驶过程中，前后轮的载荷、受力及功能不同，因而汽车轮胎的磨损不同，为保持同一台车的轮胎磨损均匀，延长轮胎的使用寿命，并使寿命趋于一致，轮胎应定期换位。轮胎每行驶 15000～20000km，应按一定的顺序进行一次换位。

（1）轮胎换位方法　四轮二轴汽车的轮胎换位，可参照图 4-5 所示的方法进行。普通斜交轮胎常采用交叉换位法，如图 4-5a 所示；子午线轮胎宜采用单边换位法，如图 4-5b 所示。子午线轮胎的旋转方向应始终不变，若换位后反向旋转，则会因钢丝帘线反向变形产生振动，导致汽车平顺性变差，所以一些轿车使用手册均推荐子午线轮胎采用单边换位法。

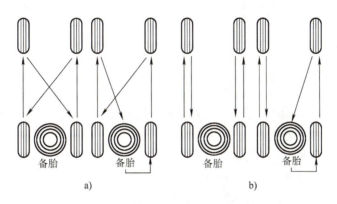

图 4-5　四轮二轴轮胎换位方法
a）交叉换位法　b）单边换位法

（2）轮胎换位注意事项　为达到良好的效果，轮胎换位时应注意下列事项。

1）轮胎换位方法选定后，应按顺序定期换位，只能一用到底，不可改变，否则对轮胎磨损不利。

2）对有方向性花纹的轮胎，换位后不能改变旋转方向。

3）子午线轮胎换位后，其旋转方向最好不要改变。

4）轮胎有异常磨耗时，可在故障排除后提前换位。

5）前后车轮的轮胎帘线层数不同、承载负荷不同时不能随便换位。

6）轮胎换位后，应按所换的胎位要求，重新调整胎压至规定值。

5. 提高驾驶技术

提高驾驶技术，规范驾驶操作，可防止轮胎早期损坏。为提高轮胎行驶寿命，驾驶人应做到如下几点。

1）平稳起步。采用合适档位，缓慢平稳起步，防止起步时车辆窜动，减少轮胎磨损。

2）提倡中速行车。高速行驶时，轮胎承受的冲击负荷、离心力大，单位时间内接地次数多，因而轮胎的拉伸、压缩量较大，变形频率较高，易使轮胎损坏。高速行驶时，轮胎温度相对较高，容易导致爆胎。因此，应选择中速行车，这样相对来说可以延长轮胎的使用寿命。

3）灵活应对路面条件。路面的好坏对轮胎寿命影响很大，应尽量选择良好路面行驶；

若遇有铁路道口和不平路面,则应减速行驶;若遇有石块、锋利物,则应绕行或下车处理后再行驶。

4)合理使用制动。制动会产生冲击载荷,会加剧轮胎的变形和磨损。因此,最好采用预见性制动,尽量少用紧急制动。行车时应多注意观察车流、人流等各种情况,遇事提前减速,这样可大大减少紧急制动,从而减少轮胎的磨损和变形,延长轮胎使用寿命。

5)防止轮胎温度过高。轮胎的最高允许工作温度为80~90℃,若超过这一温度必须停车散热。绝对不能用放气降压的办法来企图降温,这样会适得其反,因为放气降压后轮胎变形增加,轮胎迟滞损失加大,轮胎行车的温度会更高,易导致高温爆胎。更不能泼水降温,这样会使橡胶层骤冷,从而破坏橡胶层和帘线层的接合强度,导致轮胎早期损坏。

6)严防胎侧擦撞。行车及靠边停车时一定要注意不要让胎侧擦撞很硬的混凝土路埂或障碍物,因为子午线轮胎、无内胎轮胎的胎侧较薄,是最薄弱的承力部位,擦撞时易引起胎侧破裂,导致轮胎早期损坏。

6. 加强轮胎维护

1)加强轮胎的例行维护。做到:勤查气压、勤查胎温、经常检查轮胎有无损坏,并随时除去嵌入轮胎花纹中的杂物。

2)提高底盘维护质量,延长轮胎使用寿命。底盘技术状况会直接影响轮胎寿命,如车轮定位不正确;轮毂轴承松动、轮辋变形、车轮不平衡;转向系统、制动系统、行驶系统调整不当均会导致轮胎工作不正常,降低轮胎使用寿命。因此,汽车维护时,要特别重视底盘的检查与调整,保持底盘具有良好的技术状况,保证车轮正常工作,使车轮行驶尽可能纯滚动,从而减少轮胎与路面滑移造成的异常磨损。

3)拆装轮胎要规范。不正确的拆、装轮胎往往会使轮胎的胎圈部位变形或损伤,轻则影响轮胎的气密性或导致轮胎胎侧出现鼓包,重则使轮胎胎体帘线断裂而报废。因此,轿车轮胎的拆装必须使用轮胎拆装机,严禁直接用手工拆装。大车轮胎的拆装要严格按照操作规范进行。

4)轮胎修补或更换后要进行动平衡。使用动不平衡的车轮,会使汽车行驶的振动和噪声加大,并且使轮胎出现不规则磨损而缩短轮胎使用寿命。因此,对修补或更换的车轮轮胎总成,装车前应进行动平衡。

本 章 小 结

1. 合理使用汽车燃油、润滑剂、制动液、冷却液和轮胎等运行材料,可以发挥汽车使用性能,提高汽车使用可靠性,延长汽车使用寿命。

2. 车用汽油应具有良好的抗爆性、安定性、清洁性以及适当的蒸发性和无腐蚀性。车用汽油牌号按辛烷值划分,有89号、92号、95号、98号四个牌号。车用汽油牌号的选用方法是:根据汽车使用说明书要求选用;根据发动机的爆燃倾向选用;根据驾驶人的经验选用。

3. 车用柴油应具有良好的低温流动性、燃烧性、安定性、清洁性以及适当的黏度、蒸发性和无腐蚀性。车用柴油牌号按凝点划分,有5号、0号、-10号、-20号、-35号、-50号六个牌号。车用柴油牌号的选择是根据当地月风险率为10%的最低气温进行的,其最低气温应比柴油凝点高4~6℃。

4. 发动机油应具有良好的黏温性、润滑性、低温流动性、清净分散性、抗氧性、耐腐蚀性、抗磨性、抗泡性以及适当的黏度。发动机油的分类，广泛采用 API 质量分类法和 SAE 黏度分类法。机油牌号应包括机油的质量等级、黏度等级和机油的类别。发动机油的选用原则是：按照汽车使用说明书中的规定选用机油质量等级和黏度等级；或根据发动机结构特性和工作条件要求，先确定机油的质量等级，然后依据发动机使用的外部环境温度等条件，选择该质量等级中合适的黏度等级。

5. 汽车齿轮油应具有良好的油性、极压抗磨性、黏温特性、低温流动性、热氧化安定性、缓蚀性、耐腐蚀性、抗泡性以及适当的黏度。汽车齿轮油按质量等级和黏度等级进行分类。汽车齿轮油的选用原则是：按照汽车使用说明书的规定选用齿轮油的质量等级和黏度等级；或根据齿轮油工作条件的苛刻程度，先确定齿轮油的质量等级，然后依据汽车使用环境的温度，选择该质量等级中合适的黏度等级。

6. 汽车润滑脂应具有良好的高低温性能、抗水性、缓蚀性、耐腐蚀性以及适当的稠度和胶体安定性。汽车常用润滑脂的品种有：钙基润滑脂、石墨钙基润滑脂、复合钙基润滑脂、钠基润滑脂、钙钠基润滑脂、锂基润滑脂等。汽车润滑脂的选用原则是：根据汽车使用说明书的规定，按照润滑脂使用部位的工作条件选用合适的润滑品种和稠度牌号。通常，根据工作温度、水污染状况、负荷和转速等条件来选用润滑脂。

7. 汽车制动液应具有良好的高温抗气阻性、橡胶适应性、耐腐蚀性、稳定性、溶水性以及适当的黏度。汽车制动液的选用原则是：按照汽车使用说明书的要求选用；按照 GB《机动车辆制动液》国标或 DOT 标准选择制动液的质量等级；尽量选择合成型制动液。

8. 发动机冷却液应具有冰点低、沸点高、防腐蚀、防水垢的性能。冷却液按含水量不同可分为浓缩液和稀释液；按组成不同可分为乙二醇型冷却液、1，2－丙二醇型冷却液、1，3－丙二醇型冷却液和其他类型冷却液；按发动机使用负荷可分为轻负荷冷却液和重负荷冷却液。发动机冷却液的选用原则是：根据汽车发动机负荷大小选用；按照汽车使用说明书的要求选用；根据当地冬季最低气温选用，冰点应低于最低气温 10℃ 左右。

9. 汽车轮胎有多种分类方法，若按胎体帘线排列方向可分为斜交轮胎、子午线轮胎。子午线轮胎具有帘布层数少，滚动阻力小，行车节油；帘线强度利用充分，承载能力大；胎体柔软，缓冲能力好乘坐舒适；胎面耐磨性好，使用寿命长；接地面积大，附着性能好；能量损失小，行驶温度低等特点，在轿车、客车、货车上都得到了广泛应用。汽车轮胎规格的重要概念有：主要尺寸、高宽比、层级、速度级别、负荷能力。延长轮胎寿命的使用措施主要是：正确选配轮胎、保持合适的轮胎气压、防止轮胎超载、轮胎定期换位、提高驾驶技术、加强轮胎维护。

复习思考题

1. 车用汽油有哪些使用性能？各种性能的评定指标是什么？
2. 何为辛烷值？如何测定？
3. 如何选用车用汽油？试举例说明。
4. 车用柴油应有哪些使用性能？各种性能的评定指标是什么？
5. 什么是凝点、冷滤点、十六烷值？各对发动机的工作有何影响？
6. 如何选用车用柴油？试举例说明。

7. 发动机油应有哪些使用性能？
8. 什么是机油的黏温性、清净分散性？它们对发动机的润滑有何影响？
9. 发动机油如何分类？
10. 如何选用发动机油？
11. 如何选用车辆齿轮油？
12. 汽车润滑脂应有哪些使用性能？
13. 如何选择汽车润滑脂？选择时应考虑哪些因素？
14. 汽车制动液应有哪些使用性能？
15. 什么是汽车制动液的平衡回流沸点？它对制动性能有何影响？
16. 如何选用制动液？使用中应注意哪些问题？
17. 发动机冷却液应有哪些使用性能？
18. 如何选用发动机冷却液？使用中应注意哪些问题？
19. 什么是子午线轮胎？在性能上有哪些特点？
20. 什么是轮胎的扁平率、速度等级、层级、负荷指数？
21. 延长汽车轮胎寿命的使用措施有哪些？
22. 为什么对汽车轮胎要进行定期换位？

实训四　轮胎的使用与维护

1. 实训内容
1）轮胎的拆装与换位。
2）轮胎的平衡作业。

2. 实训目的和要求
1）了解轮胎拆装机、轮胎平衡机的结构和工作原理。
2）掌握轮胎拆装机、轮胎平衡机的使用操作方法及轮胎维护作业的操作要领。
3）学会轮胎拆装、换位以及平衡校正的操作方法。
4）知道正确维护轮胎对汽车使用性能的影响。

第5章 汽车公害及防治

> 📝 **学习目标:**
> - 了解汽车排放污染物、噪声、电磁干扰的危害及其形成机理。
> - 掌握汽车排放污染物的影响因素及降低排放的措施。
> - 掌握汽车噪声来源及减小噪声的措施。
> - 熟悉汽车电磁干扰的抑制方法。
> - 知道如何检测汽车排放污染物、噪声和电磁干扰波。

汽车公害是指汽车排放、噪声和电磁干扰对人类的危害。汽车排放对大气的污染、汽车噪声和电磁干扰对环境的危害，破坏了自然界的生态平衡，恶化了人类的生存环境，影响了人们的身体健康。研究汽车排放、噪声、电磁干扰及其使用方面的影响因素和控制方法，对改善车辆的环保性，减少排放污染物、降低噪声、抑制电磁干扰具有重要的作用。

5.1 汽车排放公害及防治

5.1.1 汽车排放污染物的形成及危害

汽车排放污染物主要有：一氧化碳（CO）、碳氢化合物（HC）、氮氧化合物（NO_x）、微粒（PM）。这些污染物由汽车的排气管、曲轴箱和燃油系统排出，分别称为排气污染物、曲轴箱污染物和燃油蒸发污染物。

1. 一氧化碳

（1）CO 的形成　汽车发动机的主要燃料是汽油和柴油，它们是碳氢化合物（烃）的混合物（C_nH_m）。汽车排放中的 CO 是燃料不完全燃烧的产物。当燃料在空气充足的条件下完全燃烧时，会生成 CO_2 和 H_2O。而当发动机混合气过浓或燃烧质量不佳时，燃料不能充分燃烧会生成 CO；此外，若燃烧后的温度很高，也会使正常燃烧情况下形成的少量 CO_2 分解成 CO 和 O_2。

CO 是汽油车的主要排放污染物。由于柴油机过量空气系数大，循环温度低，因此，柴油车的 CO 排放量比汽油车低很多。

（2）CO 的危害　CO 是一种无色无味的有毒气体，它进入人体后极易与血液中的血红蛋白结合。CO 与血红蛋白的亲和力是氧的 300 倍，因此，CO 可使血液携带氧的能力降低而引起缺氧。CO 被人体大量吸入后，因缺氧而出现各种中毒症状，如恶心、头晕、四肢无力,严重时会使人窒息死亡。

2. 碳氢化合物

(1) HC 的形成 汽车排放中的 HC 是各种没有燃烧和没有完全燃烧的碳氢化合物的总称。HC 主要由发动机排气管排出,部分从供油系统、曲轴箱和燃油箱中泄漏或蒸发。在任何工况下,汽油机排气中总含有一定量的 HC,其排放量远大于柴油机。

缸壁的激冷作用和燃烧室缝隙效应是产生 HC 的重要原因。发动机通过火焰传播使燃油燃烧,但紧靠缸壁的气体层(0.05～0.38mm)因低温缸壁的冷却作用,火焰传播不到;同时,火焰不能在缝隙(小于1mm)内的混合气中传播。因而这些混合气中的 HC 将随废气排出。

另外,在发动机工作过程中,如果混合气过浓或过稀,或点火系统出现故障,或火焰在传播过程中熄灭,都会致使混合气中的部分或全部燃料以 HC 的形式排出。HC 既有未燃的燃料,也有燃料不完全燃烧的中间产物和部分被分解的产物。因此,一切妨碍燃料正常燃烧的条件都是 HC 形成的原因。

(2) HC 的危害 高浓度的 HC 对人的眼、鼻和咽喉黏膜有较强的刺激作用,严重时可致癌。HC 对大气的污染主要在于其与 NO_x 产生光化学反应形成光化学烟雾。HC 与 NO_x 在强太阳光作用下,会发生一系列的光化学反应,生成臭氧(O_3)、过氧乙酰基硝酸盐(PAN)等光化学过氧化物以及各种游离基根、醛、酮等成分,形成一种毒性很大的光化学烟雾(白色或浅蓝色)。光化学烟雾滞留在大气中时,会使人感到呼吸困难,头昏目眩、眼红咽痛,甚至引起中枢神经瘫痪、痉挛。

3. 氮氧化合物

(1) NO_x 的形成 汽车排放中的 NO_x 是复杂氮氧化合物的总称,主要包括 NO_2 和 NO。废气中的 NO_x 主要是在高温燃烧过程中由空气中的氧和氮化合而成,燃料中含氮化合物也会部分形成氮氧化合物排放。

通常,高温燃烧时含氧量越充足,越易促使氧、氮化合,则氮氧化物的排放浓度越大。汽车尾气中直接排出的氮氧化合物基本上是 NO,汽油机排出的氮氧化合物中,NO 占 99%,而柴油机排出的氮氧化合物中 NO_2 比例稍大。

(2) NO_x 的危害 NO 在发动机刚排出时,其毒性较小,但排出之后 NO 在大气中被氧化为剧毒的 NO_2,这一过程一般需要几小时,若空气中有强氧化剂如臭氧,则氧化过程变得很迅速。NO_2 是一种刺激性很强的污染物,它能刺激眼、鼻黏膜,麻痹嗅觉,甚至引起肺气肿;NO_2 还是形成酸雨及光化学烟雾的主要物质之一,对人及植物生长均有不良影响。

4. 微粒

(1) 微粒的形成 汽车排放中的微粒是发动机排气中各种固体或液体微粒的总称。汽油机排出的主要微粒是铅化物、硫酸盐、低分子物质;柴油机排出的主要微粒为碳物质(炭烟)和高分子量的有机物(润滑油的氧化和裂解产物)。

炭烟是由直径较小的多孔性炭粒构成,它主要是燃油在高温缺氧情况下的燃烧产物。混合气燃烧时,在空气不足的局部高温区(2000～3000K),已形成气相的燃油分子通过裂解和脱氢过程,经过核化或形成先期产物,快速产生较小分子的物质,在后期出现聚合反应,最终产生炭烟微粒,随废气排入大气,形成炭烟。另外,在低于 1500K 的低温区(如燃烧室壁等非火焰区），则通过聚合和冷凝过程，缓慢产生较大相对分子质量的物质，最后也生成炭烟微粒。

柴油车排出的微粒要比汽油车多得多，其中炭烟微粒排放比汽油机多 30~60 倍。理论研究表明，汽油等轻质燃料的汽化是一个物理过程，而柴油等重质燃料的汽化则还包含化学裂解过程，这就是柴油机微粒排放多的重要原因。

（2）微粒的危害　微粒中对人体和大气环境危害最大的是 $2.5\mu m$ 左右的微粒，它悬浮于离地面 1~2m 高的空气中，容易被人体吸入。而这些微粒往往吸附许多有机污染物、重金属元素和一些致癌物质。因此，微粒炭烟被人体吸入后，易引起心、肺部病变，甚至使人致癌，严重危害人体的健康。

5.1.2　汽车排放污染物的影响因素

1. 汽油机排放污染物的主要影响因素

（1）空燃比　空燃比对排放污染物的影响最大。空燃比发生变化时，参与燃烧的相对空气量及混合气的燃烧速度产生显著变化，导致有害气体排放浓度发生变化。图 5-1 所示是有害气体 CO、HC 和 NO_x 的浓度与空燃比的变化关系。

当混合气过浓时，其空燃比小于理论空燃比（14.7），因空气量不足使燃料不能完全燃烧，随着空燃比的减小，CO 和 HC 浓度逐渐增加；但由于混合气过浓时氧的浓度低，燃料中氧和氮化合的机会减少，因而 NO_x 的浓度随着空燃比减小而降低。

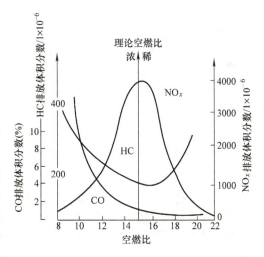

图 5-1　CO、HC 和 NO_x 的浓度与空燃比的关系

当混合气过稀时，其空燃比大于理论空燃比，随着空燃比的增大，CO 浓度基本不变或下降至很小，理论上此时不会产生 CO，但实际上由于混合气的混合和分配不均匀，以及 CO_2 在高温下的分解，因此仍有少量的 CO 生成；而 HC 则因空燃比增大后火焰传播中断现象严重，以及燃烧速度减慢使得混合气来不及完全燃烧，导致 HC 的浓度增加；而 NO_x 则因稀混合气火焰传播速度慢，使得其燃烧温度低，抑制了 NO_x 的生成，导致 NO_x 浓度下降。

当混合气略稀，即空燃比比理论空燃比大 10% 左右时，燃烧效率最高，CO、HC 浓度较小。但由于燃烧温度高，含氧充足，则导致 NO_x 的排放量最大。

（2）发动机负荷　汽车行驶时，节气门开度代表着发动机负荷。发动机负荷不同，则节气门开度不同，发动机所需的混合气浓度也不同，图 5-2 所示为发动机以某一转速旋转时，过量空气系数随负荷变化的关系。因此，负荷对排放的影响，其实质是混合气浓度对排放的影响。

发动机怠速时，负荷为零。由于转速低，

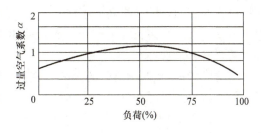

图 5-2　过量空气系数与负荷的关系

进气系统内空气流速低,使汽油雾化不良,汽油与空气混合不均匀,混合气在各缸内的分配也不均匀;同时缸内压力、温度低,汽油汽化不良。为避免有的气缸缺火,保证怠速稳定运转,发动机需燃用浓混合气,因而使得排出废气中的CO、HC浓度大大增加,而NO_x因严重缺氧和燃烧温度较低,其排放很少。汽油机怠速是CO、HC排放最为严重的工况,通常作为汽车检测排放的重点工况。

发动机小负荷时,节气门开度在25%以下,进入气缸的可燃混合气较少,缸内残余废气比例相对较大,不利于燃烧。因此发动机在小负荷时需燃用较浓混合气,使排出的废气中的CO、HC浓度较大。但因小负荷时温度较低,氧浓度较小,使得NO_x排放较少。

发动机中等负荷时,节气门开度为25%~80%,发动机燃用较稀的经济混合气,燃烧比较充分、完全,因此废气中的CO、HC的浓度均较小,但NO_x因供氧充足和燃烧温度较高使其浓度增加。

发动机大负荷时,节气门开度为80%以上,发动机燃用较浓的功率混合气来产生较大功率,以适应重负载的需要。因空气量不足,使得废气中的CO、HC浓度增大,而NO_x浓度则减少。

汽油机中,由于混合气成分比较均匀,火焰传播速度较快,在正常条件下,各种负荷产生炭烟的数量很少。

城市内行驶的汽车,由于混合交通或交通堵塞现象,汽车不得不频繁起步、停车,长时间低速行驶,使得发动机经常处于怠速及小负荷的运行状态,这时汽车对城市的大气污染较为严重。

(3) 发动机转速　转速对排放的影响是一种综合性的,因为汽油机转速的变化,会引起充气系数、点火提前角、混合气形成、空燃比、缸内气体流动、汽油机温度以及排气在排气管中停留时间等因素变化,而这些因素的变化都会不同程度地影响有害气体的形成及浓度。

发动机怠速运转时,由于混合气过浓,混合与燃烧不充分,CO、HC排放量较大,提高怠速转速可使CO、HC排放浓度下降(图5-3),这是由于进气节流减小,充气量增加,残余气体稀释程度有所减小,使燃烧得到改善的缘故。

随着发动机转速的增加,气缸内混合气紊流扰动加强,火焰传播速度加快,汽油燃烧比较完善,HC、CO含量减少。废气中CO、HC的排放浓度随曲轴转速提高而下降,但HC在高速时由于燃烧时间短,易于产生未燃烃,HC的排放量会略有增加。

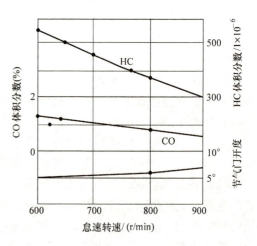

图5-3　发动机怠速的高低对CO、HC的影响

发动机转速对NO_x排放的影响与混合气浓度有关。当燃用浓混合气时,火焰传播速度随转速的提高而加快,散热损失减少,缸内气体温度升高,使得NO_x的排放浓度增大;当燃用稀混合气时,火焰传播速度随转速的提高而变化不大,但由于燃烧过程相对的曲轴转角增大,燃烧峰值温度反而下降,使得NO_x的排

放浓度减少。

（4）点火提前角　点火提前角对 NO_x 的影响显著（图5-4）。当空燃比一定时，点火提前角减小，则最高燃烧温度下降，导致废气中的 NO_x 浓度明显减小；点火提前角加大则 NO_x 浓度加大。点火提前角对 HC 的影响比对 CO 的大（图5-5）。当混合气浓度一定时，若点火滞后，则补燃增多，气缸及排气系统温度升高，缸壁激冷效应下降，废气中的 HC 浓度有所减小；但点火过迟时，则燃烧速度过慢，因混合气来不及完全燃烧，使得 HC 的浓度又有所提高。

点火推迟虽然可降低 HC、NO_x 的排放，但点火推迟后将会引起发动机功率下降、油耗增加。

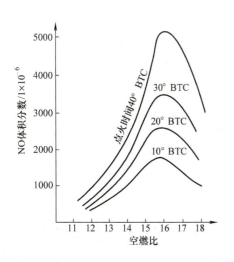

图 5-4　点火提前角对 NO_x 的影响

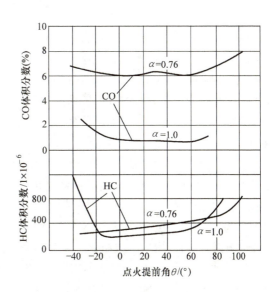

图 5-5　点火提前角对 CO、HC 的影响

（5）发动机热状况　发动机的热状况对废气中有害成分的浓度有直接影响。发动机从起动到暖机过程中，冷却液温度较低，燃油雾化不良，燃烧不充分，缸壁激冷作用大，HC 和 CO 排放浓度最高。随着冷却液温度的提高，缸壁温度也提高，在气缸壁区域内的氧化反应条件得到改善，排出的 HC 减少。当冷却液温度达正常（85~95℃）时，由于发动机处于最佳热状态，燃烧正常，CO 排放浓度降低。当发动机温度过高、供油系统过热时，发动机易产生气阻，此时由于混合气过稀易导致断火现象，使得废气中 HC 的浓度增大。NO_x 排放量与燃烧的最高温度有关，发动机过热缸壁温度升高时，NO_x 排放量也增加。

（6）发动机变工况　汽车在实际运行中，发动机转速和负荷需要随时调整以适应不同的外界条件。此时，发动机要经历变工况。对发动机排放影响最大的变工况是冷起动、加速和减速等。

1）冷起动。汽油机进行冷起动时，由于进气系统和气缸温度都很低，汽油很难完全蒸发，较多的汽油沉积在进气管壁面上形成油膜，同时由于发动机转速低，空气流速低，燃油蒸气与空气混合不均匀，为使点火时能在火花塞附近形成可点燃的混合气，其电喷系统需要额外加大燃油量，使用极浓的混合气来保证发动机正常起动。这样，极浓的混合气会导致较高的 CO 排放。形成油膜的汽油有些在燃烧结束后才从壁面上蒸发，没有来得及完全燃烧就被排出气缸，造成冷起动时 HC 的大量排放。由于冷起动时温度较低，并采用的是极浓的混合气，因此 NO_x 的排放量很低。

2) 加速。发动机在加速运转时，通常要供给较浓的混合气，会引起部分燃料不完全燃烧，造成较高的 CO 和 HC 排放。另外，加速时需要发出较大的功率，必然会使气缸内的最高燃烧温度提高，从而导致 NO_x 排放增加。

3) 减速。减速就是将节气门迅速关闭处于急速状态，而离合器不分离，发动机由汽车倒拖，在较高转速下空转。此时，电喷汽油机不供油，而且进气管中的附壁油量少，因此 CO、HC 的排放较少。

（7）发动机技术状况　随着汽车行驶里程的增加，发动机技术状况逐渐变差，汽车排放污染物也随之增多。图 5-6 是 CO 和 HC 浓度与汽车行驶里程的变化关系。

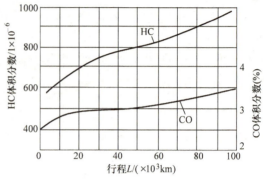

图 5-6　CO、HC 浓度与汽车行驶里程的变化关系

发动机燃油供给系统、点火系统、曲柄连杆机构、配气机构等技术状况的好坏对废气中有害成分的浓度有直接影响。

空气滤清器堵塞会引起混合气过浓，使废气中的 CO、HC 成分增加；燃油供给系统出现故障导致供油量过大时，其实际混合比与最优混合比的偏离较大，CO、HC 浓度增加。

点火系统技术状况不良，点火能量不足时，由于燃烧缺火现象，会使 HC 的浓度增大。点火时刻调整不当，也会使 HC、NO_x 浓度增加。

发动机长时间使用后，气缸、活塞磨损严重，气缸密封性下降，会增加曲轴箱窜气量，使 HC 的排放增加。发动机长时间使用后，燃烧室内易产生积炭，积炭严重时，会使发动机点火不正常、燃烧不正常，或某缸工作不正常，导致排气有害物质增加。

使用过程中，若发动机凸轮磨损、气门间隙变化，则会使发动机的配气相位偏离标准值，影响发动机的工作过程，从而导致有害排放量增加。

2. 柴油机排放污染物的主要影响因素

（1）过量空气系数　柴油机排放污染物与过量空气系数 α 的关系，如图 5-7 所示。在柴油机大部分运转工况下，其过量空气系数都在 1.5 ~ 3，故其 CO 排放量比汽油机低得多，

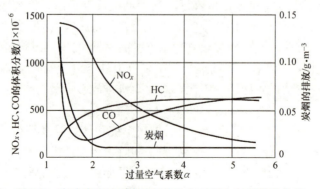

图 5-7　直喷式柴油机排放污染物与过量空气系数的关系

只有在大负荷接近冒烟界限（$\alpha=1.2\sim1.3$）时，CO排放量才急剧增加。由于柴油机燃料与空气混合不均匀，其燃烧空间总有局部缺氧和低温的地方，再加之反应物燃烧区停留时间较短，不足以彻底完成燃烧过程，因此尽管在小负荷时α很大，还是有少量的CO排放。HC排放较少，随着过量空气系数增加，因混合气变稀、燃烧条件变差而随之上升。NO_x排放量随混合气变稀，因温度下降而减少。在过量空气系数稍大于1的区域，虽然总体是富氧燃烧，但由于混合气不均匀，当局部高温缺氧时，就会急剧产生大量炭烟；随着过量空气系数的增加，炭烟排放将迅速下降。

（2）发动机负荷　柴油机的负荷调节是靠喷油量来控制的，而柴油机的充气效率变化不大，可认为每循环的进气量相差不大，因此负荷的变化就是混合气浓度的变化。

炭烟随着柴油机负荷的增大而增加。中低负荷时，混合气较稀，炭烟较少；在大负荷时，尽管供给的空气充足，但燃烧室局部地方混合气有过浓现象，从而因氧气不足使得烃分子发生分裂而形成较多炭烟。满负荷时，如汽车爬坡，排烟最为严重。

NO_x排放先随着柴油机负荷的增大而增加，当NO_x达到最大值时，再增加负荷则NO_x会减小。NO_x的形成主要与温度、混合气浓度、气缸中的氧浓度有关：当混合气较稀时，温度对NO_x起支配作用；当混合气浓时，氧浓度起决定作用。当柴油机负荷较小时，混合气较稀，燃烧温度较低，NO_x排放较低；随着柴油机负荷的加大，缸内的燃烧温度上升，由于缸内混合气形成时间短而不均匀，在某些区域有过量空气，NO_x仍会增大。当NO_x达到最大后，再加大负荷，则由于混合气太浓而缺氧严重，NO_x排放会减小。

HC排放随着柴油机负荷的增大而减少。小负荷时，混合气很稀，有些过稀区域不能着火，因此HC排放相对较高。随着负荷的增加，喷油量增加，温度升高，HC的排放逐渐减少。

CO排放在小负荷和大负荷两端偏高。小负荷时，燃气温度低，而且氧化反应少，因而CO排放高。随着负荷的增大，缸内的燃烧温度上升，氧化反应强烈，CO排放较少。当大负荷、混合气浓度超过一定极限时，由于相对缺氧，燃料不能充分燃烧，导致CO排放增加。

（3）发动机转速　柴油机转速的变化，会使与燃烧有关的气体流动、燃油雾化与混合气质量发生变化，而这些变化会对柴油机排放污染物产生影响。

炭烟随柴油机的转速提高而稍有增加。这是由于转速提高后，直喷式柴油机的混合气形成条件变差，燃烧时间变短，气缸内燃烧条件恶化，燃烧不完全所致。

转速变化对CO排放的影响较大。图5-8所示为6135型低增压柴油机的转速与排放物CO、NO和HC的变化关系。由图可知，CO排放量在某一转速时最低，而在低转速及高转速时都较高。柴油机在高速时，充气系数低，在很短的时间内要获得良好的混合气及燃烧过程较为困难，燃烧不易完善，CO排放量高。而在低速特别是急速空转时，由于缸内温度低，喷油速率不高，燃料雾化差，燃烧不完善，故CO排

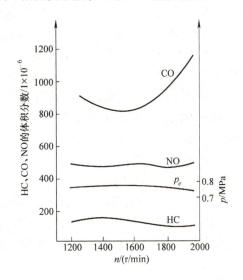

图5-8　柴油机转速对排放污染物的影响

放量也较高。

转速变化对直喷式柴油机 NO_x 及 HC 排放的影响不很明显（图 5-8）。

（4）喷油提前角　喷油提前角对柴油机的炭烟、NO_x 和 HC 排放的影响较大，而对 CO 排放的影响较小。

在柴油机中，当其他参数不变时，加大喷油提前角可以使炭烟减少。因为加大喷油提前角会使滞燃期加长，使着火前喷入气缸的油量增加，加快了燃烧速度，燃烧可较早结束，从而使主燃期形成的炭粒具有较高的温度和较长的滞留时间，有利于炭粒氧化消失。

随着喷油提前角的增加，混合气自燃着火后燃烧更加迅速，循环的最高温度上升，NO_x 排放体积分数增加（图 5-9）。

喷油提前角对柴油机 HC 排放的影响比较复杂。喷油提前角加大，滞燃期增加，使较多的燃油蒸气和小油粒被旋转气流带走，形成一个较宽的贫油火焰外围区，同时燃油与壁面碰撞增加，这都会使 HC 排放量增加；喷油提前角过小，较多的燃油得不到足够的反应时间，有时甚至边排气边燃烧，HC 排放量也会增加（图 5-9）。

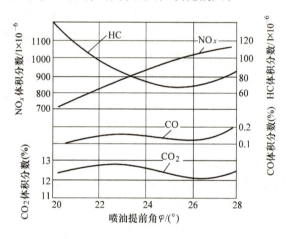

图 5-9　柴油机废气成分与喷油提前角的关系

（5）喷油压力　提高喷油压力，可以降低炭烟排放量。在循环喷油量和喷孔大小不变时，提高喷油压力，可使喷雾粒子直径减小，贯穿度加大，喷雾锥角加大；也使紊流作用增强，直接促进了燃油与空气的混合。这样混合气混合比较均匀，可降低浓混合气成分的比例，使生成微粒炭烟的范围缩小，从而降低炭烟排放量。提高喷油压力已经逐渐成为柴油机机内净化的主要手段之一。

（6）柴油品质　柴油的十六烷值对 NO_x 和炭烟排放具有较大影响。若柴油的十六烷值低，则滞燃期较长，缸内燃烧初期积聚的燃油较多，初期放热率峰值及燃烧时温度较高，因而 NO_x 排放较多。提高十六烷值可以改善柴油机的冷起动性能，并明显地降低 NO_x 的排放。但柴油的十六烷值过高时，柴油喷入气缸后易早期发火，其混合气不能充分形成和完全燃烧，部分油滴在高温下易裂解成难于燃烧的炭粒状，容易产生炭烟，所以采用十六烷值过高的柴油，其炭烟排放量会显著增加。

（7）发动机变工况

1）冷起动。柴油机冷起动时，缸内压缩温度低，燃油雾化条件差，相当部分燃油会附于燃烧室壁面，要求供给较浓的混合气。因此，炭烟、CO 和 HC 排放必然增多。

2）加、减速工况。柴油机的加速过程就会加大供油量，由于加速迅猛，过大的油量往往造成过多的炭烟、CO 和 HC 排放。柴油机的减速过程就会减小供油量，其污染物排放量下降。

5.1.3　汽车排放污染物的控制

为了减少汽车的排放污染物，各国都进行了大量的研究工作，采取了不少的控制措施。主要有三类：一是以改进发动机燃烧过程为核心的机内净化；二是在排气系统中采用化学或物理方法对已生成的有害排放物进行净化处理；三是对来自曲轴箱和供油系统的有害排放物进行控制净化。其后两类统称为机外净化。另外，合理使用汽车也可减少汽车排放污染物。

1. 机内净化措施

机内净化是治理排放污染的源头、削减排放污染物的根本措施。它从有害气体的生成机理出发，对发动机的燃烧方式本身进行改进，抑制有害气体的产生，使排出的废气尽可能变得无害；对混合气的形成与燃烧过程进行适时调节与控制，使其达到最佳，包括对空燃比、点火时刻或喷油时刻、进气温度等的合理控制，能直接减少有害气体的生成；对发动机有关结构进行改进，如改变燃烧室的形状、减少燃烧室的面容比、采用可变配气相位等，可减少有害气体的排放。主要措施如下。

（1）汽油机机内净化措施

1）采用电控多点燃油喷射系统。

2）采用计算机点火控制系统和高能点火系统。

3）采用稀薄燃烧发动机技术。

4）采用废气再循环系统。

5）采用多气门、可变配气相位和进气旋流技术，优化燃烧系统的设计。

（2）柴油机机内净化措施

1）采用电控燃油喷射系统、电控高压共轨系统。

2）采用废气再循环系统。

3）采用电控可变进气涡流技术。

4）采用废气涡轮增压与中冷技术。

5）采用多气门、可变配气相位技术。

6）采用均质压燃技术。

7）采用新型燃烧方式，优化燃烧室设计。

2. 机外净化措施

当机内净化尚不能满足排放法规的要求时，就得采用机外净化措施。机外净化的措施主要是采用附加的净化处理装置。目前使用的净化处理装置的种类比较多，有的是单独使用，有的是两个或多个装置结合起来使用，以达到满意的净化效果。下面介绍几种常用的机外净化处理装置。

（1）曲轴箱强制通风装置（PCV） 发动机工作时，由于活塞和气缸之间存在间隙，其燃烧室内高压的混合气和已燃废气会部分窜入曲轴箱。如果这部分气体和曲轴箱内的机油蒸气，由通风口排入大气则会污染环境。曲轴箱强制通风装置的作用就是将窜入曲轴箱内的气体和机油蒸气引入气缸燃烧，以减少HC对大气的污染。

曲轴箱强制通风装置工作原理如图5-10所示。新鲜空气由空气滤清器进入曲轴箱，与窜气混合后，经PCV阀进入进气管，与空气或混合气一起被吸入气缸燃烧。PCV阀可以随发动机运转状况自动调节吸入气缸的窜气量。在怠速和小负荷时，由于进气管真空度较高，阀体被吸向进气管侧即上移，阀口气流流通截面减小，吸入气缸的窜气量减少，以避免混合气过稀，造成燃烧不稳定或失火。而在加速和大负荷时，窜气量增多，而进气管真空度变低，在弹簧作用下阀体下移，阀口流通截面增大，使大量的窜气进入气缸被燃烧。当发动机高速大负荷运转时，一旦窜气量过多而不能完全被吸净时，部分窜气会从闭式通气口倒流入空气滤清器。

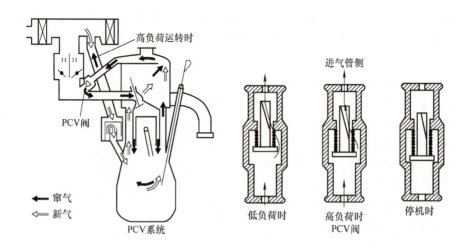

图5-10 曲轴箱强制通风装置

（2）燃油蒸发控制系统　燃油箱中的燃油会蒸发，当燃油蒸气的压力达到设定值时，就会从加油口盖的排气阀排出，造成对大气的污染。燃油蒸发控制系统的作用就是将燃油箱中的燃油蒸气收集于活性炭罐中，并在发动机工作时，通过流经炭罐的空气将燃油蒸气送入进气管参与燃烧，以减少HC对大气的污染并提高汽车的燃油经济性。

活性炭罐式燃油蒸发电子控制系统主要由燃油箱、炭罐、炭罐通气阀、炭罐通气电磁阀和ECU等组成，如图5-11所示。炭罐中装有活性炭，其活性炭可吸附燃油箱中的燃油蒸气，一旦有空气流过吸附燃油蒸气的活性炭时，燃油蒸气分子又会脱离，随空气一起进入发动机进气管。炭罐通气阀由炭罐通气电磁阀通过真空度来控制，其炭罐通气电磁阀由ECU控制。

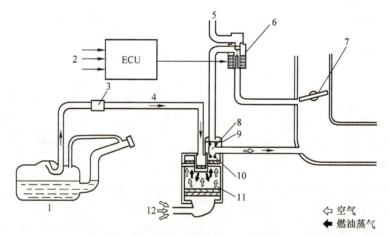

图5-11 燃油蒸发控制系统

1—燃油箱　2—传感器信号　3—单向阀　4—通气管路　5—接进气缓冲器　6—炭罐通气电磁阀
7—节气门　8—主通气口　9—炭罐通气阀　10—定量通气小孔　11—炭罐　12—新鲜空气

由油箱蒸发出来的油蒸气，经单向阀流入炭罐被活性炭吸附。当发动机工作时，ECU根据发动机转速传感器信号、进气管压力（或空气流量）传感器信号、冷却液温度传感器信号、节气门位置传感器信号、氧传感器反馈信号判断发动机的工作状态，并输出相应的控制脉冲,通过控制炭罐通气电磁阀的开关占空比来改变炭罐通气阀内部膜片上方的真空度,调节炭罐通气阀的开度,使流经炭罐进入气缸的空气流量适应发动机工况、状态变化的需要。当炭罐通气阀开启时,新鲜空气从炭罐底部进入,与活性炭接触脱附汽油后经通气阀流经软管进入进气歧管,随新鲜空气一起被吸入发动机的气缸燃烧。通常,在发动机高转速、大负荷时,ECU 输出控制脉冲使炭罐通气阀开度加大,以增加炭罐通气量,使炭罐中的燃油蒸气能及时净化掉;在发动机处于怠速时,ECU 输出的控制脉冲使炭罐通气量减少,以免造成混合气过稀使怠速不稳。

(3) 三元催化转化器　三元催化转化器是目前应用最多的汽油机废气后处理净化装置。

三元催化转化器安装在汽车排气管中,它主要由壳体、减振层、载体和催化剂涂层部分组成,如图 5-12 所示。其载体是承载催化剂涂层的支撑体,在载体孔道的壁面上涂有一层非常疏松的活性层,即催化剂涂层。它以 $\gamma - Al_2O_3$ 为主,其粗糙多孔的表面可使壁面的实际催化反应表面积扩大 7000 倍左右。在涂层表面散布着作为活性材料的贵金属,一般是铂(Pt)、铑(Rh)、钯(Pd),以及作为助催化剂成分的铈(Ce)、钡(Ba)和镧(La)等稀土材料。助催化剂主要用于提高催化剂活性和高温稳定性。实际催化剂中,铂和钯主要用于催化 CO 和 HC 的氧化反应,铑用于催化 NO_x 的还原反应。常用的铂-铑系催化剂同时具有氧化和还原作用。

当汽油机工作时,废气经排气管进入催化器孔隙,在催化剂作用下,加速了废气的氧化、还原速度,CO 和 HC 作为还原剂使 NO_x 还原成无害的 N_2,而 CO 和 HC 本身则氧化为无害的 CO_2 和 H_2O,从而使排放污染物得到净化。

三元催化转化器的转化效率受空燃比的影响(图 5-13),当空燃比在理论空燃比附近时,催化剂既能使 CO 和 HC 氧化,又能使 NO_x 还原,三者的转化效率均高。如果混合气过稀,只能净化 CO 和 HC;如果混合气过浓,只能净化 NO_x。因此,装有三元催化转化器的发动机电子控制系统,都必须采用空燃比闭环控制(图 5-14)。

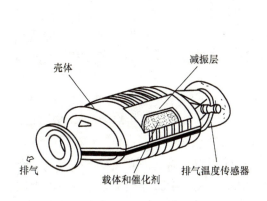

图 5-12　三元催化转化器的基本结构

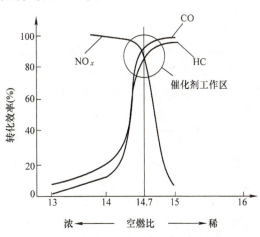

图 5-13　三元催化转化器的转化效率与空燃比关系

发动机工作时,ECU 根据装在三元催化转化器之前的氧传感器的反馈信号,对由进气流量传感器信号或进气压力传感器信号确定的喷油量进行修正,以确保发动机在理论空燃比附近运行。这样,就可使三元催化转化器始终工作在高转化效率的区域,从而达到同时降低

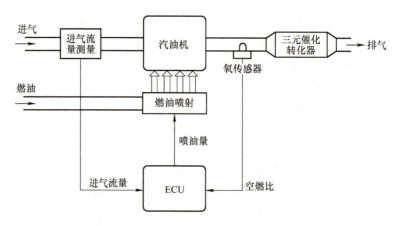

图 5-14　发动机闭环电控系统与三元催化转化器

排气中 CO、HC 和 NO_x 的目的。

目前，电子控制汽油喷射加三元催化转化器已成为国内外汽油车排放控制技术的主流。

(4) 微粒捕集器　微粒捕集器，也称为柴油机排气微粒过滤器。它是目前国际上公认的柴油机微粒排放后处理装置。

微粒捕集器的过滤材料可以是陶瓷蜂窝载体、陶瓷纤维编织物、金属蜂窝载体、金属纤维编织物等。目前应用最多的是壁流式蜂窝陶瓷微粒捕集器，如图 5-15 所示。这种微粒捕集器的壁面是多孔陶瓷材料，相邻的两个通道中，一个通道的出口侧被堵住，而另一个通道的入口侧被堵住。

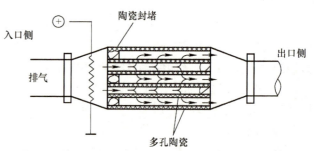

图 5-15　壁流式蜂窝陶瓷微粒捕集器

柴油机工作时，其排气进入微粒捕集器时由入口侧敞开的通道进入，穿过多孔陶瓷壁面进入相邻的出口敞开通道，而微粒就被过滤在通道壁面上，其排放微粒大为减少。这种微粒捕集器对炭烟的过滤效率可达 90% 以上，可溶性有机成分 SOF（主要是高沸点 HC）也能部分被捕集。

一般微粒捕集器只是一种物理性的降低排气微粒的方法。随着过滤下来的微粒的积累，造成排气背压增加，使发动机动力性、经济性恶化。因此，必须及时除去微粒捕集器中的微粒，以便能继续工作。除去微粒捕集器中积存的微粒称为再生。

微粒捕集器常采用的再生方法是断续加热。在实际使用中，需要一套复杂的控制系统来控制加热再生，如图 5-16 所示。排气系统中装有两个微粒捕集器，当一侧的捕集器由于微粒的存积使排气背压升高到一定限值时，再生系统起动，通过电磁阀切换，使排气流向另一侧的微粒捕集器；同时对积存了微粒的捕集器进行电加热以烧掉微粒使其再生。这样，两侧的微粒捕集器就交替工作或再生。

3. 汽车合理使用措施

(1) 保持发动机具有良好的技术状况　发动机技术状况是否良好，直接影响发动机的

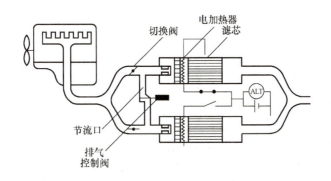

图 5-16 微粒捕集器及其控制系统

排放性能。因而在汽车使用过程中，应经常检查发动机技术状况，并进行正确的维护，使其具有良好的技术状况。

1) 保持正常的气缸压缩压力。在压力正常范围，发动机气缸压缩压力愈大，混合气着火后的燃烧速度愈快，燃烧愈充分，发动机的 CO、HC 排放浓度愈低。

发动机气缸压缩压力过低时，发动机起动困难、燃烧不完全、油耗增大、排气中 CO 和 HC 浓度增大，排烟严重。

发动机燃烧室积炭严重时，发动机气缸压缩压力会过高，导致 NO_x 排放增加，同时易引起爆燃和表面点火，使排放污染物增加。

因此，在使用及维修过程中，应确保发动机具有正常的气缸压缩压力。检查时，若气缸压力过低，在原厂标准的 75% 以下，则说明气缸、活塞、活塞环、气门等零件磨损严重，导致密封不严，应视需要大修发动机，或研磨气门，或更换活塞环；若气缸压力过高，高于原厂的标准压力，则说明燃烧室积炭严重或气缸垫过薄，应清除积炭或更换气缸垫。

2) 保持供油系统技术状况良好。做好供油系统的维护调整，维持其良好的技术状况，可以减少有害气体的排放浓度。

电控燃油喷射发动机，当空气流量传感器（或进气压力传感器）、氧传感器、温度传感器和节气门位置传感器不能准确进行检测时，它们将会向发动机 ECU 传递错误信号，使 ECU 不能正确发出喷油脉冲信号，引起喷油量失准，导致混合气浓度不正常，使排污增加。因此，应定期检查电控燃油喷射系统，发现问题及时维护，确保其工作正常。

柴油机供油系统循环供油量、供油压力影响柴油喷入气缸的量和雾化质量，喷油提前角影响燃烧效率、工作温度，这些若不正常，则柴油机的烟度会增加，NO_x 浓度会提高。因此，应按使用说明书的规定正确调整循环供油量、供油压力和喷油提前角。

空气滤清器滤网堵塞、进气阻力增大时，进入气缸的空气量下降，混合气变浓，使气缸内的燃油得不到充分的燃烧，CO 和 HC 排放量增加，炭烟增加。因此，应定期进行空气滤清器的清洁与维护。

3) 保持点火系统技术状况良好。发动机工作时，若火花弱或某缸断火，则相应气缸的混合气就燃烧不良或不能着火燃烧，会使排放污染物增加。若点火正时调整不当，则混合气燃烧速率下降，不仅导致发动机动力性、经济性下降，还会使排放污染物增加。因此，应搞好点火系统的维护，保持点火系统技术状况良好，保证分电器或电子点火器、点火线圈、火花塞等点火系统部件性能良好、工作正常，使点火系统在各种工况下始终具有足够的点火能量和最佳的点火时刻。

4) 保持冷却系统技术状况良好。发动机冷却系统工作不正常时,可能导致发动机工作温度过高或过低,破坏发动机正常工作的热状态,从而影响发动机的排放性能。冷却液温度过低时,HC 和 CO 排放浓度增加;冷却液温度过高时,NO_x 排放量增加。因此,应加强对冷却系统的检查和维护,确保冷却风扇、散热器、节温器、水泵、温控系统等冷却系统部件技术状况良好,工作正常,使发动机能处于最佳热状态。

5) 保持排放净化装置技术状况良好。现代汽车有诸多排放净化装置,如曲轴箱通风装置、废气再循环装置、燃油蒸发控制系统、催化转化器、微粒捕集器等。若这些排放净化装置存在故障,工作不正常,则直接影响发动机的排放性能,使排放污染物增加。因此,应加强对发动机排放净化装置的检查与维护,确保排放净化装置工作正常,以减少排放污染物。

(2) 保持底盘具有良好的技术状况　在汽车行驶时,技术状况良好的发动机只有与技术状况良好的底盘相匹配,才能使发动机排放污染物减少。若传动系统技术状况不良,则会导致汽车行驶阻力过大,使发动机负荷过大,从而破坏发动机的排放性能;若变速器存在跳档、脱档、换档困难等故障,则汽车行驶时操纵性变坏,会导致发动机负荷、转速大幅度变化,从而使发动机排放污染物增加。因此,应保持底盘具有良好的技术状况。

(3) 提高驾驶技术　采用合理的驾驶技术对降低汽车的排放污染物十分重要。驾驶车辆时,尽量减少发动机的起动次数,避免连续猛踏加速踏板,换档操作应脚轻手快,档位选择合理,节气门开度适当,保持发动机冷却液温度在 80~90℃,避免超速超载等,都有利于减少汽车的排放污染物。

(4) 实施 I/M 制度　I/M (Inspection and Maintenance Program) 制度通过对在用车辆排放(尾气排放和蒸发排放、颗粒排放)的控制,防止其排放净化系统被拆除、损坏、性能失效或恶化,充分发挥在用汽车本身净化能力,保证排放达标。具体手段是加强对在用车辆的维护,同时采用由管理部门认定的检测站对本辖区的在用车辆进行检测和监控。发现排放超标车辆,则强制该车进入具备维修资格的维修企业进行维修,减少或杜绝排放不达标的车辆来污染恶化环境。

5.1.4　汽车排放污染物检测及标准

5.1.4.1　汽车排放污染物检测仪器

1. 汽车排气成分分析仪

(1) 不分光红外线分析仪　不分光红外线分析仪 (Non-Dispersive Infrared Analyzer, NDIR),适宜检测汽车排放中的 CO 和 CO_2。

1) 基本检测原理。不分光红外线分析仪检测原理是基于某些待测气体对特定波长红外辐射能的吸收程度来测定其浓度的。除了单原子气体(如 Ar、Ne)和同原子的双原子气体(如 N_2、O_2 和 H_2)外,大多数非对称分子如汽车排气中的有害气体 CO、HC、NO 等都有吸收红外线的能力,但不同气体在红外波段内有其特定波长的吸收带,如 CO 为 $4.7\mu m$、CO_2 为 $4.2\mu m$、C_6H_{14}(正己烷)为 $3.5\mu m$、NO 为 $5.3\mu m$ 等,如图 5-17 所示。红外线被吸收的程度,与被测气体的浓度有对应的函数关系,气体浓度愈高,吸收红外线的能力也愈强。不分光红外线分析仪则根据废气吸收红外线能量引起的变化来测量废气中各种污染物的浓度。

2）检测仪结构原理。图 5-18 为不分光红外气体分析装置的结构原理示意图。该装置由红外线光源、气样室、旋转光栅和传感器组成。气样室由比较室和试样室构成，其中比较室内充满不吸收红外线能量的气体（如 N_2），以作为比较之用；而试样室则可接受连续流过的废气，以供分析。检测室用于吸收红外光的能量，它由容积相等的左右两腔构成，中间用兼作电容传感器极板的金属膜片隔开，两腔充有相同浓度的被测气体，如测废气中 CO 含量时，两腔均充有 CO，而测 HC 含量时，均充入 C_6H_{14} 气体。在过滤室中充有干扰气体，其作用是预先滤掉干扰气体所能吸收的那部分波段，以防检测时排气中所含的干扰气体的干涉而产生测量误差，如测 CO 时，在过滤室中充入 CO_2、CH_4 等，就可在检测时不受排气中的 CO_2 和 CH_4 的干扰。旋转光栅的作用是交替地遮挡和让开红外线，使两极间的电容循环变化，从而产生交变信号，有利于测量。

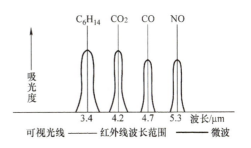

图 5-17 气体的红外吸收光谱

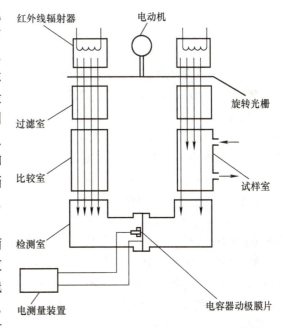

图 5-18 不分光红外气体分析装置结构原理图

检测时，两个红外线光源发出相同的两束红外线，当红外线通过旋转光栅时，两束红外线将形成红外线脉冲。其中一路红外线脉冲经过滤室、试样室后进入检测室右腔，另一路则通过过滤室、比较室进入检测室左腔。由于通过比较室到达检测室的红外线能量未被吸收，所以检测室左腔中的被测气体吸收了较多的能量；而通过试样室到达检测室的红外线由于已被试样室中的所测气体吸收了一部分能量，所以检测室右腔中的被测气体只能吸收较少能量。这样，检测室两腔中的气体便产生了温差，从而导致两腔压力出现差异，致使作为电容一个极的金属膜片产生弯曲振动，其振动频率取决于旋转光栅的转速，振幅则取决于所测气体的浓度。膜片的弯曲振动将使传感器的电容量发生交替变化，从而产生交流电压信号，该信号经放大整流后，转换为直流信号输送给指示装置。

提示：不分光红外线分析仪可测量 CO、CO_2、HC、NO 等多种气体成分，当然测量时须在检测室内充入相应的气体，同时测量用的红外光波长也要相应变化。

汽车排放法规中一般规定不分光红外线分析仪只用于检测 CO 和 CO_2，但由于它的便携性，故也被广泛用于急速时的 HC 检测。在测定 HC 时，检测室内密封正己烷，其测定的结果以相当于正己烷的浓度来表示。

用 NDIR 测量 CO 是目前最好的方法，其测量上限为 100%，下限可至微量（1×10^{-6} 级）以至痕量（1×10^{-9} 级）；当采用连续取样系统时，还能观察排气成分随发动机运转条件的不同而引起的变化。

（2）氢火焰离子分析仪　氢火焰离子分析仪（Hydrogen Flame Ionization Detector, FID），用来检测汽车排放中的 HC。

1）基本检测原理。氢火焰离子分析仪检测原理是基于大多数有机碳氢化合物在氢火焰中产生大量电离的现象来测定 HC 浓度的。由于电离度与引入火焰中的碳氢化合物分子中碳原子数成正比，所以这种分析法对不同类型的烃没有选择性，因而它可测定 HC 的总量。

2）检测仪结构原理。图 5-19 为氢火焰离子分析仪的结构原理图。FID 分析仪由燃烧器、离子收集器及测量电路组成。检测时，被测气体与体积分数 40% H_2（其余为 He）的燃料气体混合后进入燃烧器，并与引入的空气一起形成可燃混合气。此时用点火丝点燃，HC 便在氢火焰的高温（2000℃左右）中，裂解产生元素态碳，然后形成碳离子 C^+，在 100～300V 外加电压作用下形成离子流，这个离子流（电流）的强度与 HC 中 C 原子数成正比，可见只要测出这个离子电流的大小，就可得到 HC 的浓度。微弱的离子电流经放大后送入指示或记录仪表。整个系统应加电磁屏蔽，以避免外界电磁干扰的影响。

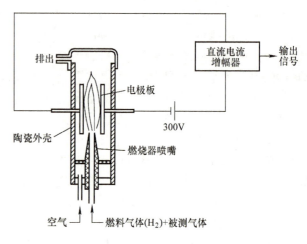

图 5-19　FID 结构原理图

氢火焰离子分析仪是汽车排放检测规范中推荐的检测 HC 仪器。它具有很高的灵敏度，其检测极限最小可达 $1×10^{-9}$ 数量级，可以在较宽的动态范围内进行测量；其测量精度高，响应快，可靠性好，使用维护方便。但无此仪器时允许采用 NDIR 测量 HC，不过其测试精度稍低。

（3）化学发光分析仪　化学发光分析仪（Chemiluminescent Detector, CLD），用来检测汽车排放中的 NO_x。

1）基本检测原理。化学发光分析仪测量 NO_x 的原理是基于 NO 和 O_3 的反应：

$$NO + O_3 = NO_2^* + O_2$$
$$NO_2^* = NO_2 + h\nu$$

式中　NO_2^*——激发态 NO_2；

　　　h——普朗克常量；

　　　ν——光量子频率。

检测时，首先使被测气体中的 NO 与 O_3 反应，生成 NO_2^* 分子，在 NO_2^* 由激发态衰减到基态的过程中，会发出波长为 0.6～3μm 的光量子 $h\nu$（即近红外光谱线），称为化学发光。这种化学发光的强度与 NO 浓度成正比，因而通过检测发光强度就可确定被测气体中 NO 的浓度。

2）检测仪结构原理。图 5-20 为化学发光分析仪的结构原理图。检测时，O_2 持续不断地进入 O_3 发生器，产生的臭氧 O_3 进入反应室。在检测 NO 时，汽车尾气经二通阀后直接进入反应室，NO 与 O_3 反应产生的化学发光，经滤光片进入光电倍增器，反映 NO 浓度的电信号经信号放大器输出，并由指示仪表显示，其测量结果是 NO 的浓度。

化学发光分析仪从原理上讲只能测量 NO，而无法测量 NO_2。但实际应用中可以先通过适当的转换将 NO_2 还原成 NO，然后再进行 NO 的测量，即可用间接方法测出 NO_2。因此，用同一仪器可以测得 NO、NO_2 和 NO_x。

检测 NO_2 时，转动二通阀，汽车尾气全部经催化转化器，尾气中的 NO_2 在此转化为 NO，然后进入反应室再与 O_3 反应，这时仪器测出的是 NO 与 NO_2 的总和 NO_x，再利用测定的 NO_x 和 NO 的浓度差值，可以测出 NO_2 的浓度。为使 NO_2 全部转化成 NO，催化转化器的工作温度必须保持在 650℃ 以上，由于转化器的效率对分析精度有直接影响，故应经常检查催化转化器，当效率低于 90% 时，需要更换新的催化转化器。使用滤光片的目的是分离给定的光谱区域，以避免反应气体中其他一些化学发光的干扰。

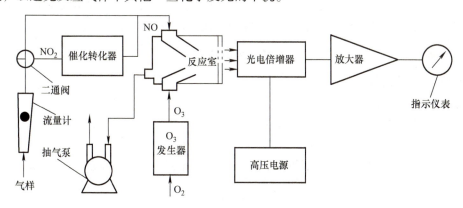

图 5-20　CLD 结构原理图

化学发光分析仪是汽车排放检测规范中推荐的检测 NO_x 仪器。它测量精度高，响应特性好，在 $0 \sim 1 \times 10^{-2}$ 范围内具有良好的线性输出；其仪器灵敏度高，体积分数精度可达 1×10^{-7}。但无此仪器时允许采用 NDIR 测量 NO_x，不过其测试精度稍低。

（4）汽车综合排放分析仪　汽车综合排放分析仪通常是根据汽车排放法规的要求，将各种废气成分分析仪有机组合成一起的检测仪器，它可以对排放法规中规定的全部气体排放物及过量空气系数 λ 进行分析测量。它用 NDIR 原理测量 CO 和 CO_2，用 FID 原理测量 HC，用 CLD 原理测量 NO_x，用电化学原理测量 O_2，用测得的 O_2 和排放浓度计算出过量空气系数 λ。

目前，市场上出现的体积小、重量轻、携带方便的五气体分析仪是一种典型的综合排放分析仪。这种分析仪通常采用 NDIR 原理直接测量 CO、CO_2、HC，采用电化学原理工作的氧传感器和 NO 传感器分别测量排气中的 O_2 和 NO 浓度，并通过计算测出过量空气系数。

汽车综合排放分析仪能全面分析汽车排气成分，可同时检测汽车排气中的 CO、CO_2、HC、NO_x、O_2 和 λ，能满足汽车排放标准规定的测量要求。

2. 汽车排气烟度计

柴油车的排烟主要有黑烟、蓝烟和白烟，其排烟的多少以烟度来表征。目前常用的烟度计有不透光烟度计和林格曼烟度计。

（1）不透光烟度计　不透光烟度计是利用透光衰减率来测量排气烟度的。

1) 基本检测原理。不透光烟度计主要由光源、光通道、光接收器等组成，其检测原理如图 5-21 所示。不透光烟度计光源发光，当光线通过一定有效长度的、充满被测烟气的通道时，光强被衰减，其衰减率（不透光度）与烟度成正比。因此，通过光接收器测量得到的光强信号，即可得到不透光度，从而测出排气烟度。

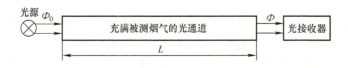

图 5-21　不透光烟度计基本检测原理

排气烟度的计量单位是不透光度或光吸收系数。不透光度是指光线被排烟吸收而不能到达光接收器的百分率，不透光度越大，说明排烟浓度越大。光吸收系数是表示光束被排烟吸收的系数，与炭烟的质量浓度成正比。根据光的透射原理有

$$\Phi = \Phi_0 e^{-KL} \tag{5-1}$$

式中　Φ_0——入射光通量（lm）；

Φ——出射光通量（lm）；

L——被测气体的光通道有效长度（m）；

K——光吸收系数（m^{-1}）。

不透光度 0~100% 与光吸收系数 K 之间的关系可由式（5-1）推出

$$K = -\frac{1}{L}\ln\left(1 - \frac{N}{100}\right) \tag{5-2}$$

式中　N——不透光度（%）；

K——相应的光吸收系数值。

两种计量单位的刻度范围均以光全通过时为零，光全吸收时为满量程。即烟气完全不吸光时，$N=0$，$K=0$；光线完全被烟气吸收时，$N=100$ 时，$K=\infty$（m^{-1}）。

2) 不透光烟度计结构原理。图 5-22 是一种典型的分流式不透光烟度计，它利用光线通过部分烟气时的衰减率来测量排气烟度。测定前，用鼓风机向空气校正管（A）吹入干净空气，旋转转换手柄，使光源和光电池分别置于校正管两侧，作零点校正。然后，再旋转转换手柄，将光源和光电池移至测试烟道（S）两侧，并把需要测定的一部分汽车排气连续不断地导入测试烟道，光源发出的光部分地被排气中的烟气吸收衰减，光电检测单元则可连续测出光线强度的衰减量，并通过光电转换显示测量结果。不透光度读数以 0 表示无烟，以 100 表示全黑。

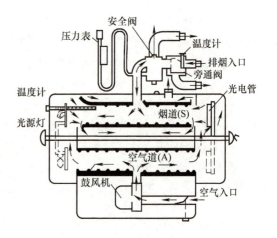

图 5-22　分流式不透光烟度计结构原理图

不透光烟度计可以对柴油车排烟进行连续测量，可以按排放法规的要求进行自由加速和加载减速工况下的烟度测量，在低烟度时有较高的分辨率，可以用来研究柴油机的瞬态炭烟排放特性。

（2）林格曼烟度计　林格曼烟度计是利用比色原理，将柴油车的排气与标准林格曼烟气黑度图相比较确定排气烟度的。当柴油车排气颜色与某张标准林格曼烟气黑度图相同时，则该张林格曼烟气黑度图的黑度就是被测柴油车排气烟羽的黑度。

1）林格曼黑度。林格曼黑度是一种评价烟羽黑度的指标，它由观测的烟羽黑度与林格曼烟气黑度图对比得到。共分为六级，分别是：0、1、2、3、4、5级。

标准的林格曼烟气黑度图由5张14cm×21cm不同黑度的图片组成（图5-23），除全白和全黑分别代表林格曼黑度0级和5级外，其余4个级别是根据黑色条格占整块面积的百分数来确定的，黑色条格的面积占20%为1级，占40%为2级，占60%为3级，占80%为4级。级数越高，烟度越大，0级无污染，5级污染最严重。

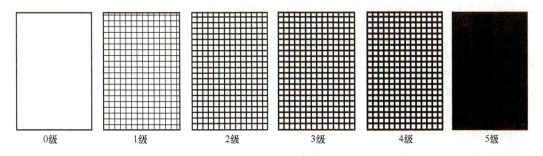

图5-23　林格曼烟气黑度图

2）林格曼烟度计结构原理。人工直接观测时，只需利用林格曼烟气黑度图与柴油机在规定工况下排出的烟气对比，即可测得林格曼烟度。但标准形式的林格曼烟气黑度图尺寸较大，使用时必须装在支架上，一人不便操作，而且在观察者与柴油机排气口之间要有相当长的一段空距离。为了检测方便快捷，人们按同一原理研制出了林格曼烟度计。

林格曼烟度计主要由望远镜、林格曼烟气黑度图和数码照相机等组成，如图5-24所示。林格曼烟度计把各国通用的标准林格曼烟气黑度图缩制在一块玻璃上，并置于望远镜内。观测柴油机排烟时，物镜将烟气的像成在带有林格曼图的玻璃上，人眼通过望远镜目镜看到的或由数码照相机拍摄到的烟气成像与林格曼烟气黑度图直接作对比，即可确定烟气的黑度等级。

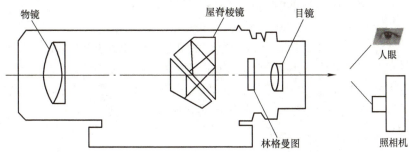

图5-24　林格曼烟度计原理图

林格曼烟度计体积小巧、携带方便、操作简便、测试快捷。因此，林格曼烟度计适用于环境保护部门对在用柴油汽车进行排放检验、监督抽测。

3. 汽车排气颗粒物测量系统

汽车排气颗粒物的测量首先需要对排气进行稀释，然后用滤纸进行采样，最后进行质量测量。因此，汽车排气颗粒物测量系统主要包括稀释采样系统和质量测量系统。

稀释采样就是将汽车排气掺入低温的稀释空气，将排气中可能进行的化学反应终止，模拟汽车尾气排出后被大气稀释的过程。根据汽车排气通过稀释风道的比例不同，汽车排气颗粒物采样系统可分为全流式稀释风道采样系统和分流式稀释风道采样系统两种类型。

排气颗粒物检测时，整车或发动机按规定的工况运转，在抽气泵的作用下，环境空气经空滤器以恒定的容积流量进入稀释风道，发动机排出的废气全部或部分引入稀释风道，并与空气混合，形成稀释样气。然后，稀释样气在颗粒取样泵的抽吸下以一定的流速流过颗粒收集滤纸，使颗粒被过滤到滤纸上获得排气颗粒物。再用微克级精密天平称得滤纸在收集前后的质量差，从而测得颗粒物的质量，并根据需要计算出不同单位下的颗粒物排放率，如 g/m^3、g/km、$g/(kW \cdot h)$ 等。

4. 汽车排放随车诊断系统

汽车排放随车诊断系统是指汽车运行时，能实时监测诊断汽车排放状况的系统。车载自动诊断系统（OBD）是一种典型的汽车排放随车诊断系统。OBD 系统在发动机运行过程中，随时监控汽车排放是否超标，一旦超标，会马上发出警示。

发动机管理系统中与排放有关的部件，如发动机、催化转化器、颗粒捕集器、氧传感器、排放控制系统、燃油系统、EGR 等出现故障或损坏，会导致汽车有害物质排放明显增多。根据这一原理，OBD 系统的随车排放诊断不是直接测量 CO、HC、NO_x 等排放污染物来进行的，而是通过检查发动机管理系统中与排放有关系的部件信息来确定的。发动机工作时，OBD 系统通过实时监测各种与排放有关的部件信息，并输送到电控单元（ECU），而 ECU 具有检测分析与排放相关故障的功能。当 ECU 检测出排放故障时，ECU 则记录故障信息和相关代码，并点亮 OBD 故障指示器（MIL 灯），随时提醒车主去维修站检修车辆。

为了减少排放污染物，现代汽车均要求安装 OBD。

5.1.4.2 汽车排放污染物检测方法

汽车排放污染物检测方法，会随着汽车技术和检测技术的发展以及对排放要求的提高而发生变化，同时不同的排放法规、不同类型的汽车，其检测方法也会有差异。下面介绍 GB 18285—2018《汽油车污染排放限值及测量方法》和 GB 3847—2018《柴油车污染排放限值及测量方法》规定使用的汽车排放污染物检测方法。

1. 汽油车排放污染物检测方法

（1）双怠速法　双怠速是指发动机的怠速和高怠速。怠速是指加速踏板处于完全松开位置时，发动机空转的最低稳定转速；高怠速是指用加速踏板控制发动机空转的某一高转速。通常将轻型汽车的高怠速转速规定为 2500 ± 200r/min，重型车的高怠速转速规定为 1800 ± 200r/min，或按制造厂技术文件规定的高转速作为高怠速。

双怠速法是指在规定怠速、高怠速工况下测量汽油车排气污染物的方法，主要检测 CO 和 HC，其常用的检测仪器是不分光红外线气体分析仪。双怠速法的测量步骤如下。

1）开启废气检测仪，按仪器使用说明书要求做好检查、预热及调整工作，使检测仪处于正常的待检状态。

2）发动机进气系统应装有空气滤清器，排气系统应装有排气消声器，并不得有泄漏。

3）必要时在发动机上安装转速计、点火正时仪、冷却液和润滑油测温计等测试仪器。测量时，发动机冷却液和润滑油温度不低于80℃，或者达到汽车使用说明书规定的热车状态。

4）汽车离合器处于接合状态，变速器置于空档位置（对于自动变速器汽车应处于"N"位或"P"位）。

5）控制加速踏板，使发动机由怠速工况加速到 0.7 倍的额定转速，维持 30s 后降至高怠速状态运转。

6）将取样管插入排气管中间，深度等于 400mm，并固定于排气管上。维持 15s 开始读数，读取 30s 内的最低值及最高值，其平均值即为高怠速排放测量结果。对于使用闭环控制电子燃油喷射系统和三元催化转化器技术的汽车，还应同时读取过量空气系数的数值。

注意：若车辆排气管长度小于测量深度，则应使用排气加长管。

7）发动机从高怠速降至怠速状态，维持 15s 后开始读数，读取 30s 内的最低值及最高值，其平均值即为怠速排放测量结果。

8）若为多排气管，则分别取各排气管高怠速和怠速排放测量结果的算术平均值作为测量结果。

双怠速法检测具有操作简便、高效快捷、成本低廉、仪器携带方便等优点，因而它极适用于汽车检测站对在用汽车排放性能的年检测试、环保部门对在用汽车进行的排放监测。目前主要用于无法手动切换两驱驱动模式的全时四驱车和适时四驱车的排放检验。

（2）稳态工况法 稳态工况法（ASM）是指车辆预热到正常热状态后，加速至规定车速，底盘测功机对车辆加载到规定负荷，使车辆保持等速稳态运转工况，测量汽车排气污染物的方法，主要检测 CO、HC 和 NO。

ASM 运转循环由 ASM5025 和 ASM2540 两个稳态工况组成，其规范如图 5-25 及表 5-1 所示。在 ASM5025、ASM2540 工况检测时，车辆在底盘测功机上分别以 25.0km/h、40.0km/h 的速度稳定运行，底盘测功系统则根据车辆的基准质量自动施加规定的载荷，在各工况测试过程中保持施加的转矩恒定，使车辆在规定的负荷下稳定运转，然后按检测规范采样测量 CO、HC 和 NO 的排放浓度，同时进行过量空气系数的测定。

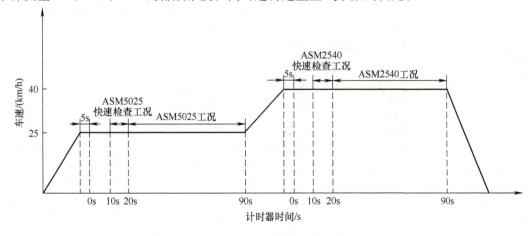

图 5-25 稳态工况法（ASM）试验运转循环

稳态工况法需在汽车底盘测功机上进行，要利用底盘测功机模拟汽车行驶阻力，进行有载排放检测，其检测结果比双怠速法更接近汽车的实际排放状态。目前，新生产汽车下线检验、注册登记检验、在用车检验、监督抽检主要采用稳态工况法，而对于不能进行稳态工况法检测的四驱车辆则采用双怠速法。

表 5-1 稳态工况法（ASM）试验运转循环规范

工况	运转次序	速度/(km/h)	操作持续时间（m_t）/s	测试时间（t）/s
5025	1	0~25	—	
	2	25	5	
	3	25	10	
	4	25	10	90
	5	25	70	
2540	6	25~40	—	—
	7	40	5	
	8	40	10	
	9	40	10	90
	10	40	70	

（3）瞬态工况法　瞬态工况法是指车辆在底盘测功机上行驶，模拟汽车的真实运行工况，在加载状态下按照规定的运转循环，测量汽车排放污染物的方法，主要检测 CO、HC 和 NO_x。

瞬态工况法由多种瞬态测试工况组成，主要有汽车经常使用的怠速、加速、等速和减速等工况。图 5-26 为瞬态工况的运转循环，表 5-2 为瞬态工况运转循环规范。检测时，底盘

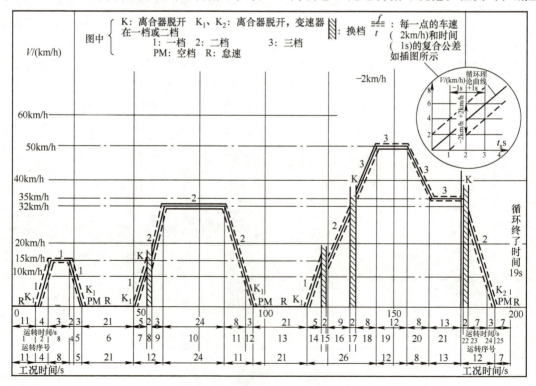

图 5-26 瞬态工况的运转循环

测功机根据车辆的整备质量及工况自动设定模拟载荷，当车辆在底盘测功机上加载按规定的运转循环运行时，测量排放污染物 CO、HC 和 NO_x。同时，还测定过量空气系数。

表 5-2　城区 15 工况循环规范

工序	操作序号	操作状态	加速度 /(m/s²)	速度 /(km/h)	每次时间 操作/s	每次时间 工况/s	累计时间 /s	手动变速器使用档位
1	1	怠速	—	—	11	11	11	6sPM① + 5sK₁②
2	2	加速	1.04	0.04	4	4	15	1
3	3	等速	—	15	8	8	23	1
4	4	减速	−0.69	15.69	2	5	25	1
4	5	减速，离合器脱开	−0.92	10.9	3	5	28	K₁
5	6	怠速	—	—	21	21	49	16sPM + 5s K₁
6	7	加速	0.83	0.83	5	12	54	1
6	8	换档	—	—	2	12	56	—
6	9	加速	0.94	1594M	5	12	61	2
7	10	等速	—	32	24	24	85	2
8	11	减速	−0.75	32.75	8	11	93	2
8	12	减速，离合器脱开	−0.92	10.9	3	11	96	K₂
9	13	怠速	—	—	21	24	117	16sPM + 5s K₁
10	14	加速	0.83	0.83	5	26	122	1
10	15	换档	—	—	2	26	124	—
10	16	加速	0.62	1562M	9	26	133	2
10	17	换档	—	—	2	26	135	—
10	18	加速	0.52	3552M	8	26	143	3
11	19	等速	—	50	12	12	155	3
12	20	减速	−0.52	50.52	8	8	163	3
13	21	等速	—	35	13	13	176	3
14	22	换档	—	—	2	12	178	—
14	23	减速	−0.86	32.86	7	12	185	2
14	24	减速，离合器脱开	−0.92	10.9	3	12	188	K₂
15	25	怠速	—	—	7	7	195	7sPM
备注	① PM—变速器置空档，离合器接合。② K₁（或 K₂）—变速器挂 1 档（或 2 档），离合器脱开。							

瞬态工况法由于模拟了汽车若干常用工况和排放污染较重工况的有载行驶，其排放检测能充分反映汽车实际运行时的排放状态。因此，与双怠速法和稳态工况法相比，瞬态工况法的检测结果能较全面地评价车辆的排放水平。但瞬态工况法从检测设备、控制系统到实际操作都比双怠速法要复杂得多，因此，瞬态工况法不宜用于在用汽车排放性能的年检、监督抽测。但瞬态工况法可用于新生产汽车下线的排放检验，也适用于生产企业汽车的排放检验。

2. 柴油车排放污染物检测方法

（1）自由加速法　自由加速法是指柴油车从怠速状态突然加速至高速空载转速过程中，利用不透光烟度计检测其排气烟度的方法。其检测方法如下。

1）开启不透光烟度计，按仪器使用说明书要求做预热和零点调整点调整工作，使检测仪处于正常的待检状态。

2）汽车发动机预热，使发动机冷却液和润滑油温度不低于80℃，或者达到汽车使用说明书规定的热车状态。

3）确认汽车机械状态良好，排气系统相关部件无泄漏，将烟度计取样探头按规定插入并固定于排气管内。

4）自由加速预运转。将汽车置于空档，在发动机怠速下稳定运转15±5s，迅速踩下加速踏板使油门全开，并保持该位置直到发动机达到调速器控制的空载最高转速为止，然后松开加速踏板，使发动机恢复至怠速运转，如此重复连续三次吹拂排气系统，以清扫排气系统中的残留污染物（图5-27）。

5）排气烟度检测。检测时，汽车置于空档。在每个自由加速循环的开始点，发动机均处于怠速状态，对重型车用发动机，将加速踏板放开后至少等待10s，然后在1s的时间内，将加速踏板连续完全踩到底，使供油系统在最短时间内达到最大供油量，发动机达到断油转速（对使用自动变速器的车辆，应达到发动机额定转速，如果无法达到，应不小于额定转速的2/3），再松开加速踏板使发动机恢复至怠速运转，如此重复多次（图5-27），用不透光烟度计测量排气烟度。

6）检测结果。取最后三次自由加速烟度测量的不透光度或光吸收系数的算术平均值作为检测结果。

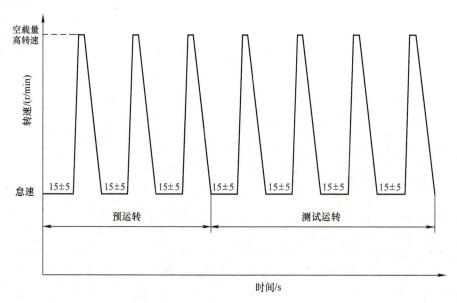

图5-27　自由加速法排气烟度检测规范

自由加速法检测具有操作简便、高效快捷、成本低廉等优点，因而它极适用于汽车检测站对在用柴油车排放性能的年检测试、环保部门对在用柴油车进行的排放监测。目前，自由

第5章 汽车公害及防治

加速法主要用于无法手动切换两驱驱动模式的全时四驱和适时四驱在用柴油车的排放检验。

（2）加载减速法　加载减速法是一种在底盘测功机上模拟车辆负载稳定运行时，利用不透光烟度计、氮氧化物分析仪等测量柴油车排气烟度及污染物的方法。

在发动机及传动系统达到汽车技术文件规定的热状态，底盘测功机系统正常时，进行加载减速排气污染物检测，其检测方法如下。

1）检测准备。汽车驶入底盘测功机，连接并预热、调整好不透光烟度计、氮氧化物分析仪等检测设备。

2）车辆运行。起动发动机，变速器置空档，逐渐增大加速踏板直到油门开度达到最大，并保持在最大开度状态，记录此时发动机的最大转速，然后松开加速踏板，使发动机回到怠速状态。

3）选择档位。通过换档操作选择合适档位，使加速踏板全开时，底盘测功机的指示车速最接近70km/h，但不能超过100km/h的档位即为所选。若两个档位接近的程度相同，则检测时选用低档位。

4）计算机控制系统在确认汽车可以进行排放检测后，将底盘测功机切换到自动检测状态。此时，加载减速测试的过程完全自动化，整个检测循环中，均由计算机控制系统自动完成对测功机加载减速过程的控制。

5）加速踏板保持全开，按下检测开始键，底盘测功机进入自动检测状态，计算机控制系统按照规定的加载减速检测程序自动检测最大轮边功率和相对应的发动机转速、转鼓表面线速度（VelMaxHP），然后自动加载减速至80% VelMaxHP点检测各参数。

6）自动控制系统采集二工况点（VelMaxHP、80% VelMaxHP）的检测数据，包括轮边功率、发动机转速、排气光吸收系数k和NO_x。计算机控制系统将VelMaxHP点和80% VelMaxHP点测量得到的排气光吸收系数k以及80% VelMaxHP点测量得到的NO_x、发动机转速、转鼓表面线速度和轮边功率的数据作为检测结果，并与相应的排放限值进行比较。若测得的光吸收系数k或NO_x超过了标准规定的相应限值，则判定该车排放不合格；若加载减速过程中经修正的轮边功率测量结果低于制造厂规定的发动机额定功率的40%，则判定该车检验结果不合格。

7）检测结束，加速踏板松开，打印检测报告并存档。

8）车辆驶离底盘测功机。

加载减速工况法模拟了车辆油门全开行驶的部分工况，能比自由加速法更客观地反映被检车辆运行的排放状况。因此，目前柴油车新生产汽车下线检验、注册登记检验、在用车检验、监督抽检主要采用加载减速工况法，而对于不能进行加载减速工况法检测的四驱柴油车则采用自由加速法。

（3）林格曼烟度法　林格曼烟度法是用视觉对柴油车排气烟羽黑度与林格曼烟气黑度图进行对比确定排气烟度的方法。林格曼烟度应由具有资质的观察者用目视观察检测，其检测步骤如下。

1）安置烟气黑度图。将林格曼烟气黑度图安置在固定支架上，放在适当的位置。其图片应面向观察者，尽可能使图片位于观察者至汽车排气口端部的连线上，并使图与烟气有相似的天空背景。图距观察者应有足够的距离，以使图上的线条看起来融合在一起，从而使每个方块有均匀的黑度。

2）运行柴油机。预热柴油车，使其处于正常的热状态，按规定工况运行柴油机。除排放标准另有规定或有特殊要求的检验外，一般要求柴油车机械状态良好，在排烟相对严重的工况如自由加速工况、全负荷工况下进行检测。

3）观察排气烟羽。选择在排气黑度最大的地方观察，观察者连续观测排气黑度，并将排气黑度与林格曼烟气黑度图进行比较，记下排气的林格曼级数最大值作为林格曼烟度值，如排气黑度处于两个林格曼级之间，可估计一个 0.5 或 0.25 林格曼级数。如在阴天的情况下观察，由于天空背景较暗，在读数时应根据经验取稍偏低的级数（减去 0.25 级或 0.5 级）。

4）记录检测结果。观察者连续观测后，记下的排气林格曼级数最大值作为林格曼烟度值；采用林格曼烟度测试仪观测排气烟度时，其测试的最大读数作为林格曼烟度值。

注意：林格曼烟度应在白天观测，力求在比较均匀的天空光照下进行，观察者的视线应尽量与烟羽飘动的方向垂直。

林格曼烟度法直观明了，简易便行，成本低廉，但检测结果易受观察者主观判断和观察位置条件的影响。因此，林格曼烟度法极适用于柴油车排放性能检验的辅助测试，也可用于在用柴油车的排放检验。

5.1.4.3 汽车排放污染物检测标准

实施严格的汽车排放标准是控制汽车排放对大气污染的强制性措施，也是推动排放控制技术和检测技术发展的动力。因此，我国在吸收发达国家的成功经验后，制订、修改、颁布并实施了多种汽车排放污染物标准。下面介绍 GB 18285—2018《汽油车污染排放限值及测量方法》和 GB 3847—2018《柴油车污染排放限值及测量方法》的检测标准。该标准对汽车污染物排放限值设置了限值 a 和限值 b，全国统一执行限值 a。限值 b 的要求更加严格，主要是满足对汽车污染控制要求较高的地区。

1. 汽油车污染排放限值

（1）双怠速法排放限值 按双怠速法进行排放检测的汽车，其怠速和高怠速 CO、HC 的检测结果，应小于表 5-3 的排放限值。任何一项污染物不满足限值要求，则判定车辆排放不合格。对于使用闭环控制电子燃油喷射系统和三元催化转化器技术的汽车，其高怠速检测的过量空气系数还应在 1.00 ± 0.05 之间，或在制造厂规定的范围内，否则为不合格。

表 5-3 双怠速法排气污染物排放限值

类别	怠 速		高 怠 速	
	CO（%）	HC（1×10^{-6}）①	CO（%）	HC（1×10^{-6}）①
限值 a	0.6	80	0.3	50
限值 b	0.4	40	0.3	30

① 对以天燃气为燃料点燃式发动机汽车，该项目为推荐性要求。

（2）稳态工况法排放限值 按稳态工况法（ASM）进行排放检测的汽车还应同时进行过量空气系数的测定，其 ASM 5025 工况和 ASM 2540 工况的 CO、HC 和 NO 的检测结果，应小于表 5-4 的排放限值。任何一项污染物不满足限值要求，则判定车辆排放不合格。

表 5-4　稳态工况法排气污染物排放限值

类别	ASM 5025			ASM 2540		
	CO(%)	HC/(1×10^{-6})①	NO/(1×10^{-6})	CO(%)	HC/(1×10^{-6})①	NO/(1×10^{-6})
限值 a	0.50	90	700	0.4	80	650
限值 b	0.35	47	420	0.3	44	390

① 对以天燃气为燃料点燃式发动机汽车，该项目为推荐性要求。

（3）瞬态工况法排放限值　按瞬态工况法进行排放检测的汽车，其 CO、HC + NO_x 的检测结果，应小于表 5-5 的排放限值。任何一项污染物不满足限值要求，则判定车辆排放不合格。

表 5-5　瞬态工况法排气污染物排放限值

类别	CO/(g/km)	HC + NO_x/(g/km)
限值 a	3.5	1.5
限值 b	2.8	1.2

采用双怠速法等对在用车辆进行监督抽测，可采用本标准规定限值的 1.1 倍进行判定；对于 2011 年 7 月 1 日以后生产的轻型汽车，以及 2013 年 7 月 1 日以后生产的重型汽车，若 OBD 检查不合格，则判定排放检验结果不合格。

2. 柴油车污染排放限值

按自由加速法和加载减速法进行排放检测的在用汽车和注册登记汽车，其相应的检测结果，应小于表 5-6 的排放限值；新生产下线汽车的排放结果应小于表 5-6 的排放限值，生产企业也可采用其他方法进行排放检测，但应证明其等效性。任何一项污染物不满足限值要求，则判定车辆排放不合格；车辆排放有明显可见烟度或烟度值超过林格曼 1 级，则判定排放不合格；加载减速法功率扫描过程中，经修正的轮边功率测量结果低于制造厂规定的发动机额定功率的 40%，则判定该车检验结果不合格。

采用自由加速法等对在用车辆进行监督抽测，可采用表 5-6 规定限值的 1.1 倍进行判定；对于 2018 年 1 月 1 日以后生产的汽车，若 OBD 检查不合格，则判定排放检验结果不合格。

表 5-6　在用汽车和注册登记汽车排放检验的排放限值

类别	自由加速法 光吸收系数/m^{-1} 或不透光度（%）	加载减速法 光吸收系数/m^{-1} 或不透光度（%）①	氮氧化物/(1×10^{-6})	林格曼烟度法 林格曼黑度（级）
限值 a	1.2 (40)	1.2 (40)	1500	1
限值 b	0.7 (26)	0.7 (26)	900	

① 海拔高度高于 1500m 的地区加载减速法可以按照每增加 1000m 增加 0.25m^{-1} 幅度调整，总调整不得超过 0.75m^{-1}。

5.2　汽车噪声公害及防治

5.2.1　汽车噪声及其危害

噪声是指人们不需要的令人烦躁、讨厌的声音总称。汽车噪声是由多种声源组成的综合性噪声，它主要是指发动机、传动系统、轮胎以及车身扰动空气所发出的响声，其噪声的强度通常与汽车和发动机的结构形式、技术状况和运行条件（车速、载荷、道路等）有关。

汽车噪声分车外噪声和车内噪声两种。车外噪声造成环境公害，车内噪声直接对驾驶人和乘客造成损害。汽车噪声不仅会破坏安静的环境，使人心情不安、烦躁、疲倦和工作效率降低，还会损害人体健康，引起某些疾病，如听力下降、噪声性耳聋以及神经系统和血液循环系统疾病。噪声的强度愈大、频率愈高、作用时间愈长、个人耐力愈小，则危害愈严重。据统计，当环境噪声大于45dB时，人会感到明显不适；当噪声达到60~80dB时，会影响睡眠；当噪声超过90dB时，就会对身体产生伤害。而汽车噪声强度一般可达60~90dB，所以汽车噪声是一种环境污染。

汽车是一种移动性噪声源，其噪声影响范围大，干扰时间长，因而受害人员多。另外，车内噪声过大还会影响驾驶人的正常操作而诱发汽车交通事故。因此，对汽车噪声应进行控制。

5.2.2 汽车噪声来源及特性

汽车是由许多零部件或机械总成装配而成的。汽车在运行过程中受到发动机、传动系统的影响以及来自路面的冲击，所有的零部件都会产生振动和噪声，实际上汽车是一个包括各种不同性质噪声的复杂噪声源。汽车噪声主要来自发动机、传动系统、轮胎和车身等几个方面。

1. 发动机噪声

发动机噪声是指从发动机本体及附件向空间传播的噪声。它包括发动机的燃烧噪声、机械噪声、进排气噪声、冷却风扇噪声及其他部件发出的噪声。

（1）燃烧噪声 燃烧噪声是发动机的主要噪声源，是可燃混合气在气缸内燃烧时，因压力急剧上升，冲击活塞、连杆、曲轴、缸体及气缸盖等，引起壳体表面振动辐射出的噪声。通常，柴油机比汽油机具有更高的燃烧噪声。

一般来说，在发动机燃烧不正常，如汽油机爆燃、柴油机燃烧压力升高率过高时，其燃烧噪声会更大；发动机在高转速、大负荷和加速运转时，其燃烧噪声更大。

（2）机械噪声 发动机机械噪声是指发动机运转时，由于相互运动的配合零件间存在间隙，在力的作用下相互撞击或发生弹性变形，导致壳体表面振动所引起的噪声。如活塞与气缸壁的敲击、气门开闭的冲击、正时齿轮运转、喷油泵泵油等都会产生噪声。

机械噪声在很大程度上取决于发动机的转速、负荷，发动机高转速、大负荷工作时，其机械噪声明显加大。

（3）进、排气噪声 发动机进、排气噪声是指发动机在进、排气过程中，因气体高速流动和压力波动引起振动而产生的噪声。它包括进、排气管中气流的压力脉动噪声；气流高速流过气门截面时因产生涡流发出的噪声；在气体压力波动过程中，进、排气系统振动发出的噪声。

进、排气噪声的强弱随发动机负荷和转速的不同而变化，一般大负荷、高转速时噪声较大。排气噪声比进气噪声大得多，这是排气压力高且变化大所致。

（4）冷却风扇噪声 发动机冷却风扇噪声是指冷却风扇运转时，引起的空气动力性噪声和机械振动噪声。空气动力性噪声包括旋转噪声和涡流噪声。旋转噪声是由风扇旋转的叶片周期性地切割空气，引起压力波动而激发出的噪声；涡流噪声是由于风扇叶片旋转时在周围产生空气涡流而引起的噪声。机械振动噪声是由于气流引起的风扇、导向装置（护风圈）或散热器的振动，以及其他外部振动激发的机械振动而引起的噪声。

风扇的机械振动噪声比空气动力性噪声小。风扇低速时以涡流噪声为主，高速时旋转噪声较强。风扇工作条件与发动机的负荷、转速直接相关。因此，汽车在重载高速运转时，冷却风扇噪声较大。风扇噪声是汽车的最大噪声源之一。

2. 传动系统噪声

汽车传动系统噪声是指汽车行驶时传动系统因传递动力引起的噪声。它包括变速器噪声、传动轴噪声和驱动桥噪声，其中变速器是主要噪声源。

（1）变速器噪声　变速器噪声主要是指变速器工作时，其内部的齿轮传动噪声、轴承声响、润滑油搅拌声和发动机振动传播到变速器箱体而辐射出的噪声。齿轮传动噪声是变速器噪声的主要部分，引起齿轮传动噪声的内因是轮齿刚度在交变载荷作用下周期性变化和轮齿间的正常啮合关系遭到破坏，使轮齿啮合时产生撞击声；外因是由于发动机转速、负荷变化而导致齿轮传动冲击。

变速器噪声与变速器形式、档位等因素有关，并随着汽车行驶状态、速度、负荷的变化而变化。一般情况下，变速器噪声会随汽车速度、负荷的增加而加大。

（2）传动轴噪声　传动轴噪声是指传动轴高速运转时激发出的噪声。它是由发动机转矩波动、变速器及驱动桥等振动输入、万向节传递动力不等速以及传动轴本身不平衡引起的。传动轴噪声的扩散主要有两个途径，其一是经传动轴的中间支撑、变速器和后桥传至车身及其部件，引起广泛振动和噪声；其二是直接向外辐射噪声。

一般传动轴噪声能量很小，在传动系统噪声中不占主要地位，但当传动轴动不平衡非常严重时，其噪声和振动都会很大，甚至导致车身发抖。

（3）驱动桥噪声　驱动桥噪声主要由齿轮传动噪声、轴承声响、润滑油搅拌声等组成，以齿轮传动噪声为主。引起驱动桥噪声的根本原因是驱动桥传动部件磨损松旷、调整不当或润滑不良，当驱动桥承受较大动载荷工作时，技术状况变坏的传动部件会发出较大的噪声。

3. 轮胎噪声

轮胎噪声是指车轮运动时轮胎直接发出的噪声。它包括花纹噪声、道路噪声、振动噪声和空气噪声。

（1）花纹噪声　轮胎花纹噪声是指汽车行驶时，因轮胎胎面花纹槽内的空气在接地时被挤压，并有规则地排出，从而引起周围空气压力周期性变化而产生的噪声。花纹噪声在轮胎噪声中占主要地位，一般所说的轮胎噪声主要是指花纹噪声。

（2）道路噪声　道路噪声是指汽车通过凹凸不平路面时，路面凹凸坑内的空气受挤压和排放而产生的噪声。道路噪声产生机理与花纹噪声相同，均是由轮胎和路面相互作用导致变形挤压而产生。

（3）振动噪声　轮胎振动噪声是指由于轮胎不平衡、胎面花纹刚度变化或路面凹凸不平等原因而激发轮胎振动所产生的噪声。

（4）空气噪声　轮胎空气噪声是指轮胎旋转时，搅动周围空气而产生的空气振动声。

轮胎噪声主要与车速、负荷、轮胎气压以及路面状况等使用因素有关。通常，车速越高、轮胎负荷越大、轮胎气压越低、路面状况越差，则轮胎噪声越大。

4. 车身噪声

车身噪声是指汽车行驶时，车身与空气摩擦、冲击引起的空气动力性噪声，以及车体各板壁结构在发动机和路面凹凸不平的振动激励下产生的振动噪声。高速行驶的汽车，车身噪声较大。车身噪声与车身的表面质量和车身流线形有关。

汽车噪声除以上所述外，还有制动噪声、储气筒放气声、喇叭声以及各种专用车辆上的动力装置噪声等。由于这些噪声不是连续的，因此不占主要地位。

5.2.3 汽车噪声的控制

由于噪声强度与汽车的技术状况和运行条件有关，因此，对于在用汽车可通过合理使用来控制和降低汽车噪声。在使用方面控制和降低汽车噪声的主要措施如下。

1. 选择合适的燃油

燃油品质对发动机燃烧噪声影响较大。对于柴油机，选用十六烷值高的燃油，可以减少滞燃期形成的可燃混合气数量，减小气缸内燃烧时的压力增长率，从而减少燃烧噪声，防止柴油机工作粗暴。对于汽油机，选用辛烷值高的燃油，可以防止爆燃，从而减少燃烧噪声及严重的气缸敲击声。

2. 保持发动机具有良好的技术状况

发动机技术状况不佳时，发动机噪声会加大。因此，在汽车使用过程中，应经常检查并维护发动机，使其具有良好的技术状况。检查维护时，应重点关注如下几点。

（1）保持进排气系统工作状况正常　使用过程中，要注意维护消声器，它是降低排气噪声的部件，确保消声器状态良好；要注意进、排气系统的紧固件和接头的密封状况，以减小表面辐射噪声和漏气噪声。

（2）保持运动件配合、传动正常　提高曲柄连杆机构、配气机构的维修装配质量，使运动件具有合适的配合副间隙，则可减少发动机运转时的机械噪声，如活塞与气缸壁的敲击声、气门开闭及正时齿轮运转的冲击声。当运动件磨损严重、间隙过大时，应予以修复或调整。

（3）保持合适的点火提前角或供油提前角　汽油机点火提前角过大时，气缸内燃烧时的压力增长率过大，发动机易产生爆燃，使噪声增大；柴油机供油提前角过大时，气缸内燃烧时的压力增长率过大，发动机工作粗暴，使噪声增大。因此，应保证发动机具有合适的点火提前角或供油提前角，以减少发动机的燃烧噪声。

（4）保持冷却系统风扇状况良好　发动机冷却风扇叶片若变形或破损，则发动机运转时空气动力噪声增大；冷却风扇轴承损坏、松旷会产生机械振动噪声。因此，应注意检查冷却风扇叶片及其转动情况，确保冷却系统风扇状况良好。

（5）保持润滑系统技术状况良好　润滑系统技术状况不良时，运动件摩擦表面的润滑状况就会恶化，会导致发动机机械噪声增大。因此，应注意检查润滑系统及发动机油的质量，确保润滑系统具有良好的技术状况。

3. 保持底盘具有良好的技术状况

在汽车行驶时，若底盘的技术状况不良，则汽车的噪声会加大。因此，在汽车使用过程中，应经常检查并维护底盘，使其具有良好的技术状况。检查维护时，应重点关注如下几点。

(1) 保持传动系统技术状况良好

1) 提高装配质量，保证传动系统齿轮的啮合间隙和啮合印痕正常，轴及轴承的间隙合适，以减少齿轮的传动噪声、轴承声响。

2) 确保传动轴动平衡，以减少动不平衡引起的传动轴噪声。

3) 选用好的润滑油和润滑脂，确保传动系统变速器、驱动桥和万向传动装置等具有良好的润滑，以降低传动系统噪声。

(2) 保持行驶系统技术状况良好

1) 加强钢板弹簧的维护，确保其有良好的润滑，以减少汽车行驶时钢板弹簧片与片之间的摩擦噪声。

2) 检查减振器的性能，确保其有良好的减振能力，以减少车体振动时各振动部件产生的噪声。

3) 加强轮胎的维护，确保其动平衡及气压正常，以减少轮胎噪声。

(3) 保持制动器技术状况良好　制动摩擦片与制动鼓磨损严重、装配不当时，制动噪声非常严重。因此，加强制动器的维护，确保其技术状况良好，可以减少制动噪声。

4. 保持车体具有良好的密封性

汽车高速行驶时，车身表面出现扰流产生的噪声是不可避免的，但应防止车身噪声对车内的影响。车内整体噪声的控制与车体的密封性能密切相关。保持车体具有良好的密封性，可以有效降低车身噪声引起的车内噪声，尤其对高速行驶过程中的车身噪声有很好的抑制效果。

5. 正确驾驶汽车

平缓起步；采用中速行车；保持稳定行驶，避免急加速、急减速；尽量采用预见性制动，少用紧急制动；少按喇叭等可以减小噪声。

5.2.4　汽车噪声检测及标准

5.2.4.1　汽车噪声检测仪器

1. 声级计

声级计是一种最基本的噪声测量仪器，它可以按人耳相近的听觉特性检测汽车噪声。根据所用电源不同，声级计可分为交流式和直流式（干电池）两种。其中直流干电池式声级计因体积小、质量轻、操作携带方便，应用比较广泛。图 5-28 所示为国产 ND_2 型便携式精密声级计。

(1) 声级计的基本结构　声级计一般由传声器、放大器、衰减器、计权网络、检波电路、指示仪表和电源等组成（图 5-29）。

1) 传声器。传声器常称为话筒，是声级计的传感器，其作用是把噪声信号转变为电信号。

2) 放大器。放大器的作用是将传声器输出的微弱电压信号放大，在声频范围内放大器应具有平直的放大特性、较低的固有噪声和良好的稳定性，以满足检测的需求。

3) 衰减器。衰减器的作用是调整输入信号和输出信号的幅度，以控制指示仪表获得适当的指示值。

4) 计权网络。计权网络是把电信号修正为听感近似值的网络。声级计设有 A、B、C 三种标准的计权网络。A 计权网络由于其特性接近于人耳的听感特性,因此是目前世界上噪声测量中应用最广泛的一种。经过 A 计权网络测出的读数 dB(A)称为 A 计权声级,简称 A 声级。

5)检波器。检波器的作用是将迅速变化的声音频率交流信号转换成变化较慢的直流电压信号,以便于仪表指示。

6)指示仪表。指示仪表的作用是直接显示噪声级的 dB 值,可用数字显示或指针指示。

声级计面板上一般还备有一些插孔,以便外接滤波器、示波器、记录仪等,对噪声做进一步分析。有的声级计内还装有倍频程滤波器,以便在现场对噪声直接作频谱分析。

(2)声级计工作原理 声级计检测时,噪声通过传声器转换成电压信号,并由前置放大器变换阻抗,使其与输入衰减器匹配,然后信号经输入放大器送入计权网络处理,再经输出衰减器及放大器将信号放大到一定的幅度,最后经有效值检波器进入指示仪表,从表头得到相应的声级读数。

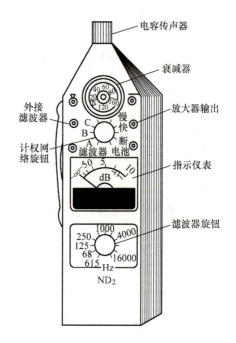

图 5-28 ND$_2$ 型便携式精密声级计

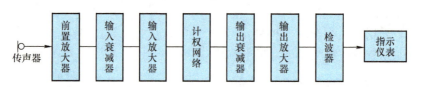

图 5-29 声级计结构原理框图

声级计检测时,应根据被测噪声的性质和特点选择声级计的"快"档或"慢"档。声级计一般都有"快"和"慢"两档,其中"快"档平均时间为 0.27s,比较接近人耳听觉的生理平均时间;"慢"档平均时间为 1.05s。当对稳态噪声进行测量或需要记录声级变化过程时,应选用"快"档;当被测噪声的波动比较大时,应选用"慢"档。

2. 频率分析仪

汽车噪声是由大量的不同频率的声音复合而成的,为了分析产生噪声的原因,需对噪声进行频谱分析。

所谓频谱分析就是应用数学原理(傅里叶变换),将原来由时间域表征的动态参数转换为由频率域表征。实现这一转换的最基本装置是滤波器,利用滤波器将待分析的噪声信号所包含的不同频率的分量分离出来,由记录器记录测量结果。通常,根据测量结果,以频率为横坐标,以声压级为纵坐标作出的噪声曲线称为噪声的频谱图。它在频域上描述了声音强弱的变化规律。

用于测定噪声频谱的仪器称为频率分析仪或频谱仪。频率分析仪主要由滤波器、测量放大器和指示装置组成。检测时,噪声信号经过一组滤波器,使被测信号中所含有的不同频率分量逐一分离出来,并由测量放大器将其幅值放大,然后由指示装置直接显示测量结果或绘制频谱图。

图 5-30 为频谱仪测得的几种轿车加速行驶的噪声频谱图,从图上可以看出,汽车加速行驶噪声是宽频带噪声,低、中频段噪声级较高,其原因是各声源(尤其是进排气系统)的中、低频噪声都有较高的声级。

利用频率分析仪,可以了解噪声的频率成分和各频率噪声的强弱,可为汽车噪声故障的诊断提供依据,并做到有针对性地控制和消除噪声。

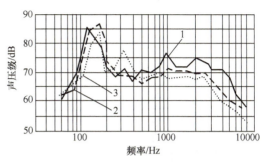

图 5-30　轿车加速行驶的噪声频谱
1—排量 1.1L　2—排量 1.5L　3—排量 1.7L

5.2.4.2　汽车噪声检测方法

1. 汽车定置噪声的测量

汽车定置噪声是指车辆不行驶,发动机处于规定空载运行状态时的车外噪声。

(1) 测量的基本条件

1) 测量仪器应采用精密声级计。

2) 测量场地应为开阔的、由混凝土或沥青等坚硬材料构成的平坦地面,其边缘距车辆外廓至少 3m。除测量人员和驾驶人外,测量现场不得有影响测量的其他人员。

3) 背景噪声应比所测车辆噪声至少低 10dB(A)。背景噪声是指测量对象噪声不存在时,周围环境的噪声。

4) 测量时,变速器应挂空档(自动变速器汽车操纵手柄处于 P 位或 N 位),拉紧驻车制动器,离合器接合;发动机罩、车窗和车门应关上,车辆的空调器和其他辅助装置关闭;发动机冷却液温度、机油温度应符合生产厂的规定。

5) 测量时,发动机转速的目标值。对于 M、N 类车辆,发动机额定转速小于等于 5000r/min 时,目标转速为 3/4 的额定转速;发动机额定转速大于等于 7500r/min 时,目标转速为 1/2 的额定转速;发动机额定转速在 5000～7500r/min 之间时,目标转速为 3750r/min。若发动机转速不能达到上述要求,则发动机转速目标值应比定置试验时能达到的最高的发动机转速低 5%。发动机转速目标值允许偏差为 ±5%。

(2) 定置噪声测量方法

1) 车辆准备。将车辆置于测量场地中央。

2) 放置传声器。将声级计传声器按如图 5-31 所示的规定参考点位置放置。传声器与排气口端等高,在任何情况下距地面不得小于 0.2m;传声器的参考轴应与地面平行,并和通过排气口气流方向且垂直地面的平面成 45°±5° 的夹角;传声器朝向排气口,距排气口端 (0.5±0.01)m,放在车辆的外侧;当排气管两侧都能布置传声器时,传声器布置在离车辆纵向轴线较远一侧;当排气管轴向与车身纵向轴线成 90° 时,传声器布置在距离发动机较远的一侧。对于某些车辆部件(如备胎、油箱、蓄电池等)妨碍了测量点,在排气口参考点位置不宜布点的车辆,传声器应安置在距离最近的妨碍部件(包括车身)至少 0.2m 处,并最大程度避开妨碍部件,其轴线正对排气口。对于存在多个测量位置时,取 d_1、d_2 中较小的一个作为测量位置(图 5-31c)。对排气管垂直向上的车辆,传声器放置高度应与排气管口等高,传声器朝上,其参考轴应垂直地面,传声器应放在离排气管较近的车辆一侧,侧面不能小于0.2m,并距排气口端(0.5±0.01)m(图5-32d)。

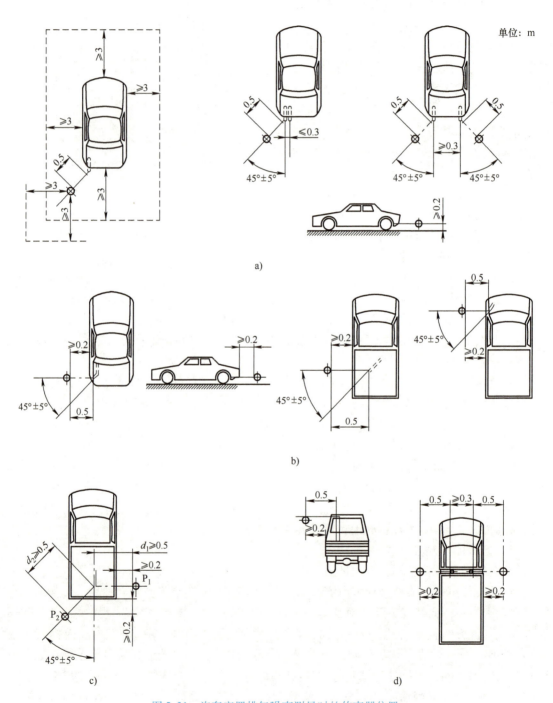

图5-31 汽车定置排气噪声测量时的传声器位置
a)普通四轮车辆 b)排气口参考点位置不宜布点的四轮车辆
c)存在多个可测量位置车辆 d)垂直排气系统车辆
⊕—传声器位置;P_1、P_2—传声器1和2的位置;d_1、d_2—排气管至P_1和P_2的距离

3）噪声检测。将发动机转速从怠速起逐渐增加至发动机目标转速稳定运转，然后迅速松开加速踏板，测量由稳定转速减速到怠速过程的噪声，用最大声压级作为测量结果。测量应至少涵盖1s的稳定转速，并包含整个减速过程。测量时使用声级计的A计权、快档，每个测点重复测量，至连续三次测量数据的变化范围在2dB（A）之内为止，并取其算术平均值作为测量结果。

若汽车装有多个排气管，并且各排气管的间隔大于0.3m，则应对每一个排气管都要测量，并记录其最大声压级。

4）记录检测结果，检测结束。

2. 客车车内噪声的测量

（1）测量的基本条件

1）测量仪器。噪声测量仪器应采用精密声级计；转速、车速测量应选用准确度优于±2%的发动机转速表或车速测量仪器来监测转速或车速，不应使用客车上的同类仪表。

2）测量路段。从客车辐射的噪声只能通过道路表面的反射成为车内噪声的一部分，而不能通过建筑物、墙壁或客车外的类似大型物体的反射成为车内噪声。测量路段的客车与这类大型物体之间的距离应大于20m。

3）测量路面。应有试验需要的足够长度，应是平直、干燥的沥青路面或混凝土路面，且不应有接缝、凸凹不平或类似的表面结构。测量时应避免通过隧道、桥梁、道岔、车站及会车。

4）测量环境。测量环境温度在-5~35℃，风速不大于5m/s。

5）背景噪声。对于所有A声级测量，由背景噪声和仪器内部电噪声而确定的测量动态范围下限应至少低于所测声级15dB（A），否则试验结果无效。

6）车辆条件。汽车空载，车内除驾驶人和测量人员外，不应有其他人员；汽车技术状态正常，发动机处于正常工作温度；轮胎规格、气压应符合制造厂家的规定要求，轮胎任意部位花纹深度应不小于1.6mm；车辆门窗、进风口及出风口，如有可能都应关上；辅助装置，如刮水器、暖风装置、风扇以及空调等，在测量试验过程中不能工作，如果某一辅助装置自动工作，则应将工作条件在试验报告中加以说明；可调节的座椅应调节到制造厂规定的设计位置。

（2）车内噪声测量方法

1）选择车内噪声测量点。车内噪声测量点的布置因车型有所不同，但测量点的高度通常在人耳附近，其传声器在测量点处指向客车前进方向。具体布置如下。

① 一个测量点应选在驾驶人耳旁（图5-32）。

② 其他测量点：对于城市客车，乘客区按照车内尺寸取测量点，每节车厢分别取中心线上的前中后3个点来测量（图5-33）。

对于其他客车，在乘客区的前部、中间和后部也应各布置一个测量点。沿着汽车的纵向轴线附近（不算轴线上的），前排、中间排（如果是偶数排，排数为n，对中后置发动机客车则取$n/2+1$排；对前置发动机客车则取$n/2-1$排）和最后排左侧的第一个座位位置作为测量点。对于双层客车，应增加上层乘客区的后排中间座位作为测量点，其座位测量点的传声器位置参考图5-33。

对于卧铺客车，中间列卧铺的前部、中部和最后部的下铺作为测量点（对于2列卧铺

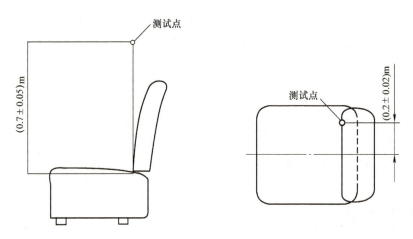

图 5-32　座位测量点的布置

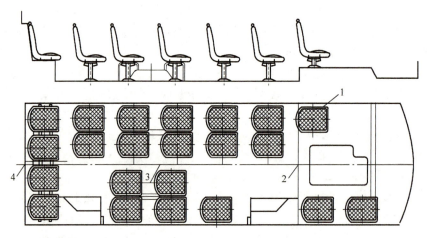

图 5-33　城市客车的测量点位置

1~4—测量点

客车，测量纵向轴线左侧的铺位）。卧铺测量点的传声器应放在无人枕头的中部向右距离为（0.20±0.02）m 以上（0.15±0.02）m 处。

2）车内噪声检测。不同客车，检测方法略有差异。

① 城市客车车辆：汽车分别在第 2 档 15km/h 和第 3 档 35km/h（如第 2 档 15km/h 和第 3 档 35km/h 车速下对应的发动机转速超过额定转速的 90%，则取前一档位下 90% 额定转速对应的车速）时油门全开加速两种运行工况下进行测试，其变速器档位在噪声测试过程中不应改动。对于自动变速器（含手自一体的变速器）的客车，测试工况为 10~50km/h 油门全开加速过程。

当客车达到稳定的上述测试车速时，将声级计置于 A 计权、快档进行测量，同时尽可能快地使油门全开，直到发动机转速达到制造厂规定额定转速的 90%，读取声级计的读数。每个测量点进行往返各 1 次测量，并记录在所规定的加速范围内出现的 A 计权声级最大值。分别计算驾驶人耳旁和乘客区各测点在第 2 档和第 3 档时的 4 次测量的算术平均值作为中间结果。

② 其他客车车辆：汽车以 90km/h 或设计最高车速的 80%（取两者的较小值）的车速匀速行驶，机械式变速器客车的档位应处于最高档，自动变速器（含手自一体的）的客车应使操纵手柄处于制造厂为正常行驶而推荐的位置。

按相应车速匀速行驶试验，用声级计对每个测量点进行往返各 1 次测量，每次测量时间至少 5s，读取稳态噪声测量读数，并记录 A 计权等效声压值。分别计算驾驶人耳旁和乘客区各测点 2 次测量的算术平均值作为中间结果。

3）车内噪声声级的确定。

① 不符合一般声级特性的异常读数应予忽略。

② 测量过程中，如果遇间歇噪声，则应重新开始该次测量。所谓间歇噪声是指稳态噪声以外的间断性噪声。

③ 如果 A 计权声级在任何一种运转工况下，两次测量最大值与最小值之差超过 2dB（A），则应继续测试，一直到两次连续的测量最大读数差值在 2dB（A）范围内为止，这两次测量的算术平均值便可作为测量结果。

当各次测量均有效时，分别取驾驶人耳旁和乘客区各中间结果的最大值，作为驾驶区和乘客区噪声的最终测量结果。

3. 驾驶人耳旁噪声的测量

（1）测量的基本条件

1）测量仪器。噪声测量仪器应采用精密声级计；发动机转速表的准确度优于 ±2%。

2）环境噪声。其环境噪声应低于被测噪声值至少 10dB（A）。

3）汽车空载，发动机温度正常，门窗紧闭。

（2）耳旁噪声测量方法

1）安装传声器。按图 5-32 所示，在驾驶人座位噪声测量点安装传声器。

2）运转发动机。汽车处于静止状态，变速器置于空档，使发动机处于额定转速运转（当发动机正常工作状态下无法达到额定转速时，则在可达到的最高转速运转，并记录该转速）。

3）测量噪声级。将声级计置于 A 计权、"快"档测量，测取的声压级，即为耳旁噪声级。

4. 汽车喇叭声级的测量

汽车喇叭声级采用精密声级计测量，方法如下。

1）安装声级计。按图 5-34 所示，将声级计置于被测车辆前 2m，传声器距地高 1.2m 处，轴线与汽车纵轴线平行，并指向被测车辆驾驶人位置。

2）调整声级计。将声级计置于 A 计权、"快"档位置。

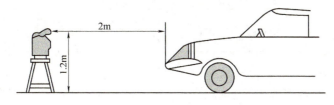

图 5-34 汽车喇叭声级的测量点位置

3）测量喇叭声级。按响喇叭并保持发声 3s 以上，测取声压级。测量声压级 2 次以上取平均值，并监听喇叭声音是否悦耳。

提示：检测喇叭声级时应注意不被偶然的其他声源峰值所干扰。

5.2.4.3 汽车噪声检测标准

1. 汽车定置噪声标准

汽车定置噪声在规定工况检测时，其噪声应不超过表 5-7 的限值。

表 5-7 汽车定置噪声限值

车辆类型	燃料种类及其他		噪声限值/dB（A）	
			1998 年 1 月 1 日前出厂的车辆	1998 年 1 月 1 日起出厂的车辆
轿车	汽油		87	85
微型客车、货车	汽油		90	88
轻型客车、货车、越野车	汽油	$n_r \leqslant 4300 \text{r/min}$	94	92
		$n_r > 4300 \text{r/min}$	97	95
	柴油		100	98
中型客车、货车、大型客车	汽油		97	95
	柴油		103	101
重型货车	$P \leqslant 147 \text{kW}$		101	99
	$P > 147 \text{kW}$		105	103

注：P——发动机额定功率（kW）；n_r——发动机额定转速（r/min）。

2. 客车车内噪声标准

客车按一定工况行驶时，车内噪声应不超过表 5-8 的限值。

表 5-8 各类客车车内噪声声压级限值

车辆种类			车内噪声声压级限值/dB（A）
城市客车（柴油）	前置发动机	驾驶区	86
		乘客区	86
	后（中）置发动机	驾驶区	78
		乘客区	84
城市客车（汽油）	前置发动机	驾驶区	82
		乘客区	82
	后（中）置发动机	驾驶区	72
		乘客区	76

3. 驾驶人耳旁噪声标准

汽车在驾驶人耳旁噪声检测工况时，汽车驾驶人耳旁噪声声级应小于或等于 90dB（A）。

4. 汽车喇叭检测标准

从防止噪声对环境污染的观点出发，汽车喇叭噪声越低越好。然而从保证行车安全的角

第 5 章　汽车公害及防治

度出发，汽车的喇叭必须有一定的响度。为此，机动车运行安全技术条件对汽车喇叭的要求是：喇叭工作应可靠，具有连续发声功能；喇叭的声级值，在距车前 2m，离地高 1.2m 处测量时，应为 90～115dB（A）。

5.3　汽车电磁干扰公害及防治

5.3.1　汽车电磁干扰的形成及危害

汽车电磁干扰是指汽车工作时产生的电磁波向车内外辐射，经过耦合途径传输至敏感设备，从而干扰敏感设备正常工作的现象。汽车电磁干扰分传导干扰和辐射干扰两种。沿导线传输的电磁干扰称为传导干扰，通过空间传播的电磁干扰称为辐射干扰。

1. 汽车电磁干扰的形成

汽车电磁干扰源主要有点火系统和电气系统。发动机工作时，点火系统次级电压的高频振荡产生很强的电磁辐射。电气系统中有许多导线、线圈，都具有不同的电容和电感，而任何一个具有电感和电容的闭合回路都会形成振荡回路。在电路接通或断开的瞬间，电路中尤其是电感性和电容性电路中，会出现高频振荡产生电磁辐射。此外，带有触点的电器，如起动机、发电机、闪光器、触点式电磁振动电喇叭、刮水器等在工作时，也向外发射高频电磁波。这些电磁波发射到空中，进入无线电、电视广播等通信设备的天线，就形成了辐射电磁干扰。如果其电磁波通过汽车导线直接传输入车内的无线电设备或电子设备内部，则会形成传导干扰。

2. 汽车电磁干扰的危害

汽车在公路上、城市街道运行时，汽车电气系统会辐射电磁波，对汽车上及周围数百米范围内的收音机、电视机和其他敏感电子设备的正常工作，产生不同程度的干扰。强烈的电磁干扰可能使灵敏的电子设备因过载而损坏，造成重大的危害或损失，如导致手术中的医疗电子设备失常、起爆装置的无意爆炸等。

汽车电磁干扰还会影响本车电子电气设备的正常工作。汽车上的电感、电容性负载很多，如发电机、点火线圈、电磁继电器、电动机、电喇叭等。当电路突然断开时产生的自感电动势，会形成过电压加在负载上，产生电磁干扰脉冲，引起电子元件损坏，导致基本计算逻辑判断错误。若电磁干扰使本车安全方面的自动控制系统失效（如 ABS、SRS、ESP 等），则会存在严重的安全隐患。

5.3.2　汽车电磁干扰的抑制

根据汽车的电磁干扰源、电磁干扰传播途径以及抑制电磁干扰的成本来确定汽车电磁干扰的抑制措施。主要抑制措施如下。

1. 串接阻尼电阻

汽车电磁辐射发生在点火系统高压部分的能量较大，影响也大。若在振荡电路中串联阻尼电阻，以削弱高频振荡，可以有效抑制电磁辐射。如在分电器与点火线圈之间的高压点火线上，接入 S 型外接电阻器（图 5-35），而将各火花塞装上 L 型或 K 型外接电阻器。外接电阻器的接入位置越靠近火花塞放电部位，抑制效果就越好，越远则越差。

2. 并联抗干扰电容

对于电感性负载引起的干扰，抑制方式可以采用并联一个适当数值的电容器，以消除反向过电压。对于电器工作产生的火花放电干扰，采用并联抗干扰电容，可吸收火花能量，减轻干扰。如在发电机电枢与接地之间，在电压调节器电池接柱与搭铁接柱之间，在刮水器电动机和电喇叭等回路并联适当电容器，均可取得较好的抗干扰效果。

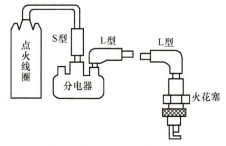

图 5-35　电阻器的安装位置

3. 合理布线

合理布置导线及其走向，抑制线缆间耦合引起的干扰。如对电磁干扰敏感的部件采用独立电源，分列用线；对电磁干扰敏感部件的输入端加抗干扰衰减滤波器，合理布置地线，将强弱不同的信号和电流的地线分隔布置，防止干扰信号通过地线进入各级用电设备；将 ECU 控制线或信号线与电源线分开布置，以减小因耦合而引起的干扰信号侵入。

4. 可靠接地

对来自车内供电系统的干扰，一种简单而有效的方法是利用蓄电池作为一个极低阻抗、大容量的瞬变电压抑制器，吸收各种瞬变电压产生的干扰能量。最好的方式是保证蓄电池电缆接线良好，可靠接地（搭铁），尽可能保证线路阻抗最小。

对汽车上各个系统和部件进行可靠接地，可确保汽车各个部件处于等电位状态，消除产生电磁噪声的放电与部件间的电位差，对电磁噪声进行有效的抑制。常用的接地方法是用接地编织导线把汽车各个部件与车身连接起来，使分开的两部件的电位相近似或相等。编织导线越短、越宽，则效果越好。

5. 金属屏蔽

金属屏蔽是指用金属罩遮盖易于产生电火花的电气部件，如点火线圈、火花塞、发电机、调节器、仪表和传感器等，以及用金属网或金属罩屏蔽高频电流通过的导线，并将其搭铁。金属屏蔽可有效衰减电磁波的辐射和传播。

6. 优化设计

优化汽车电路系统以及汽车电子电气部件的设计，消除或减少干扰源，提高汽车本身的电磁抗干扰特性，有效地减少汽车电磁辐射对环境的污染。

5.3.3　汽车电磁干扰检测及限值

汽车电磁干扰的评价指标是汽车的电磁辐射量。根据检波方式不同，汽车的电磁辐射量可用平均值、峰值和准峰值表示。在规定的条件下，检测汽车的电磁辐射量可以评价汽车的无线电骚扰特性。

1. 汽车电磁干扰的检测方法

GB 14023—2022《车辆、船和内燃机　无线电骚扰特性　用于保护车外接收机的限值和测量方法》规定了汽车电磁干扰的检测方法。

(1) 测量的基本条件

1) 测量系统。采用适当的频谱分析仪或扫描接收机和接收天线，在 30～1000MHz 范围内，其测量电场强度的准确度应为 ±3dB，频率准确度应优于 ±1%。

2)测量场地。户外测量时,其场地应是一个以车辆与测量天线之间连线的中点为圆心,最小半径为 30m 的圆形区域内没有电磁波反射物的空旷场地。

3)测量环境。要求环境无外界噪声或信号。在测量前和测量后,车辆没有运转状态下,测量环境噪声,这两次测量到的环境噪声电平应比骚扰的限值至少低 6dB。应优先考虑车辆在干燥时或雨停 10min 之后测量,否则应选不同的限值标准。当测量有异议时,应以干燥条件测量为准。

4)测量天线。要求在规定频率范围,应分别进行水平极化和垂直极化的测量,天线中心到最近的车辆边缘的金属部分的水平距离为(10.0±0.2)m,天线中心离地面的高度为(3±0.05)m(图 5-36);测量距离为 3m 时,高度为(1.80±0.05)m。要求天线单元与天线支架或升降系统之间、天线单元与馈线之间不发生电耦合。

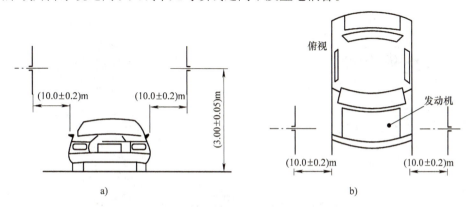

图 5-36 测量辐射的天线位置
a)垂直极化 b)水平极化

(2)汽车电磁干扰的测量

1)测量时发动机应处于正常的工作温度,所有和动力系统一起自动接通的电气设备,都应尽可能处于典型的工作状态。

2)在"上电且发动机不运转"模式下测量。接通点火开关,发动机不运转,但电气系统处于正常运行状态时,在车辆左、右两侧用峰值检波器,在整个频率范围内测量电磁辐射的峰值。若峰值低于平均值限值,则该模式检测通过;若高出平均值限值,则用平均值检波器测量高出部分频率点的电磁辐射平均值。

3)在"发动机运转"模式下测量。发动机运转,对于单缸发动机运行在(2500±250)r/min,对于多缸发动机运行在(1500±150)r/min,在车辆左、右两侧用峰值检波器,在整个频率范围内测量电磁辐射的峰值。若峰值低于准峰值限值或峰值限值,则该模式检测通过;若高于峰值限值,则用准峰值检波器测量超过部分频率点的电磁辐射平均值。

4)平均值、峰值和准峰值的测量结果以 dB(μV/m)表示。

2. 汽车电磁干扰(骚扰)的限值

GB 14023—2022《车辆、船和内燃机 无线电骚扰特性 用于保护车外接收机的限值和测量方法》对汽车电磁干扰的限值作出如下规定。

(1)依据限值确定车辆的符合性 在 30~1000MHz 范围内,车辆应符合以下两种情况:

1）平均值限值，车辆的检测模式："上电且发动机不运转"。
2）峰值或准峰值限值，车辆的检测模式："发动机运转"。
该标准给定的限值考虑了不确定度。图 5-37 规定了符合性判定的方法。

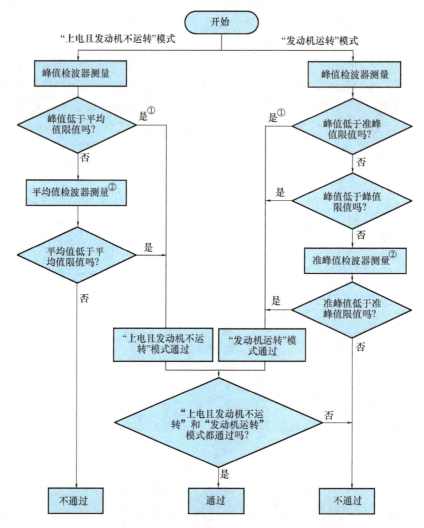

图 5-37　符合性判定流程图

① 因为峰值检波器测量值总是高于或等于准峰值和平均值检波器测得的数据，而且适用的峰值限值总是高于或等于准峰值和平均值限值。单个检波器测量方法能够使测试简单化，并加快测试进度。
② 该流程适用于每个单独频率点的测试，如只有一些超出限值的频率点，需要分别用准峰值检波器和平均值检波器重新测量。

（2）峰值或准峰值检波器限值　当天线测量距离为 10m 时，使用峰值或准峰值检波器测量的发射限值见图 5-38 中的表格和曲线。测量时，只需选择图 5-39 中的一种带宽。为了更准确地确定限值，应使用图 5-39 给出的限值计算公式。若天线测量距离为 3m，则限值应增加 10dB。

（3）平均值检波器限值　当天线测量距离为 10m 时，使用平均值检波器测量的发射限

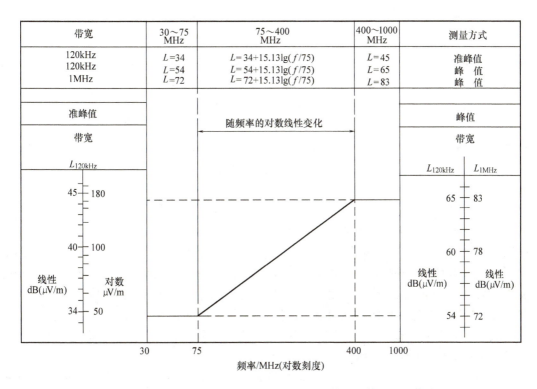

图 5-38 天线测量距离为 10m 的干扰（骚扰）限值（峰值或准峰值检波器）

注：根据积累的经验数据，在 120kHz 带宽，准峰值与峰值测量之间的修正系数为 +20dB。

值如图 5-39 所示。若天线测量距离为 3m，则限值应增加 10dB。

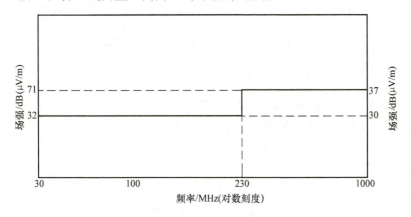

图 5-39 天线测量距离为 10m 的干扰（骚扰）限值（平均值检波器）

本 章 小 结

1. 汽车排放污染物主要有：CO、HC、NO_x、PM 等。汽油机的主要排放污染物是 CO、HC 和 NO_x；柴油机的主要排放污染物是微粒和 NO_x。

2. 汽车排放污染物的主要影响因素有：混合气浓度、发动机工况（负荷、转速）及其变化、发动机热状况、点火提前角或喷油提前角、发动机技术状况等。对汽车实施排放控制的主要途径：一是改进发动机燃烧过程实施机内净化；二是在排气系统中采用化学或物理方法对已生成的有害排放物进行净化后处理；三是对来自曲轴箱和供油系统的有害排放物进行控制净化；四是通过合理使用汽车来减少汽车排放污染物。

3. 汽车排气成分检测主要是：用不分光红外分析仪测量 CO 和 CO_2；用氢火焰离子分析仪测量 HC；用化学发光分析仪测量 NO_x；用综合分析法测量各种废气。排气烟度常用不透光烟度计和林格曼烟度计测量。排气颗粒物采用全流式或分流式稀释风道测量系统测量。汽车排放污染物主要检测方法有：双怠速法、稳态工况法、瞬态工况法、自由加速法、加载减速法和林格曼烟度法。

4. 汽车噪声是由多种声源组成的综合性噪声。汽车是一种移动性噪声源，其噪声影响范围大，干扰时间长，恶化了人类的生存环境。

5. 汽车噪声主要包括发动机噪声、传动系统噪声、轮胎噪声和车身噪声。汽车噪声的强度通常与汽车和发动机的结构形式、技术状况和运行条件（车速、载荷、道路等）有关。在使用方面控制和降低汽车噪声的主要措施是：选择合适的燃油、保持发动机具有良好的技术状况、保持底盘具有良好的技术状况、保持车体具有良好的密封性和正确驾驶汽车。

6. 噪声检测仪器主要有：声级计、频率分析仪。对在用汽车，主要是检测和控制汽车定置噪声、客车车内噪声、驾驶人耳旁噪声和汽车喇叭声级。

7. 汽车电磁干扰是指汽车工作时产生的电磁波向车内外辐射，经过耦合途径传输至敏感设备，从而干扰敏感设备正常工作的现象。汽车电磁干扰源主要有：点火系统和电气系统。强烈的汽车电磁辐射能对汽车上及周围数百米范围内的收音机、电视机和其他敏感电子设备产生不同程度的干扰，能使灵敏的电子设备因过载而损坏，造成重大的危害或损失。

8. 汽车电磁干扰的评价指标是汽车的电磁辐射量。根据检波方式不同，汽车的电磁辐射量可用：平均值、峰值和准峰值表示。在规定的条件下，采用适当的频谱分析仪或扫描接收机和接收天线，检测汽车的电磁辐射量可以评价汽车的无线电骚扰特性。

<h3 style="text-align:center">复习思考题</h3>

1. 汽车排放污染物的主要成分有哪些？它们对人和环境有何影响？
2. 汽车排放污染物是如何形成的？
3. 空燃比、转速、负荷对汽车排放有何影响？试分析说明。
4. 汽车排放污染物机外净化措施主要有哪些？
5. 三元催化转化器、微粒捕集器是如何净化排放的？
6. 在使用方面怎样才能减少汽车排放污染物？试分析说明。
7. 试述 NDIR、FID、CLD 的测量原理及其特点。
8. 何谓不透光度？简述不透光烟度计的测量原理。
9. 汽车噪声的危害有哪些？
10. 汽车噪声主要包括哪几部分？车速、负荷对噪声有何影响？
11. 在使用方面怎样才能减少汽车噪声？试分析说明。
12. 简述声级计的工作原理及检测方法。
13. 何谓电磁干扰？汽车电磁干扰有哪些危害？

14. 汽车自身的电磁干扰源主要有哪些？
15. 汽车电磁干扰常用的抑制措施有哪些？

实训五　汽车排放污染物检测

1. 实训内容
1）检测在用汽车的排放污染物。
2）评价在用汽车排放性能。

2. 实训目的和要求
1）了解汽车不分光红外气体分析仪、不透光烟度计的结构和工作原理。
2）掌握不分光红外气体分析仪、不透光烟度计的使用方法。
3）学会检测在用汽油车、柴油车的排放污染物。
4）知道分析和处理检测结果，并评价在用汽车的排放性能。

第6章 汽车技术状况及其变化

学习目标：
- 了解汽车技术状况变化的原因和症状。
- 熟悉汽车技术状况变化的规律。
- 掌握影响汽车技术状况变化的因素。
- 熟悉汽车技术状况的分级标准。
- 知道如何对汽车技术状况进行分级与评定。

6.1 汽车技术状况变化分析

汽车在使用过程中，其技术状况会逐渐变坏。研究和掌握汽车技术状况变化的原因及变化规律，是有效进行汽车技术保障，改善汽车技术状况的重要保证。

6.1.1 汽车技术状况的变化

1. 汽车技术状况变化症状

汽车技术状况是指定量测得的表征某一时刻汽车外观和性能参数值的总和，它随汽车行驶里程或使用时间的变化而变化。

汽车是一个多元件构成的复杂系统，系统内各元件、部件是相互关联的，系统内元件性能的变化或产生故障，必然会引起汽车技术状况的变化。

汽车在使用过程中，汽车内部零件之间、零件与工作介质之间、汽车与外界环境之间均存在着相互作用，其结果是引起零件磨损、发热、腐蚀等一系列物理和化学的变化，使零件尺寸、零件相互装配位置、配合间隙、表面质量等发生改变，如发动机气缸活塞组件尺寸、曲轴与轴承的配合尺寸及间隙、制动鼓（或盘）与摩擦片的尺寸及间隙等，在汽车使用过程中都会发生变化。这些变化使汽车总成或零件失去原有性能，引起工作质量下降，从而影响汽车技术状况发生变化。

随着行驶里程的增加，汽车技术状况会逐渐变坏，反映汽车技术状况的特征参数、性能或外观形象变差，其主要症状如下。

1）汽车动力性下降。表现为汽车最高车速下降，汽车加速时间增长、爬坡能力减小等。
2）汽车使用经济性下降。表现为燃料消耗、润滑油消耗、轮胎消耗等增加。
3）汽车制动性下降。表现为制动迟缓或失灵、制动力小、制动距离长等。
4）汽车操纵稳定性下降。表现为转向沉重、转向失控、行驶跑偏、振抖摇摆等。

5）汽车环保性能下降。表现为汽车排放超标，汽车异响、噪声增大。
6）汽车使用可靠性下降。表现为汽车起动困难、行驶熄火、技术故障多、安全性差。
7）汽车外观形象变差。表现为车身表面失去光泽、表面氧化锈蚀、表面变形或破损等。

2. 汽车技术状况变化原因

汽车技术状况变化是由汽车系统零件的原有尺寸、几何形状及表面质量发生改变，破坏了零件原来的配合特性和正确位置关系引起的。零件发生这种改变是汽车诸多原因综合作用的结果，其主要原因如下。

（1）零件磨损损坏　零件表面间相互摩擦产生磨损，汽车长时间使用会导致零件表面磨损损坏。绝大多数汽车零件不能继续使用并不是由于汽车零件的整体被破坏，而是由于零件工作表面的磨损逾限而促使零件加速失效。据统计有75%的汽车零件是由于磨损而报废。因此，磨损失效是汽车零件的主要损坏形式。

磨损现象只发生在零件表面，其磨损速度的快慢既与零件的材料、加工方法有关，又受汽车运用中装载、润滑、车速等条件的影响。引起汽车技术状况变化的主要磨损形式有：磨料磨损、黏着磨损和腐蚀磨损。

磨料磨损是指零件表面与硬质微粒或硬质凸出物相互摩擦引起表面材料损失的现象。磨料的来源主要有：空气中的尘埃、润滑油里的夹杂物、零件在摩擦过程中剥落的磨屑。气缸表面、曲轴轴颈常发生磨料磨损。

黏着磨损是指摩擦副相对运动时，由于固相焊合，零件接触表面的材料由一个表面转移到另一个表面的现象。干摩擦和在润滑不良条件下工作的滑动摩擦副容易产生黏着磨损，严重时会使摩擦副咬死。发动机气缸"拉缸"和曲轴"烧瓦"是典型的黏着磨损。

腐蚀磨损是指在摩擦过程中，摩擦表面在酸、碱等腐蚀物质作用下产生材料损失的现象。腐蚀磨损是腐蚀和摩擦共同作用的结果：腐蚀物质对零件表面的腐蚀可使零件表面形成薄而脆的氧化层，而在摩擦力作用下，氧化层脱落，腐蚀作用进一步向零件深部发展，再形成氧化层。如此氧化层不断生成不断脱落，从而造成了零件表面的磨损。

（2）零件疲劳损坏　零件疲劳损坏是指零件在交变应力作用下，零件承受的循环应力超过了材料的疲劳极限而造成的损坏。汽车零件在长期承受较大交变载荷作用时，易产生疲劳损坏。在交变载荷作用下，零件表面易产生疲劳裂纹，当裂纹不断积累、加深、扩展至一定程度，则零件在循环应力作用下产生疲劳损坏。汽车钢板弹簧断裂是一种典型的疲劳损坏。

（3）零件腐蚀损坏　零件腐蚀损坏是指零件表面与腐蚀性物质接触受到腐蚀而产生的损坏。汽车易于产生腐蚀损坏的主要部件有：燃料供给系统和冷却系统管道、车身、车架等。汽车使用环境中的潮湿空气、尘埃，对车身及裸露的金属零件具有一定的腐蚀作用。车身表面的鸟粪、昆虫尸体等污物有很强的酸性，对漆膜和车身具有很强的腐蚀性，能使漆膜失去光泽。另外，酸雨对漆膜具有侵蚀作用，酸雨是指含有较高酸性（pH）的雨水。当汽车受到酸雨袭击后，漆膜就遭到酸性腐蚀，严重时漆膜出现点蚀状况，并伤及车身基体金属。

（4）零件变形损坏　零件变形损坏是指零件在载荷作用下，因零件的内应力超过零件材料的弹性极限而产生的变形失效。零件在制造和加工过程中产生的残余内应力和零件受热不匀而产生的热应力足够大时，也会导致零件变形或加剧变形过程，使零件产生变形损坏。

(5) 零件老化损坏　零件老化损坏是指零件材料在物理、化学和温度变化的影响下，逐渐变质或性能下降的故障形式。汽车上的橡胶零部件（如轮胎、油封、膜片等）和电气元件（如晶体管、电容器等），长期受环境和温度变化的影响，会逐渐老化而失去原有性能。

(6) 偶然事故损坏　偶然事故损坏是指汽车在发生意外交通事故后造成的整车及零部件性能下降的损坏。

6.1.2　汽车技术状况变化规律

汽车技术状况变化规律是指汽车技术状况与汽车行驶里程或行驶时间的变化关系。按变化过程的不同，汽车技术状况的变化规律有渐发性和偶发性两种。

1. 汽车技术状况渐发性变化规律

渐发性变化规律是指汽车技术状况的变化随汽车行驶里程或使用时间呈单调变化，可用函数式表示的变化规律。如果汽车使用合理，则汽车大部分总成、机构的技术状况是随行驶里程或工作时间而逐渐平缓地发生变化（图6-1），如从初始状况 E_0（y_H）随行程增加依次变化至 E_1、E_2、…、E_{n-1} 直至极限状况 E_n（y_p）。其变化规律可用 n 次多项式或幂函数加以描述。

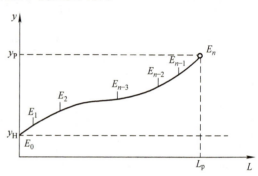

图6-1　汽车技术状况的渐发性变化

(1) n 次多项式

$$y = a_0 + a_1 L + a_2 L^2 + \cdots + a_n L^n \tag{6-1}$$

式中　　y——汽车技术状况参数值；

L——汽车工作状况参数，即汽车行程或汽车工作时间；

a_0——汽车技术状况的初始参数值；

$a_1, a_2, \cdots, a_n$——用来表征 y 与 L 关系的待定系数。

在实际应用时，一般取第一至第四项，其计算精度已足够；而对制动蹄与制动鼓间的间隙、离合器踏板自由行程等参数变化规律的描述，只需用前两项，即用线性函数描述其精度就足够。

(2) 幂函数

$$y = a_0 + a_1 L^b \tag{6-2}$$

式中　　a_1, b——确定汽车技术状况变化程度的系数。

对于主要因零件磨损所引起的汽车技术状况参数变化的规律，可用幂函数加以描述。

若已知 $y = \varphi(L)$ 的函数关系和汽车技术状况的极限参数值，则可确定汽车的使用寿命；若已知 $y = \varphi(L)$ 关系和汽车的使用寿命，则可确定汽车技术状况的极限参数值。

属于渐发性变化规律的技术状况参数的类型有许多，如汽车零件因磨损而导致的配合间隙变化量；冷却系统和润滑系统中沉淀物的积累值；润滑油消耗率及润滑油中机械杂质含量等。

当汽车技术状况呈渐发性变化规律时，可根据其单调性，通过对上述参数变化量的测量，来确定汽车技术状况。利用其渐发性变化规律，可以预测汽车故障的发生，能准确地制定汽车维护、修理周期，及时采取维修措施，防止汽车故障发生。

2. 汽车技术状况偶发性变化规律

偶发性变化规律也称随机性变化规律，它表示汽车、总成出现故障或达到极限状态的时间是随机的、偶发的，没有严格的对应关系，没有必然的变化规律，对其变化过程独立地进行观察所得的结果呈现不确定性，但在大量重复观察中又具有一定的统计规律。

在随机性变化过程中，汽车技术状况恶化所对应的汽车行程是随机变量，其汽车行程的长短与汽车技术状况恶化前的状况无直接关系。但它仍然不同程度地受汽车使用中的偶然因素、驾驶人操作水平、零部件材料的不均匀性和隐蔽缺陷等因素的影响。

汽车技术状况参数的随机性变化是各影响因素具有随机性的反映。当给定汽车技术状况参数的极限值时，该随机性变化表现为汽车技术状况参数达到极限值所对应的行程是多种多样的，如图6-2a中的 $L_{P1}, L_{P2}, \cdots, L_{Pn}$ 所示；而在同一行驶里程 L_0 时，汽车技术状况参数也存在明显差异，对应着不同的技术状况参数值，如图6-2b所示。

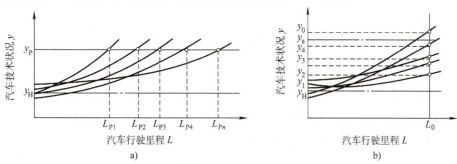

图6-2 汽车技术状况的随机变化

a) 同一技术状况对应着不同的行程 b) 同一行程对应着不同的技术状况

y_P—技术状况参数的极限值 y_a—技术状况参数的许用值 y_H—技术状况参数的名义值

对于汽车技术状况的随机性变化，不可避免地会引起汽车定期检测、维护作业的超前或者滞后，导致错失汽车维修时机。显然，只有掌握汽车的随机性变化规律，才能正确地确定汽车的技术状况，从而更精确地把握汽车检测和维修作业的良机。

在汽车使用时，实际上汽车的技术状况是渐发性变化过程和偶发性变化过程的总反映。因此，只有彻底掌握汽车技术状况的两种变化规律，才能合理地制定诊断标准和诊断周期，才能有针对性地对汽车实行定期维修，并预测汽车的运行潜力和故障。

6.1.3 汽车技术状况变化的影响因素

汽车技术状况变化的快慢不仅取决于汽车结构设计和制造工艺水平，还受各种使用因素的影响。主要影响因素如下。

1. 汽车结构与工艺

汽车结构与工艺因素主要是指结构、材料、热处理、制造工艺和装配精度等。这些因素对汽车使用过程中技术状况变化的影响十分显著，如汽车存在结构设计不合理、制造工艺不良、零件材料选择不当等先天不足，则汽车在使用过程中会加速零件的磨损、变形、腐蚀、老化而引发故障。为了延缓汽车技术状况的变化，提高汽车使用寿命，汽车制造企业应努力改进汽车的结构与工艺，提供技术状况良好的汽车。

2. 汽车运行条件

汽车运行条件主要包括道路条件、气候条件和交通状况。

（1）道路条件　汽车行驶的道路条件主要是指道路等级、道路地形和交通密度等。道路条件对汽车行驶速度、发动机工况、汽车承受的载荷、操纵装置（换档、转向、制动）的工作频度等具有决定性影响，因而在其他条件一定时，道路条件实际上决定着汽车总成、零件的磨损进程。

汽车在良好道路上行驶时，行驶阻力小，承受的冲击和动载荷小，零件磨损速率小，汽车使用寿命长。而经常在坏路面行驶的汽车，由于行驶阻力大，低档使用比例大，发动机转速和负荷大，气缸内平均压力高，因而气缸、活塞组件磨损严重，发动机使用寿命会明显下降。汽车在崎岖不平的道路上行驶时，汽车底盘各总成如车轮、悬架、车桥等受到的冲击载荷加大，磨损、疲劳、变形损坏会加剧，有时甚至遭到直接破坏和损伤。汽车在不良道路上使用时，由于操纵装置的工作频度增加，使用时间增长，因而离合器、变速器、制动器等部件的磨损会增大。

（2）气候条件　气候条件包括环境温度、湿度、空气中的介质和阳光辐射强度等。它们对汽车技术状况的影响程度不同，以环境温度的影响最为显著。

环境温度通过影响汽车总成的热状况，改变其技术性能和工作可靠性。图 6-3 为环境温度与汽车及总成故障率的关系曲线，在适宜的环境温度下，汽车及总成故障率最低，可靠性最高。汽车各总成在工作过程中都有一个最佳热工况区，若环境温度促使总成工作在最佳热工况，则汽车总成技术状况较好，磨损较小，如发动机磨损最小时的冷却液温度为 70～90℃（图 6-4）。汽车在低温条件下使用时，其总成热状况不良，发动机起动困难，零件磨损严重，气缸易腐蚀，橡胶和塑料制品性能下降，燃油消耗增大。汽车在高温条件下使用时，发动机散热性能差易过热，机油温度高易变质，机油黏度下降，油性变差，润滑条件恶化，导致机件磨损严重；同时高温发动机易产生爆燃和早燃，加速发动机磨损。

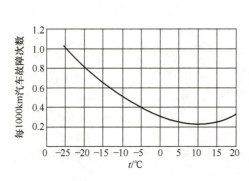

图 6-3　汽车故障率与环境温度的关系

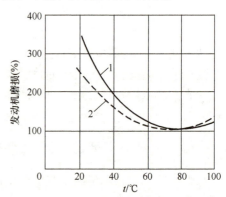

图 6-4　发动机气缸磨损与冷却液温度的关系
1—汽油机　2—柴油机

汽车在空气灰尘多的环境条件下使用，灰尘易通过进气系统或曲轴箱通风口等进入发动机，污染润滑系统和燃油供给系统，加速发动机零件磨损和发动机油变质。汽车在空气湿度大的地区使用，空气中水蒸气浓度大，而水蒸气进入发动机后会加大气缸的腐蚀磨损，污染发动机油并加速发动机油变质，导致零件磨损严重。

（3）交通状况　交通状况主要是指道路的交通环境、交通流量。它是通过影响汽车运行工况来改变其技术性能的。在我国，交通状况对汽车技术状况的影响较显著，尤其是在混合交通的城市。

在路面质量和交通状况良好的道路上行驶时，汽车能够经常采用高档在经济工况下运行，操纵次数减少，汽车运行平稳，汽车承受的冲击载荷较轻，因而汽车零件磨损较少；而在不良交通状况如城市混合交通状况下行驶时，常因车多路窄、交通流量大、交叉路口多，汽车难以以最佳工况运行。据统计，在同样路面条件下，货车在市内的行驶速度较郊区降低50%左右，换档次数增加2~2.5倍，制动消耗的能量增加7~7.5倍。可见，汽车在交通状况不良的道路上行驶时，汽车技术状况的恶化进程加剧。

3. 燃油和润滑剂品质

汽车燃油和润滑剂品质直接影响汽车技术状况的变化。许多汽车故障的产生和技术状况的迅速恶化往往与燃油和润滑剂选用不当有关。

（1）汽油品质

1）辛烷值。若汽油辛烷值低，则抗爆性差，易产生爆燃，使发动机承受的机械负荷和热负荷增大，同时爆燃产生的高压冲击波和高温气体易破坏缸壁上的润滑油膜，使得气缸磨损加剧，严重时还会引起活塞损坏、连杆变形、气门烧蚀等故障。

2）馏分温度。90%回收温度和终馏点的高低表示汽油重质馏分含量的多少。这两个温度过高，说明汽油中不易挥发、雾化和燃烧的重质馏分过多。重质馏分易以液滴状态进入气缸，冲刷缸壁润滑油膜，窜入曲轴箱稀释机油，加速机油变质，使发动机磨损加剧。

3）其他指标。

① 汽油中含硫量、水溶性酸或碱等超标时，就会对零件产生腐蚀作用，加快发动机的磨损。

② 汽油不能含有机械杂质和水分。机械杂质易导致汽油喷射系统喷油器的喷嘴等堵塞，会加剧发动机沉积物的生成和零件磨损；水分的存在易引起零件的腐蚀。另外，水遇冷结冰后，还易引起供油系统管路堵塞，影响发动机性能。

③ 汽油中铅含量超标时，会使三元催化转化器、氧传感器性能下降，使排放污染物增加。

④ 汽油的氧化安定性不好，生成的实际胶质就会增加，易产生积炭和沉积物。使用这样的汽油，发动机易产生爆燃；发动机供油系统管路易堵塞，气门易黏结关闭不严，发动机不能正常工作。

（2）柴油品质

1）十六烷值。车用柴油中，十六烷值的高低对发动机工作的平稳性影响很大。若柴油的十六烷值过低，则其燃烧性差，工作粗暴，所承受载荷增大，使气缸磨损严重，甚至造成有关零件损坏。十六烷值过低时，还会使发动机排放污染物增加。

2）馏分温度。柴油90%和95%回收温度的高低表示柴油重质馏分含量的多少。若车用柴油的90%和95%回收温度过高，则说明柴油中重质馏分过多，会使燃烧不完全而形成炭粒，排放烟度增大，气缸磨损增加，还易堵塞喷油器喷孔，影响发动机性能。

3）其他指标。

① 柴油的黏度应适宜。若柴油黏度过大，则柴油的低温流动性和雾化性差，燃烧不完

全，积炭和黑烟排放多；若柴油黏度过小，则柴油对其供油系统精密偶件的润滑作用下降，使精密偶件磨损加剧。

② 柴油中含硫量越大，发动机零件的磨损越严重。硫还会使发动机沉积物增加，加速发动机油的劣化变质。

③ 柴油中不能含有机械杂质和水分。若柴油中含有坚硬机械杂质，则会促进柴油机供油系统精密偶件及气缸活塞组件的磨料磨损；水分的存在会加剧硫化物对金属零件的腐蚀作用。

④ 柴油的安定性不好时，易生成胶质，产生不溶性沉淀，堵塞油路和喷嘴；在燃烧室内易形成积炭。这些均可导致柴油机工作不正常。

(3) 润滑剂品质　润滑剂品质对汽车技术状况变化的影响显著，品质良好的发动机油、车辆齿轮油和车用润滑脂可保证汽车运动部件的可靠润滑，减小运动部件的摩擦阻力，延缓运动部件的磨损。

1) 发动机油。应根据汽车使用的环境温度和工作条件合理选用发动机油的黏度等级和使用性能等级。若发动机油选择不当，品质不良，则会缩短发动机使用寿命。

① 若发动机油的黏度不当、黏温性差，会使发动机低温起动困难，会影响发动机在冷态和热态的可靠润滑。

② 若发动机油的油性和极压性差，则不易形成润滑油膜和化学反应膜，易使发动机主要零件产生异常磨损或擦伤。

③ 若发动机油的清净分散性差，则易生成积炭、漆膜和油泥。积炭易使汽油机产生早燃或爆燃；漆膜易造成粘环或拉缸；油泥易促进发动机油变质，堵塞润滑系统等。这些均会导致发动机磨损加剧或性能下降。

④ 若发动机油的抗氧性和抗腐性差，则机油易变质，氧化后的酸性产物对零件具有腐蚀作用，会导致发动机磨损加剧。

2) 车辆齿轮油。正确选用车辆齿轮油，对减少汽车底盘齿轮传动部件的磨损、延缓汽车技术状况的变化具有重要作用。应根据齿轮工作条件和汽车使用环境温度合理选用齿轮油的使用性能等级和黏度等级。

若车辆齿轮油选择不当，品质不良，如齿轮油黏度不适宜、黏温性不良、油性和极压抗磨性不好，以及低温流动性、抗泡沫性、抗腐性差，则汽车底盘齿轮传动部件的磨损会加剧，使用寿命会降低。

3) 润滑脂。正确选用润滑脂，对减少轮毂轴承、传动轴花键及轴承、各拉杆球节、发电机轴承、水泵轴承的磨损，延长其使用寿命具有重要作用。应根据润滑脂使用部位的操作条件选用合适的润滑脂品种和稠度牌号。

若润滑脂选择不当，品质不良，如润滑脂稠度不适宜、高温和低温性能不良、抗水性不好、胶体安定性不适当，以及防锈性、抗腐性差，则其润滑件的磨损会加剧，使用寿命会降低。

4. 汽车的合理运用

(1) 驾驶技术　驾驶技术对汽车的使用寿命有直接影响。驾驶技术好的驾驶人在驾驶过程中，可以根据道路条件、交通状况、车载质量等情况，采用一系列正确合理的操作方法，尽可能保证车辆经常处于最佳工作状态，从而延缓汽车技术状况的变化，延长汽车的使用寿命。

第6章 汽车技术状况及其变化

优秀驾驶人在驾驶汽车时,经常采用的操作方法如下。
1) 预热升温,缓慢起步。
2) 脚轻手快,轻踩加速踏板、快速换档。
3) 合理选择档位,提倡中速行车。
4) 控制行车温度,保持最佳热状态。
5) 避免急踩加速踏板,保持平稳行驶。
6) 少用紧急制动,多用预见性制动。

实践证明,合理使用这些方法,可以减少汽车的磨损。

(2) 装载质量 汽车装载质量通过影响零件强度、发动机负荷和转速等,使汽车技术状况发生变化。在汽车设计时,各承载部件或总成,都是按其额定承载能力考虑的。汽车超载时,汽车各总成承受的负荷增加,发动机在大负荷工作,发动机转速不稳定,冷却系统和润滑系统的工作温度升高,从而导致发动机和其他总成的磨损增大。汽车严重超载时,汽车技术状况会迅速变坏,发动机会出现拉缸、烧瓦现象,底盘会出现车架、车桥、悬架、弹簧、轮胎等损坏现象。因此,在汽车使用过程中,应避免汽车超载。

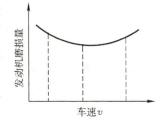

图6-5 发动机磨损量与车速的关系曲线

(3) 行驶速度 汽车行驶速度对发动机、底盘技术状况的影响十分明显。图6-5是汽车载质量一定时,发动机磨损量与车速的关系曲线图。当车速过高时,发动机经常在高转速下运转,活塞在气缸内平均移动速度增高,气缸磨损相应增大;当车速过低时,低档使用时间的比例增多,汽车行驶相同里程时,发动机平均运转次数增多,同时由于车速过低时导致润滑条件变差,因此气缸磨损同样会加剧。高速行驶时,汽车底盘特别是行驶机构受到的冲击载荷增大,易使前、后桥发生永久变形;同时,高速行驶时,制动使用更为频繁,汽车制动器磨损加剧。

为了减少汽车零件的磨损,延缓汽车技术状况的变化,提倡中速行车。

5. 汽车维修质量

汽车维护是为维持汽车完好技术状况而进行的作业;而汽车修理是为恢复汽车完好技术状况而进行的作业。所以,汽车维修具有维持和恢复汽车技术状况的作用。

若汽车维护和修理不当,维修质量差,如配件质量欠佳、维修工艺不当、装配质量不好等,则会在汽车中留下故障隐患,导致汽车在使用过程中技术状况容易恶化。因此,汽车维修质量是影响汽车技术状况变化的重要因素。

高水平汽车维修的标志是,汽车完好率达90%~93%,总成大修间隔里程较定额高20%~25%,配件消耗费用减少20%~25%,燃料、润滑材料的消耗减少20%~30%。目前,国家对汽车维修业加大了管理和投入力度,旨在提高汽车维修质量。但汽车维修业还存在一些问题,主要是从业人员素质低、检测维修设备不齐全、维修制度执行不认真。为确保汽车具有良好的技术状况,应提高汽车维修质量,做好如下几点。

1) 认真执行预防为主、定期检测、强制维护、视情修理的汽车维修原则。
2) 加大培训力度,提高汽车维修人员的素质,掌握汽车检测、维修新技术。
3) 增加汽车检测、维修设备的投入,改善汽车维修条件和维修方法。
4) 加强配件市场管理,提高配件质量。

235

6.2 汽车技术状况分级与评定

汽车技术状况的变化程度随行驶里程或使用时间、运行条件、使用强度、维修质量的不同而各有差异。为了掌握汽车技术状况，合理组织和安排汽车运输，并便于科学管理汽车和正确编制汽车维修计划，应对汽车技术状况进行分级与评定。

6.2.1 汽车技术状况分级

道路运输车辆依据车辆的技术性能划分技术等级，可分为一级车和二级车。

1. 一级车

一级车，技术等级最高，汽车技术状况最好，性能最为优良。汽车各项装备齐全、先进、完好；整车主要总成的基础件和主要零部件坚固可靠，技术性能优；发动机运转稳定，无异响，动力性能好，燃料润滑油消耗不超过定额指标，废气排放和噪声符合国家标准；汽车具有良好的行驶稳定性和安全性。

2. 二级车

二级车，总体性能良好，主要技术性能和汽车技术状况略低于一级车，但符合 GB 18565—2016《道路运输车辆综合性能要求和检验方法》的有关规定，能完全满足道路运输的要求，可随时出车参加运输。

6.2.2 汽车技术状况等级评定

1. 评定项目与要求

道路运输车辆技术等级评定项目包括核查评定项目（见表6-1）和技术评定项目（见表6-2）。其中，技术评定项目又分为关键项、一般项和分级项。关键项是指可能直接或间接影响道路交通安全或对环境有严重影响的评定项目，是评价车辆技术状况的重要指标；一般项是指对道路交通安全或环境无严重影响的评定项目，是评价车辆技术状况的一般指标。

申请从事道路运输经营的车辆，按核查评定项目和技术评定项目进行评定；在用道路运输车辆按技术评定项目进行评定。道路运输车辆技术等级评定的检验方法和不合格项的复检，要求执行 GB 18565 – 2016 的规定。技术等级评定项目和评定要求见表6-1、表6-2。

表6-1 核查评定项目和评定要求

序号	评定项目	客车评定要求（GB 18565—2016 相关条款）		货车及挂车评定要求（GB 18565—2016 相关条款）	
		一级	二级	一级	二级
1	制动防抱死装置	4.2.1		4.2.1	
2	盘式制动器	4.2.2		//	
3	缓速器或其他辅助制动装置	4.2.3		4.2.3	
4	制动间隙自动调整装置	4.2.4		4.2.4	

(续)

序号	评定项目	客车评定要求 (GB 18565—2016 相关条款)		货车及挂车评定要求 (GB 18565—2016 相关条款)	
		一级	二级	一级	二级
5	压缩空气干燥或油水分离装置	4.2.5		4.2.5	
6	子午线轮胎	4.2.6		4.2.6	//
7	安全带	4.2.7		4.2.7	
8	限速功能或限速装置、超速报警功能	4.2.8		4.2.8	//
9	卫星定位系统车载终端	4.2.9		4.2.9	4.2.9
10	发动机舱自动灭火装置	4.3.2		//	//

注：标记"//"的项目为不参与评级项。

表 6-2 技术评定项目和评定要求

序号	评定项目	评定内容		项目[①] 属性	评定要求 (GB 18565—2016 相关条款)	
					一级	二级
1	唯一性认定	号牌号码、车辆类型、品牌型号、车身颜色、发动机号、底盘号、VIN 号、挂车架号、中重型货车及挂车外廓尺寸、货车及挂车车厢栏板高度、客车的座（铺）位数		★	5.1.1	
2	电子控制系统	与发动机排放控制系统、制动防抱死装置和电动助力转向系统及其他与行车安全相关的故障信息		★	5.1.2	
3	发动机	工作性能	起动性能	■	5.1.3.1.1	
			柴油发动机停机装置	★	5.1.3.1.2	
			发动机运转	■	5.1.3.1.3	
		密封性	发动机缸体、油底壳、冷却水道边盖、放水阀、散热器	■	5.1.3.2	
		传动带	助力转向传动带	★	5.1.3.3	
			空气压缩机传动带/齿轮箱	★		
		燃料供给	输料管、燃料箱及燃料管理、燃料箱盖、燃料箱改动或加装	★	5.1.3.4	
4	制动系	行车制动	制动管路、制动泵（缸）及气（油）路、制动报警装置、缓速器、储气筒、制动踏板	★	5.1.4.1.1～5.1.4.1.4, 5.1.4.1.6、5.1.4.1.7	
			气压制动弹簧储能装置	■	5.1.4.1.5	
		驻车制动		★	5.1.4.2	

（续）

序号	评定项目	评定内容		项目[①]属性	评定要求（GB 18565—2016 相关条款）	
					一级	二级
5	转向系	部件连接、部件技术状况、转向助力装置		★	5.1.5.1～5.1.5.3	
		转向盘最大自由转动量		●	最高设计车速大于或等于100km/h的车辆不大于10°，其他车辆不大于20°	5.2.5.2
6	行驶系	车架		★	5.1.6.1	
		车桥	裂纹及变形	★	5.1.6.2.1	
			车桥密封性	■	5.1.6.2.2，允许有轻微渗油，不得滴漏	
		拉杆和导杆、车轮及螺栓、螺母		★	5.1.6.3，5.1.6.4	
		轮胎	轮胎外观、同轴轮胎的规格和花纹、轮胎的速度级别、充气压力、翻新轮胎、轮胎类型、备用轮胎	★	5.1.6.5.1，5.1.6.5.3～5.1.6.5.8	
			胎冠花纹深度	●	乘用车和挂车不小于2.5mm，其他车辆转向轮不小于3.8mm，其余轮胎不小于2.5mm	5.1.6.5.2
		悬架	弹性元件、部件连接	★	5.1.6.6.1，5.1.6.6.2	
			减振器	■	5.1.6.6.3	
7	传动系	离合器		■	5.1.7.1	
		变速器		■	5.1.7.2	
		传动件异响		■	5.1.7.3	
		万向节与轴承		★	5.1.7.4	
8	照明、信号装置和标识	外部照明和信号装置、前照灯远/近光光束变换功能、反射器与侧标志灯、货车车身反光标识和尾部标志板		★	5.1.8.1～5.1.8.4	
9	电气线路及仪表	导线		★	5.1.9.1	
		仪表与指示器、卫星定位系统车载终端		★	5.1.9.2，5.1.9.3	

(续)

序号	评定项目	评定内容		项目[①]属性	评定要求（GB 18565—2016 相关条款）	
					一级	二级
10	车身	门窗及照明	车门应急控制器、应急门和安全顶窗、应急窗和玻璃破碎装置	★	5.1.10.1.1 ~ 5.1.10.1.3	
			门、窗玻璃	●	玻璃齐全完好	5.1.10.1.4
			客车车厢灯和门灯	■	5.1.10.1.5	
		车身外观	车身与驾驶室	●	车身、驾驶室完好	5.1.10.2.1
			车身两侧对称部位的高度差	●	车身两侧对称部位的高度差不大于20mm	5.1.10.2.2
			车身外部和内部的尖锐凸起物	★	5.1.10.2.3	
			车身表面涂装	●	客车车身和货车驾驶室涂装无缺损，补漆颜色与原色基本一致	5.1.10.2.4
			货车货箱、车门、栏板、底板、栏板锁止机构	★	5.1.10.2.5	
			驾驶室车窗玻璃附加物及镜面反光遮阳膜	★	5.1.10.2.6	
11	附属设备	后视镜和下视镜、风窗刮水器		★	5.1.11.1, 5.1.11.2	
		风窗洗涤器		■	5.1.11.2	
		防眩目装置、除雾/除霜装置		★	5.1.11.3, 5.1.11.4	
		排气管和消声器		■	5.1.11.5	
12	安全防护	安全带、侧面防护装置、后部防护装置		★	5.1.12.1 ~ 5.1.12.3	
		保险杠		■	5.1.12.4	
		牵引装置和安全锁止机构	汽车列车牵引装置的连接和安全锁止机构	★	5.1.12.5.1	
			集装箱运输车固定集装箱箱体的锁止机构	★	5.1.12.5.2	
		安全架与隔离装置		★	5.1.12.6	
		灭火器材、警示牌和停车楔		★	5.1.12.7	
		危险货物运输车辆安全装置与标识		★	5.1.12.8.1, 5.1.12.8.2, 5.1.12.8.4	
		装运危险货物的罐（槽）式车辆罐体的检验合格证明或报告		★	5.1.12.8.3	

（续）

序号	评定项目	评定内容	项目[①]属性	评定要求（GB 18565—2016 相关条款）	
				一级	二级
13	动力性[②]	驱动轮轮边稳定车速	●	$\eta = 0.82$ 时；$V_w \geq V_e$ 或 $V_w \geq V_m$	5.2.1
14	燃料经济性[③]	燃料消耗量	★	5.2.2	
15	制动性	整车制动率、轴制动率	★	5.2.3.3.1	
		制动不平衡率	●	前轴制动不平衡率≤20%，后轴制动不平衡率≤24%（当后轴制动力小于后轴轴荷的60%时，制动不平衡率≤后轴轴荷的8%）	5.2.3.3.1
		汽车列车制动时序、制动协调时间、牵引车与挂车制动力分配	//	5.2.3.3.2，5.2.3.3.3	
		驻车制动	★	5.2.3.5	
16	排放性[④]	排气污染物	★	5.2.4	
17	转向操纵性	转向轮横向侧滑量	★	5.2.5.1	
18	悬架特性	悬架吸收率	★	5.2.6	
19	前照灯	远光发光强度	★	5.3.1.1	
		光束垂直偏移	■	5.3.1.2	
20	车速表	示值误差	■	5.3.2	
21	车轮阻滞率	各车轮的阻滞力	★	5.3.3	
22	喇叭	喇叭声级	★	5.3.4	

① 项目属性栏标记为"★"为关键项，标记为"■"为一般项，标记为"●"为分级项，标记为"//"的项目暂不做评定。

② 注册日期在三个月以内的车辆（按机动车行驶证的注册日期核定，以下同），动力性视为一级；纯电动汽车不做评定。

③ 注册日期在三个月以内的车辆，燃料经济性视为合格；以汽油或者柴油为单一燃料且最大设计总质量超过3500kg的在用道路运输车辆应进行燃料经济性评定，其他车辆不做评定。

④ 注册日期在三个月以内的车辆，排放性视为合格。

2. 评定规则与分级

（1）一级车　道路运输车辆符合以下要求的评为一级车。

1）表6-1中的核查评定项目达到一级；

2）表6-2中的关键项均为合格；

3）表6-2中的一般项的不合格项数不超过3项；

4）表6-2中的分级项达到一级。

（2）二级车　道路运输车辆符合以下要求的评为二级车。

1）表6-1中的核查评定项目至少达到二级；
2）表6-2中的关键项均为合格；
3）表6-2中的一般项的不合格项数不超过6项；
4）表6-2中的分级项至少达到二级。

（3）不合格车辆　不符合一级、二级要求的车辆评定为不合格车辆。

本 章 小 结

1. 汽车技术状况是指定量测得的表征某一时刻汽车外观和性能参数值的总和。它随汽车行驶里程或使用时间的变化而变化，其变化规律有渐发性和偶发性两种。掌握汽车技术状况变化规律，有利于合理使用汽车。

2. 汽车技术状况变化是汽车诸多原因综合作用的结果，其主要原因是：零件磨损损坏、零件疲劳损坏、零件腐蚀损坏、零件变形损坏、零件老化损坏、偶然事故损坏。影响汽车技术状况变化快慢的主要因素是：汽车结构与工艺、汽车运行条件、燃油和润滑剂品质、汽车的合理运用、汽车维修质量。掌握汽车技术状况变化的原因和影响因素，有利于改善汽车技术状况。

3. 道路运输车辆依据车辆的技术性能划分技术等级，可分为一级车和二级车。一级车性能优良，二级车性能良好。汽车技术等级根据规定的评定项目、评定要求和评定规则进行评定。

复习思考题

1. 什么是汽车的技术状况？
2. 汽车技术状况为什么会变差？其症状有哪些？
3. 简述汽车技术状况的变化规律，研究汽车技术状况变化规律的意义是什么？
4. 影响汽车技术状况变化的主要因素有哪些，应采取哪些措施延长汽车的使用寿命？
5. 车用汽油、柴油和发动机油的品质是如何影响汽车技术状况的？
6. 为何要对汽车技术状况进行分级与评定？
7. 如何评定汽车技术状况等级？

第 7 章 汽车更新与选配

> **学习目标:**
> - 了解汽车使用寿命的基本概念。
> - 掌握汽车更新理论。
> - 熟悉汽车报废条件。
> - 掌握汽车选配原则和方法。
> - 熟悉二手车选购原则和技巧。
> - 知道如何确定汽车最佳更新年限。
> - 知道如何合理选配汽车。

随着汽车行驶里程的增加,汽车技术状况总会逐渐由好变坏,最后失去其全部功能而报废。因此,当汽车使用一定年限后,应进行更新与报废,并合理地选配汽车。

7.1 汽车使用寿命

汽车更新、报废与汽车使用寿命密切相关。了解汽车使用寿命,对掌握汽车更新理论,合理更新汽车,适时报废汽车具有重要作用。

汽车使用寿命是指汽车从开始使用到不能使用的整个时期。根据汽车终止使用的原则不同,汽车使用寿命可分为:自然寿命、技术使用寿命、经济使用寿命、折旧寿命和合理使用寿命。

1. 汽车自然寿命

汽车自然寿命又称物理寿命,是指汽车从全新状态投入使用开始,直到不能保持正常生产状态,在技术上不能按原有用途继续使用为止所经历的时间。自然寿命的长短与汽车的制造质量、运行材料品质、使用条件、驾驶操作技术及维修质量有关。有时可通过恢复性修理延长汽车的自然寿命。

汽车一旦达到自然寿命,则意味着汽车寿命的终结。此时汽车性能低劣,物料超耗严重,排放污染物超标,维修费用过高,汽车应进行报废处理,其零部件也不能再作为备件使用。

2. 汽车技术使用寿命

汽车技术使用寿命是指汽车从全新状态投入使用,到由于新技术的出现,使原有汽车丧失其使用价值而被淘汰所经历的时间。技术使用寿命的长短与技术进步的速度有关,汽车技术进步越快,技术使用寿命越短。技术使用寿命一般短于自然寿命,当更先进的汽车出现或生产过程提出更高要求时，汽车在其自然寿命尚未终结前即被淘汰。当原有汽车因技术落后丧失使用价值时，汽车不能通过修理的方法来提高其主要使用性能，但通过现代化技术改装，可以适当延长汽车的技术使用寿命。

3. 汽车经济使用寿命

汽车经济使用寿命是指汽车从全新状态投入使用开始，到汽车年均总费用最低的使用期限。它是综合考虑汽车使用中的各种消耗，从汽车使用总成本出发，分析车辆制造成本、使用与维修费用、管理开支、车辆当前的折旧以及市场价格变化等因素，经过分析做出综合经济评定确定的使用寿命。

汽车年均总费用是指汽车年平均折旧费用与该汽车发生的经营费用之和。汽车使用时间越长，每年分摊的折旧费越少；但随着使用年限的增加和行驶里程的延长，汽车技术性能逐渐下降，汽车的运行材料（主要是燃料和润滑料）费、维修等经营费用不断增加。因此，年均总费用是随使用时间而变化的函数，如图7-1所示。当汽车使用至一定年限后会出现年均总费用的最低值，此值所对应的横坐标的年限，就是汽车的经济使用寿命，简称经济寿命。

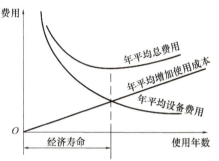

图7-1 汽车年均总费用曲线

汽车经济使用寿命是汽车经济效益的最佳时期。当汽车使用期限超过经济寿命时，在技术上仍可继续使用，但年均总费用上升，汽车使用的经济性将会变差，不宜继续使用，应将汽车予以更新。

汽车经济使用寿命是确定汽车最佳更新时机的依据，研究汽车经济使用寿命的意义在于：人们能够合理地更新汽车，保持在用车辆具有良好的使用性能，减少公害，节约能源，提高运力，充分提高运输车辆的社会效益和经济效益。

国内外对汽车经济使用寿命进行了大量的研究工作。资料统计表明，在汽车整个使用时期内，汽车制造费用平均约占总费用的15%，而汽车的经营费用约占总费用的85%。因此，现代汽车的经济使用寿命，可以在汽车设计制造时，通过充分预测车辆投入使用以后可能需要的经营费用来估算。如果汽车在长期运用中，能保持较低的使用维修费用，那么其经济使用寿命会增加；反之，则缩短。我国曾对主要国产车型进行过经济使用寿命的调查，其中客车的经济使用寿命约为10年，货车经济使用寿命约为9年。

4. 汽车折旧寿命

汽车折旧寿命是指按国家规定或企业自行规定的折旧率，把汽车总值扣除残值后的余额，折旧到接近于零所经历的时间或里程。汽车折旧寿命是提取汽车折旧费的依据，不是汽车终止使用或报废的标准。汽车折旧寿命取决于国家或企业所采取的技术政策，一般介于汽车技术寿命或经济寿命与自然寿命之间。

5. 汽车合理使用寿命

汽车合理使用寿命是指以汽车经济使用寿命为基础，考虑整个国民经济发展和能源节约的实际情况后，所制定出的符合我国实际情况的使用期限。也就是说，汽车已经达到经济寿命，但是否更新应视国情而定，如更新汽车的来源是否畅通、更新资金是否充足等。为此，国家根据上述情况，制定出汽车更新的技术政策，规定车辆的更新期限。

汽车合理使用寿命，一般介于自然寿命和经济使用寿命之间。但随着我国汽车工业的发展和国民经济实力的增强,汽车合理使用寿命将会趋近或等于经济使用寿命。

7.2 汽车更新

汽车更新是指以新车或高效率、低消耗、性能先进的汽车更换在用车辆。汽车更新是国民经济技术改造的重要内容之一,它对促进我国汽车工业和交通运输业的发展,减少交通事故隐患,减轻环境污染,节约能源,促进废钢铁资源回收利用,提高社会效益、经济效益都具有重要意义。

7.2.1 汽车更新理论

汽车更新主要是针对在用汽车的劣化问题,所谓劣化是指汽车使用性能及经济指标随着汽车行驶里程的增加而逐渐下降的现象。汽车更新理论主要是研究汽车使用过程中的损耗、性能劣化过程及规律,并据此确定汽车更新的最佳时机。汽车劣化理论是汽车更新的理论基础,通过对在用汽车的大量调查,可发现汽车经济使用寿命的劣化过程,主要受到汽车有形磨损和无形磨损的影响。

1. 汽车有形磨损

汽车有形磨损是指汽车在使用或闲置过程中,由于载荷或周围介质的作用,使汽车发生的实体磨损。根据实体磨损产生原因的不同,有形磨损可分为第一种有形磨损和第二种有形磨损。

(1) 第一种有形磨损　发生在汽车使用过程中的实体磨损,称为第一种有形磨损。第一种有形磨损产生的原因主要是零件配合副的机械磨损、基础零件的变形、零件的疲劳破坏等。汽车发生有形磨损后,零部件原有尺寸或几何形状改变,配合精度下降,甚至发生零件损坏,从而使汽车性能变坏,生产率降低,生产成本增加,故障增多,甚至失去工作能力。第一种有形磨损的程度与使用时间和使用强度成正比。

(2) 第二种有形磨损　发生在汽车闲置过程中的实体磨损,称为第二种有形磨损。第二种有形磨损产生的原因主要是汽车在闲置过程中,汽车零部件与外部介质发生化学、电化学作用,使金属零部件腐蚀生锈、非金属制品老化变质等。第二种有形磨损程度与汽车闲置过程中的环境密切相关,如高温、日晒、雨淋、潮湿环境等均会加快其磨损,并与闲置时间成正比。严重时,这种有形磨损可使汽车丧失工作能力。

汽车的有形磨损是逐渐进行的,当汽车有形磨损发展到一定程度,就会呈现故障,使维修费用、运行材料费用增加,运输效率降低,若继续使用下去,经济上将是不合算的,此时应考虑更新车辆。当有形磨损致使车辆技术状况恶化而不能作为运输工具使用时,车辆已达到完全磨损的程度,此时必须更新车辆。

汽车的有形磨损将使汽车的动力性、经济性、安全性、可靠性下降,导致汽车使用价值降低。当采用维修方法消除汽车有形磨损时,需要支出一定的费用。通常,这种维修费用不应超过一定的限度,否则应考虑更新车辆。

2. 汽车无形磨损

汽车无形磨损是指汽车在使用或闲置过程中,由于技术的进步,生产的发展,不断出现性能更好、效率更高的车辆,使在用车辆的原有价值降低,或者使该种车型的价值降低。车辆的价值并不取决于最初的生产耗费,而是取决于再生产所用的生产耗费。在技术进步的同时，这种耗费不断下降，因而其无形磨损总在不断发生。根据无形磨损产生原因的不同，无形磨损可分为第一种无形磨损和第二种无形磨损。

（1）第一种无形磨损　因相同结构车辆再生产价值的降低，而使现有车辆价值的贬值，称为第一种无形磨损。这种无形磨损是由于技术进步的影响，在汽车制造过程中，生产工艺不断改进，成本不断降低，劳动生产率不断提高，使生产该车辆的社会必要劳动耗费相应降低，从而导致车辆贬值。但这种无形磨损不会改变车辆本身的技术特性和运输效能，也就是说不影响它的使用价值。因此，当车辆遭到第一种无形磨损时，不会产生提前更换现用车辆的需要，对车辆的使用寿命没有实质性影响。不过，从修理的角度出发，第一种无形磨损有可能使车辆使用寿命缩短，这是因为技术进步对汽车工业的影响一般大于对维修行业的影响，这使车辆本身价值降低的速度比维修成本降低速度快。因此，可能出现维修费用超过合理限度的情况，导致车辆提前更新。

（2）第二种无形磨损　因生产出性能更完好、效率更高的新型车，而使现有车辆贬值，称为第二种无形磨损。这种无形磨损的出现，使得原有车型显得技术性能落后，如继续使用原车型的车辆就会降低运输生产的经济效益。第二种无形磨损的主要特征是它引起原车型的局部或全部使用价值的损失，其结果使原车型在有形磨损未发展到完全磨损之前，就可能出现车辆的更新。其车辆更新的经济合理性，取决于现有车辆的贬值程度，以及继续使用旧型车辆时其经济效益下降的程度。

3. 汽车更新与磨损期关系

任何汽车在使用过程中都会发生有形磨损和无形磨损，当汽车的这些磨损达到一定程度时，汽车就需要进行更新。研究汽车更新时，要分析有形磨损期和无形磨损期的相互关系。表面看，推迟有形磨损期，即提高汽车耐久性，可以推迟汽车更新时间，具有重要的经济效果。但实际上，增加汽车耐久性会受到汽车无形磨损期的制约。根据有形磨损期与无形磨损期的相互关系，汽车更新有下列三种情形。

（1）有形磨损期与无形磨损期接近　有形磨损期与无形磨损期接近，意味着当汽车达到应该大修时刻，市场就出现了新型车或有跌价的同型车，汽车也就到了该更新的时刻。这是一种"无维修设计"的理想方案，随着汽车工业的发展，这种理想方案将会实现，但目前没有。

（2）有形磨损期短于无形磨损期　有形磨损期短于无形磨损期，意味着当汽车已遭到完全有形磨损时，而它的无形磨损期还未到来，此时既可对原车进行大修处理，也可更换新车（同型车）。采用何种处理方法比较合理，需要对该车的技术状况、维修费用以及继续使用时的经营费用和购买新车的价格等因素进行综合研究。

（3）有形磨损期长于无形磨损期　有形磨损期长于无形磨损期，意味着当汽车没有完全有形磨损时，市场就出现了更先进的新型车或同型车出现了大幅跌价，此时是继续使用原有汽车，还是更新车辆来使用更先进的新型车或同型新车，需要将经济性和可能性相结合进行分析，才能做出正确决定。

7.2.2　汽车更新时刻的确定

当汽车达到自然寿命时，更换相同性能的车辆是一种简单更新，它不需要技术经济分析做依据，无所谓"最佳更新时机"。但在技术进步追求高效运输的条件下，为获取最大的使用经济效率,就必须研究车辆的最佳更新时刻,并以此制订更新方案。汽车更新时刻常用的计量单位是使用年限或使用里程。

1. 汽车经济寿命年限的确定

汽车最佳更新年限确定的核心问题是计算汽车的经济使用寿命,主要计算方法有低劣化数值法、面值法、应用现值及资本回收系数估算法、判定大修与更新界限法等。下面介绍应用非常广泛的低劣化数值法和面值法。

(1) 低劣化数值法　低劣化数值法的目标是使车辆的一次性投资和各年度经营费用的总和为最小。在研究汽车更新年限时,应考虑汽车的年费用。汽车年费用主要由三部分组成:折旧费、劣化费和固定费用。

折旧费,由投资购买汽车的费用和使用年限等确定,通常采用平均折旧法。设汽车的原值即汽车从购置到投入运行前所发生的全部费用为 K_n(元),汽车使用 T 年,汽车残值为 C_z(元)。若令 $K_0 = K_n - C_z$,则汽车的年均折旧费为 K_0/T(元/年),随着汽车使用年限的增长,年均折旧费就不断减少。

劣化费是因汽车使用性能下降而引起的费用。汽车在整个使用过程,其性能不断下降,消耗不断上升,有形磨损和无形磨损逐渐加剧,完全是一个低劣化过程。汽车年经营费用随着汽车使用年限的增长而逐渐增加,主要因维修费和燃料费的变多而增加。劣化费包括经营费的增加、停歇时间增加和工作质量下降引起的损失。年劣化费增加的幅度取决于低劣化的增加强度。设 b 为汽车年平均劣化费增加值(元/年^2),则在使用 T 年内的年平均劣化费为 $bT/2$(元/年)。

年固定费用 C_0(元/年),是指汽车运输成本中与使用年限无关的费用。

因此,汽车年均总费用 Y(元/年)为

$$Y = \frac{K_0}{T} + \frac{bT}{2} + C_0 \tag{7-1}$$

图 7-2 所示为汽车年均总费用与使用年限的关系曲线。因年均总费用最小时为汽车的经济使用寿命,故将式(7-1)对使用年限 T 求导数,并令 $dY/dT = 0$,即可求得汽车经济寿命的使用年限 T_G(年)为

$$T_G = \sqrt{2K_0/b} \tag{7-2}$$

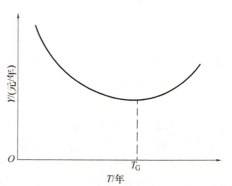

图 7-2　汽车年均总费用与使用年限的关系曲线

平均劣化费增加值 b,应根据历史统计数据进行回归分析确定。当已有汽车各年经营费用(燃料费 + 维修费 + 大修均摊费)等统计资料时,可采用一元回归分析,求年平均劣化费增加值。

汽车经营费用与使用年限间关系的一元回归方程为

$$y = bx + a \tag{7-3}$$

式中　y——因变量,年经营费用(元/年);

　　　x——自变量,使用年度;

　　　a——待定常数;

　　　b——待定常数,年平均劣化费增加值(元/年^2)。

通过一元回归计算后求得 b 的表达式如下：

$$b = \frac{n\sum_{i=1}^{n}x_iy_i - \sum_{i=1}^{n}x_i \cdot \sum_{i=1}^{n}y_i}{n\sum_{i=1}^{n}x_i^2 - (\sum_{i=1}^{n}x_i)^2} \quad (7\text{-}4)$$

式中 n——数据统计年限。

若 n 为奇数，把坐标纵轴移至中间，使 $\sum_{i=1}^{n}x_i = 0$，则 b 可简化为

$$b = \frac{\sum_{i=1}^{n}x_iy_i}{\sum_{i=1}^{n}x_i^2} \quad (7\text{-}5)$$

根据统计数据，利用式（7-4）或式（7-5）就可解出 b 的大小，然后通过式（7-2）即可求出汽车经济寿命的使用年限，并据此确定汽车的最佳更新年限。

例：某汽车原值为 125000 元，残值为 5500 元，使用前 7 年的经营费用统计数据见表 7-1，试确定汽车的经济寿命年限。

表 7-1 年经营费用统计数据

使用年限	1	2	3	4	5	6	7
年经营费用/(元/年)	41000	42000	44000	46000	50000	56000	64500

解：先根据统计数据由式（7-5）通过列表法（表 7-2）计算求得年平均劣化费增加值 $b = 3732.14$ 元/年^2，再由已知条件求出 K_0，$K_0 = 125000$ 元 $- 5500$ 元 $= 119500$ 元，然后根据经济寿命使用年限计算式（7-2），即可求出汽车的经济寿命年限 T_G

$$T_G = \sqrt{2K_0/b} = \sqrt{2 \times 119500/3732.14}\text{年} = 8\text{ 年}$$

表 7-2 统计数据计算表

n	y_i	x_i	y_ix_i	x_i^2
1	41000	-3	-123000	9
2	42000	-2	-84000	4
3	44000	-1	-44000	1
4	46000	0	0	0
5	50000	1	50000	1
6	56000	2	112000	4
7	64500	3	193500	9
合计	$\sum_{i=1}^{n}y_i = 343500$	$\sum_{i=1}^{n}x_i = 0$	$\sum_{i=1}^{n}x_iy_i = 104500$	$\sum_{i=1}^{n}x_i^2 = 28$
b			$b = \sum_{i=1}^{n}x_iy_i / \sum_{i=1}^{n}x_i^2 = 3732.14$（元/年^2）	

(2) 面值法　面值法是一种仅以账面数值作为分析基础的经济分析法，通常采用列表计算。下面举例说明这种方法。

设汽车的原值 K_n 为 150000 元，预计可使用 10 年，其价值将随着使用年限的增加而降低，而运行成本则随使用年限的增加而加大。其相关数据列于表 7-3，计算其总使用成本和年平均使用成本，则可以得到年平均使用成本最低的使用年限。由表 7-3 可见，第 6 年末的年均使用成本最低，因此，该车的经济寿命年限是 6 年。

表 7-3　汽车年总使用成本　　　　　　　　　　　　　　　（单位：元）

使用年限 ①	汽车残值 ②	累计折旧费 ③ = K_n - ②	运行成本 ④	累计运行成本 ⑤ = ∑④	总费用 ⑥ = ③ + ⑤	年均总费用 ⑦ = ⑥/①
1	120000	30000	52000	52000	82000	82000
2	96000	54000	54000	106000	160000	80000
3	76000	74000	56000	162000	236000	78667
4	60000	90000	59000	221000	311000	77750
5	48000	102000	62000	283000	385000	77000
6	39000	111000	66000	349000	460000	76667
7	30000	120000	71000	420000	540000	77143
8	22000	128000	77000	497000	625000	78125
9	14000	136000	87000	584000	720000	80000
10	6000	144000	100000	684000	828000	82800

与低劣化数值法相比，面值法可避免数据统计困难，适于在实际生产中分析和预估本单位车辆的经济使用寿命。

2. 汽车更新年限的确定

汽车经济寿命是确定汽车更新年限的重要依据。而汽车经济寿命除取决于使用时间或里程外，还受使用强度和使用条件等因素的影响。我国地域辽阔，各地运行条件差异很大，因而汽车的经济寿命也必然不同。因此，应根据具体情况对计算得到的经济寿命年限进行必要的修正，最后确定汽车的最佳更新年限。

通常，当汽车维护较好、使用合理、管理妥当时，汽车最佳更新年限相对长些；当汽车使用条件较好，如气候条件、道路条件、运输条件与汽车相适应时，则汽车最佳更新年限相对长些；当汽车在特殊条件下使用，如长期在低温、高温、超载大负荷、越野行驶、城市运输、起动频繁等条件下工作，则汽车最佳更新年限应相对缩短。

7.2.3　合理更新汽车

汽车最佳更新年限确定之后，就应当对现有的汽车进行更新工作，以同型新车或高效率、低消耗、性能先进的车辆更换在用车辆。汽车更新不仅包括同类型新车辆或性能优越车辆去更换尚未达到报废条件的性能较差的车辆，也包括已达到报废条件车辆的更新。对运输企业来说，车辆更新不仅仅是以新换旧和原有车型的重复，还应是对运输单位车辆配置的调整。通过更新，达到优化车辆配置、提高运输效率、降低运输成本的目的。更新车辆是选原车型还是新车型，应根据购买者的经济实力、运输市场情况以及客、货源的变化来决定。

汽车更新的原则是提高经济效益和社会效益。理论上应按经济寿命进行更新，但实际上还应视国情而定，考虑更新车的来源、更新资金、汽车保有量以及折旧率和成本等因素。

对必须更新的车辆应坚决进行更新。已达到报废条件的车辆必须更新；汽车性能低劣，生产效率低或因汽车主要零部件磨损变形超过一定的极限状态，经修理仍不能恢复其使用性能，或在技术上虽能修复，但经济上修复非常不合算的车辆，也必须更新。对汽车使用年限已达到经济使用年限的车辆，建议最好进行更新。

7.3 汽车报废

报废汽车是指达到国家报废标准，或者虽未达到国家报废标准，但发动机或者底盘严重损坏，经检验不符合国家机动车运行安全技术条件或者国家机动车污染物排放标准的机动车。汽车经长期使用后，车型老旧，性能低劣，物料超耗严重，维修费用过高，如果继续使用，则不经济、不安全，对环境的污染大。因此，应根据汽车的报废条件对这些汽车进行报废处理。

7.3.1 汽车报废的条件

汽车报废应严格根据汽车报废的技术条件进行，提前报废会造成运力损失、浪费资源，过迟报废会增大运输成本、影响运力更新。

1. 汽车强制报废条件

根据机动车使用和安全技术、排放检验状况，国家对达到报废条件的机动车实施强制报废，凡在我国境内注册登记的机动车，属下列情况之一的应强制报废。

1）汽车达到使用年限的。各种车辆使用年限如下：

① 小、微型出租客运汽车使用 8 年，中型出租客运汽车使用 10 年，大型出租客运汽车使用 12 年。

② 租赁载客汽车使用 15 年。

③ 小型教练载客汽车使用 10 年，中型教练载客汽车使用 12 年，大型教练载客汽车使用 15 年。

④ 公交客运汽车使用 13 年。

⑤ 其他小、微型营运载客汽车使用 10 年，大、中型营运载客汽车使用 15 年。

⑥ 专用校车使用 15 年。

⑦ 大、中型非营运载客汽车（大型轿车除外）使用 20 年。

⑧ 三轮汽车、装用单缸发动机的低速货车使用 9 年，装用多缸发动机的低速货车以及微型载货汽车使用 12 年，危险品运输载货汽车使用 10 年，其他载货汽车（包括半挂牵引车和全挂牵引车）使用 15 年。

⑨ 有载货功能的专项作业车使用 15 年，无载货功能的专项作业车使用 30 年。

⑩ 全挂车、危险品运输半挂车使用 10 年，集装箱半挂车 20 年，其他半挂车使用 15 年。

⑪ 正三轮摩托车使用12年，其他摩托车使用13年。

注意：小、微型非营运载客汽车、大型非营运轿车、轮式专用机械车无使用年限限制。

提示：机动车使用年限起始日期按照注册登记日期计算，但自出厂之日起超过2年未办理注册登记手续的，按照出厂日期计算。

2）经修理和调整仍不符合机动车安全技术国家标准对在用车有关要求的。

3）经修理和调整或者采用控制技术后，向大气排放污染物或者噪声仍不符合国家标准对在用车有关要求的。

4）在检验有效期届满后连续3个机动车检验周期内未取得机动车检验合格标志的。

2. 汽车引导报废条件

国家对达到一定行驶里程的机动车引导报废。达到下列行驶里程的机动车，引导报废。

1）小、微型出租客运汽车行驶60万km，中型出租客运汽车行驶50万km，大型出租客运汽车行驶60万km。

2）租赁载客汽车行驶60万km。

3）小型和中型教练载客汽车行驶50万km，大型教练载客汽车行驶60万km。

4）公交客运汽车行驶40万km。

5）其他小、微型营运载客汽车行驶60万km，中型营运载客汽车行驶50万km，大型营运载客汽车行驶80万km。

6）专用校车行驶40万km。

7）小、微型非营运载客汽车和大型非营运轿车行驶60万km，中型非营运载客汽车行驶50万km，大型非营运载客汽车行驶60万km。

8）微型载货汽车行驶50万km，中、轻型载货汽车行驶60万km，重型载货汽车（包括半挂牵引车和全挂牵引车）行驶70万km，危险品运输载货汽车行驶40万km，装用多缸发动机的低速货车行驶30万km。

9）专项作业车、轮式专用机械车行驶50万km。

10）正三轮摩托车行驶10万km，其他摩托车行驶12万km。

汽车强制、引导报废条件中所称的机动车是指上道路行驶的汽车、挂车、摩托车和轮式专用机械车；营运车辆是指从事社会运输并收取运费的车辆；非营运载客汽车是指个人或者单位不以获取利润为目的的自用载客汽车；危险品运输载货汽车是指专门用于运输剧毒化学品、爆炸品、放射性物品、腐蚀性物品等危险品的车辆；检验周期是指《中华人民共和国道路交通安全法实施条例》规定的机动车安全技术检验周期。

7.3.2 报废汽车的管理

达到报废标准的机动车不得上道路行驶，报废的机动车所有人应当将机动车交售给报废汽车回收企业，由报废汽车回收企业按规定进行登记、拆解、销毁等处理，并将报废汽车登记证书、号牌、行驶证交公安机关交通管理部门注销。报废汽车的有关回收管理规定如下。

1）报废汽车的所有人应当及时向公安机关办理机动车报废手续。公安机关应当于受理当日，向报废汽车的所有人出具《机动车报废证明》，并告知其将报废汽车交售给报废汽车回收企业。注意：任何单位或者个人不得要求报废汽车的所有人将报废汽车交售给指定的报废汽车回收企业。

2）报废汽车的所有人应当及时将报废汽车交售给报废汽车回收企业。注意：任何单位或者个人不得将报废汽车出售、赠予或者以其他方式转让给非报废汽车回收企业的单位或者个人；不得自行拆解报废汽车。

3）报废汽车回收企业凭《机动车报废证明》收购报废汽车，并向报废汽车的所有人出具《报废汽车回收证明》。报废汽车的所有人凭《报废汽车回收证明》，向汽车注册登记地的公安机关办理注销登记。

4）报废汽车回收企业对回收的报废汽车应当逐车登记。发现回收的报废汽车有盗窃、抢劫或者其他犯罪嫌疑的，应当及时向公安机关报告。报废汽车回收企业不得拆解、改装、拼装、倒卖有犯罪嫌疑的汽车及其"五大总成"和其他零配件。

5）报废汽车回收企业必须拆解回收的报废汽车。其中，回收的报废大型客、货车及其他营运车辆，应当在公安机关交通管理部门的监督下解体。拆解的"五大总成"应当作为废金属，交售给钢铁企业作为冶炼原料；拆解的其他零配件能够继续使用的，可以出售，但必须标明"报废汽车回用件"。

6）禁止任何单位或者个人利用报废汽车"五大总成"以及其他零配件拼装汽车。禁止报废汽车整车、"五大总成"和拼装车进入市场交易或者以其他任何方式交易。禁止拼装车和报废汽车上路行驶。

7.4 汽车选配

汽车选配需考虑的因素较多，选配时应充分认识汽车的价值，确定汽车的选配原则，合理配置汽车。

7.4.1 汽车的价值分析

1. 汽车价值概念

从汽车使用管理的角度来说，汽车价值是作为一种反映其功能、效益程度的尺度提出的，与政治经济学中有关的概念不尽相同。若设车辆的功能为 F，车辆整个寿命周期费用（包括购置费用和使用费用）为 C，则汽车的价值 V 可用下式表示：

$$V = F/C \tag{7-6}$$

汽车的价值高，则意味着汽车在完成其功能时的费用低。由式（7-6）可以看出，提高汽车价值的途径大体上分为两类：一类是降低寿命周期费用；另一类是提高汽车的功能。这里所说的功能，是指汽车的使用性能和质量指标。

提高汽车价值，并不是单纯地强调降低汽车寿命周期费用，也不是片面提高汽车使用性能，而是要求提高汽车使用性能与寿命周期费用的比值。

2. 汽车价值分析

汽车价值分析的核心就是汽车功能分析，要努力找到其中哪些对用户来讲是必要的功能。如果欠缺某项必要的功能或该功能水平不高，就应予以补充和提高；一切多余或过高的功能都应消除或适当降低，使汽车功能最大限度地满足用户需要，同时没有多余的功能增加用户的负担。例如，经常行驶在城市道路和干线公路上的汽车，全轮驱动是没有必要的，高越野性为多余的功能，所以越野车当一般乘用车使用是很不合算的。又如普通斜交轮胎，由于技术水平不高、寿命短、油耗大，这就是汽车速度提高后所欠缺的功能，选用具有相应速度等级的子午线轮胎，可使必要的功能得到完善和提高。

在汽车功能一定时，寿命周期费用越低，说明汽车的价值越高。通过对汽车的价值分析，可以把汽车的使用性能、寿命周期费用与汽车的价值有机地联系起来，可在选购汽车时发挥重要作用，可使选择的汽车在使用过程中，获得最佳的经济效益。

选购新车时，如满足运输任务的汽车有多个品牌，则应对它们进行最低寿命周期费用分析，如图 7-3 所示。由图中可以看出，车辆购置费由高到低的顺序依次是Ⅲ、Ⅱ、Ⅰ、Ⅳ型汽车。虽然Ⅳ型车的购置费最低，但使用费用偏高，使汽车的寿命周期费用较高。而Ⅱ型车尽管购置费偏高，但因使用费用低，所以当使用年限在 4 年以上时，选用寿命周期费用低的Ⅱ型车是最佳方案。

当考虑货币的时间价值时，把各年的使用费用按一定的年利率折算成现值，则这 4 种品牌汽车的寿命周期费用如图 7-4 所示。由图可以看出，当考虑货币的时间价值时，Ⅱ型车使用年限在 4 年以上，其寿命周期费用最低，这与图 7-3 的结论是一致的；在第 6 年末，Ⅳ型车的寿命周期费用比Ⅲ型车低，这一结论与图 7-3 的结论相反。因此，当使用年限较长时，一般应考虑货币的时间价值。

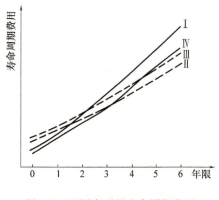

图 7-3 不同车型的寿命周期费用

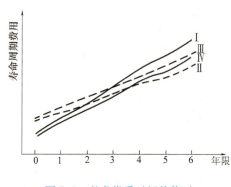

图 7-4 考虑货币时间价值时不同车型的寿命周期费用

综上所述，在购置新车时，不应只考虑汽车购置费的高低，还应考虑汽车的使用年限、使用费用和货币的时间价值等因素。

7.4.2 汽车投资效果测算

对于运输企业，选配汽车是一项重要的投资决策。在评价和优选投资方案时，应事前对投资效果进行测算，做到先算后买。预算方法如下。

1. 总算法

总算法是用各方案的投资额及投产后生产年限内经营费用的总和来评价方案的优劣，从而确定方案的取舍。如果完成相同的任务，则投入总费用最少的方案效果最好，应优选。下面举例说明。

设汽车投资额为 P（万元），年经营费用为 C（万元/年），生产年限为 N（年），则总费用 S（万元）的计算式为

$$S = P + C \cdot N \tag{7-7}$$

例：某运输单位承担矿石运输任务，有三种投资方案能形成相同的运力，并能经营 10 年。三种方案的投资额与年经营费用如表 7-4 所示，求最佳投资方案。

表 7-4 投资额与年经营费用表

方案	投资额/万元	年经营费用/（万元/年）
电力机车	220	160
中型载货汽车	230	140
重型矿用自卸车	260	130

解：三种投资方案的总费用分别为

$$S_1 = 220 + 160 \times 10 = 1830 \text{（万元）}$$
$$S_2 = 230 + 140 \times 10 = 1630 \text{（万元）}$$
$$S_3 = 260 + 130 \times 10 = 1560 \text{（万元）}$$

计算结果表明：选用重型矿用自卸车的方案为最佳，其投资额与各年经营费用之和为最少。

2. 投资回收年限法

投资回收年限法是用回收全部投资所需时间（年）的长短来评价和优选方案的。投资回收时间的长短，取决于项目投产后，年生产净利润的多少。

设每年偿还额相等或接近相等，投资回收总额为 P（万元），平均每年生产的净利润为 F（万元），则投资回收期 n（年）可按下式计算：

$$n = P/F \tag{7-8}$$

若计划投资回收期为 n_b，则当 $n \leq n_b$ 时，方案可行。

例：某运输个体户计划投资 25 万元，购置出租车，经营出租营运业务，经测算 5 年内的年平均利润为 6 万元，计划在满 5 年时偿还全部投资。试确定该方案的可行性。

解：$n = 25/6 = 4.17$（年）

因 $n_b = 5$ 年，且 $n \leq n_b$，所以该方案可行。

该例是一种粗略的计算方法，可用于对投资方案（购车）作初步评价。在作进一步评价时，还需计算资金的时间价值。

7.4.3 汽车选配原则

1. 汽车选配的基本原则

汽车选配的基本原则是：所选汽车应具有良好的实用性、适应性、安全性、经济性和高效性。

（1）实用性 实用性是指符合汽车的用途和容载量。汽车作为一种运输工具，首先是实用。其实用主要是针对使用对象及要求：代步或经商，自用或其他，货运或客运，大批量运输或零散运输。一般来说，家庭代步自用车，普通级轿车或中级轿车较为实用。对于客运，短途

时为求方便快捷，用中小型车辆；长途时则用高速、舒适性好的大型车辆。批量大、运距长的货物，用大吨位车辆；批量小、运距短、批次多以及零担运输，宜用轻型车辆。

根据实用性的要求，按国家有关标准确定汽车的类型和级别。实用性好的汽车，其功能既不欠缺，又不多余，恰到好处。

（2）适应性　适应性是指汽车适应一定运用条件的能力。适应性好的汽车能充分发挥其使用性能，提高汽车运输生产率和经济效益。

由于汽车的运用条件复杂，运输任务各异，所以任何汽车不可能在任何场合下都能适应运用条件。因此，必须要选用不同形式和性能的汽车来满足其使用要求，必须注意汽车的主要用途和经常运行的使用条件。只有当汽车的结构、性能符合具体的运用条件和需求时，才能获得良好的汽车运用效果。例如：在城市道路，轿车的适应性就比吉普车的适应性好；在松软路面，越野车就比载货汽车的适应性好；在农村道路，农用汽车就比高速汽车适应性好；零担运输时，轻型载货汽车就比中、大型载货汽车的适应性好。

通常，所选购的汽车应能适应运输市场、运输对象以及使用条件的要求，特别是要适应道路的通行能力、承载质量、坡度大小、路面质量和转弯半径等条件。所选购的汽车应能适应营运地区气候变化的规律和特点，如经常行驶在寒冷地区的车辆应选择冷起动能力强，蓄电池容量大，发动机、发电机功率较大的车型，并应配备防寒、保温、防滑等附属装置；高原山区汽车要考虑车辆发动机的进气量，并应配备制动辅助装置等。

对于一些专门性的运输或完成特殊任务的车辆，更要考虑适应性，需要购置装有特殊装置的专用车辆，如救护车、工程车、起重车、消防车、洒水车、冷藏车、扫雪车和油罐车等。

（3）安全性　安全性是保证汽车高效运输的前提，没有安全性，汽车的动力性就不能充分发挥，高效就无从谈起。因此，汽车选购时，要对汽车的制动性能有足够的了解，其指标应符合国家规定的安全法规要求。另外，还要对行车安全性有明显影响的汽车操纵稳定性、使用可靠性、汽车各部位防撞性以及内部安全防护设施等有全面的了解。

（4）经济性　经济性是指所选用汽车的使用经济性，它是为完成单位运输量所支付最少费用的一种使用性能。汽车使用中的使用费用主要是燃料费、维修费、轮胎费、资金占用利息以及工资福利费等，其中燃料费所占比率最大，达20%～30%。选择省油的汽车是提高汽车使用经济性的一个主要措施。

（5）高效性　汽车的高效性主要是指汽车的运输生产率要高。对于货车，结构方面的因素如装载质量、平均技术速度、装卸条件等对汽车运输生产率的影响较大，选购汽车时应予以充分考虑。对于轿车，其高效性主要体现在最高车速上，选购时应关注这个指标。目前，中级轿车的最高车速在170～230km/h。

2. 汽车选配的重点考虑原则

车辆是运输生产的物质基础，是组织运输生产过程的基本条件，运输单位或个人选购车辆时应根据运输任务和运行条件进行选型论证，按重点考虑、兼顾其他的原则来确定车型。

（1）以安全性为重点　行车的安全性十分重要。以安全性为重点考察汽车，体现了以人为本、生命第一的原则。可从以下几个方面考察汽车。

1）看碰撞标准。汽车安全性可通过碰撞标准来反映。目前，我国汽车安全性的强制性碰撞标准，其新车都能满足。但随着汽车市场的不断发展，人们对碰撞的评价要求越来越高。NCAP是最早在美国开展并已经在欧洲、日本等发达国家运行多年的新车碰撞评价规程，一般由政府或具有权威性的组织机构，按照比国家法规更严格的方法对在市场上销售的车型进行碰撞安全性能测试、评分和划分星级，向社会公开评价结果。现阶段，中国新车评价规程即C-NCAP正在发展和完善。C-NCAP是将在市场上购买的新车型按照比我国现有强制性标准更严格和更全面的要求进行碰撞安全性能测试，评价结果按星级划分并公开发布，碰撞星级共划分6个等级：5+级、5级、4级、3级、2级、1级。碰撞星级越高，汽车安全性越好，5+级最高。

2) 看安全性配置。首先看普通制动系统，因为它对安全性的影响最大。若汽车前后轮均采用超大尺寸通风盘式制动器，则汽车制动效能的稳定性较好，有利于高速行车时的制动安全性。其次看安全性的附加配置，因为它们可以提高车辆安全性能。若汽车配有ABS，则ABS在紧急制动时可以缩短制动距离，并能够尽量保持制动时汽车的方向稳定性，绝大部分轿车已将ABS作为标准配置；若汽车配有EBD，则EBD能够根据汽车制动时产生轴荷转移的不同，而自动调节前、后轴的制动力分配比例，提高制动效能，通常EBD用来配合ABS以提高制动稳定性；若汽车配有ASR，则ASR可抑制车辆在湿滑路面起步与加速时驱动轮的滑转，提高驱动力和行驶稳定性；若汽车配有ESP，则ESP在任何行驶状态下，不管是在紧急制动还是正常制动，以及在车辆自由行驶、加速、节气门或载荷发生变化时，ESP都能让车辆保持稳定，并确保驾驶人对车辆操纵自如；若汽车配有倒车雷达（又称泊车辅助系统，或倒车警示系统），则倒车时驾驶人可通过倒车雷达得到及时的警示，使倒车变得轻松、安全；若汽车配有自动防碰撞系统，则汽车就不可能发生纵向碰撞事故；若汽车配有SRS，即安全气囊，则汽车发生碰撞事故时，安全气囊的引爆可减轻驾乘人员的伤害程度……汽车的安全性配置越全，则汽车行驶时的安全性就越高。

3) 看车身结构。对于轿车来说，乘员的安全性主要取决于车身结构。安全性高的车身，应做到刚柔结合：该柔软的地方应柔软，如在车体的前部设置较空旷的碰撞变形区以及中强度的保险横杠，在碰撞时能吸收大部分能量；该刚硬的地方应刚硬，如坚固的驾驶室钢架结构在碰撞时能尽量减少变形以避免乘员受到挤压。车身结构好的轿车其碰撞星级较高。

另外，车身的大小对安全性也具有重要影响。统计表明：轿车越大、车身越长，交通事故时乘员的死亡率越低，乘员越安全。

(2) 以燃油经济性为重点　燃油消耗在汽车的使用成本中占有很大的比例，因此大多数用户特别关注汽车的燃油经济性。省油的汽车，其燃油经济性好。

采用高压缩比发动机的汽车比较省油；发动机排量小的汽车比较省油；比功率小的汽车比较省油；柴油车比汽油车省油；手动变速器汽车比自动变速器汽车省油；空气阻力系数越小汽车越省油，目前轿车空气阻力系数可达0.3以下。

(3) 以动力性为重点　随着道路条件的改善，人们对汽车动力性的要求越来越高，比较关注汽车的加速时间和汽车的最高车速。

通常，汽车的比功率越大，加速时间越短，最高车速越高，动力性就越好；豪华轿车、排量大的轿车，其动力性较好；发动机同排量而配备有多气门进排气系统或者涡轮增压机的汽车，其动力性较好；装用可变配气系统发动机的汽车，其充气系数大，汽车动力性较好；在汽车的比功率相同时，流线形理想、空气阻力系数小的汽车，其动力性较好。

(4) 以舒适性为重点　随着生活质量的提高，人们拥有汽车，享用汽车，更加追求汽车的舒适性。

通常，大车要比小车稳重舒服；自动变速要比手动变速省事省力；具备冷暖气空调要比仅有冷气者舒适；采用动力转向、制动助力、电动侧视镜、电动侧窗等装置都比较省力；采用独立悬架、变刚度悬架会明显改善汽车的舒适性；采用宽系列低压轮胎，可减少轮胎的径向刚度，提高轮胎的展平能力，从而提高汽车行驶的舒适性。

（5）以可靠性为重点　汽车可靠性高，汽车不易出故障，汽车运输生产率高，经济效益好。因此，人们在选配汽车时比较关注汽车的质量、汽车的可靠性。

通常，零件少而构造简单者比多而复杂者可靠；功能少而精者比功能多而全者可靠；汽车手动变速器比自动变速器可靠等。

（6）以维修方便性为重点　汽车使用中出现故障是难以避免的，但出了故障能否得到及时修复，是用户更为关心的问题。一辆好的汽车，不仅要具有较高的可靠性，还应具有较好的维修方便性。因此，选购汽车时，必须要对所选车型的售后服务、维修网点、配件供应、生产前景进行考查，应注意该车配件供应的难易、配件价格的高低及配件质量的好坏，当不能完全统一时，应充分考虑配件供应、配件价格及配件质量问题，以免超过使用保证期后，因故障多、配件供应困难、配件价格高，而严重影响汽车的正常运行，导致使用成本过高。

通常，国产车比进口车维修方便性好。同时，国产车由于其零件供应充分且售价低廉，其维修费用也较便宜。

（7）以售价为重点　对于同样性能的汽车，其售价越低，购车者关注的程度就越高。

通常，售价与配置有关，同型号汽车，配置较全者售价较高；汽车越舒适、越安全、越豪华、技术越先进、性能越好，则汽车的售价越高。

7.4.4　汽车的合理配置与要求

1. 汽车的合理配置

汽车的合理配置是指运输单位或用户根据其所承担运输任务的性质、运量、运距和汽车的运行条件等合理配置车辆。如大、中、小型车辆的比例；汽、柴油车的比例；通用、专用车比例等。通过合理规划，优化车辆构成，提高车辆吨（座）位利用率和实载率，满足运输市场的需要。

2. 车辆配置的要求

合理配置车辆的要求如下：

1）车型先进、安全可靠、货物装卸（或旅客上下）方便。

2）车辆规格齐全，能与本地的客、货源适应，且配比合理（吨位大小、座位多少、高中低档比例等），吨位利用率和客量利用率高。

3）车辆油耗、维修费用低，运输成本低而利润高。

4）应变能力强，既能完成正常的生产任务，又能突出重点完成一些临时的特殊任务。

7.4.5　汽车选购方法

对于国家机关、政府各部门以及事业单位的汽车购置，常采用公开招标方式，即按规定发招标广告、接收投标、组织开标、评标、定标、签订购车合同，并按合同书要求购置汽车。选购汽车时，应通过市场调研、选择合适的经销商、新车检查等步骤，选择出合适的汽车。

1. 市场调研

市场调研是一个选购调查的过程，它是购置汽车的准备过程。在选购汽车的时候，根据购车的用途，按照购买者的经济承受能力列出备选车型名单，向经销商索取介绍资料，从报刊、专业网站查看有关这些车型的广告和评价资料，研究分析各种车型使用说明书中提供的主要性能指标参数，以确定该车是否适用，同时估计出该车在使用中的安全性、经济性和运输生产能力方面能达到的水平。多看一些有关的资料，再进行对比。

（1）了解备选车型，确保选中车型的优势　收集备选车型使用过程中的一些资料，了解备选车型的质量状况，如实际耗油、故障、使用方便性等情况；了解售后服务情况，如零配件的供应是否有保障等。

（2）对备选车型进行合理评价　市场调研时要对备选车型进行评价，评价的方法通常有两种，即主观评价和客观评价。主观评价的方法也称为"感觉评价"，其方法就是根据购买者乘坐这些备选车的感觉和这些车型的用户或单位以及乘客的反映进行综合评价；客观评价就是按要求用试验装置和仪器测出各评价指标的结果进行评价，最好用同类车的对比试验结果进行评价，但这很不容易，通常只用备选车型资料提供的数据进行评价。

（3）调研价格　询问价格是市场调研的一个重要内容。一般来说，都希望购买性能优越、质量可靠而又价格低廉的汽车。但性能和质量好的汽车，价格自然高些。不过在汽车销售竞争非常激烈的今天，多跑几家汽车经销商，还是能选到合适价格的。

通过市场调研，对备选车型进行综合评估，选定性能价格比好的车型作为购置的对象。

2. 选经销商

选择经销商十分重要，因为目前经销商普遍实行"四位一体（4S）"的模式，即整车销售、零配件供应、售后服务、信息反馈为一体的服务方式，这关系到将来的售后服务。同一城市通常有多家经销同一车型的经销商，选择信誉较好的经销商可以获得较好的售后服务，这为日后使用汽车省去了很多麻烦。建议到有一定规模的经销商或专卖店那里去选车，因为上牌及售后服务都有一定的保障。经销商的服务质量和保修水平是购车者应该重点考虑的因素，不要只接受最低报价，如果能提供较好的售后服务，价格略贵也是值得的。购车者可通过朋友推荐的方式或从经销商接待方式以及承诺买了车后将可获得什么服务的情况去选择认为合适的经销商。

3. 新车检查

确定了汽车的型号和牌名后，应对新车进行全面的检查，这是购车的关键环节。其检查的内容主要如下。

（1）汽车外表检查　环绕汽车一周仔细检查，确定选定的汽车与样车是否一样。查看车身颜色是否是预先选定的颜色，是金属漆还是普通漆，查看外部油漆颜色是否均匀一致，不要让脏物或灰尘遮住残损处，有无划痕、掉漆、开裂、起泡、锈蚀及修补的痕迹等。检查轮胎、备胎规格是否符合规定，四个轮胎是否相同，轮胎气压是否合适，轮胎胎面是否新净；各灯光信号设施是否齐全、有无损伤，前、后风窗玻璃有无损伤；车门缝隙是否均匀一致、车门、车窗是否完整和开关自如。

（2）车内设施检查　主要查看车内装饰件及有关设施是否完整有效，操纵是否正常。坐进车内查看汽车：车内座位是否完整，坐垫及椅套是否美观大方，坐椅能否前后调整，乘坐是否舒适，有无安全系统，安全带伸缩是否自如。坐在驾驶座位上用手晃动转向盘，上下不能有窜动现象，转向盘的自由转动要符合使用说明书的要求；仪表及副仪表台装配应工整，没有歪斜现象。接通电源开关，检查刮水器、风窗玻璃洗涤装置工作是否正常。检查前照灯、制动灯、转向灯、防雾灯、牌照灯、车厢灯、倒车灯等是否正常；喇叭是否响亮，声响是否正常；里程表有无读数记录，对于新车其数值应不超过 10km；车门与侧窗开关是否灵活、安全、可靠，手动或电动车窗操纵是否正常；门窗及前后风窗玻璃密封是否良好，玻璃是否存在裂纹；各后视镜中景物图像是否清晰；车内各装饰件安装是否牢固可靠，特别是车门拉手有否松动，内顶篷是否有松脱现象等。

（3）起动发动机检查　检查汽车发动机油、冷却液等添加量是否符合标准，不足时或质量不符合标准时进行添加或更换。将变速器置空档，拉紧驻车制动器操纵杆，接通点火开关，起动发动机。检查发动机运转是否轻快、连续平稳、无杂音和异响；轻踩加速踏板，发动机转速应是连续平稳地提升；急踩加速踏板，检查发动机的加速性能，观察发动机转速变化的响应情况；松开加速踏板，检查发动机怠速是否稳定；观察各种仪表及报警装置工作是否正常；最后下车观察发动机排气管的烟色是否正常等。

起动发动机检查的重点是发动机的运转声音，最好对几辆车进行比较，因为发动机是一个装配很精密的机器，装配或调整稍有微小出入就会在声音等方面反映出来。

（4）汽车路试检查　汽车路试检查的目的就是查看汽车的加速性、操纵稳定性、行驶平顺性、乘坐舒适性、制动性是否良好，汽车上各种装备的工作是否正常等。另外，路试时加速踏板反应要灵敏，离合器踏板、制动踏板的自由行程要符合使用说明书的要求，这三个踏板复位均应迅速而无卡滞的现象；路试时要注意观察和倾听有无异响、异常。停车后观察有无滴油、渗油（包括燃油、润滑油、制动液等）、漏水（冷却液、电解液等）、漏气等现象。

4. 购车成交

最后办理购车手续，向经销商索取汽车使用说明书、合格证、保修单等技术文件，以及随车工具和备胎等，进口汽车还要有海关纳税证明。核对汽车型号，一般型号代码比较长，核对时一定要细心。应注意核对购车发票，检查上面所填写的如车型、颜色、排量、车辆识别代码等是否与实际车辆相符，如有错误要当场更正。

7.5　二手车选购

在用汽车、旧车俗称二手车。二手车，其质量和性能肯定不如新车，与新车的差别程度如何往往难以把握，因此购买二手车必须谨慎。购买二手车时，若遵循一定的原则，进行价值评估，采用一定的技巧，进行必要的鉴别，通常可以购到价格合适且质量可靠的二手车。

7.5.1　二手车选购原则

跟新车相比，二手车最大的不同之处是它已经使用了一段时间，或多或少存在一些不足。为此，购买二手车应遵循下列原则。

1. 购车交易应合法

要到正规的二手车交易市场，与合法的二手车经销商交易。通常，正规二手车交易市场的车辆手续齐全，能有效防止来历不明的车辆进入市场。买车时，二手车经销商能提供所购买汽车的各项证明材料，办理合法的交易手续，并签订买车过户合同。

在正规的二手车交易市场，若买方购买的车辆如因卖方隐瞒和欺诈不能办理转移登记，则卖方能无条件接受退车，并退还购车款等费用。

2. 价格优势应明显

二手车之所以受到人们的喜爱，主要就是其价格在同类商品中是低廉的。如果二手车没有明显的价格低廉优势，则购买者将失去购买二手车的意义。因此，购买的二手车价格应相对较低。不过物有所值的二手车其价格是有底线的，而价格过低的二手车可能使购买者不安心。

3. 质量性能应适中

二手车质量性能应适中，尽可能做到即买即用。汽车发动机、制动系统、转向系统、车身或车架等部件不能有缺陷或破损，这不但关系到汽车未来的维修费用，还直接关系到汽车行驶的安全和可靠性能。但由于车价低，因此对二手车质量性能不能过于苛求。

4. 实质问题应清楚

每辆二手车都有其作为二手车的原因，要么车型过时，要么性能低劣，要么有安全隐患，要么是事故车操纵稳定性差等。购买者对所选二手车主要存在的实质问题应非常清楚，而且要权衡日后解决问题所付出的代价。若代价过高，则失去购买二手车的意义。

7.5.2 二手车不买原则

买二手车主要是为了便宜、实用。但买不好，可能带来后患，有些二手车是坚决不能买的。

1. 停产公司的车辆不能买

汽车公司停产后，尽管多数原车配件还能买到，但数量少，价格贵，如果是进口汽车，则费用更是高得惊人，会给车主带来非常大的开销，这严重违背了买二手车图实惠的初衷。因此，停产公司的车辆不能买，哪怕价格非常低廉。

2. 来历不正当的车辆不能买

来历不正当的车辆，再便宜也不能买。若买了盗窃的车辆，难免有销赃之嫌，甚至会触犯法律；若买了无任何手续的非法拼装车，则入不了车籍，会在经济上蒙受重大损失。

3. 使用时间较长、即将报废的车辆不能买

车辆使用时间越长磨损越严重，当达到某一数值，汽车的寿命就走到了尽头。任何汽车一经投入使用，其性能和价值会随着时间的延长而逐渐降低，而维修费用则逐年增加。车型老旧，使用时间长，性能低劣，物料超耗严重，维修费用高的车辆，使用不经济而且不安全，这类车可能即将报废，坚决不能买。

4. 排放超标的车辆不能买

国家对环境保护的要求越来越高，因而汽车的排放标准会越来越严，对于大城市来说，排放超标的车辆根本不能上路，故排放超标的车辆不能买。

5. 重大事故的车辆不能买

车辆出了如撞车、翻车等重大事故后，汽车车身变形、部件损坏一般来说都是相当严重的。这种汽车即使修复，但其操纵性、稳定性和舒适性由于其根基的破坏却不能与原来相比，往往带有行车隐患，因此出过重大事故的车辆不能买。但这种车车主不会说明，全靠购买者慧眼识别。有的车外表非常好看，品牌也不错，其价格却压得很低，该车可能有出重大

事故之嫌。

6. 无售后服务的车辆不能买

二手车故障相对较多，若无售后服务，则日后会给用户带来较大的麻烦，因此对于无售后服务的二手车不能买。现在的二手车售后服务体系已有不少的改善，不少二手车经销商都向买方提供售后服务承诺，并由指定的4S店进行售后维修服务。

7.5.3 二手车价值评估

二手车的价值是指汽车作为二手车卖时的残值。二手车的价值是选购二手车的基础，它受多种因素影响，包括汽车生产年份、车况、品牌、新车价格、维修保养、改装配件、油耗、最新政策以及汽车保有量等都会影响二手车价值。因此，买家往往很难准确评估二手车的实际价值。二手车价值评估方法很多，下面仅介绍几种常用的方法。

1. 重置成本法

重置成本法是指把在现时条件下重新购置一辆全新状态的被评估车辆所需的全部成本（即重置全价），减去该被评估车辆的各种陈旧贬值后的差额作为被评估车辆现时价格的一种评估方法。一般来讲，一辆车一年之内二手车价格较其新车价格相比损失20%左右，一年之后按每年折价10%来进行计算。二手车收购商常用该法估算。

2. 行驶里程法

行驶里程法是按汽车行驶的公里数来折算车价估算二手车价值的方法。该法常用分段残值评估，也称"54321法"。它将一部车的有效寿命平均分为5段，每段价值依序5/15、4/15、3/15、2/15、1/15折旧，剩余价值即为所求。例如：某新车的有效寿命为30万km，将其分为5段，每段6万km，新车价10万元，已行驶12万km，那么该车此时的价值大体是：$10-10 \times (5/15+4/15)=4$万元。

估算时如果怀疑里程表不准，则可以利用使用年数×年均行驶里程计算二手车的行驶里程，非营运车年均行驶里程为2.5万km左右，营运车（如出租车）年均行驶里程18万km左右。

在使用条件一定时，汽车的残值与行驶里程紧密相关。汽车行驶里程越长，则汽车的实体磨损就越大，汽车的残值就越少，汽车的价值就越低。因此，行驶里程法是二手车最基本的估值方法。它具有估值简单、快捷迅速的特点。

3. 现行估价法

现行估价法是指以同款式、同年份、同使用期限的车辆在二手车市场上的平均价格为基础，再考虑所评估车辆的现时技术状况评定系数，以平均价格乘以系数从而确定车辆价格的方法。该法估值最贴近市场的真实价格，但评估时必须具备大量的市场真实交易数据作为样本，才能获得真实的平均价格。二手车收购商采用现行估价法更有优势。

7.5.4 二手车选购技巧

1. 找好购车伙伴

购买二手车，需要有更多的知识和实践经验，若不熟悉汽车机械又不擅长讨价还价，则难以选到称心如意的二手车。因此，购车时可找些购车伙伴陪同。伙伴中最好有人懂得汽车的使用维修技术，有人擅长交易。

2. 选择最佳时机

查验二手车应避免在晚上进行，最好选晴朗的白天看车，因为白天较容易发现钣金或喷漆上的缺陷。试车尽可能在大清早，并于停车场直接取车，因为旧车的毛病往往较容易在隔了夜后，发动机及底盘完全冷却时被发现。

3. 验实汽车证件

要详细耐心地验实车辆的原始资料及牌证，确定车辆的身份，这是购车的前提。在买车的时候，对车主的身份证、车辆的号牌、车辆原始发货票、机动车登记证书、机动车行驶证、有效的机动车安全技术检验合格标志、车辆购置税完税证明、养路费缴付凭证、车船使用税缴付凭证、车辆保险单等都要仔细查验，确保没有问题才行。如果证照不全，买车后则难以办理相关手续。车辆识别代码要与有关材料内容相符，认定车身无改装、号码无变造痕迹，以确定汽车来路正常。

通过验实证件及查看车辆铭牌，还可确认汽车的出厂时间和汽车已使用的年限。

4. 估算行驶里程

汽车行驶里程可反映汽车的使用强度，是评价二手车的一个重要指标。汽车已行驶里程越多，则表明汽车离报废的时间越短。汽车行驶里程可参考里程表，根据使用年限、车主的用车频率和车辆的成色综合估算。但千万不能偏听偏信车主的反映，也不能过分信赖车速里程表的里程数。

5. 查找汽车缺陷

二手车常有缺陷，所以查找二手车缺陷非常重要。购买者一定要仔细检查，不要被汽车华丽的外表和装潢所迷惑，而忽略了汽车隐藏的缺陷。要用自己的智慧和经验去发现隐患，去寻找不足。只有这样才能买到物有所值的二手车，减少或清除日后使用二手车的麻烦。

6. 进行讨价还价

购买二手车时，应该讨价还价。但在此之前，对车价评估应做到心中有数。由于国内的二手车交易市场体制还没能像发达国家那么健全，因此很多购买者面对卖家的报价都心中没底，价杀少了自己吃亏，价杀多了人家又不卖。怎样的价格才算合适呢？这主要看汽车的成色，主要靠对汽车成色的评估。通过对二手车的检查、试车，对汽车的成色应有一个大致的评估，价格有一个大概的底线。影响汽车成色评估及汽车价格的不量化因素很多：如汽车的厂牌，是热门车或冷门车，依市场行情加价或减价；车况，如外观、内饰、发动机、底盘、原漆的好坏是影响汽车成色及价格的主要因素；汽车保险是否购买，若有保险应算入车价；汽车过户次数，次数越多车况越难预料，高价是不可能的；颜色，特别是不畅销的或冷门的颜色可要求减价；配置，依加装配置的价值及拆装难度决定加价多少；事故车，根据事故大小判断其价值；新车调价、促销、改型，随时都在影响二手车的价格走向。通常，二手车在交易时，其成交价格大多是按质论价，即按使用时间年平均10%的折旧率折旧，也有按汽车行驶公里或累计小时计算损耗的。

请注意，讨价还价是有限度的，要知道价廉物美的二手车是可遇而不可求的，价格合适就行。

7.5.5 二手车鉴别方法

在验实了汽车证件，确认了汽车的正当来源后，应对二手车进行全面的鉴别检查，这是购置二手车的关键环节。其鉴别检查的方法主要如下。

1. 汽车外表检查

1）在离车稍远的位置仔细观察整车的外观状况。观察车身的左右高度是否对称，不对称的汽车，其基础件可能遭到破坏，如车身、车架、悬架系统损坏，说不定就是重大事故车。

2）检查左右前照灯灯罩、转向灯罩、雾灯罩以及发动机罩前面的新旧程度，外壳颜色是否一致。若不一致，说明这些部件曾经因为撞车而更换过。

3）检查车身是否重新喷过漆；在发动机罩内侧、发动机两侧的喷漆颜色是否与车身颜色不一致。如发现某一部分漆色或厚薄与周围不相吻合，或显现出细微的圈状刮痕，多是受过损伤后经重新喷涂美容所致；任何新的油漆都说明卖家掩盖了不想让人知道的缺陷，注意补漆处的颜色偏差以及橡胶密封件边缘处的油漆残渣，行驶里程较少且油漆很新的汽车不少是曾出过事故或车身经过了大修的；注意油漆面和翼子板、门下边缘、车身纵梁、轮罩及门槛等区域的锈蚀程度，它可以反映汽车的护理、维护情况。

4）检查车身的焊接点。揭开车内地毯，查找下面车身是否藏有硬伤，车架当然会有焊接点，但原来的焊接点平滑细小，后加的焊接点粗糙、不规则。车身或车架上的补焊点意味着该车曾出过事故或车身经过了大修。有些车翻修水平较高，普通人看不出是原厂焊接还是翻新的，这时应请行家来帮忙看看。

5）检查车身钣金是否平整，有无敲打、整平、修补痕迹。如有钣金修理迹象，该车可能发生过碰伤，或者是车祸。车身左右两边应是对称的，因此比较两边之曲线、棱角，就可迅速找出破绽。

6）检查发动机罩、车门与车身的间隙是否均匀。若不均匀，间隙有过大或过小处，则说明车身基础件有严重变形，或发动机罩、车门处被撞变形。另外，前照灯、尾灯与车身之间的接缝应是平滑的，否则可能是事故车。

7）检查挡泥板的边缘以及车轴处，观察零件磨损与经受风吹日晒的情况；或者察看排气管外端，检查其陈旧或生锈的程度。

8）掀起发动机罩，检查前端及前桥是否有变形的地方和碰撞痕迹，以防买到事故翻修车。

9）检查悬架系统。目检减振器，若减振器存在弯曲或严重的凹陷或刺孔，说明减振器损坏。用手压下车头及车尾两端，然后迅速地松手，此时若车辆的反弹次数超过两次，则说明减振器工作效能差。目检悬架弹簧是否有折断或损伤缺陷，检查悬架杆件连接处橡胶衬套是否老化或损坏，其连接部位间隙是否过大。

10）检查轮胎的磨损现象和磨损程度。轮胎的磨损现象可以反映汽车的部分技术状况，轮胎磨损异常，如轮胎外侧或内侧磨损过快，则说明前轮的外倾角不正常或后轮承载系统有问题；胎冠出现羽片状磨损，则说明车轮的前束不正常；轮胎胎面局部出现磨光的斑点即秃点，则说明车轮动不平衡；轮胎胎冠上一侧产生扇形磨损，则由轮胎长期处于某一位置行驶而不换位或悬架变形导致位置不当所致；胎冠中部快速磨损，则为轮胎气压过高所致；胎冠两肩磨损过快，则为轮胎气压不足所致；若发现一侧轮胎磨损较小且正常，而另一侧轮胎磨损异常严重，则说明磨损异常车轮的轮毂轴承间隙、车轮的平衡有问题或者是悬架系统、车轮定位及转向节部件不正常，支承件变形。轮胎的磨损程度可以反映汽车的使用程度，若花纹磨平，边缘已全无棱角，说明轮胎使用时间较长，也说明原车主驾车的习惯粗野，这样不仅轮胎本身状况不佳,且透露出全车的整体状况可能不好。若是更换过的轮胎,则另当别论。

11)检查泄漏情况。查看地面上、发动机、底盘、变速器、主减速器及制动管路等有无漏油痕迹。如有漏油现象,则表示漏油部分的衬垫、油封失效。查看散热器、水管、发动机本体上有无漏水现象,任何地方漏水均表示不正常。

12)检查蓄电池。如电解液少,接线柱腐蚀或外壳破裂都说明平时维护不良。

2. 汽车内部检查

1)检查座椅。座椅是否下沉,座椅调节系统是否有效,座椅表面是否清洁、完好,无破损、划伤,都是座椅检查的内容。破损的、很脏的座椅等均意味着汽车已驶过了相当长的里程。若卖主提供了座椅套,务必察看一下原始的椅垫。

2)检查车内仪表。仪表板上的各仪表、信号灯、控制按钮工作应正常。仪表板内的线束如有胶带包裹、组合杂乱的现象,则表示仪表上有地方被修理过,对年份较新的车辆来讲,则属于不正常的现象。

3)检查车门、窗玻璃等。车门玻璃应升降自如,上升能到顶,下降能到底,侧窗开关应轻松自如,推拉顺当,密封良好。车门、车内的饰板应装卡到位,手推下去不应松脱。

4)检查转向盘。用手晃动转向盘,上下不应有间隙,转动的自由行程不应过大,表面手感要好。

5)检查控制踏板。坐好后,手放在转向盘上,左脚踏离合器踏板,应感觉轻松自如,并有一小段自由行程;右脚踩下制动踏板不放(液压制动系统),其应保持一定高度,若其缓慢下移,则表示制动系统有泄漏现象;加速踏板不应有犯卡、沉重、不复位的现象,脚放在加速踏板上时,脚踝应自然舒适,这样才能保证长途驾驶不疲劳。

6)检查车厢密封性。若场地设有试水装置,应驾车驶过淋水洗车区,考察车身密封性。淋水后,检查各密封件是否完好,检查时掀开地板垫,仔细查看车室内及行李舱内是否被淋湿,并注意车灯内是否蒙上了水雾。

3. 发动机检查

1)检查发动机环境。掀起发动机罩,查看发动机各油管、水管、线路是否老化,有无漏油漏水痕迹,但不要以为这里干干净净就没有问题,越干净的发动机越是经过人工清理的,这些部位只要仔细检查,普通人也能看出问题。

2)检查机油情况。抽出机油尺,察看附在其上的油迹,如油位很低而无泄漏,则该发动机可能有机油上窜烧机油的现象;如机油摸起来又稀又脏且带浓汽油味,一则意味该车很久没换过机油,二则表明发动机燃烧不正常或活塞环密封不严而漏气,是需镗缸大修的信号;如机油上浮有水滴,则是气缸水套破裂的征兆;如机油过浓且不透亮,表明发动机内曲轴等主要相对运动件有较严重的磨损;如机油过于浓稠而透亮,表示车主没有用对机油或是故意用浓机油来降低发动机的噪声,以蒙骗买客。

3)检查运转质量。将变速器置空档,拉紧驻车制动器操纵杆,接通点火开关,起动发动机,使发动机运转升温,在其升温过程中,注意倾听有无运转杂声,如有杂声,说明零件磨损过大。发动机温度正常后,检查发动机运转是否轻快,轻踩加速踏板,发动机转速能迅速提升者为好。检查发动机运转时有无杂声和异响,并且辨别来自何处。通常,可通过急踩加速踏板,使发动机转速变化来聆听响声、寻找声源,如活塞敲缸声、活塞销响、连杆轴承响、主轴承响都与转速变化有关。

4）检查各缸工作。利用单缸断火法检查效果较好。先让加速踏板处在一定位置，使发动机稳定运转，然后轮流将各缸断火（汽油机）或断油（柴油机），使某缸不工作，来观察发动机的运转情况。若某缸断火或断油后，发动机转速下降，而且稳定性变差，则说明该缸工作正常；若某缸不工作后，对整个发动机似乎没有影响，则说明该气缸一定不工作，存在故障。利用这种方法还可以检查各缸引起的异响。

5）检查排气烟色。起动发动机，待发动机温度升高正常运转时观察排气烟色。通常，正常的排气应是无色的；若排蓝烟，说明发动机有烧机油的嫌疑；若排白烟，除非是非常寒冷的冬天，否则说明排气中有水蒸气存在，可能是发动机气缸壁有裂缝或气缸垫密封不严，导致冷却液进入燃烧室；若排黑烟，说明发动机燃烧不完全，可能是燃油供给系统调整不当或有严重故障所致。排气烟色不好的汽车不能买，因为这会增加很多麻烦，且要付出额外的维修费，除非这是唯一重大缺点，而车主又愿负担维修费。

4. 汽车路试检查

通过上述一系列检查，进行综合判定，如表示满意，则进行路试检查，以进一步了解汽车的性能，从而决定是否购置该车。路试检查是最后一关，路试检查不合格的车，再便宜也不能要。路试起步前，为安全起见，要确定汽车制动和转向操纵控制有效。

1）检查底盘的技术状况。利用汽车的滑行性能来评价其底盘的技术状况，汽车滑行距离越长，则汽车传动效率越高，底盘的技术状况就越好，这样的汽车油耗少，动力大。路试时，汽车空载在水平路面上以初速30km/h摘档滑行，其滑行距离应满足表1-5的要求，否则，底盘技术状况不佳。

2）检查发动机的技术状况。底盘技术状况良好的汽车，若加速反应慢，则可判断发动机动力性差；若出现杂声，说明发动机带载运行有故障，这些都表明发动机的技术状况不良。路试中，在上陡坡或加速踩加速踏板时，若发动机反应灵敏，运转平稳强劲有力，行车顺畅，且无异常声响，则说明发动机技术状况良好。若发动机加速时有沉闷迟钝、软绵无力的感觉，或排气管有放爆声，则说明点火系统、燃料供给系统有故障。

3）检查制动性能。在不同的车速下制动，制动距离应符合验车要求，且确保没有制动跑偏和制动侧滑现象。如果汽车配置有ABS，可以试着以40km/h的速度紧急制动，停车后观察轮胎在路面上的制动痕迹，若有拖印，则说明车轮抱死，ABS存在故障。

驻车制动方面，可在倾斜度较大的斜坡上停车并进行驻车制动，观察汽车是否有溜车的现象。

4）检查离合器。离合器最典型的故障是打滑和分离不彻底。离合器打滑的检查方法是：汽车静止时，分离离合器，起动发动机，拉紧驻车制动器操纵杆，把变速器换入一档，缓抬离合器踏板使离合器逐渐接合，同时加大加速踏板，若发动机无负荷感，汽车不能起步，发动机又不熄火，说明离合器打滑；汽车在行驶中，当加大加速踏板后，若发动机转速提高而车速不变，则表明离合器打滑。

离合器分离不彻底的检查方法是：先将变速器处于空档位，使发动机运转，再踩下离合器踏板，将变速器挂入一档，看是否能平稳接合。若各齿轮能平稳啮合，则判定其工作状态良好；若换档困难并伴有齿轮撞击声，强行挂入档位后汽车前冲，发动机熄火，则说明离合器分离不彻底。

5）检查变速器。对于自动变速器，路试时，将换档操纵手柄拨至D位，踩下加速踏板，使节气门保持在1/2开度左右，让汽车起步加速，检查自动变速器的升档情况。自动变速器在升档时，发动机会有瞬时的转速下降，同时车身有轻微的冲击。自动变速器工作正常时，汽车起步后随着车速的升高，乘员能感觉自动变速器顺利地依次由最低档升至最高档。若自动变速器不能升至高档（3档或超速档），则说明自动变速器电子控制系统或换档执行元件有故障。路试时，还应进行换档质量的检查，主要是检查换档时有无换档冲击。正常的自动变速器只能有不太明显的换档冲击，特别是电子控制自动变速器的换档冲击应十分微弱。若换档冲击太大，说明自动变速器的控制系统或换档执行元件有故障，其原因可能是油路油压过高或换档执行元件打滑。当发动机转速在非换档时有突然升速现象，则说明换档执行元件打滑。

手动变速器常见的故障有跳档、换档困难和异响等。路试时，跳档的检查方法是：汽车在中高速行驶时，采用突然加减速的方法，使齿轮承受较大的交变负荷，检查是否跳档；或利用汽车上坡或平路高速行驶时的点制动，使变速器传递较大的负荷，检查是否跳档。逐档进行路试，若变速杆在某档自动跳回空档，即诊断该档跳档。换档困难的检查方法是：在确定离合器工作正常的情况下，起动发动机进行汽车起步和路试的换档试验，由低速顺序换到高档位，再由高速顺序换至低档位。若某档位不能挂入或勉强挂入后又难以退出，或挂档过程中有齿轮撞击声，则说明该档位换档困难。路试时，若变速器发出不正常的响声，如"呼隆、呼隆"声及尖锐、清脆的金属撞击声，则说明变速器的轴承磨损松旷、齿轮啮合失常或润滑不良。

自动变速器性能差和手动变速器有故障的汽车不能买，因为其日后需要维修的费用太高。

6）检查转向系统。路试时直线行车，汽车不能有跑偏现象，汽车转向后应能自动回正，转向应轻便，否则，汽车转向系统存在故障，或车身变形以及前轮定位参数不正确。另外，转向盘自由转动量要合适，汽车最大自由转动量从中间位置向左或向右均不得大于10°（最大设计车速大于或等于100km/h的机动车）或15°（最大设计车速小于100km/h的机动车）。转向盘自由转动量是转向系统各部件配合间隙的总反映，当自由转动量超过规定值时，说明从转向盘至转向轮的传动链中一处或几处的配合松旷，存在故障。自由转动量过大的汽车转向不灵敏，对行车安全的威胁较大。

7）检查行驶系统。将车开到空旷平路转向盘居中，若汽车行驶时，不能保持直线方向，而自动偏向一边，则可能是前轮定位不良，或左右轴距相差过大、推力角过大，或前梁、车身及转向节弯曲变形。尽可能频繁地转换车速，察看在加速与减速时车辆的反应。若车速一高，车身与转向盘就抖动，那就很糟糕，可能是传动轴动不平衡，或前轮动不平衡，或悬架不良。若汽车在某一车速范围内行驶，出现两前轮各自围绕主销轴线摆振，感到转向盘发抖、行驶不稳定，则可能是前轮定位不佳，或车轮变形、前轮的径向圆跳动量和轴向圆跳动量过大、车轮动不平衡，或前悬架杆件及转向节变形，或转向节球销及纵横拉杆球销等连接处松旷。

8）检查舒适性。在凸凹不平的路面上进行路试行车，若车身产生的振动不能迅速衰减，或汽车在高速行车时振动严重，汽车乘坐的舒适性差，则说明减振器不良或损坏，或悬架系统弹性元件损坏，或传动轴动不平衡等。

9）检查各种电器。检查前照灯、制动灯、转向灯、防雾灯、牌照灯、车厢灯、倒车灯等是否正常；喇叭是否响亮，声响是否正常；检查空调系统、收音机等是否都能正常工作。

通过上述的各种检查，就可判断汽车过去的维护、修理情况和现在所处的技术状况，从而确定是否购买。

本 章 小 结

1. 汽车使用寿命是指汽车从开始使用到不能使用之间的整个时期。汽车使用寿命可分为：自然寿命、技术使用寿命、经济使用寿命、折旧寿命和合理使用寿命，其中经济使用寿命是确定汽车最佳更新时机的依据。

2. 汽车更新是指以新车或高效率、低消耗、性能先进的汽车更换在用车辆。汽车更新理论主要是研究汽车使用过程中的损耗、性能劣化过程及规律，并确定汽车最佳更新时机。汽车劣化理论中的有形磨损是指汽车在使用和闲置过程中的实体磨损，无形磨损是指汽车在使用和闲置过程中的贬值。汽车更新时应分析有形磨损期和无形磨损期之间的相互关系。

3. 汽车最佳更新年限确定的核心问题是计算汽车的经济使用寿命，主要计算方法有低劣化数值法、面值法等。低劣化数值法计算的汽车经济寿命为：$T_G = \sqrt{2K_0/b}$（年）。

4. 汽车报废应严格根据汽车报废的技术条件进行，提前报废会造成运力损失、浪费资源，过迟报废会增大运输成本、影响运力更新。根据机动车使用和安全技术、排放检验状况，国家对达到报废条件的机动车实施强制报废，对达到一定行驶里程的机动车引导报废。

5. 汽车的价值与其功能成正比，与完成其功能所耗的费用成反比。当汽车功能一定时，寿命周期费用越低，说明汽车的价值越高。汽车的价值分析，可为选购汽车发挥重要作用。

6. 汽车选配的基本原则是：所选汽车应具有良好的实用性、适应性、安全性、经济性和高效性。汽车选配的重点考虑原则是：安全性、燃油经济性、动力性、舒适性、可靠性、维修方便性、售价。国家机关、政府各部门以及事业单位购置汽车，采用公开招标方式按合同书要求进行。个人选购汽车，应通过市场调研、选择合适经销商、新车检查等步骤进行。

7. 在用汽车、旧车俗称二手车。二手车的价值是指汽车作为二手车卖时的残值，其价值评估常用方法是：重置成本法、行驶里程法、现行估价法。二手车选购原则是：购车交易合法、价格优势应明显、质量性能应适中、实质问题应清楚。二手车选购技巧是：找好购车伙伴、选择最佳时机、验实汽车证件、估算行驶里程、查找汽车缺陷、进行讨价还价。二手车鉴别方法是：汽车外表检查、汽车内部检查、发动机检查、汽车路试检查。

复习思考题

1. 什么是汽车使用寿命？汽车有哪几种使用寿命？
2. 什么是汽车的经济使用寿命？研究经济使用寿命的意义是什么？
3. 什么是汽车的有形磨损和无形磨损？
4. 什么是汽车更新？汽车更新的意义是什么？
5. 如何确定汽车的最佳更新年限？
6. 汽车为什么要强制报废？汽车报废的条件是什么？
7. 怎样理解汽车的价值？汽车价值分析有何意义？
8. 汽车选购应考虑哪些原则？
9. 怎样评估二手车价值？试举例说明。
10. 二手车选购的原则有哪些？哪些二手车不能买？
11. 如何选购新车？如何鉴别二手车？

第 8 章 汽车驾驶与安全行驶

> 学习目标：
> - 了解汽车基础驾驶的基本要领。
> - 熟悉汽车在一般道路、高速公路、复杂环境条件下的行车特点。
> - 掌握汽车在一般道路、高速公路、复杂环境条件下的驾驶方法。
> - 知道汽车安全行驶的意义和对策。

8.1 汽车基础驾驶

8.1.1 汽车驾驶的姿势

正确的汽车驾驶姿势是：驾驶人进入座椅之后，身体轻靠座椅的后背，胸部稍挺，保持上身端正，使身体轴线与转向柱对正，两只手分握转向盘左右两侧适当的位置，目视前方且顾及两旁，两脚均匀分开，右脚以脚跟为支点放在加速踏板上，左脚放在离合器踏板旁。

要保持正确的驾驶姿势，在驾驶前应根据驾驶人的需求，将座椅高度或靠背倾斜角度调至适当位置，使驾驶人感到舒适自然，视野开阔，手足得以自由活动，能顺利地操纵转向盘、拉杆、踏板和按钮等机构。

正确的驾驶姿势，有利于驾驶人运用各种驾驶操纵机构，便于驾驶人观察各种仪表和道路情况，有助于保持旺盛的精力，减轻驾驶人疲劳程度，能使驾驶人准确、灵活、敏捷、持久、安全地进行驾驶操作。另外，长期稳定地保持正确的驾驶姿势，能使驾驶人保持正常的血液循环状态，不会出现肢体麻木、抽筋现象，对减少发生颈椎骨质增生和腰椎间盘突出及胃下垂都有着重要的意义。因此，驾驶汽车时，驾驶人应保持正确的驾驶姿势。

8.1.2 汽车操纵机构的运用

汽车操纵机构安装在汽车驾驶室内，以供汽车驾驶人控制汽车运行使用。熟练掌握操纵机构的运用方法和技巧，是每个汽车驾驶人必须具备的基本操作技能，也是保证汽车安全行驶的关键。

1. 转向盘

转向盘是操纵汽车行驶方向的机构，驾驶人通过控制转向盘，来决定汽车向左或向右转弯行驶，或直线行驶。我国汽车在道路上靠右侧行驶，因此，转向盘在驾驶室内左侧。

驾驶人两手应分别位于转向盘轮缘左、右两侧，拇指在内自然伸直靠紧盘缘，四指由外向里握住盘缘。目视前方，顾及两旁，看远顾近，握正方向，在行驶中，不可双手同时离开转向盘。在一般道路上行驶时，以左手为主，右手为辅，左手拉动，右手推送，推拉结合，适当地转动转向盘。在高低不平的道路上行驶时，应紧握转向盘，防止颠簸造成汽车偏向，转动转向盘时，不要猛转急回。在弯道半径较大的道路上转弯时，双手在转向盘上可不改变位置，两手同时转动转向盘便能顺利通过。在急转弯时，可采用大角度转动转向盘、双手交替操纵转向盘的方法。在泥泞道路上车辆后轴侧滑时，应立即松抬加速踏板，向侧滑方向猛打转向盘并抓住转向盘不放，等车尾恢复直线时，再将转向盘回正并控制好车速，千万不能让转向盘左右摆动。停车后不要转动转向盘，以免损坏转向系统。

2. 变速杆

变速杆是变速器的操纵机构，其作用就是换档。驾驶人通过操纵变速杆，使变速器相应档位的齿轮啮合或者分离，从而改变传递的转矩、行驶的速度和进退的方向，或者中断动力的传递。变速杆通常位于驾驶室底板上驾驶人右手侧，驾驶人用右手操纵变速杆。

操纵变速杆时，两眼应注视汽车行驶的前方，左手握稳转向盘，右手掌心贴住变速杆球头，手指轻握杆球。换档时，在左脚踩下离合器踏板的同时，右脚松开加速踏板，按照档位位置，以适当的腕力和臂力推动或拉动变速杆，使之换入选定的档位。

操纵变速杆时，动作要轻快、准确、柔和，不可用力过猛，也不要硬拉强推，以避免变速器齿轮发响。挂倒档，必须待车辆完全停住后才能进行，另外，一般汽车都装有倒档锁，所以在挂入倒档前，还需先打开倒档锁，否则就挂不进倒档。

3. 离合器踏板

离合器踏板是离合器的操纵机构。汽车在起步、换档及停车时，通过离合器踏板的操作，使离合器接合或分离，从而接通或切断发动机与变速器间的动力传输，以利于其他操作。离合器踏板位于驾驶室底板上驾驶人左脚附近。驾驶人用左脚操作离合器踏板，踩下离合器踏板，离合器分离，动力传递中断；松开离合器踏板，离合器接合，实现动力传递。

操纵离合器踏板时，应以左脚跟为支点，用脚掌踏在离合器踏板上，以膝关节和脚踝关节的伸展动作踩下或放松离合器踏板。

踩下离合器踏板时动作要迅速，一脚踩到底。起步时，松抬离合器踏板快慢有层次，应准确掌握快、慢、停、离的原则：快就是开始松抬离合器踏板时应稍快一点，以便迅速消除离合器片与压板的空行程；慢就是离合器刚开始接合时，应慢慢松抬离合器踏板，使离合器片与压板平稳接合；停就是当离合器还处于半接合状态时，汽车已慢慢起步，此时不能迅速松抬离合器踏板，而应稳住离合器踏板，稍稍停顿，再逐渐慢抬；离就是当离合器完全接合，汽车平稳起步后，应迅速将脚从离合器踏板上移开，放在离合器踏板左下方。

对于装有自动变速器的汽车，由于起步、换档及停车时都不需要离合器，因而这种汽车无离合器踏板。

4. 加速踏板

加速踏板俗称油门，用来控制发动机的动力输出。加速踏板的作用，对汽油机是控制节气门的开度以调节混合气进入气缸的浓度和数量，对柴油机是控制喷入气缸的柴油量，使发动机的转速提高或降低，以满足各种运行条件的要求。加速踏板位于驾驶室底板上驾驶人右脚附近。驾驶人用右脚控制加速踏板：踩下加速踏板，动力输出加大；松抬加速踏板，动力输出减小。

用右脚操纵加速踏板，脚跟靠在驾驶室地板上作为支点，用脚踝关节的伸屈动作踩下或放松加速踏板。踩加速踏板时，用力要柔和，徐徐加速，不宜过急。要做到连续轻踩，缓慢松抬，不可忽踩、忽放或连续抖动。除必须使用制动踏板外，其余时间右脚都应轻放在加速踏板上。

汽车在起步、行驶、冲坡、超车时都要动用加速踏板来控制发动机，进而控制整个汽车。起步开始，加速踏板有稍许踏下即可，以使发动机转速有所上升；当换档后，随着离合踏板的逐渐抬起，加速踏板应及时跟着缓慢踏下；当离合器踏板完全抬起时，应适当加快踩踏加速踏板。如果踩踏过小、过慢，易使发动机熄火；如果踩踏过大、过快，会使起步产生猛烈冲击，增加离合器摩擦片的磨损及齿轮等零件的冲击负荷。在冷车起动后，应采用减小节气门的方法，使发动机运转至正常工作温度，绝对禁止在冷车起动时加大节气门，否则，将造成发动机在润滑状态不良的情况下，因高速运转而导致烧瓦、拉缸等。在行驶或冲坡时，一般不将加速踏板完全踏下，如果踏下踏板行程的3/4，汽车仍不能顺利上坡，则应换入低一档位后，再踏下加速踏板继续行驶。

5. 制动踏板

制动踏板俗称刹车踏板，是车轮制动器的操纵机构。汽车行车时，若需强制减速或停车，则应踏下制动踏板，通过车轮制动器实现汽车的制动。制动踏板位于驾驶室底板上驾驶人右脚附近。制动时，驾驶人用右脚操作制动踏板。

操纵制动踏板时，两手应握稳转向盘，先放松加速踏板，然后用右脚掌踏在制动踏板上，以膝关节和踝关节的伸曲动作踩下制动踏板。其踩下制动踏板的程度，要根据汽车遇到的急缓情况、路面条件及汽车的行驶速度而定。

当遇到紧急情况需紧急停车时，应紧握转向盘，立即用力将制动踏板踩到底，使汽车在最短的距离内停车；当遇到一般情况时，可提前放松加速踏板使汽车减速，同时将制动踏板连续缓慢地踩下；当在雨天或泥泞路面上行驶时，若需制动可用点制动轻踩制动踏板，以避免车轮制动抱死所出现的方向失控。

6. 驻车制动操纵杆

驻车制动操纵杆是驻车制动器的操纵机构，主要供停车后制动之用。停车时，将驻车制动操纵杆拉到最大位置，就可以实现制动，以免车辆自由滑坡；行驶中遇到紧急情况时，急拉驻车制动操纵杆能起到辅助紧急制动作用；在坡道起步时，要配合踩加速踏板、离合器踏板，或推或拉驻车制动操纵杆，能防止车辆溜坡。驻车制动操纵杆位于驾驶室底板上驾驶人右手侧，以便驾驶人用右手操作。

7. 点火开关

汽车点火开关是一个系统开关，它集点火开关、起动开关、电路开关、转向盘锁止开关于一体，用于接通和切断点火系统、起动系统、电气系统电路，通常需要使用钥匙来起到开关的作用。汽车点火开关一般设有O、Ⅰ、Ⅱ、Ⅲ四个位置，如图8-1所示。点火开关钥匙处于各个位置的功能是：O（LOCK）是锁止，当钥匙拿下时，转向盘被锁住，起防盗作用；Ⅰ（ACC）是附件通电，当钥匙拧到此位时，附件电路接通，部分电器如音响可以直接使用，转向柱解锁；Ⅱ（ON）是点火开关接通，点火系统及全车电路接通，发动机正常工作时，钥匙处于此位；Ⅲ（START）是发动机起动，当钥匙拧到此位时，起动开关接通，起动机带动发动机旋转，发动机起动后，迅速松手钥匙会自动转入Ⅱ位。

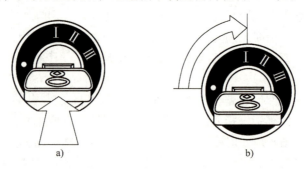

图 8-1　轿车点火开关
a）插入点火开关钥匙　b）转动点火开关钥匙
0—转向柱锁止　Ⅰ—附件通电　Ⅱ—点火开关接通　Ⅲ—发动机起动

8. 分动器操纵杆

多轴驱动汽车设有分动器。其分动器有两根操纵杆：一根是前桥操纵杆，用于连接或分离前轮的驱动机构；另一根是变速操纵杆，用于操纵分动器换档。对于具有高、低速两档分动器的越野汽车，行驶在良好路面时，为避免增加功率消耗及传动件磨损，分动器只需使用高速档工作，而不宜接上前桥驱动；当汽车在困难路段行驶时，为发挥越野汽车的最大驱动力，分动器则需使用低速档工作，但为避免后桥超载，必须接上前桥以实现全轮驱动。因此，对分动器的操作要求是：非先接上前桥，不得换入低档；非先退出低档，不得摘下前桥。分动器操纵杆的位置通常在变速器的变速杆旁边，驾驶人用右手控制分动器操纵杆。

8.1.3　基础驾驶操作

1. 起步

汽车起步是指车辆从静止状态到开始行驶的过程。车辆起步时，由于惯性较大，需要较大的驱动力，故选用低速档起步。

汽车起步前，起动发动机，使其维持在较高的怠速运转，待发动机温度达 50℃ 左右，发动机响声正常，各指示仪表符合要求时，可按下述步骤使汽车起步。

1）关好车门，系好安全带，保持正确的驾驶姿势。

2）踏下离合器踏板，将变速杆挂入适当的档位（1档或2档）。

3）观察车辆四周及后视镜，察看、注意有无妨碍起步的情况。对于夜间、浓雾天气及视线不清时，应注意开前、后车灯。

4）握稳转向盘，解除驻车制动。

5）稍踏加速踏板，松抬离合器踏板，同时再适当踏下加速踏板，使汽车平稳起步。

起步时如松抬离合器踏板过快或猛踩加速踏板，均会造成汽车突然前冲或者发动机熄火，严重时会损坏发动机和传动零件。在起步中如遇发动机动力不足，将要熄火，应立即稍踏离合器踏板，并适当踏下加速踏板，重新起步。

熟练的驾驶人能保证汽车平稳而顺利地起步，其关键是要正确选择档位，把握好离合器踏板与加速踏板之间的配合使用。起步开始时，松抬离合器踏板要快；当感觉发动机声响有所下降或车身有轻微抖动时，必须慢抬离合器踏板；待汽车将要起步时，离合器踏板在此位置稍作停顿，适当踏下加速踏板，略提高发动机转速，再继续慢抬离合器踏板，并渐踏加速踏板，使汽车平稳起步，此时要迅速将离合器踏板完全抬起。

2. 换档

汽车行驶时，换档操作相当频繁，能否及时、正确、迅速而平稳地换档是衡量汽车驾驶人驾驶技术水平的一项重要标志。选择适宜的运行档位，把握恰当的换档时机，进行正确的换档操作是每个驾驶人应该掌握的。

（1）选择适宜档位　现代汽车均采用多档变速器，档位越多，适应道路条件变化的能力就越强。而档位越低，则克服道路阻力的能力就越大。汽车行驶时，要根据路面及交通情况，经常变换档位，及时调整车速。当道路阻力增大（如起步、上坡、通过阻力大的路段）需要大的驱动力时，应选用低速档，但使用低速档时，车速低、发动机转速高、温度容易升高、燃料消耗大、噪声较大，因此，低速档行驶的时间应尽量缩短；当通过良好路面，需要提高行驶速度、节约燃油时，应选用高速档；当汽车转弯、过桥、过交叉路口和坡道、会车及通过一般困难路段时，应选用中间档位，它是由低档到高档或由高档到低档时的过渡档位。行车时，应尽量使用高档位，以减轻零件的磨损和降低油耗。

（2）掌握换档时机　换档及时，既可提高汽车的动力性、经济性，又可防止发动机超负荷运转。因此，汽车行驶时，要掌握好换档时机，及时地变换档位。踩下加速踏板，若感到发动机动力过大，说明原来的档位已不适应，应及时换入高一级档位，加档后如不出现动力不足和传动部分抖动现象，则表明加档时机适宜。若车速下降、发动机动力不足，说明原档位已不适应，要及时换入低一级档位，如减档后汽车不出现突然降速现象，则表明减档时机适宜。

（3）进行换档操作　换档操作的实质就是将变速器内某一对啮合旋转的齿轮或接合套脱离啮合（摘档），而将另一对旋转的齿轮或接合套进入啮合（挂档）。待啮合的一对齿轮或接合套，在摘档时其两者圆周线速度相差较大，若强行挂档，则将使进入啮合的齿牙互相撞击发出响声，甚至打坏齿牙，影响齿轮或接合套的工作寿命。正确的换档操作就是要采取措施，尽量使待啮合的齿轮或接合套的圆周线速度相等，实现平稳而无撞击地啮合。

对于变速器无同步器的汽车，两脚离合法是确保换档平稳的有效方法。两脚离合法的换档原理是：第一脚踩离合器踏板是为了切断发动机与变速器输入轴之间的动力传递，使摘档容易，而松抬离合器踏板的目的则是使待啮合的齿轮或接合套的圆周线速度相等；第二脚踩离合器踏板是为了挂档顺利，因为待啮合齿牙的圆周线速度绝对相等的时机是难以掌握的，因此，挂档时难免要发生轮齿碰撞，而在踩下离合器踏板后，发动机与变速器输入轴的动力连接被切断，此时挂档，即使将要啮合的齿牙圆周线速度有差异，也不致发出较大的碰齿声。

目前，各类汽车变速器广泛采用同步器，使得汽车的换档操作简单、方便。这种汽车换档时，其待啮合的轮齿圆周线速度能迅速达到一致，可消除或减轻轮齿间的冲击和噪声，使换档平稳而柔和。换档时无论是加档还是减档，都只需一脚离合。其换档方法是：抬起加速踏板，踩下离合器踏板，先将变速杆摘档后直接靠在需挂入的档位，待同步器同步后，挂入此档，然后边松离合器踏板边踩加速踏板，直至离合器踏板完全抬起。

对于自动变速器汽车，其换档是自动进行的，驾驶人只需根据道路条件选择操纵手柄位置，用加速踏板控制车速即可。

3. 转向

由于道路不断改变方向，所以汽车也要随之改变行驶方向，这就要求汽车转向。通常，汽车的转向是通过转向盘的转动来带动前轮偏转实现的。

转向时，驾驶人应正确估计汽车行驶轨迹和转弯的角度，根据弯道情况，逐渐转动转向盘，待汽车将要驶离弯道，车头接近新方向时，再逐渐把转向盘回正。弯道较缓时，应早转慢打，少打少回；弯道较急时应迟转快打，多打多回。

车速与转向的关系非常密切，车速越快方向越难掌握。要根据路面的宽窄、弯度的大小及交通情况，确定合适的车速。在距转弯处50m左右，驾驶人应视转向角度的大小提前将车速降低，保证汽车平稳转弯，避免因车速快、弯道急产生侧滑。转向盘的运用要与车速配合，车速越快，转动转向盘越要稳，要早转、少转、稳妥地操作；当车速较慢时，可以较快地转动转向盘。要掌握转向时机，及时转及时回，实现正确转向。

在弯道行驶时，驾驶人必须做到"减速、鸣号、靠右行"。减速可以防止离心力过大而导致的车辆不稳、失控、侧滑；鸣号可以提前警告弯道对方的来车和行人，以引起注意，及时避让；靠右行可以避免侵占对方来车的行驶路线，车辆交会时不致于发生碰撞。转弯时，驾驶人应扫视后视镜，观察后方车辆动向，以便及时避让。

在交叉路口需转向的汽车，应在距路口50~100m处打开转向指示灯表明其前进方向，并在距路口15~30m处观察后方车辆的情况，转弯后回正转向盘，关闭指示灯。

转向时，应尽量避免使用制动，尤其是紧急制动。因为紧急制动时容易使汽车失去转向能力，产生后轴侧滑。

4. 制动

汽车行驶时，经常受到道路和交通情况变化的影响而需要降低车速或停车，而减速或停车主要是靠制动来实现。常用的制动方法有预见性制动和紧急制动。

（1）预见性制动 它是指驾驶人在行驶中，根据已发现的车辆、行人、地形的变化，或预见将会出现的复杂局面和情况，足以影响其以原有车速安全通过时，提前采取的减速或停车的措施。预见性制动的操作方法是：发现情况后，先放松加速踏板，利用发动机的旋转阻力作用降低车速，并根据情况连续或间歇地轻踏制动踏板，平稳地减速或停车。

预见性制动能保证汽车安全行车、节约燃料、减少轮胎磨损和延长零件使用寿命。因此，驾驶人在行车中要集中精力，对观察到的情况进行全面分析，做出正确的判断，如需减速或停车，应尽量使用预见性制动。

（2）紧急制动 它是指汽车在行驶中突然遇到紧急情况时，驾驶人迅速、正确地使用制动器，在短距离内停车的一种制动。紧急制动的方法是：握稳转向盘，迅速放松加速踏板，急速踩下制动踏板，必要时可同时拉驻车制动器操纵杆，发挥汽车的最大制动力，迫使汽车尽快停住。

紧急制动时，由于惯性力较大，对汽车各部件都有较大的冲击；对于无ABS的汽车，由于车轮制动抱死，汽车将失去抵抗侧滑的能力，其方向难以控制，同时车轮抱死拖滑会加剧轮胎的磨损。因此，行车时应尽量避免紧急制动。在冰雪路面、泥泞滑溜路面行驶及转向时，最好不要采用紧急制动。

5. 倒车

倒车是指变速器挂入倒档后的倒退行驶，主要用于狭窄场地的掉头、进出车库等。由于倒车时驾驶人的视线受到限制，感觉能力削弱，倒行方向与位置的准确程度较难掌握，因而倒车比前进驾驶困难。但由于倒车是驾驶人经常进行的一项操作，因此，驾驶人必须熟练掌握倒车技术。

（1）倒车的驾驶姿势　根据汽车轮廓、交通环境及视线条件等，倒车时观察车后情况，采用的驾驶姿势有如下几种。

1）注视后视窗倒车。左手握住转向盘上缘，上身向右侧转，右臂依托在靠背上端，头转向后窗，两眼注视后方目标进行倒车。

2）注视侧方倒车。右手把握转向盘的上缘，左手打开车门并拉住车门，上身左斜身探出驾驶室，头转向后，两眼注视后方目标进行倒车。

3）注视后视镜倒车。两眼注视后视镜，根据后视镜观察的后方目标进行倒车。

（2）倒车方法　倒车时，应先观察好周围的情况，同时选定倒车目标。然后，把变速杆换入倒档，并发出倒车信号，选择适用的驾驶姿势，用与前进起步同样的操作顺序进行倒车。倒车中要稳住加速踏板，控制好车速，时速不超过 5km/h 为宜，不得忽快忽慢，以防熄火或因倒车过猛而造成危险。常用的倒车方法有直线倒车和转向倒车。

1）直线倒车。直线倒车时，应保持前轮正向倒退，并通过转向盘来及时修正倒车方位。如发现车尾偏斜时，则应立即将转向盘向车尾偏斜的反向转动，待车尾摆正后，迅速将转向盘回正。

2）转向倒车。转向倒车时，应掌握"慢行车、快转向"的操作原则，同时还要随时注意整个车辆与周围物体的接触情况。转向倒车时，转向盘转动的方向就是车尾摆动的方向，如欲使车尾向左（右）转弯，则转向盘也应往左（右）转动，弯急多转，弯缓少转，一般当车尾将接近所选定的目标时回正转向盘，摆正车头。

6. 停车

停车就是将行驶中的汽车停下来，一般是利用预见性制动方法使汽车停车。当汽车需要停车时，打开右转向灯，随着车速的降低，逐渐靠右行驶，接近预定的停车地点时，踏下离合器踏板，轻踩制动踏板，将车停稳，然后拉紧驻车制动器操纵杆，将变速杆移入空档，放松离合器踏板和制动踏板，关闭转向灯。若驾驶人要离开车辆，则应关闭发动机。

8.2　汽车在一般道路上的驾驶

8.2.1　平路驾驶

平路驾驶是最基本的操作驾驶，能对汽车的操纵机构进行综合运用。平路驾驶主要有一般行驶、会车、超车、让超车及掉头等内容。

1. 一般行驶

汽车在保持平稳起步后，进入道路行驶时，驾驶人要目视前方，顾及两旁，看远顾近，握正方向，尽可能地保持直线匀速行驶。驾驶人要细心感悟转向盘的自由转动量有多大，对转向盘要注意少打少回，及时修正方向，保证汽车按预定的方向行驶。行驶中由于路面、车辆、行人的变化与影响，驾驶人要注意选择好行驶路线、行驶速度和行车间距。

（1）行驶路线　驾驶人选择行驶路线的原则是：在平坦较宽路面，汽车应靠右侧行驶；在路面较窄、拱度较大，且无会车和超车情况下，汽车应选择道路中间行驶；在不良路面，汽车应避开道路上的尖石、棱角物等行驶。

（2）行驶速度　汽车速度对行车安全、燃料消耗和零件的使用寿命影响很大，驾驶人应根据车型、道路、气候、载运量、交通情况以及自己的驾驶水平，确定合适的车速。

车型不同，适宜的车速就不一样，通常驾驶轿车的车速比驾驶货车的车速要高；在高速公路上，汽车应以高档位较高车速行驶，以获得较高的运输效率；在良好的道路上，采用中速行车既能节省燃油、降低运输成本，又能获得较高的运输生产率；在差路面，如凸凹不平路面、搓板路面，汽车应低速行驶，以减少对汽车的冲击和振动；汽车在通过繁华街道、交叉路口、隧道、窄桥、陡坡、弯道、狭路以及下雪、结冰、雨雾视线不清时，最高车速不得超过30km/h，以确保汽车的行车安全。

汽车行驶速度越高，行车安全性越差。行车中，驾驶人要根据道路、交通的实际情况合理调整车速，做到该快则快、该慢则慢，既要考虑高速行车，又要考虑运行安全，应严格遵守交通规则的限速规定，坚决反对盲目开快车，杜绝交通事故发生。

（3）行车间距　汽车在道路上行驶，为避免相互碰撞，必须保持一定的间距。行车间距分同向行驶间距和侧向间距两种。

1）同向行驶间距。两车同向行驶间距应随车速和交通条件的变化而变化，车速越高、路面越滑，其行驶间距就应越大。在公路上行车时，为保证行车安全，同向行驶间距值（m）一般应大于车速值（km/h），如车速为50km/h，则最小间距应为50m，车速为90km/h，则最小间距应为90m。在市区行车时，同向行驶间距应保持在20m以上，在繁华地区应保持在5m以上。在冰雪道路、雨雾天气视线不清时，同向行驶间距还要适当加大。

2）侧向间距。汽车的侧向间距与车速有关，一般，车速在40~60km/h时，同向行驶车辆的侧向最小安全间距为1.0~1.4m，异向行驶为1.2~1.4m；车速为30km/h时，车辆的侧向最小安全间距为0.57m。另外，侧向间距也应随气候条件和道路条件的不同而变化，冰雪路滑、雨雾天气视线不清时，侧向间距应适当加大。若不能保证足够的安全侧向间距，则应降低车速行驶。

2. 会车

会车时，汽车应靠道路右侧通过。会车前，应根据双方车辆的速度、车型、装载情况以及道路状况、视线好坏、气候条件、交通条件和驾驶技术水平等因素来调整自身车辆的速度及行驶位置。会车时，选择有利的会车地点，适当降低车速，握稳转向盘，同时顾及道路两侧情况，保持两车间留有足够的侧向间距，从而安全迅速地会车。

在道路上正常会车，可适当加大两车的侧向间距减速交会，会车后，从后视镜观察确认无车辆超越时，再缓缓地驶向正常车道。会车处若遇有障碍物，则应按右侧通行规定，让前方无障碍物的车辆先行，不可争道。两车在没有划中心线的道路和狭路、窄桥、便道等处会车时，应减速慢行靠右通过，礼让来车，会车有困难时，有让路条件的一方应礼让对方车辆先行。遇雨、雾、黄昏等视线不清的情况会车时，应降低车速，开启示宽灯，加大两车侧向间距，必要时停车避让。夜间会车，在距来车150m以外，应互闭远光灯改用近光灯。

3. 超车

超车前，要认真观察被超车辆的行驶速度、道路宽度、有无交会车辆等情况，充分估计超车所需的时间和距离。在条件成熟时，打开左转向灯发出超车信号，向前车左侧接近、鸣喇叭，确认安全后，从被超车的左边超越。超越后，在左侧行驶一段距离，在不妨碍被超车辆正常行驶的情况下，变左转向灯为右转向灯，逐渐驶入正常行车路线。超车时，若突遇对面来车，则应握稳转向盘，慎用紧急制动，及时尽快减速，让被超车辆驶离，然后尾随其后，待机再超。

超越停放的车辆时，应减速鸣号，注意观察停放车辆的动态，并保持较大的侧向间距，以防停止的车辆突然起步驶入路中，或车门突然开启有人下车，或车辆前方有人横穿道路。

注意下列情况不得超车。

1）前车已发出转弯信号或前车正在超车时。
2）前车时速已达到后车的最高时速限制时。
3）与对面来车有可能会车，距离对面来车150m以内时。
4）在超越区内视线不良，如有风沙、雨、雾、雪时。
5）通过繁华街道、交叉路口、隧道、铁路道口、急弯路、窄路时。

4. 让超车

汽车行驶中，应随时注意尾随车辆的动态，发现后车发出超越信号时，若道路和交通条件允许，应及时减速靠右边行驶，必要时以手势或开右转向灯示意让后车超越，不得故意不让或让路不让速，更不得加速竞驶。

让超车过程中，若新发现右前方有障碍，则不能突然左转方向绕过障碍，以防正在超越的车辆措手不及与本车相撞，而应迅速减速，甚至停车让超，待后车超越后再绕过障碍行驶；若发现左前方有车妨碍后车超越时，应主动减速来配合后车安全超越。

5. 掉头

汽车掉头是为了使汽车向相反的方向行驶。掉头方法正确，可缩短掉头时间，减少对其他行驶车辆的影响。汽车掉头应遵守交通管理规则，在确保安全行车和不影响其他车辆行驶的前提下，选择适宜的地点掉头，如在交叉路口、平坦、宽阔、路面坚实的路段处掉头。严禁在坡道、桥梁、弯路、隧道、铁路道口、交通繁华地段等处掉头。根据掉头地点的宽阔情况，汽车掉头可分为一次顺车掉头和窄路掉头两种方法，如图8-2所示。

（1）一次顺车掉头　在较宽的叉路口或较宽的道路上，可以一次顺车掉头。当汽车驶近掉头地点，降低车速，换入中速档或低速档，使汽车靠道路右侧行驶，开启左转向灯，同时注意观察路面前后的交通情况，向左转动转向盘一次顺利地完成汽车掉头，如图8-2a所示。

（2）窄路掉头　在较窄的公路上行驶不能一次顺车掉头时，可参照图8-2b所示的顺车与倒车相结合的方法进行掉头。选择合适的地段，在掉头的第一次顺车前进时，迅速向左转向，将车驶向公路的一侧，待前轮快要接近路边或车辆前沿接近障碍物时，踏下离合器踏板，轻踏制动，同时迅速向右回转转向盘，及时将车停住。倒车时，先观察车后情况，然后慢慢起步向右转足转向盘，使车尾向右偏移后退，待汽车后轮将要接近路边或汽车后沿接近

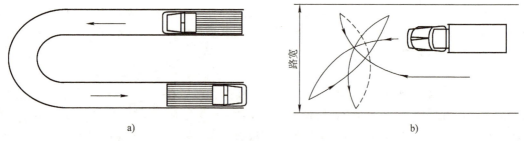

图 8-2 汽车掉头
a) 一次顺车掉头　b) 窄路掉头

障碍物时，立即踏下离合器踏板，并轻踏制动踏板，同时迅速将转向盘向左回转，并及时停车，此时若能顺车驶出就逐步驶入行驶路线，否则可再后倒一次或几次，完成汽车掉头。窄路掉头时，要确保安全，宁愿多进、退一次，也不要过分驶近路边。

8.2.2 坡道驾驶

汽车在坡道行驶，由于存在上坡阻力和下坡助力，给驾驶操作带来很多麻烦。因此，在坡道上行驶，必须善于观察地形、路面，掌握汽车的性能、特点，采取恰当的驾驶操作方法，做到手脚协调配合，换档敏捷、准确，合理使用制动，使汽车顺利通过坡道。

1. 上坡驾驶

（1）上坡起步　上坡起步关键在于克服上坡阻力，防止汽车后溜。因此，除按平路起步要领和操作外，还要注意驻车制动器操纵杆、离合器踏板和加速踏板操作的密切配合。具体操作是：踏下离合器踏板，挂上 1 档；左手握稳转向盘，右手将驻车制动器操纵杆向后拉紧，右脚踏下加速踏板，两眼注视前方，同时缓抬离合器踏板；当离合器开始接触，感觉到发动机吃力，汽车欲起步行驶时，放松驻车制动器操纵杆，并缓抬离合器踏板，继续踏下加速踏板即可起步。汽车起步后，完全放松离合器踏板，不要猛烈加油。若车辆发生倒溜，应立即踏下制动踏板和离合器踏板，同时拉紧驻车制动器操纵杆，将车辆停住，重新起步。

（2）上坡行驶　汽车起步后，若觉动力有余，则应逐渐换入高一级档位，动作要迅速、准确。汽车上坡时，若感动力不足，应及时减档，以免发动机熄火。

通过短而不陡的坡道时，若路面宽阔、视线良好，可利用惯性加速冲坡；通过长而较陡的坡道时，既要利用高速惯性冲坡，又要及时变换档位，不能用高档位勉强行驶，以免发动机过载缩短零件使用寿命，也不宜过分使用低档冲坡，以免发动机超速运转而损坏。因此，必须掌握"高档不硬撑，低档不硬冲"的操作方法，使汽车保持充足动力徐徐而上。

2. 下坡驾驶

（1）下坡起步　下坡起步的操作要领和平路起步相同，但由于存在下坡助力，因此，其起步加速时间可大大缩短，起步更为容易。下坡起步时，一般采用 2 档或 3 档起步，放松驻车制动器操纵杆后，汽车溜动时再松抬离合器踏板，不要用高速档起步，以免损坏零件。

（2）下坡行驶　由于下坡时有助力作用，因此应提前轻踏制动踏板，及早控制车速。特别是下坡转弯、视线不清、交通情况不明时，更应将车速控制在随时可以制动停车的范围内。下长坡时，最好利用发动机制动、排气制动等辅助制动，以降低行车制动器的温度，保证汽车具有良好的制动效能。在缓直的下坡道上行驶，可加档操作，由低速档换入高速档，换档动作要快,空档只需一带而过,不可停留,否则,由于下坡助力的作用,使变速器的主、从动齿轮的转速差急剧增大,难于换入档位。下坡利用发动机制动时,为提高制动力,常需进行减档操作,由高速档换入低速档,换档动作要快。

8.2.3 通过桥梁、铁道和隧道的驾驶

1. 通过桥梁的驾驶

公路上的桥梁形式多样,其结构材料不尽相同,承载能力各不一样。因此,汽车通过桥梁时,要根据桥梁的特点,采取正确的驾驶方法,保证汽车安全通过。

汽车上桥前要减速,驶临桥梁时,应看清桥头附近的交通标志,严格遵守限载、限速规定,与前车保持必要的安全间距上桥行驶,在桥上车速要均匀,尽可能避免变速、制动和停车,以免产生动载荷和交通阻塞,确保汽车顺利通过桥梁。

对于过拱桥、吊桥、浮桥、便桥、木桥等时,应提前鸣号、减速,必要时应下车察看确认后才可通过。

2. 通过铁道的驾驶

驾驶汽车穿越铁路前,应先减速,注意有无火车驶来,听从铁路道口管理人员的指挥。如栏杆已经放下,应立即停车;如栏杆虽未放下而指挥人员发出警号时,应根据汽车所处的位置采取措施。若车已进入栏杆内,靠近铁路,则应迅速踏下加速踏板通过;若车距铁路尚远,则应停在栏杆之外。

汽车通过无人管理的铁路道口时,要提前换入低速档,减速慢行,察看交通情况,在视线不好的铁路道口还要停车了望,必要时下车观察,确认安全方可通过,真正做到"一停、二看、三通过"。发现有火车马上通过时,不得抢行;火车通过时,汽车起步不要过早,以免发生碰撞事故。

穿越铁路时,应迅速通过,不得在铁路区段内变速、制动、停车;过铁路道口时不得换档,以免熄火或挂不进档而停在道口发生危险。若汽车在铁路道口发生故障,则必须千方百计地设法使汽车立即离开,不得任其停留,以免引起恶性交通事故。

3. 通过隧道的驾驶

进入隧道前,应注意交通标志和文字说明的规定,并严格遵守。汽车提前减速,在距离隧道口约50m处开启前照灯和示宽灯,以便及早发现隧道口内的情况。过单向隧道时,应观察对面有无来车,有通行条件时,开灯缓行通过;若对面有车驶入隧道或有停车信号,应及时在道口靠右侧停车,待来车通过或有放行灯光信号后,再驶入隧道,做到红灯亮停车,绿灯亮通过。过双向隧道时,应靠道路右侧,注意来车交会,并视情开启灯光,一般不宜鸣喇叭。汽车驶出隧道后,应及时关闭车灯,按正常速度行驶。

8.3 汽车在高速公路上的驾驶

8.3.1 高速公路的特点

高速公路是指经国家公路主管部门验收认定,符合高速公路工程技术标准,并设置完善的交通安全设施、管理设施和服务设施,专供机动车高速行驶的公路。其年平均昼夜小客车

交通量为 25000 辆以上。

1. 高速公路的组成特点

高速公路具有全封闭、多车道、中央分隔带、全立体交叉、集中管理、控制出入,以及具有多种安全服务且设施配套齐全等特点。高速公路主要由中央分隔带、主车道、路肩、加速车道、减速车道和爬坡车道组成,其结构如图 8-3 所示。

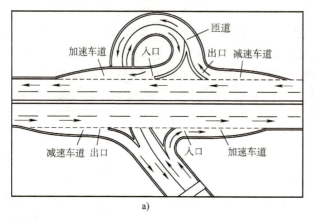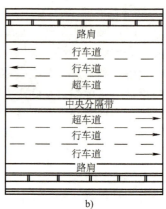

图 8-3 高速公路的组成结构
a)高速公路出入口结构 b)高速公路路面结构

(1)中央分隔带 中央分隔带是高速公路中央一条长条形绿化带,用以分隔往返车道,有时中央分隔带留有缺口,供巡逻车、救护车、急救工程车、处理肇事等紧急情况下使用,但禁止正常行驶的车辆在此掉头、转弯。

(2)主车道 主车道是由中央分隔带分隔的两侧往返车道。主车道一般用标线分两条或两条以上的车道,沿机动车辆行驶方向算,靠左边的第一条车道为超车道,第二、第三条和其他车道为行车道。超车道,供超车时使用;行车道,供车辆正常行驶时使用。

(3)路肩 高速公路最外侧设有路肩,它是救急车辆特别通行使用的专用线,也可作为临时停车之用。

(4)变速车道 变速车道是汽车驶入和驶出高速公路时,用于汽车变速、汽车过渡行驶的附加车道。变速车道按其用途可分为加速车道和减速车道。

1)加速车道。它是紧接主车道入口处最右侧的车道,供机动车驶入高速公路前加速时使用。

2)减速车道。它是紧接主车道出口处最右侧的车道,供机动车驶离高速公路时减速使用。

(5)爬坡车道 爬坡车道是高速公路有坡道的路段,为了保持车流的稳定性,设置专供速度较慢的载货车、大客车等行驶的专用车道,位于主车道右侧。

2. 高速公路的行驶特点

与一般公路相比,汽车在高速公路行驶,有如下特点。

(1)行驶车速高 高速公路路面质量好,行车速度高,其最高车速可达 120km/h,最低不得低于 60km/h。车速增加可缩短运输时间,提高汽车运输生产率,从而提高经济效益。

(2)通行能力大 高速公路路面宽、车道多、车流量大,通行能力强。一般普通三、

第 8 章 汽车驾驶与安全行驶

四级公路小客车通行能力为400～6000辆/昼夜。高速公路四、六、八车道折合成小客车的通行能力分别为25000～55000辆/昼夜、45000～80000辆/昼夜和60000～100000辆/昼夜。

(3) 行车安全性好　高速公路诸多的特殊构造和设施，如高速公路与其他公路采用立体交叉形式衔接，往返行车道用中央分隔带隔开以及路面宽、坡度小、转弯半径大等，使汽车在高速公路上行驶的安全性提高。

(4) 运输成本低　高速公路路面条件好，汽车行驶的道路阻力小，汽车的燃油经济性较好，同时汽车的轮胎消耗、零件磨损、货损都会减少，从而使得汽车的运输成本降低。

8.3.2　高速公路的行驶要求

1. 对车辆和驾驶人的要求

(1) 对车辆的要求　汽车在高速公路行驶，要讲求时间效益和经济效益，突出汽车的高速，这就要求汽车具有较高的车速和良好的技术状况。

拖拉机、农用运输车、电瓶车、轮式专用机械车、全挂牵引车、教练车以及设计最高车速低于70km/h的机动车辆，不得进入高速公路。装载货物违反规定的车辆禁止进入高速公路。

车辆的技术状况应符合机动车安全运行技术条件的要求和规定，驾驶人应事先检查车辆制动系统、转向系统、轮胎、燃油、润滑油、灯光、灭火器具、反光的故障车警告标志等，并保证齐全有效。所有车辆必须安装并使用安全带。

(2) 对驾驶人的要求　汽车在高速公路行驶，对驾驶人的要求较高。驾驶人必须具备正式驾驶人的身份，持证不满一年的实习驾驶人，禁止其驾车进入高速公路；严禁驾驶人酒后驾车。

2. 对车道使用的要求

为确保行车安全和提高车道的通行能力，汽车在高速公路上行驶应严格分道行驶，不同车速、不同车辆应使用不同的车道。通常规定：靠分隔带的第一条车道都为指定的超车道，任何车辆都只能在超车时使用，而不能作为行车道长时间占用；第二条车道供设计车速高于130km/h的小型客车行驶；第三条车道供大型客车、货运汽车和设计车速低于130km/h的小型客车行驶。有四条以上车道时，设计车速高于130km/h的小型客车在第二、第三条车道上行驶，大型客车、货运汽车和设计车速低于130km/h的小型客车在第三、第四条车道上或者向右顺延的车道上行驶，摩托车在最右侧车道上行驶。

3. 对行驶的限制要求

汽车在高速公路行驶时，车速高，流量大，若驾驶人的行为不规范，则容易导致恶性交通事故。因此，对容易造成交通事故和妨碍汽车通行的行为，应有严格的限制性要求，具体如下。

1) 不准倒车、逆行，不准穿越中央分隔带掉头或者转弯。
2) 不准进行试车和学习驾驶汽车。
3) 不准在匝道、加速车道或者减速车道上超车、停车，不准右侧超车。
4) 不准骑轧车道分界线行驶和在超车道上连续行驶。
5) 除遇障碍、发生故障等必须停车的情况外，不准随意停车，不准停车上下人员或者装卸货物。

6）除因停车驶入或驶出紧急停车带和路肩外，不准在紧急停车带和路肩上行车。

7）因故障需要临时停车检修时，必须提前开启右转向灯驶离行车道，停在紧急停车带或者右侧路肩上，禁止在行车道上修车。车辆修复后返回行车道时，应在紧急停车带或者路肩上提高车速，并开启左转向灯，进入行车道时，不准妨碍其他车辆的正常行驶。

8）对最高、最低车速加以限制。高速公路应当标明车道的行驶速度，最高车速不得超过120km/h，最低车速不得低于60km/h。高速公路上行驶的小型载客汽车最高车速不得超过120km/h，其他机动车不得超过100km/h。同方向有2条车道的，左侧车道（超车道）的最低车速为100km/h；同方向有3条以上车道的，最左侧车道的最低车速为110km/h，中间车道的最低车速为90km/h。道路限速标志标明的车速与上述车道行驶车速的规定不一致的，按照道路限速标志标明的车速行驶。

9）跟车间距规定。汽车在高速公路上行驶，车速超过100km/h时，应当与同车道前车保持100m以上的距离，车速低于100km/h时，与同车道前车距离可以适当缩短，但最小距离不得少于50m。

4. 对特殊行驶条件的要求

汽车在高速公路上行驶，遇有雾、雨、雪、沙尘、冰雹等低能见度气象条件时，应当遵守下列规定。

1）能见度小于200m时，开启雾灯、近光灯、示廓灯和前后位灯，车速不得超过60km/h，与同车道前车保持100m以上的距离。

2）能见度小于100m时，开启雾灯、近光灯、示廓灯、前后位灯和危险报警闪光灯，车速不得超过40km/h，与同车道前车保持50m以上的距离。

3）能见度小于50m时，开启雾灯、近光灯、示廓灯、前后位灯和危险报警闪光灯，车速不得超过20km/h，并从最近的出口尽快驶离高速公路。

8.3.3 高速公路的驾驶

1. 驶入高速公路

（1）在匝道上行驶　高速公路的入口大多采用立体交叉形式，有两条不同方向的匝道连通相交的道路，供汽车出入高速公路之用。汽车通过匝道驶入高速公路时，首先应确认行驶路线，不要一过路口就急于上路，这样容易驶错方向；其次应尽快将车速提高到50km/h以上，驶入加速车道。

（2）在加速车道上行驶　车辆进入加速车道后开启左转向灯，并踩加速踏板，使汽车迅速加速，当汽车驶离加速车道时，应与主车道上行驶的车速接近。

（3）驶入行车道　在加速车道上行驶一半以上路程后，车速接近车流速度时，轻轻操纵转向盘，进入行车道。合流时，应不妨碍在主车道行驶的车辆。不允许未经加速车道加速而直接并入行车道，其操作如图8-4所示。

2. 高速公路行车

（1）分道行驶　汽车进入高速公路后，应按车辆的类型和道路标牌或道路标志箭头，驶入相应的车道。行驶时，不能随意穿行、越线。严格遵守速度限制规定，超速行驶易酿成事故，车速太低妨碍其他车辆正常行驶，在雨天、冰雪天行车，车速应相应降低。

（2）跟车行驶　当车流量较大时，在同一条车道上，汽车自动地排成纵队，一辆接一

第 8 章 汽车驾驶与安全行驶

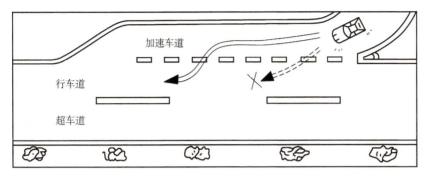

图 8-4 驶入行车道

辆地跟随行驶。此时，应保持适当的跟车间距，间距太小，容易发生追尾撞车事故，而行距过大，又会影响道路通行能力。一般情况下，在路面干燥、制动良好的情况下，跟车间距 (m) 不小于车速 (km/h) 的数值，如车速 100km/h 时不小于 100m。行驶中，驾驶人必须随时注意路旁车间距离标志牌，根据车速等情况，及时地调整跟车间距。如遇有雾、雨、雪、沙尘、冰雹等低能见度气象条件时，跟车间距应按高速公路的规定调整。

跟车行驶不能将注意点只固定在前车上，漫不经心地听任车流行驶，而应以 2~3 辆前车为诱导目标，并将之作为一个整体捕捉，这样容易了解前方道路的交通情况，当前方车速改变时，驾驶人应及时地调整自己的车速，正确地跟车行驶。

（3）超车行驶　车辆不多时，很容易超车，但当交通拥挤时，就要特别注意。超车时，必须有足够的间距，在两次变更车道时不能影响其他车辆的正常行驶。一般应在距前车 50m 左右变更车道，超越被超车辆 50m 后驶入原车道，与前车尽量保持较大的侧向间距，车速 100m/h 时保持 1.5m 以上，车速 70m/h 时保持 1.2m 以上。正确的超车方法是：

1) 观察前车是否在超车或有无超车意图，并通过后视镜观察后方超车道上有无后续车辆或来车超越，确认没有危险时，开启左转向灯，准备变换车道。

2) 在距前车 50~70m 时，平稳地向左转动转向盘，以弧度较大的行车轨迹进入超车道，关闭左转向灯，加速超越前车，如图 8-5 所示。

3) 在超车道上加速后，开启右转向灯，距被超车辆 50~70m 时，平稳地驶回原车道，关闭转向灯，如图 8-5 所示。

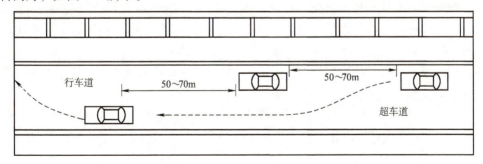

图 8-5 超车方法

（4）转弯行驶　在弯道行驶应适当降低车速，尽量避免在弯道上超车，严禁在急弯道上超车。

（5）坡道行驶　在坡道行驶时，应注意观察坡道和坡度的标志，根据坡道的需要控制车速,尤其要控制下坡的车速。在上坡路段,大型客车、货运汽车应在爬坡道上行驶,以保证车流畅通。

(6) 汽车操纵控制 在高速公路行驶时,为适应道路交通条件的要求,必须对汽车进行正确的操纵控制,合理使用加速踏板、转向盘和制动踏板。

1) 加速踏板的运用。由于高速公路行车条件良好,因此汽车行驶时,通常用加速踏板来控制车速。当汽车需稍稍加速或减速时,驾驶人只要轻踏或放松一下加速踏板即可,切忌突然松、踏加速踏板,以免车速出现较大的跳跃。

2) 转向盘的运用。高速行驶要始终握稳转向盘,改变车道或超车时,转向角度不要太大,防止车速过快使车辆飘移。高速公路由于采用大半径弯道,汽车以规定车速通过时,驾驶人只需轻轻转动转向盘,就能顺利通过,切忌转动很大角度,急打方向。

3) 制动踏板的运用。高速公路上行车需要制动时,以点制动分几次制动为好,尽量少用紧急制动。高速公路车流密度大,行车速度高,行驶中若采用紧急制动,后续车来不及采取措施,必将发生多辆汽车接连相撞的事故。另外,紧急制动时车轮容易抱死,会导致汽车侧滑和转向失灵,将使汽车的行驶方向难以控制,加大出现事故的概率。

3. 驶离高速公路

汽车驶离高速公路的过程是先驶离行车道,再进入减速车道,然后通过匝道驶出高速公路,如图 8-6 所示,其具体的驾驶操作方法如下。

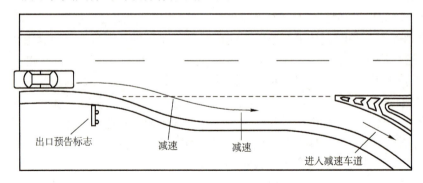

图 8-6 汽车驶离高速公路示意图

(1) 做好出口准备 高速公路出口前 2km、1km、500m 及出口处设有预告标志,驾驶人要注意出口的交通标志,看到出口 2km 预告标志后,应做好出口的准备。若不在最右侧车道行驶,则应逐渐变道至最右侧行车道。

(2) 驶入减速车道 在距出口 500m 时,开启右转向灯,调整车速,逐渐平稳地将汽车从主车道分流出来,从减速车道口的始端驶入减速车道。

(3) 驶出高速公路 汽车驶入减速车道后,要充分利用减速车道慢慢减速并驶入匝道,使车速平稳过渡,徐徐驶出高速公路。

8.4 汽车在复杂环境条件下的驾驶

汽车在使用过程中,如果在一些复杂的环境条件下行车,如在坏路、无路、夜间、雨天、雾天、冰雪道路行车,则应根据其各自的行车特点,采取适当的驾驶方法,来充分发挥汽车的使用性能，确保行车安全。

8.4.1 在坏路和无路条件下驾驶

1. 坏路和无路条件下的行车特点

坏路主要是指泥泞土路和覆盖砂土的道路等；无路是指松软土路、沙漠、耕地、草地和沼泽地等。汽车在坏路、无路条件下的行车特点如下。

（1）车轮滚动阻力大　汽车在松软土路上行驶时，支承路面出现残余变形，形成车辙，车轮滚动阻力大。汽车在砂土路面行驶时，路面表面松散，受压后变形大，车轮滚动阻力大。

汽车在松软土路、砂路的滚动阻力系数与土壤强度、轮胎花纹和气压、汽车驱动轴上的负荷及行驶速度有关。通常其车轮的滚动阻力系数可达 0.15~0.30 或更大。

（2）路面附着系数小　在坏路和无路条件下行驶的驱动轮附着程度，主要取决于轮胎与路面变形后在接触处的抓地能力。与好路相比，汽车在坏路和无路条件下行驶，其路面附着系数小。

汽车在干燥平坦土路上行驶，其附着系数为 0.5~0.6；在不平整的低级道路上，由于轮胎与路面的接触面积减少，附着系数下降；在潮湿或泥泞土路行驶时，其花纹表面坑洼被泥浆填满，阻碍了轮胎与路面间的接触，使附着系数降低到 0.3~0.4 或更低；汽车在干砂路和流沙地行驶容易使汽车打滑，附着系数较小。

（3）汽车通过性差　汽车在坏路和无路条件下行驶，汽车的驱动与附着条件往往难以满足，汽车的通过性差。汽车在坏路和无路条件下行驶时，一方面路面附着系数小，汽车驱动轮的附着力小，因而汽车能获得的最大驱动力小；但另一方面车轮的滚动阻力大，道路阻力大，又要求驱动轮提供很大的驱动力，这就是矛盾。有时汽车在坏路和无路条件下抛锚就是这个原因。另外，在坏路和无路条件下有突出障碍物也会影响汽车通过性。

（4）燃油消耗量大　汽车在无路或坏路条件下行驶时，道路阻力大，驱动轮经常滑转，消耗的功率大，因而燃油经济性差。另外，汽车通过性差，汽车只能经常在低档位低速行车，也使得发动机的耗油量加大。通常，汽车在无路或坏路条件下行驶的燃油消耗比正常使用条件下约高 35%。

2. 坏路和无路条件下的驾驶要领

（1）选好线路　在恶劣的道路上行驶时，驾驶人要选择好线路，尽可能避开泥泞和坡度较大的路面。

（2）平稳起步　汽车在土路、砂地、泥泞等松软路面起步时，轻踏加速踏板，空车用中速档起步，重车挂低速档起步，保持驱动力逐渐增大并小于附着力，避免驱动轮打滑，实现平稳起步。

（3）低速行车　汽车通过土路、砂地、泥泞等松软路面时，应降低车速，减少车轮对土壤的剪切和车轮的陷入程度，提高附着力，以保证有较大的驱动力；尽量避免换档和加速，以免破坏附着条件和增加行驶阻力；尽量保持直线行驶，因为转弯会使前后轮辙不重合而增加滚动阻力；行车间隔要大，防止路滑追尾。

（4）防止侧滑　松软道路附着系数很低，汽车容易侧滑，因此驾驶时，制动、加速、转弯都要特别小心。在泥泞土路行驶，不准使用紧急制动，加速要缓慢，转向也不能过急，以免发生侧滑。尤其是坡道或急弯行驶更要注意。若一旦出现侧滑甩尾，首先要抬起加速踏板，降低车速，并立即向车轮侧滑方向转向，以减轻或消除侧滑。

(5) 陷车自救　在恶劣的道路上发生陷车时，可采用自救措施。常用的自救方法是去掉松软泥土，在预驶出的路面上垫碎石、石块或木板等，然后将汽车驶出陷坑。如果驱动轮滑转，可以将绳索分别绑在车前方的树干（或木桩）和驱动轮的绞鼓上，利用驱动轮带动绞鼓转动绳索使汽车驶出陷坑。

8.4.2　夜间驾驶

1. 夜间行车特点

夜间行车，因灯光照射范围和能见度有限，视线受到约束，给驾驶带来一些困难，其行车特点如下。

(1) 驾驶人视觉变差　夜间行车，由于灯光照射和亮度有限，驾驶人视野变窄、视力减弱，会车时眩目，视力下降。加上路面起伏不平，灯光常随车身起伏晃动，使驾驶人对道路地形、路面状况、交通情况和行进方向的判断均感困难，甚至出现错觉。

(2) 驾驶人容易疲劳　夜间行车，视觉变差，使驾驶人精神处于高度集中的状态。这样长时间的行车，驾驶人极易疲劳。另外，茫茫黑夜，旷野寂静，耳边只听到发动机的嗡嗡声，又使驾驶人产生一种昏昏欲睡的感觉。

(3) 驾驶人易开快车　夜间行车，特别是长途行车，交会车辆一般不多，行人和自行车的干扰也较少，驾驶人往往有开快车的意念，再加上沉寂行车使其想早点到达目的地，极容易盲目地加快行车速度。

2. 夜间驾驶要领

根据夜间行车特点，驾驶人必须做好夜间出车前的准备工作：按需要作适当休息，保证睡眠充足，精力充沛；对汽车进行必要的检查和维护，保证车况良好，灯光有效，制动转向可靠；携带必要的随车工具、常用备用件、应急灯以及紧急停车时的警告标牌，以备急需之用。汽车夜间驾驶应细心观察，准确判断，谨慎操作。

(1) 正确使用灯光　夜间行车，灯光具有照明和信号的双重作用，应根据情况正确使用。

1) 起步时，应先开启近光灯，看清道路后再起步。

2) 行车时，当看不清前方100m处物体时，应开启前照灯。车速在30km/h以内，可使用近光灯，灯光应照出30m以外；车速超过30km/h时，应使用远光灯，灯光应照出100m以外。

3) 在有街灯的路上行驶，可只用近光灯或小灯。

4) 通过有指挥信号的交叉路口，在距交叉路口50～100m的地方减速慢行，变远光灯为近光灯或小灯，转弯的车辆须同时开转向灯。

5) 在雨、雾中行车，应使用防雾灯或近光灯，不宜使用远光灯，以免出现眩眼的光幕妨碍视线。

6) 在路旁临时停车时，应开启示宽灯、尾灯，以提醒他人。

(2) 降低行车速度　夜间行车视觉变差，车速应比白天低。即使道路平直、视线较好，也应考虑到夜间对道路两侧照顾不周的弱点，随时警惕突然事件发生，车速不要过高。驶经繁华街道时，由于霓虹灯以及其他灯光对驾驶人的视觉有干扰，也应低速行车。如遇下雨、下雪和下雾等恶劣天气需低速小心行车。在驶经弯道、坡路、桥梁、狭路及视线不清的地段，更应减速行车，并随时准备制动或停车。

（3）减速礼让会车　夜间会车首先要降低车速，选择交会地段，并主动礼让。在距对面来车150m以外，将远光灯改用近光灯，控制车速，使车辆靠道路右侧，保持直线行驶。当对方不改用近光灯时，应立即减速并用连续变换远、近光灯的办法来示意对方。若示意无效，感觉对方灯光刺眼无法辨别路面，则应靠路右侧停车，开小灯停让。

（4）尽量避免超车　夜间行车，视野不好，安全性差，应尽量避免超车。必须超车时，应事先连续变换远、近灯光告知前车，在确实判定可以超越后，进行超车。

（5）谨慎倒车掉头　夜间行车，必须倒车、掉头时，应谨慎。因为夜间车辆倒车和掉头，存在的盲区盲点多，稍微不注意就会引发交通事故。因此，倒车、掉头时，应仔细观察路面情况，注意障碍物及四周的安全界限，并在进退中留有余地。

8.4.3　雨天驾驶

1. 雨天行车特点

（1）车辆行驶路滑　雨天行车，由于道路雨水的作用，轮胎与路面的附着系数降低，汽车极易发生溜滑，引发交通事故。雨天汽车行驶时，可能遇到如下两种路面特滑的危险情况。

1）路面滑溜。刚开始下雨，路面上只有少量雨水时，雨水与路面上的尘土、油污相混合，形成黏度高的水液，滚动的轮胎无法排挤出胎面与路面间的水液膜。由于水液膜的润滑作用，轮胎的附着性能将大为降低，平滑的路面有时会同冰雪路面一样滑溜。

2）滑水现象。高速行驶的汽车经过有积水层的路面时，由于水的黏滞性，轮胎前面的水需要一定时间才能挤出，所以轮胎前面与水层接触的面和路面之间形成了一层楔形水膜（图8-7）。当车速提高后，高速滚动的轮胎迅速排挤水层，由于水的惯性，楔形水膜对车轮产生动压力，其值与车速的平方成正比，随着车速的增加，楔形水膜在接触区中向后扩展，当车速达到某一高速，胎面下的水膜动压力的升力等于垂直载荷时，轮胎

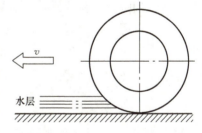

图8-7　车轮在积水路面的滚动

将完全漂浮在水膜上面而与路面毫不接触，这就是滑水现象。滑水现象减少了胎面与地面的附着力，影响汽车的转向、制动和驱动等性能。

（2）驾驶人视野变差　下雨时，汽车风窗玻璃挂雨，影响视线；雨大天暗，视线受阻。这些都使得驾驶人视野变差，不易看清路面情况，容易使判断失误，出现事故。

（3）行人注意力分散　雨中的行人，要使用雨具防雨，脚下要防水、防滑，因而对车辆的注意力有所分散，这对行车不利。

2. 雨天驾驶要领

雨天出车之前，对汽车应进行必要的检查，如检查发动机罩的封闭情况、刮水器和制动器的技术状况等，发现故障要及时排除，确保车况良好。

（1）保持良好视野　雨天行车，能见度较低，要谨慎驾驶，及时使用刮水器擦净风窗

玻璃上的雨水，并随时擦净风窗玻璃上的霜气，使驾驶人具有良好的视野。

（2）合理控制车速　雨天行车，路面湿滑，对汽车转向、制动都不利，因此要合理控制车速，车速不要过高。在尾随其他车辆行驶时，应降低车速，适当加大与前车的纵向安全距离，以便雨天行车安全。遇到较薄的水层，不能高速行车，以免出现滑水现象，使汽车的方向不可控制。会车、转弯时，应提前减速，缓慢转动转向盘，靠右侧慢慢通过，能见度在50m以内时，车速不准超过30km/h。

（3）采用适当制动　雨天行车，应尽量少用紧急制动。因为雨天行车路面滑溜，若紧急制动，则容易导致车轮抱死侧滑、转向失灵，方向难以控制。车速较低时，可采用预见性制动。必须加大制动强度时，可间断地轻踩制动踏板，随时修正方向，防止汽车出现跑偏和侧滑。转弯时，更不能急踩制动踏板，以防汽车制动时失去转向能力和侧滑甩尾。雨天汽车涉水后，行车时应多踩几次制动，以提高行车制动器的温度，蒸发制动器中的水分，恢复制动器的性能。

（4）谨慎加速超车　雨天行车，汽车应尽量少变更车道，行驶中要随时注意前车的行驶速度和方向，绝不可因前车速度慢而强行超车。尤其是在高速公路上，由于各车道的车速相对较高，驾驶人的视角变窄，加上路面湿滑，强行越线超车时，转动方向易使车轮打滑，进而造成与其他车辆发生碰撞，引发车辆侧翻等意外事故。在较窄路面上应避免超车，以防汽车打滑驶出路面。在良好路面必须加速超车时，应特别谨慎小心，把握超车机会，正确控制转动方向，进行超车。

（5）防止行车撞人　雨天行车，驾驶人必须精神高度集中，随时准备对突发事件做应急处理。在人、车混行的道路上行驶，驾驶人应关注行人的动态。由于雨中的行人撑伞、骑车人穿雨披，他们的视线、听觉、反应等受到限制，有时还为了赶路赶车抢道、横穿猛拐，对行驶车辆的注意力分散，往往在车辆临近时惊慌失措而滑倒，使驾驶人措手不及。因此，雨天行车中，遇到这种情况时，驾驶人应尽量提前处理，先减速慢行多鸣笛，耐心避让，必要时可选择安全地点停车，切不可急躁地与行人和自行车抢行，防止撞倒行人。

8.4.4　雾天驾驶

1. 雾天行车特点

（1）判断易失误　雾天行车，能见度低，视线不清，驾驶人容易产生错觉，使判断失误。

（2）驾驶易疲劳　雾天行车，驾驶人需聚精会神，长期驾驶容易疲劳。

（3）制动性能差　雾天行车，路面潮湿，轮胎与路面间的附着系数下降，使制动性能变差。

2. 雾天驾驶要领

雾天行车，易导致汽车发生碰撞事故，对安全极为不利。因此，雾天出车前，应对汽车进行必要的检查，如检查刮水器、防雾灯、前照灯、示宽灯、制动灯、喇叭、喷洗风窗玻璃装置是否完好无损，制动系统、转向系统是否可靠有效，发现故障要及时排除，确保车况良好。

（1）正确使用灯光　雾天能见度低，视野差，行车时应根据雾情打开前后雾灯、尾灯、示宽灯和近光灯，充分利用灯光来提高能见度，增大可视距离，使驾驶人看清前方车辆、行

第 8 章 汽车驾驶与安全行驶

人与路况,也让来车和行人在较远处发现车辆。当能见度小于500m,且大于200m时,必须开启近光灯、示宽灯和尾灯;当能见度小于200m时,必须开启前后雾灯、近光灯、示宽灯、尾灯。如果雾太大,应选择安全地点停车,并开灯警示他人。值得注意的是,雾天行车不要使用远光灯,因为远光灯射出的光线会被雾气漫反射,在车前形成白茫茫一片,使驾驶人反而看不清前方。

(2) 严格控制车速 在雾中行车应尽量低速行驶,跟车行驶应有足够的行车间距。当能见度范围为200~500m时,车速不得超过80km/h,同一车道的纵向行车间距必须在150m以上;当能见度范围为100~200m时,车速不得超过60km/h,其纵向行车间距应在100m以上;能见度范围为50~100m时,车速不得超过40km/h,其纵向行车间距应在50m以上;当能见度小于50m时,行驶车速应控制在30km/h以下;当能见度在5m以内时,汽车应停驶。

(3) 细心谨慎驾驶 雾天行车事故多,因此,在雾天开车,应细心谨慎,始终保持高度的注意力,密切关注路面及周围的环境,正确判断各种车辆的动态。汽车应尽量靠车道的中间行驶,注意小心盯住路中的分道线,不能轧线行驶。视线不好时勤用喇叭,以警告行人和其他车辆,当听到其他车辆喇叭声时,应立刻鸣笛回应,以提示他人。会车时,应按喇叭提醒来车注意,并关闭防雾灯,以免给对方造成眩目感,若对方车速较快,可以主动减速让行,必要时靠边停让。应尽量避免超车,如必须超车,则应选择平直宽阔的路带,在保证安全的原则下超越;超越路边停放的车辆时,要注意道路左侧的交通情况,在确认安全时,适时鸣喇叭,从左侧低速绕过。雾天行车,路面潮湿,在气温低、湿度大的时候,路面还极易形成薄霜,因此应尽量少用紧急制动,以防制动时汽车方向不可控而导致交通事故,可采用点制动或预见性制动。

8.4.5 冰雪道路驾驶

1. 冰雪道路行车特点

由于冰雪路面与轮胎之间的附着系数低、附着力小,因而行驶时汽车抵抗滑动的能力减弱,使得汽车的制动性、动力性、通过性以及汽车的操纵稳定性都受到严重影响。汽车在冰雪道路行驶最显著的特点如下。

(1) 制动性差 汽车制动时,车轮容易抱死,制动力较小,制动距离长,制动效能差,制动时容易侧滑。

(2) 动力性差 汽车驱动时,驱动轮容易滑转,驱动力较小,汽车的动力不能得到有效的利用,汽车的起步能力、加速能力变差,最高车速显著下降。

(3) 方向稳定性差 制动行驶时,汽车后轮容易侧滑,前轮容易失去转向能力;加速行驶时,后轮驱动汽车其后轮容易侧滑,前轮驱动汽车其前轮容易失去转向能力。

2. 冰雪道路驾驶要领

(1) 正确平稳起步 起步时,可以采用比平常高一档的档位,慢抬离合器踏板,轻踩加速踏板,使发动机在不熄火的情况下输出较小动力,以适应冰雪路面汽车起步不滑转,保证汽车平稳起步。

(2) 低速稳定行驶 在冰雪路面行车,低速稳定行驶可以提高汽车的操纵稳定性。因此,应控制车速,尽量保持汽车低速匀速行驶,避免车辆剧烈振动。需要加速时,应缓慢踩下加速踏板，不要加速太急，以防驱动轮滑转，使汽车方向稳定性变差。需要减速时，应换入低速档，充分利用发动机制动进行减速。行车时，应加大行车间距，纵向行车间距一般应在50m以上。

（3）缓慢平顺转向　在冰雪路面转向时，要提前缓抬加速踏板平稳减速，适当加大转弯半径，不可急转猛回，以防侧滑，而应平顺缓慢地转动转向盘，实现平稳转向。

（4）谨慎对待会车　在冰雪路面行车时，应谨慎对待会车。会车时要提前减速，选择宽平的安全路段，加大两车的侧向间距，靠路段右侧徐徐通过。若相遇地段不易会车，可由一方后退让路，决不可硬挤会车，右侧处于安全地位的车辆不要争道抢行。

（5）合理使用制动　尽量采用预见性制动，善于利用发动机的阻力制动，灵活地多用驻车制动，合理地少用行车制动，尽量避免紧急制动，以防汽车制动时方向不可控制。若遇紧急情况必须制动时，切不可将制动踏板一脚踩死，而应间歇、缓慢地踩踏制动踏板，并辅以驻车制动。当制动侧滑时，要稍松抬制动踏板，同时要顺着侧滑的方向转动转向盘，以免侧滑加剧。

8.5　汽车在应急情况下的驾驶

汽车在行驶过程中，难免会遇到一些特殊的紧急情况。万一遇到紧急危险，驾驶人应根据现场的实际情况，采用正确的应急处理方法，避免汽车恶性事故发生，保证行车安全。

1. 汽车制动失效

（1）应急现象　汽车在行驶中，当一脚或连续几脚踩制动时，制动踏板均被踏到底，但没有制动迹象，或气压制动时一脚踩下去无制动效果，汽车不能迅速减速和停车。

（2）应急处理　汽车在高速公路上行驶，如果制动失效，则应马上向紧急停车道变道，车辆进入紧急停车道后，可以将变速器抢挂低档，然后将发动机熄火，这样可利用发动机的制动作用使车速快速下降，当车速低于30km/h后再用驻车制动将汽车停住。如果是手自一体汽车，则应稳住转向盘，再慢慢收油，并将自动变速器操纵杆置于手动位，使其换至最低档，让汽车慢慢地自行降速，最后用驻车制动将汽车停住。

汽车在普通的平坦道路上行驶，如果制动失效，则驾驶人应把稳转向盘，保持对车辆行走方向的控制，以便躲避碰撞，并迅速将变速器档位换入第1档，依靠发动机的阻力作用降低车速，然后再拉紧驻车制动，且不断地用喇叭、灯光警示，使汽车急速停靠公路旁。

汽车在下坡过程中，如果制动失效，首先抢挂低档利用发动机制动和驻车制动，若仍无法控制车速，汽车面临下滑、翻车或碰撞危险时，驾驶人应果断地利用道路上的路坎、行道树、栏栅、挡护板、草堆、土堆等天然障碍物，给汽车造成阻力，以消耗汽车的惯性力，迫使汽车减速停车。在山区情况紧急时，可将汽车靠向山边一侧，利用车厢侧面与山崖的擦碰，强制汽车减速停车，避免恶性事故发生。但要注意：不减速直接向周围障碍物冲去是极其危险的，因为高速剧烈的乱撞会直接损坏车辆并容易引起强烈反弹使乘员受到严重伤害；不要将建筑物、其他车辆作为碰停的目标，以免造成更大的事故；选择应急擦滞停车时，应避开油箱或加油口一侧，以免引起火灾。

在进入弯道或转弯之前制动失效时，驾驶人应先控制住方向并快速地抢入低档，利用发动机制动，可视情决定是否利用驻车制动。进入弯道前，可配合使用驻车制动将车速降下来；进入弯道后，如果是急转弯行车，则不要拉紧驻车制动，否则会造成车辆甩尾，从而导致更大的车祸。

2. 汽车转向失灵

（1）应急现象　驾驶车辆打方向时，突然感到打转向盘的感觉变空、变轻，无法控制转向轮的行驶方向。

（2）应急处理　汽车在行驶中转向突然失灵，应立即踏下制动踏板，控制车速，尽可能安全平稳地将车辆停靠路边。注意：高速制动太急时，容易导致汽车侧滑甚至翻车。如果情况尚可，应采取缓踩制动踏板的方法使车辆慢慢停住。当车辆转向失灵，行驶方向偏离，事故已经无可避免时，应紧急制动，尽快减速，极力缩短停车距离，减轻撞车力度。

3. 汽车行驶爆胎

（1）应急现象　汽车在行驶中，轮胎突然爆破，车辆向发生爆胎的一侧跑偏、转向。

（2）应急处理　汽车在行驶中爆胎，驾驶人要松开加速踏板，紧握转向盘，控制车辆直线行驶，并轻踩制动踏板或利用车辆的自然阻力使车辆靠边停下。注意：不要采取紧急制动，否则会导致车辆加剧跑偏、自行转向，尤其是在弯道上爆胎更是如此。

如果是前轮爆胎，则危险较大，因为这样会大大地影响驾驶人对转向盘的控制。此时，驾驶人应尽可能地轻踩制动踏板，避免爆破轮胎产生更大的制动力而脱离轮辋，使车头部分承受太大的应力，同时驾驶人应双手紧握转向盘，在汽车大幅度偏左或偏右行驶时，立即进行校正。

如果是后轮爆胎，汽车的尾部就会摇摆不定，颠簸不已。此时，驾驶人应双手紧握转向盘，保持汽车直线行驶。同时，轻踩制动踏板，不仅可降低车速，而且还可使汽车的重心前移，使完好的前轮胎受力，减轻爆破的后轮胎所承受的负荷。

4. 汽车行驶侧滑

（1）应急现象　汽车在行驶中，车轮突然出现侧向滑移，方向难以控制。

（2）应急处理　高速行驶的汽车以出现甩尾或后轴侧滑居多。汽车侧滑后，应根据产生侧滑的原因采取相应的措施。如果是制动造成的侧滑，应立即停止制动，同时把转向盘转向后轮侧滑的一侧，打方向时不能过急，否则汽车可能向相反的方向滑动；如果是加速造成的侧滑，应立即减速，使驱动力变小以消除驱动轮滑转引起的侧滑，同时用转向盘控制方向消除侧滑对方向的影响；如果是转弯时离心力过大造成的侧滑，则应迅速减速，并打转向配合；如果是路滑造成的侧滑，则应降低车速，尽量避免紧急制动，必要时可采用点制动或发动机制动，同时用转向盘修正方向。

8.6　汽车安全行驶

汽车安全行驶是汽车使用、汽车运输生产的根本。汽车安全行驶不仅影响企业的利润、经济的发展，更直接关系到汽车驾驶人和他人的生命安危，关系到社会的和谐与稳定。因此，全社会都应重视汽车安全行驶。为保证汽车安全行驶，汽车应具有先进的安全设施，驾驶人应具有正确的安全意识、熟练的驾驶技术和良好的驾驶行为。

8.6.1 汽车的安全设施

为保证汽车安全行驶，减少交通事故的发生，使驾驶能够成为人们一种安全、高效的生活方式，汽车应有良好的安全设施。实际上，汽车从诞生的那一天起，各大汽车制造商就一直不遗余力地发展汽车的安全技术，设计打造完善的汽车安全设施。目前，汽车广泛应用着汽车的被动安全设施和主动安全设施。

所谓被动安全设施是指汽车发生事故时，那些能够减轻或防止驾驶人、乘员受伤和货物受损的汽车本身配置的设施。最常用的被动安全设施有汽车安全带和安全气囊，它们已经成为轿车上不可缺少的装备。大量统计和实测资料都表明，在汽车碰撞时，若能正确使用安全带和安全气囊，可使车内乘员头部受伤率减少30%～50%，胸部受伤率减少70%～80%，能够减少伤亡事故的发生。

所谓主动安全设施是指汽车行驶中，驾驶人对车辆失去控制，即将发生车辆侧滑、转向失灵、车轮滑转和滑移现象时，那些能够纠正驾驶人操作，控制行车轨迹，从而避免事故发生的汽车本身配置的设施。它可以防止交通事故发生，防患于未然，对行车安全尤其重要。目前在轿车上得到广泛应用的电子控制主动安全设施有 ABS、ASR、EBD、ESP 等安全装备。

毋庸置疑，先进的汽车安全设施是行车安全不可或缺的保障。但这也并不意味着，所有的汽车都有必要安装各种各样的先进设施。然而，可以肯定的是，用好车上现有的主动和被动安全设施对汽车安全行驶是非常必要的。

8.6.2 驾驶人的安全意识

为保证汽车安全行驶，驾驶人应有正确的安全意识。驾驶人应从思想上高度重视行车安全的意义，要有良好的职业道德和高度的责任心，自觉遵守各项交通规则。汽车安全行驶关系到驾驶人和他人的幸福，要知道生命是最宝贵的。当面对一起起令人触目惊心的交通事故时，人们不禁感叹：人的生命只有一次，当汽车时代来临时，应该好好享受汽车带来的快乐和幸福，更应该爱惜自己和他人的生命！

驾驶人要居安思危，防患于未然。当你驾车畅行之际，危险几乎与你伴行：行人突然冲出、自行车粗心拐弯、前车紧急制动、后车高速追尾，所驾车辆车轮打滑或瞬间失控，或轮胎爆裂，或撞向路边的护栏、车辆和行人……后果不可想象。驾驶时，要多想一想可能发生的意外，警钟长鸣才会保持清醒的头脑，才会时刻小心谨慎、手脚灵敏，才能最大限度地避免发生危险。

8.6.3 驾驶人的驾驶技术

为保证汽车安全行驶，驾驶人应有熟练的驾驶技术。熟练的驾驶人在驾驶车辆过程中，能够对车辆的速度、位置、所处的空间，以及与周围各种动态或静态物体的间距了如指掌，能够在遇到紧急交通情况时迅速做出正确判断，并采取有效措施，化险为夷，保障汽车的安全行驶。

驾驶人应加强基本功训练，努力锻炼应变能力，灵活掌握操作要领，做到遇事不慌、沉着冷静、操作自如，紧急情况时，能果断迅速处理。通常，紧急情况处理的原则是先踩制动踏板后打方向,转向盘不能只打不回,以免造成新的危险。

8.6.4 驾驶人的驾驶行为

为保证汽车安全行驶,驾驶人应有良好的驾驶行为。根据交通安全管理部门的调查,大多数交通事故都是由于驾驶人的行为不当造成的,换言之,如果这些驾驶人始终严格规范自己的驾驶行为,就能避免许多人间悲剧的发生。因此,驾驶人应有良好的驾驶行为和习惯,具体表现如下。

1. 正确使用安全带

安全带是驾驶人和乘员最重要的安全装置之一。汽车在发生碰撞时,将产生巨大的惯性力,该力会使驾驶人和乘员与车内的转向盘、风窗玻璃等物体发生碰撞,极易造成对驾乘人员的严重伤害,甚至将驾乘人员抛离座位或抛出车外。而安全带的作用就是在汽车发生事故时,将驾乘人员束缚在座位上,防止发生二次碰撞;同时安全带有缓冲作用,能吸收大量的撞击能量,化解巨大的惯性力,减轻驾乘人员的伤害程度。汽车交通事故调查表明,如果系安全带,正面撞车死亡率可减少57%,侧面撞车死亡率可减少44%。

只有正确使用安全带,才能达到保护驾乘人员的目的。驾驶人通常采用三点式安全带,其正确的配戴方法是:三点式安全带的胯带应系得尽可能低些,紧贴臀部,刚刚接触大腿为合适;三点式安全带的肩带应经过肩部,斜挂胸前。这样,当遇到车祸时,胯带撞击力将作用于较耐冲撞的盆骨,使身体在胯带下面难以滑动;而肩带经过的肩部、胸部,正好是承受安全带约束力最理想部位。

特别注意:安全带不得压在坚硬的或易碎的物体上,如衣服里的钢笔、眼镜或钥匙等,否则将会给使用者造成本可以避免的伤害。

2. 保持高度注意力

驾驶人应精力集中,保持高度的注意力,随时收集路况信息,为安全行驶提供必要条件。保持高度的注意力,能提高判断情况的准确性。因此,在行驶途中,驾驶车辆要保持专心,不要被身旁的乘客干扰,与乘客聊天;或是被美丽的风景分散注意力;或是边开车边打电话使注意力下降。

3. 保持充沛精力

驾驶人保持充沛的精力,是汽车安全行驶的必要条件。因此,驾驶人在出车前应充分休息,注意睡眠,养足精神,以充沛的精力投入驾驶。在驾驶中,要善于调整自己,避免疲劳驾驶。在高速公路上行车时,由于环境枯燥,驾驶操作少,容易导致精神疲乏,行驶时应采取切实有效措施,如打开车窗吹吹风,听一下强劲的音乐,提提精神,必要时找个出口停下休息,切不能疲劳驾驶。因为疲劳时,驾驶人对外界交通信息反应迟钝,对处理事故险情力不从心,驾驶操作容易失误,疲劳程度越严重,操作失误就越多。

4. 选择合适车速

车速的快慢与汽车的安全行驶有着重要的关系。行驶中,驾驶人应根据实际情况,选择合理的行驶车速,该快则快,该慢则慢,但不能违反交通规则。

(1) 不能超速行车 超速行车是指在一定道路上行驶的汽车,超过了该段道路所规定的行车速度。超速行车是发生交通事故的重要原因,"十次车祸九次快",这是公安交通管理部门对实践经验的总结,也是汽车驾驶人公认的教训,它正确反映了车辆事故的客观规律。超速行车对汽车安全行驶的影响有以下几点。

1）超速行车使驾驶人的视觉变差。视觉包含视力和视野两种概念，视力是指视觉的灵敏程度；视野是指眼球固定一点时，所能看到的空间范围。研究表明，车速增高，人眼分辨物体的最小距离增大，视点远移，双眼看到的范围缩小。车速越高，驾驶人越注视远方，视野越窄；车速越高，驾驶人越看不清近处的景物。实验证明：当车速 40km/h 时，驾驶人注视点在车前约 180m，可视范围 95°；当车速 70km/h 时，注视点在车前约 360m，可视范围 65°；当车速 100km/h 时，注视点移至车前约 600m，可视范围只有 40°。由此看出，车速增高时，驾驶人的视觉变差。而视觉是收集车辆交通状况、道路状况以及外界干涉的情报机关，驾驶人通过视觉从外界获得信息，并进行判断、处理，操作汽车。因此，超速行驶时，因驾驶人的视觉变差而容易引发交通事故。

2）超速行车使制动距离增长。车速同制动距离呈平方的关系变化，因此，超速行驶必然大大地延长制动距离，使制动非安全区扩大，汽车行驶的安全性能下降。

3）超速行车使出事故的冲突点增多。超速行驶的汽车要经常超越正常中速行驶的车辆，如果在公路上车辆流量较大，势必经常处于跟车和加速超车的状态。每超越一辆车，就多出现一次冲突的机会。另外，超越汽车时经常变道，因而与交会车辆形成冲突的可能性也增多。因此，超速行驶使得出事故的机会增多。

4）超速行车使汽车操纵稳定性变差。汽车高速行驶制动时，后轮容易侧滑，前轮容易失去转向能力，这些都将使得汽车的方向难以控制，使汽车操纵稳定性变差，容易导致安全事故。

5）超速行车使冲击力增大。汽车肇事在瞬时会表现出较大的冲击力，车速越高，冲击力越大，破坏性就越严重。因此，从汽车冲击力来分析，超速行车的事故，造成的破坏程度是非常严重的。

可见，超速行车对汽车的安全运行非常不利，故应禁止超速行车，这是每一个驾驶人应有的责任。

（2）正确控制车速　反对超速行车并不意味着车速越低越好，开慢车就好。实际上，盲目开慢车也是不正确的，甚至是违章的，尤其是占用快车道（超车道）开慢车。开慢车未必就是安全的，如在高速公路上开慢车，相对于正常的车速，几乎等于把车停在路中间了，后面的车呼啸而至，后果可想而知；如在一般道路上开慢车，会迫使其他车辆超车，经常超车，冲突点增多，一旦出事，难免殃及慢车。因此，开车不要太快，也不能太慢，要根据实际情况控制车速。视野好、路况佳、有把握的，可适当开快些；反之则慢，但不要挡道，不要妨碍别人超车。

5. 文明驾车

驾驶人要树立良好的驾驶形象，做到文明驾车。在日常驾驶中，以交通安全法规为准绳，规范自己的行为，为人负责，为己负责，与人为善，予人方便，自己方便，行车一路平安。行车时，应遵守先后顺序，排队通行，不要去强行"加塞"；变道时，应开转向灯示意，让其他的车有准备；会车时，应"礼让三先"；不开赌气车，不开报复车，不堵车，不抢道；行车让路是美德，但当快则快，以免挡车；别人超车要礼让，切忌加速、高速竞驶。

6. 爱护车辆

应养成爱护车辆的良好习惯，认真做好车辆出车前、行驶中、收车后的日常维护工作，及时排除车辆故障，使车辆经常保持最佳技术状态，确保汽车行驶安全。

本 章 小 结

1. 汽车基础驾驶的基本要领：保持正确驾驶姿势，熟练运用操纵机构，掌握汽车运用过程中起步、换档、转向、制动、倒车、停车的操作技巧与方法。

2. 汽车在一般道路上的驾驶主要包括：平路驾驶、坡道驾驶、通过桥梁的驾驶、通过铁道的驾驶、通过隧道的驾驶。其中平路驾驶是最基本的操作驾驶，有一般行驶、会车、超车、让超车及掉头等内容，能对汽车的操纵机构进行综合运用。而其他驾驶属于短距离驾驶，有其各自特点。

3. 高速公路行驶的特点是：行驶车速高、通行能力大、行车安全性好、运输成本低。汽车通过匝道、加速车道驶入高速公路行车道，高速公路的分道行驶、跟车行驶、超车行驶、转弯行驶、坡道行驶有其独特的驾驶方法和操纵控制要领，汽车驶离高速公路的过程是驶离行车道，进入减速车道，然后通过匝道驶出高速公路。

4. 汽车在复杂环境条件下的驾驶主要包括：坏路和无路驾驶、夜间驾驶、雨天驾驶、雾天驾驶和冰雪道路驾驶。在复杂环境条件下行车，应根据行车特点，采取适当的驾驶操作方法，确保行车安全。

5. 汽车在制动失效、转向失灵、行驶爆胎、行驶侧滑的应急情况下行驶时，驾驶人应根据现场的实际情况，及时采取正确的应急处理方法，避免汽车恶性交通事故发生，保证行车安全。

6. 汽车安全行驶是汽车使用、汽车运输生产的根本。为保证汽车安全行驶，汽车应具有先进的安全设施，包括被动安全设施和主动安全设施，现代汽车普遍采用安全带、安全气囊、ABS、ASR、EBD、ESP 等安全装备；驾驶人应具有正确的安全意识，居安思危，防患于未然；驾驶人应具有熟练的驾驶技术，能够遇事不慌、沉着冷静、操作自如，果断采取有效措施，化险为夷；驾驶人应具有良好的驾驶行为，如正确使用安全带、保持高度注意力、保持充沛精力、选择合适车速、文明驾车、爱护车辆等。

复习思考题

1. 汽车基础驾驶的主要内容有哪些？
2. 什么是两脚离合法换档？试述其换档原理。
3. 平路驾驶主要有哪些基本内容？试说明其操作要领。
4. 高速公路的行车特点有哪些？在高速公路上应如何安全驾驶汽车？
5. 雨天、雾天、冰雪道路的行车特点有哪些？如何在这些条件下安全驾驶汽车？
6. 你认为汽车安全行驶的意义和对策有哪些？

参 考 文 献

[1] 余志生. 汽车理论 [M]. 北京：机械工业出版社，2018.
[2] 许洪国. 汽车运用工程 [M]. 北京：人民交通出版社，2021.
[3] 陈焕江. 汽车运用基础 [M]. 北京：机械工业出版社，2019.
[4] 杨益民，郭彬. 汽车使用性能与检测技术 [M]. 北京：人民交通出版社，2022.
[5] 雷琼红. 汽车使用与技术管理 [M]. 北京：人民交通出版社，2019.
[6] 戴建营. 汽车使用性能与检测技术 [M]. 北京：中国人民大学出版社，2021.
[7] 龚金科. 汽车排放与控制技术 [M]. 北京：人民交通出版社，2018.
[8] 朱日莹. 电动汽车技术 [M]. 北京：机械工业出版社，2020.
[9] 赵英勋. 汽车检测与故障诊断 [M]. 北京：机械工业出版社，2022.
[10] 赵英勋. 汽车运用工程 [M]. 北京：国防工业出版社，2013.